ちくま学芸文庫

評伝 岡潔

星の章

高瀬正仁

筑摩書房

大山忠作・画「岡潔先生像」(昭和 43 年)，福島県立美術館蔵

目次

トノンの秋と由布院の春……289

由布院の夏の日々……318

評伝　岡　潔　星の章

生地と故郷

故郷「紀見峠」

岡潔の故郷は大阪府と和歌山県の境界線上に位置する紀見峠《きみとうげ》の和歌山県側で、「和歌山県伊都郡《いとぐん》紀見村柱本九二九番地」というのが本籍地の住所である。「柱本《はしらもと》」は大字《おおあざ》名であり、小字《こあざ》名は「紀伊見《きいみ》峠」である。ぼくが初めて紀見峠行を思い立ったのはもう二十年以上も前（昭和五十六年四月五日）のことで、そのときは大阪の難波から南海電鉄高野線に乗り、天見《あまみ》駅で下車し、目の前にのびていく高野街道の坂道に沿って峠越えをめざして歩いていった。天見はまだ大阪府下であり、駅の近くに岡潔の親戚の相宅《おうや》家（ただし住む人は今はもういない）がある。昭和七年五月、三年間のフランス留学を終えて帰国した岡潔は、帰郷の途次まず天見の相宅家に立ち寄り、相宅家の男衆《おとこし》に荷物運びの手助けをしてもらいながら紀見峠に向かったのである。

南海電鉄高野線の天見駅の次の駅は「紀見峠」で、そこはもう和歌山県である。駅と駅の間は紀見峠の真下をくぐる長いトンネルで結ばれている。紀見峠を登りつめてから下りにかかろうとする峠の頂点が、ちょうど大阪と和歌山県との分かれ目である。今はそこに「標高

昭和初期の紀見峠
（北尾鐐之助『近畿景観　第二篇　大和・河内』創元社，昭和６年）

いる。

三八五メートル」と記された立て札がたてられている。
紀見峠は現在の峠の呼び名だが、古来の習慣では「紀伊見峠」というのが本当らしく、『紀伊名所図会』にもそう表記されている。「紀のみ峠」「紀の見峠」「木目峠」「木の実峠」「木の嶺峠」などと書かれて「きのみとうげ」と発音されることもある。岡潔の母方のいとこの北村俊平《きたむらしゅんぺい》などは晩年にいたるまで「紀伊見峠」という呼称にこだわりをもっていたという。紀見峠を和歌山県側に降りたところに国民宿舎があるが、その名称は「紀伊見荘」である。このようなところに今も古い地名の名残が生きているわけである。呼称の由来は、大阪側から高野詣でにやって来て峠に立つと紀伊国（きいのくに。和歌山の古名）が見える、というほどのことであろう。

鰯雲繰り出し紀伊見峠越ゆ　　藪本三牛子

凩《こがらし》に新月生る紀伊見峠　　風太郎

岡潔の母は八重さんという人で、岡家と同じ紀見峠の北村家の出である。北村家は八重さんの弟の長治《ながはる》が継ぎ、その長男が俊平さんである。岡潔と年恰好も近く、幼時から仲のよいいとこ同士であった。大東亜戦争（太平洋戦争）中に紀見村の村長だったこともあるが、生来の文人で、「風太郎」と号する俳人であった。『風太郎句集　麦門山房抄』がある。

紀見峠の頂上附近から峠の下の地域一帯が紀見村で、根古川という川が流れている。紀見峠を背にしてさらに南下すると紀の川に出会う。その一帯が同じ伊都郡内の橋本村である。

根古川の雪の清水ぞ飲み給へ　　風太郎

墓下の家と松下の家

岡家の本籍地のすぐ隣に斜面を縫う坂道の登り口がある。少し登ると、山肌の傾斜をそのまま段々畑のような形で利用して、地域の家々の墓地の広がる一画に到着する。岡家の先祖代々の墓地はここにあり、親戚筋の北村家の墓地もここにある。この位置関係から見て、かつて岡家は「墓下《はかした》の家」と呼ばれたことがある。この家は今はなく、跡地にはわずかな石組みが痕跡をとどめているにすぎない。明治三十九年六月、長雨で山がくずれ、岡家の勝手元が押しつぶされるという事件があり、岡家は移転したのである。

移転先は同じ紀見峠の頂上の柱本九三五番地であった。松の大木の葉の影の射す土地で、高野街道に沿う集落の大阪寄りの末端に位置していて、ちょうど「標高三八五メートル」の立て札が立っている県境《けんざかい》のあたりである。墓下の家は完全につぶれたわけではなかったので、倉や風呂など一部分をひっぱり、建て増しを行って新しい岡家が作られた。そこでそれまで存在した墓下の家は、新たに岡家ができてからは「元家《もといえ》」とも呼ばれることになった。この間の事情を知る土地の古老の中には今もそう呼んでいる人がいる。

急ごしらえだったためであろう、新しい岡家の構成は少々変わっていて、四方に四棟が建ち、中央は空き地になっているという構えであった。敷地も岡家の所有地である。岡家の元家は曾祖父の代までは高野詣での旅人相手の「岡屋《おかや》」という名の旅籠《はたご》だったが、その宿屋時代に「離れ」と呼ばれていた客間を移築して、西側に配置した。ここは岡潔の祖父母（岡文《ぶん》一郎《いちろう》とつるのさん）の住む隠居部屋になった。ほかに風呂と倉も元家から移されて、風呂は西側に、倉は北側に設置された。倉の隣には井戸もあった。元家の高野街道の向かい側には元から物置があったので、これも移築して南側に配置した。そこには座敷があり、岡潔の両親と岡潔本人、それに妹の泰子さんの住まいにあてられた。座敷の隣の勝手元にみんな集まってそろって食事をした。

北の一棟は松の下に以前からあったわらぶきの家で、ここには伯父、すなわち岡潔の父、岡寛治《おかひろはる》のすぐ上の兄の谷寛範《たにひろのり》が奥さんと二人で住んでいた。谷寛範が大正六年に亡くなったとき、祖父の岡文一郎はなお健在だったが、やがて中風で倒れ（二度目の中風）、祖母のつるのさんとともにわらぶきの棟に移り住み、ここを隠居部屋にした。文一郎が亡くなった後、つるのさんはまた元の離れにもどっていった。

　中央の空き地ではつるのさんがお花畑を二つ作っていたが、それとは別に一本の「あおそ」の木があった。「あおそ」は渋柿である。また、果樹園もあった。

　つるのさんは潔少年といっしょに朝顔の花に花の色を書いたこよりをつけてまわったりした。これは種の見分けがつくようにするための工夫で、朝顔は種類が多いから、花がしぼんでしまわないうちにそうしておかないと、どんな朝顔だったのかわからなくなってしまうのである。咲き盛りにはたくさん咲くのがうれしくて、夕方になるとつぼみを数え、「おばあちゃん、明日は百いくつか咲くよ」と潔少年はつるのさんに報告した。

　つるのさんは身だしなみのよい人で、夏などは麻の着物を着て座ぶとんにきちんとすわり、長い煙管《きせる》でよく煙草《たばこ》を吸っていた。

　高野街道に面した東側の一棟は新築の二階建てで、一階二階ともに物置として使われた。尋常小学校時代の岡潔は月刊誌『日本少年』を購読したり、童話集『お伽花籠《とぎはなかご》』を読んで心をときめかせたりしてすごしたが、紀見尋常高等小学校の高等科に通い始めた当座、潔少年が家の書庫に入り込んで読みふけったのは、『西遊記』『絵本三国志』『真書太閤記』『近世美少年録』『南総里見八犬伝』『椿説弓張月』『新編水滸伝』などの分厚い物語本であった。みな以前から岡家にあったもので、『新編水滸伝』（正確には『新編水滸伝全』という本である）などは、明治二十五年十一月十三日発行という古い本である（発行所は一二三堂）。叔父、すなわち父の弟の齋藤寛平の所持品で、「齋藤寛平氏愛読之書也」と記入されるとともに、ローマ字で「K. SAiTO」と署名されていた。この本は現在、橋本市御幸辻《みゆきつじ》の郷土資料館に展示されている。

書庫の場所ははっきりしないが、昭和二十四年に書かれたエッセイ「春の回想」に「倉の二階の物置きのような書庫」と出ているところを見ると、元家から引っ張って北側に配置した倉の二階が本の置き場所になっていたのであろう。後年、岡潔はこの時期の特異な読書体験を「なにしろ物語でありさえすれば、分厚いものほどよかった」(『春宵十話』所収「義務教育私話」)と回想し、

「読書力の大切な要素の一つに速さがある。これを欠くと雄大な計画は立て得ないのではなかろうかと思われるのだが、この速さをつけるにはこの年ごろに多読させるのがよいのではないかと思う」(同上)

と言い添えた。『日本少年』と『お伽花籠』の時代はすでに過ぎ、この物置きのような書庫は、いつしか岡潔の少年期を画する聖域に変容したのである。

新しい岡家には特別の呼び名はないが、東北の隅に一本の松の大木があったところに着目して、「松下《まつした》の家」とでも呼ぶのがもっとも相応しいように思う。これは岡潔の心情にもかなっていたようで、今も遺されている第一論文の別刷の表紙に岡潔の手で第二の岡家の簡単

な見取図が描かれているが、その脇に「まつの下」と書き添えられている。日付は「1951. 5. 29（火）」すなわち一九五一年（昭和二十六年）五月二十九日であり、この時期の岡潔の所在地はすでに奈良市内であった。

祖父と父はこの松下の家で亡くなった。岡文一郎が行年七十四歳を一期に世を去ったのは大正七年三月十五日であった。このとき岡潔は粉河中学第四学年に在籍中で、最終学年への進級を間近に控えていたが、このころは寄宿舎を出て紀見峠から通学していたから、祖父の末期に立ち会うことができたであろう。岡寛治は昭和十四年四月一日、行年六十八歳で没した。広島文理科大学を休職して郷里に逗留中の時期であり、四月一日にはちょうど京都大学で開催中の日本数学物理学会年会に出席中で、しかもみずからの講演の日でもあった。

せっかく建てられた「松下の家」だったが、この家も今はもう存在しない。明治三十九年の時点から数えて三十三年後の昭和十四年夏、おそらく八月中に、岡家は麓の慶賀野《けがの》地区に家を借りて引っ越したのである。原因は、大阪の富田林と和歌山の橋本を結ぶ道路の拡幅工事が行なわれることに決まり、家屋の敷地のおよそ半分が削り取られる見通しになったためであった。宅地に隣接して畑もあり、栗やみかんや柿を植えたり、菊を栽培したりしていたが、宅地と畑を併せて内務省に売却された。売却の日付は九月二十日である。岡潔のエッセイ「義務教育私話」（『春宵十話』所収）などによると、この畑は家の裏手にあたる西側にあり、元はみかん山だったようである。しかし岡潔が小学校六学年のころ（明治四十五年）にはもうぼろぼろのみかんしかならない状態になっていて、ほったらかしにされて、みかんの木と木の間に菊が生えるにまかせてあったという。
現在、天見方面から紀見峠に向かうと、頂上の県境の地点で道が分岐して、古い高野街道への入り口に出会う。国道と高野街道の中間地帯は軽度のがけになっていて、その斜面の中ほどに、かつて岡家の中庭にあった「あおそ」の木が今も立っている。岡家の東北隅にあったあの一本松も枯れ果てて今はない。昭和四十八年（一九七三年）六月十四日、松の枯れ木が売却され、痕跡も消失したが、それから二十二年後の平成七年（一九九五年）十一月、新たに松の幼木が植樹され、その前に（本当はここは生誕の地ではないが）「岡潔生誕の碑」が建てられている。

なつかしや
　木の実峠の
　　一つ松
北村純一郎（昭和五年）

岡潔の親戚筋の間では、岡家は当初は必ずしも慶賀野に降りていくことにはなっていなかった模様である。岡潔には岡憲三という一巡《ひとめぐ》り（十二年）違いの兄がいて、すでに分家して同じ紀見峠に住んでいた。その憲三さんが尽力し、松下の家の高野街道をはさんだ向かい側に家の一部（隠居部屋と風呂）と倉を引いて新居をととのえたが、岡潔は生活に不便な紀見峠をきらってこれを断った。荷車を引いて慶賀野の貸家に大量の荷物を運び込んだものの、運びきれず、たくさんの荷物が倉に詰め込まれたままになったという。これは憲三さんのお子さん（次男）の岡隆彦さんに聞いた話である。

憲三さんが用意した家は倉を残して近所の人に売却され、買った人が後に河内長野に引っ越したおりに岡隆彦さんが家を買い取った。この家は後に津田さんの家の一部になって長く使われたのちに、平成十三年八月末、津田家の建て直しに伴って解体された。古い岡家の痕跡はあらかた消失し、ただひとつ、倉が残るのみという成り行きになったが、惜しむ声が高まったのであろう、平成十三年九月、橋本市の意向により古い津田家は移築して保存されることに決まった。

倉はもともと岡潔の所有物だったが、これも岡隆彦さんが購入し（岡潔が奈良に移住したときのことであろう）、今も隆彦さんが管理している。

岡家の転居先の番地表記は慶賀野の二九一番地であった。すぐ隣が紀見村役場だったので、岡潔は初め、手紙の住所表記を「村役場横」と書いたりした。そこでこの貸家は「役場横の家」と呼ぶのが相応しいであろう。祖父と父はすでに亡くなっていたから、「役場横の家」の住人は祖母のつるのさん、母の八重さん、岡潔本人、奥さんのみちさん、それに長女のすがねさん（柱本尋常小学校一年生）と長男の熙哉《ひろや》さん（数えて四歳）の六人家族であった。祖母と母はこの役場横の家で世を去った。

つるのさんは肺炎にかかり、栄養失調で体力が弱っていたため乗り切れず、昭和十五年五月十九日に亡くなった。戸籍上では九十六歳で、文一郎と同い年ということになっていたが、実際には数えて九十二歳であり、文一郎より四歳だけ年下である。岡潔のエッセイに出ている説明によれば、わざわざこのような操作をしたのは、あまり若いお嫁さんをもらうのを文一郎がはばかったためというが、高々四歳違いにすぎないのであるから、必ずしも若すぎるとは言えないようにも思う。

八重さんが亡くなったのは大東亜戦争の渦中の昭和十九年七月十二日午前八時半のことで、数えて八十一歳であった。この日、岡潔は、

午前8時半　母　長逝ス

と日記に書いた。

岡潔は多くのエッセイを通じて饒舌に父を語ったが、母を語る言葉はとぼしく、ほとんど何もわからない。終戦間際の昭和二十年七月十二日は母の一周忌であった。岡潔は慶賀野から紀見峠に登り、八重さんのお墓参りをした。

母が没してから二十九年後の昭和四十八年十二月七日夜、数えて七十三歳の岡潔は唐突に母を回想し、八重さんが亡くなったときの情景を日記に書き留めた。あの日、岡家には八重さんと岡潔のほかはみな留守で、岡潔はひとりで母を見送ったというのである。

八重さんはつるのさんと同じく栄養失調の気味があり、そのうえ下痢気味で、床に伏していた。岡潔は軽く見て医者にも診せないままだったが、七月十二日の朝、八重さんが突然、

「寒いよう」と言った。庭にいた岡潔が母のそばに行くと、八重さんは、

「潔さんもっと布団をおさえて」

と言った。そこで布団をたくさんかけて精一杯おさえたが、それでも「寒いよう」と言い続けた。それから間もなく「暗いよう」と言いながら岡潔に手をにぎらせて、そのまま火が消えていくように死んでしまった。母を語る岡潔の言葉は、生涯においてほぼこれに尽きている。

祖父の没後しばらくは岡家の人々は一同みな揃っていたが、父、祖母、母と次々と世を去っていき、岡潔とみちさんと三人（昭和十六年八月、次女のさおりさんが生れた）の子どもだけが後に残された。生家はとうになく、なつかしい人たちももういなかった。紀見峠の岡家の墓地だけが、岡潔を故郷につなぐ唯一のきずなであった。

慶賀野の新居は、明治十三年（一八八〇年）十二月十六日に紀見峠に開設された郵便局を解体して慶賀野に運び、組み立て直して作られた家で、岡潔のいとこの北村俊平さんの長男、北村暾《きたむらとん》さんの奥さんの実家、向井家の持ち家であった。ここに戦中戦後をはさんで昭和二十三年春まで住んだが、北村暾さんの家族が入居することになったため、同じ紀見村慶賀野地区内の「処理所」（慶賀野二三一番地）に転居した。「処理所」というのは農作物を集積して処理する場所で、ここに畳を敷いて部屋を二つ作った。この建物も後に取り壊され、撤去さ

れた。慶賀野集会所の隣の空き地がその跡地である。

「村役場横」の家は現存し、今は一ノ瀬《いちのせ》哲和《のりかず》さんが北村さんから買い取って住んでいる（北村さんは富田林に転居した）。ただしこの家は元は玄関が道路に面していたのを一ノ瀬さんが九十度回転させて向きを変え、少しだが建て増しもしたため、全体の構えは昔に比べて少々異なっているという話である。

岡家の人々（一）

岡家の血筋は相当に古くまでさかのぼれるようで、岡潔は粉河中学の三年生のときの夏休みに、祖父に命じられて過去帳を書き直したことがあるという。しかしその過去帳はぼくも見たことがない。岡潔が書き遺したエッセイに具体的に名前が出てくるのは岡潔の曾祖父、岡文左衛門《おかぶんざえもん》からで、没年月日は明治十四年（一八八一年）一月二十五日、満五十三歳十一箇月と判明している。逆算すると生年は文政十年（一八二七年）二月ころになるが、岡家ではなくて伊都郡胡麻生《ごもう》村（現、橋本市）の鈴木家に生まれた人物で、岡家に養子に入ったのである。鈴木家は神職で、祖先に熊野付近の神主だった人がいると言われているが、詳しいことはもうわからない。曾祖母の名前もわからない。

岡文左衛門の時代の岡家は大庄屋だったが、既述のように本業は旅籠で、屋号は「岡屋」である。紀見峠にはほかにも「大原屋」「虎屋」「井筒屋」「丹波屋」「吉野屋」など、僅々三百メートルほどの間に高野詣での旅人を相手の旅籠が軒を並べていた。宿屋はだいぶもうかったようで、岡家では高野山の恵光院《えこういん》にお金を預けていたという。高野山のお寺が銀行のような役割を果たしていたのであろう。

この蓄積された現金が活用されたのは明治維新後のことで、明治六年（一八七三年）、地租改正条例が布達されて税を現金で納めることになったときであった。農民は現金をもっていないから税金を納めることができなかった。そこで慶賀野地区の農民が相談し、岡文左衛門に田畑を買ってもらおうではないかということになり、数人の代表が手みやげに熊野鯖（塩物）を二、三本もって頼みにきたという。岡家はこれを受け入れ、石高四百俵くらいと言われる大地主になったが、祖父の文一郎が政治活動に注ぎ込んだため、莫大な資産もだいぶ目減りした。

話が前後したが、岡文左衛門には四人の男の子と一人の女の子がいた。女の子は芳江《よしえ》という名前で、同じ紀見峠の北村家の北村伴治《きたむらともはる》のもとに嫁ぎ、岡潔の母の八重さんの母親になったから、岡潔から見ると父方の大叔母（祖父、文一郎の妹）であると同時に母方の祖母でもあることになる。北村家は岡家と並ぶ紀見峠の名家である。代々「津田源兵衛」を名乗り、北村伴治の代で第十一代になるというから家系は古く、初代は紀見峠に集落ができ始めたころにさかのぼるであろう。なぜか北村伴治の代に「津田」を捨て、「北村」に改姓した。岡家の岡屋と同様、旅籠「虎屋」を営んでいた。虎屋は脇本陣《わきほんじん》であった。

男の子四兄弟は順に文一郎、源一郎《げんいちろう》、貫一郎《かんいちろう》、正一郎《しょういちろう》（「しょういちろう」と思うが「まさいちろう」かもしれない）といい、長男の文一郎が岡潔の祖父である。文一郎と源一郎の間に芳江さんがいた。文一郎の生年月日は弘化二年三月十八日（一八四五年四月二十四日）と判明しているが、明治維新の前のことであり、そのころの紀見峠の地名表記は紀伊国伊都《いと》郡《ごおり》柱本《はしらもと》村である。源一郎は文左衛門の生家の鈴木家に養子に入り、正一郎は天見の相宅家に養子に出た。

貫一郎は分家して紀見峠に家を構え、長兄の文一郎ともども政治活動に熱心に打ち込んだ。十五歳のとき、早くも慶賀野村庄屋になったのを皮切りに、和歌山県県会議員、紀見村村長などを歴任した。明治二十二年四月一日、市制・町村制の実施に伴い十一箇村（辻、橋谷、北馬場、胡麻生、柱本、矢倉脇、慶賀野、杉尾、細川上、細川下、境原）が再編成されて新たに紀見村が誕生したが、そのおり初代村長に当選したのは岡貫一郎である。この時期、兄の文一郎のほうは伊都郡の郡長で、その前は和歌山県県会議員であった。

治安裁判所事件（伊都郡紛擾事件）

今はもう廃止されたが明治期には郡が町村と県の中間に位置する行政組織になっていて、各々の郡に郡役所が設置されていた。伊都郡の郡役所は初め妙寺《みようじ》村の遍照寺に置かれたが、岡潔の祖父、岡文一郎が郡長だったとき、岡郡長の強い意向により橋本村に移されるという事件が起こった。明治二十三年（一八九〇年）五月のことであった。

徳川時代の幕藩体制にかわって中央、地方ともども新しい行政機構が形成されつつある時期であったから、この種の縄張り争いはほかにもいろいろあり、郡役所移転の二年前の明治二十一年秋には、和歌山県治安裁判所出張所（土地の登記事務を扱う役所）の設置場所を伊都郡内のどこにするかという問題で紛糾した。郡役所の所在地である妙寺村では当然のように強力な誘致運動が展開されたが、頓挫して、橋本村にもっていかれてしまった。このときも岡郡長の意向が通ったのである。ただし妙寺村の側も懸命だったから滑らかに事が運んだとは言えず、明治二十一年九月五日、「治安裁判所事件」と呼ばれる有名な紛擾《ふんじょう》事件が起こった。

この日の午後、伊都郡西部の有力者十七名が郡役所で岡郡長に面接し、談判したが、埒《らち》があかなかった。夕刻、岡郡長が交渉を打ち切って退出しようとしたところ、蝟集《いしゅう》して郡役所を取り巻いていた群衆の阻止に遭い、深夜にかけて、

「郡長の退出を門外に待受けて瓦礫を投じ郡長は負傷して庁内に引還《ひきかえ》せり。同夜十一時右人民七百名許《ばかり》竹槍を持ちて押寄せ来り庁舎を破壊し護衛の警吏二名負傷せり」

（朝日新聞、明治二十一年九月七日。九月六日午後三時二十五分和歌山発電報「伊都郡民の暴動」。これが第一報であった）

という大暴動に発展したのである。

事件の発端は、治安裁判所出張所が設置されるという風説が、この地域一帯に伝播したことであった。司法省への上申、裁判所・県庁への請願など、伊都郡における治安裁判所出張

所を妙寺村に誘致しようとする運動がさまざまに展開された。事件の一週間前の八月二十九日にも、四百余名という大群衆が各々蓑笠を装って和歌山市（県庁所在地）に向かい、県庁と和歌山始審裁判所に出頭し、県知事と裁判所所長に請願したばかりであった。この請願は効果がなく、かえって説諭を受けて引き下がるほかはなかった。このとき説をなす者があって、衆目の一致するところとなった。すなわち、

「郡長がこのことに関し上申したのが第一の原因である。よろしく郡長に迫ってその理由を問いただすのが順序である」

（朝日新聞、明治二十一年九月八日。「伊都郡民暴動の細報」）

ということになり、郡役所にでかけて郡長に面会を求めることに一決した。請願の不調の原因が岡郡長個人に帰着されていったわけで、この想念が一つの焦点に収斂し、明治前半期の地方政治史に長く伝えられる大事件を生んだのである。

当時の朝日新聞を参照すると、これを「伊都郡民暴動事件」と見て、事件の顚末やその後の成り行きを伝える解説記事が続々と掲載されている。暴動の首謀者は拘留され、裁判にかけられたから、明治二十二年一月二十三日の日付で書かれた「治安裁判所事件予審終結言渡書」のような公式記録も残っている。今日の通史（『かつらぎ町史』など）では「伊都郡紛擾事件」などと表記されることが多いが、この中立的な呼称は後世の造語であろう。

明治二十一年九月四日、松山英太郎、稲本保之輔《いなもとやすのすけ》ら伊都郡西部の有力者総勢二十一名が宝来山神社（和歌山県伊都郡萩原村。現、かつらぎ町萩原）社殿に参集した。和歌山始審裁判所所長より、出張所の位置が橋本村に確定したとの内達が岡郡長のもとに届いたというわさ話をめぐって協議した結果、翌九月五日、郡長に面会して事の真否を問うことになった。もし内達があったことが本当なら、それはそれでやむをえないが、その場合には、郡長よりその筋に妙寺村にも増設の請願を出すよう、申し出るという方針が打ち出された。これは「治安裁判所事件予審終結言渡書」に記されている経緯である。しかしこれだけならごく穏当な交渉事にすぎず、別段、大暴動に発展する気遣いはない。実際にはやはり新聞の報じる通り、談判の目的は「岡郡長の上申」を糾弾することにあったのであろう。

「治安裁判所事件予審終結言渡書」によると、九月五日午前、松山英太郎を始めとする面々は郡役所に向かい、途中、妙寺村の旅人宿「佐官屋」に立ち寄り、休憩したという。この交渉のうわさを伝え聞いた妙寺村および近村の村人も、佐官屋や、郡役所門前の遍照寺の周辺に続々とつめかけた。稲本保之輔らは中飯降村《なかいぶりむら》から佐官屋にやってきた。午前十一時すぎ、稲本保之輔を除き、一同打ち揃って郡役所に向かった。郡役所の周辺には百人余の群衆が群がっていた。

松山英太郎が代表して岡郡長に会い、妙寺村何某ほか何百名、何村何某ほか何十名と列記した名刺を差し出して、全員と面会するよう申し入れた（伊都郡西部三十一箇村から参集したという）。これに対し岡郡長が、代表者を選出せよと応じたため押し問答になったが、結局、松山英太郎以下十七名の代表者（ここには稲本保之輔の名前は見られない）の氏名を記載した拝謁願書が提出された。岡郡長の言い分が通った恰好であった。これを受けて、午後零時半から第一科席において面会が始まった。交渉は難航し、数時間に及んでなお決着をみなかった。

岡郡長は十七名の面々に向かい、群衆の代表者なのか否かと尋ねた。小島勝三が、総代ではない、と返答した。しかし朝日新聞の記事「伊都郡民暴動の細報」（九月八日）によれば、一時に大勢でおしかけるのでは警官に制止されるに決まっているから、およそ一村に一名ずつくらいの村総代を選び、第一にその総代が郡長に面会を請い、次いで人民の総代を選び、第二にその総代が郡長に面会を請うという手筈になっていたということである。「治安裁判所事件予審終結言渡書」の記述はこのあたりも新聞報道と食い違っている。

このころにはすでに数十名の民衆がわらじをはき、襦袢がけのまま登庁し、人民控所、玄関受付所、西北の庭などに充満していた。酒気を帯びる者もあってたいへんな騒ぎになり、静粛にするよう説諭しても効果はなかった。そこで妙寺村派出所に照会し、警部補山村楠一の出張を要請した。到着を待つ間も妙寺村地区の民衆の参集はやまず、しきりに遍照寺の鐘を撞き鳴らし、人を集めた。また、大師堂の縁の下に隠してあった竹槍を取り出して示威し、官庁を蔑視したり、官吏を軽蔑するなどの挙動に出た。

岡郡長は代表十七名に向かい、

「本官は過日来脳病にかかったため、疲労がはなはだしい。退庁時間も過ぎたので、あらためて明朝面会することにしたい」

とさとしたが、「事は急を要する」として、退かなかった。

午後二時、山村警部補が巡査二名を連れて郡役所に到着した。山村警部補の説諭を受けて群衆の過半は退出したが、残りは「静粛に傍聴するから」というのでそのままにした。山村警部補の立ち会いのもとで交渉が再開された。

松山英太郎が、

「治安裁判所の位置は橋本村に確定したという内達があったか否か」

と問うと、岡郡長は、

「橋本村に確定したかどうかは知らないが、橋本村より申し出のあった家屋を出張所にあてるようにとの内達はあった」

と応じた。すなわち事実上、すでに橋本村に決定済みということにほかならない。続いて小島勝三、前田松三郎、木村錠之助らが交互に立って、出張所は妙寺村に置くほうが便利であることと、橋本村に置くべきではない理由を述べ、橋本村に確定したのであれば、妙寺村にも増設するよう尽力してほしいと請求した。すると岡郡長は、

「東部人民の利益をはかれば西部人民は必ずそれを恨むであろう。西部人民のために妙寺村を適地とすれば、東部の人民はまた必ず不平を鳴らすであろう。だから、どの地が適当であるかということは、郡長たる者は明言することはできない。従ってその筋に意見を具申するというようなことは職権外のことであり、要求に応じるのはむずかしい」

と答えた。

九月八日付の朝日新聞の記事「伊都郡民暴動の細報」は「治安裁判所事件予審終結言渡書」には記載のないもうひとつの事実を伝えている。治安裁判所出張所の橋本村設置の内達は岡郡長のあずかり知らぬことではなく、かえって岡郡長自身がそのように上申したというのである。

この新聞記事によれば、まず初めに郡長に面会したのは村総代たちであり、続いて三十余名の人民総代たちとの面会が行なわれた。村総代たちというのは、「治安裁判所事件予審終結言渡書」にいう代表十七名のことであろう。彼らは郡長に向かい、

「治安裁判所出張所を橋本村に置こうとするのは不当である。妙寺村に置くのが至当であ

る。そこで我々は県庁と裁判所に出向いてその旨を陳述したが、不調に終わった。その理由の中で理解しがたいのは、貴官が妙寺地方を捨てて、橋本地方のほうが便利であり、至当の場所であると上申したという一事である。これでは妙寺村の人民への思いやりのないこと、はなはだしい。今日の面会の主眼はここにあるのである」

と詰問した。伊都郡西部の人々の目には、岡郡長が職権を利用して、出身地の伊都郡東部地区のために画策したと映じたのであろう。これに対して岡郡長は上申したことを肯定し、

「そのようにしたのはもとより職権を行使したというだけではなく、ひとえに郡内全般の福利公益を望む精神に出たのにほかならない」

と返答した。続いて三十余名の人民との談判の場でも同様の問答が繰り返された。朝日新聞の記事「伊都郡人民暴動続報」（九月九日）によれば、伊都郡西部地区三十一箇村の各村から一名ずつ選出された総代が三組に分かれ、三度にわたって郡長に面会したという。

このあたりの応酬がこの日の談判の焦点であった。伊都郡西部の人々が問題にしたのは、すでに内達があったか否かということの確認ではなく、それは既定事実と承知したうえで、はたして岡郡長がそのように上申したのかどうかという事実関係に、もっぱら関心が寄せられたのであった。したがって談判のねらいは岡郡長個人の糾弾にあったことになるというの

が新聞記事の言わんとするところであり、事件の展開の状勢から推して、真相を衝いていると思う。「治安裁判所事件予審終結言渡書」のほうは、何かしら政治的な理由（岡郡長の個人的責任の有無が論点になったという形を避けるためであろう）があって、要点を糊塗したのではないかと思われる。

郡役所の外でも一触即発の気運が盛り上がりつつあった。伊都郡妙寺村ほか二十三箇村の人民総代であった妙寺村の草田亦十郎《くさだまたじゅうろう》が、妙寺村もこの動きに応じなければと判断し、住民に郡役所に参集すべしという触れを出したのである。

草田家は造り酒屋であった。草田亦十郎の指示により草田家から四斗樽を取り寄せて、郡役所の周囲に蝟集する群衆に振る舞った。群衆の気炎はますます盛んになり、遍照寺の梵鐘を撞き鳴らしたり、郡長や郡書記に罵詈雑言を浴びせたりした。

午後五時ころ、書記華岡治兵衛が登庁した。次いで橋本警察署詰警部補石原大が巡査二名を連れて出張してきた。

午後六時ころ、十七名の代表者が退出した。だが、面会を求める者は後を絶たず、酒気を帯びる者も増えるばかりであった。飯米三斗が炊き出され、群衆にふるまわれたが、これを命じたのはまたも草田亦十郎であった。不穏の度合いがますます高まっていく様子を見て、岡郡長は書記華岡治兵衛に代理を命じ、警察官の保護を受けて退出したが、廊下に草田亦十郎がいて、両腕を広げて阻止しようとした。石原警部補が叱咤してこれを退け、玄関に出ると、西北の方角からしきりに投石があった。危険をおかして門外に出たところ、岡郡長の頭に石が当たった。朝日新聞の記事によると、重量およそ一貫目ほどの荒石が頭部をかすめたというが、幸い帽子をかぶっていたおかげで大事には至らなかった。付き添った傭員にも石があたったため、やむなく役所内に引き返し、（九月九日の朝日新聞の記事によると）周囲に簞笥や長持などを並べ、その上部をテーブルやありあわせの板などで覆い、一同その中に伏せって身を隠した。数百人の群衆が追随して乱入し、面会を強請したり、瓦礫を投じたりという騒ぎになった。投げ込まれた石は、五貫二百目以下一貫目以上のもの七十五個、一貫目以下の瓦礫を合わせれば、総量およそ六百五十貫目に達したという（朝日新聞、九月二十五日。「伊都郡暴動余聞」）。

夜に入ると、草田亦十郎の命により薪《まき》数十貫が取り寄せられて、六箇所にかがり火がたかれた。ある者は

「郡長じゃない。岡文《おかぶん》じゃ」

と叫び、ある者は、

「岡文は今夜限りの命だ。水を手向けよ」

と叫んだ。またある者は、茶碗や硯箱を投げ、喊声《かんせい》をあげた。

午後九時半ころ、九度山分署長警部補太田弥熊が巡査二名を連れて出張してきた。草田亦十郎が山村警部補に、「郡長は明日面会を許すか否か、確答を得たい」と求めると、山村警部補は「郡長は病を押して明日面会する」と、岡郡長の意向を伝えた。これを聞いて草田亦十郎は同意見の者数名とともに引きあげた。しかし多くの群衆は、郡長が明日面会するのであれば徹夜するべきだと言いつのり、依然として退かなかった。草田亦十郎たちはこのあたりが引き所と見て、煽動《せんどう》から一転して退散するよう説得にあたった。午後十時すぎ、橋本警察署長警部松下一郎が巡査三名を連れて到着した。

やがて群衆は漸次退散し、かがり火も消え、人影も見えなくなった。これが午後十一時ころの状勢で、吏員一同安堵して、遅い夕食にとりかかろうとした。そこに突然、爆裂の音が響き、郡役所の東西から雨霰のように瓦礫が投げ入れられ、外戸や窓がこわされた。また、竹槍が投じられた。郡吏らはなすところを知らず、第三科席に潜伏して一時間ほどすごしたが、いっこうに暴挙がやまないため、松下警部が警察官、巡査を指揮し、一同抜刀して表門から突入した。武器はサーベルと報じられたが、実は日本刀が使われたという伝聞がもっぱらで、今もこの地域に伝えられている。群衆がようやく退散し、完全に鎮静したのはもう深夜一時ころのことであった。

この騒ぎは伊都郡東部にも伝わり、万一郡長に事があっては黙止すべきではないとして、人づてに五百人ほどの人数が集まり、押し寄せようとする構えを見せた。東西両地区の群衆が衝突したら大事件だが、こちらは名倉村あたりで警官に制止された。これが、「治安裁判所事件予審終結言渡書」と新聞報道が伝える伊都郡紛擾事件の概要である。
深夜一時すぎ、岡郡長は帰宅しようとした模様だが、群衆はなお遠巻きにたむろしていたのであろう、はばまれて陸路をとれず、紀の川を舟で橋本まで遡航したという。このエピソードは今も橋本地区で語られていて、ぼくに教えてくれた土地の古老がいた。岡文一郎はこの事件のとき数えて四十四歳であった。

*　*　*

暴動事件の後、草田亦十郎、稲本保之輔以下、総勢六十五名の勾引者が出て、和歌山市に護送された。なかでも草田亦十郎などは「凶徒聚衆の首魁《しゅかい》」(「治安裁判所事件予審終結言渡書」)と見られたりするというふうで、とうてい無事にすむとは思えない状況であった。ところが新しい年が明けてまもない明治二十二年二月十一日、紀元節の日に明治憲法が発布された。同時に大赦令が出て、伊都郡騒擾事件の拘留者たちはみな釈放された。それなら何事が起こらなかったのと同じことで、さながら大山鳴動してねずみ一匹という風情であった。

旌徳碑《せいとくひ》と顕彰碑

十月に入り、予定通り橋本村に和歌山県治安裁判所出張所が設置され、一つの懸案が決着を見た。それから半年後の明治二十三年五月には郡役所もまた橋本村に移転した。移転先は橋本村大字橋本百九十七番地の御殿場跡（紀伊藩主の別邸跡）であった。岡文一郎の政治力の成果と言わなければならないが、西部地区の人々にしてみれば、してやられたという怨念が長くくすぶったことであろう。

明治二十一年九月五日の紛擾事件の傷跡は伊都郡西部地区に大きく残ったが、ともあれ岡郡長の一連の処方の結果、橋本村は伊都郡全域の行政の中心を占めることになった。明治二十七年には村から町に移行して橋本町となり、近隣六箇村、すなわち岸上村、山田村、紀見村、隅田《すだ》村、恋野《こいの》村、学文路《かむろ》村の要《かなめ》として発展するという成り行きになっていった。これに対し妙寺村のほうは妙寺町になったきりで、その後の合併を経て今はかつらぎ町の一区域に編入されている。

橋本町では岡文一郎の功績をたたえ、大正四年（一九一五年）三月、庚申山の西南の位置にある丸山公園の花見台の側に旌徳碑《せいとくひ》を建立した。亡くなる三年前のことであり、このとき文一郎は数えて七十一歳であった。撰文は大阪朝日新聞社員、西村天囚《にしむらてんしゅう》で、漢学者としても著名な人物であった。これを機に岡家と縁ができ、大正十年、宮内省御用掛に任命されて東京に転居するとき、堺高等女学校を卒業したばかりの岡潔の妹の泰子さんを養女にして連れていった。泰子さんはしばらく「西村泰子」として生活し、それから西村天囚の親友の岡田正之の三男、岡田弘と結婚した。

岡文一郎の旌徳碑と対をなすかのように、伊都郡笠田村萩原（前の伊都郡萩原村。現在のかつらぎ町萩原）の宝来山神社の境内には、今も稲本保之輔の顕彰碑が建っている。稲本保之輔は伊都郡西部地区を代表する有力な政治家だった人物（岡文一郎と同じく元県会議員）で、紛擾事件の責任をとり、事件直後の明治二十一年十一月十四日午後三時、自宅土蔵の二階で割腹自決したのである。まだ数えて三十八歳という若い死であった。県政への影響力の大小が明暗を分けたと自省し、力の及ばなかったことと相俟って、多数の勾引者を出したことに深刻な責任を感じた結果の死と見てよいであろう。

宝来山神社は紛擾事件の前日、稲本保之輔たちが参集して岡郡長への直談判を画策した場所だったから、顕彰碑の位置としてはもっとも相応しいと考えられたのであろう。ただし初めの建立地は、稲本家の菩提寺である妙楽寺（伊都郡東村。後、笠田村東。現、かつらぎ町笠田東）境内の大和街道脇の大樟の木陰であった。一周忌にあたる明治二十二年十一月十四日、笠田村有志の手で建てられたというのであるから、岡文一郎の旌徳碑より四半世紀も早い時期である。その後、昭和四十九年（一九七四年）になって宝来山神社境内に移された。

岡文一郎のほうも無傷とはいかなかったようで、郡役所が橋本村に移転した直後、明治二十三年五月二日付で非職（地位はそのままだが、職務をとらなくてもよいこと）を命じられ、翌年春、そのまま依願免本官という処置を受けた（明治二十四年三月十七日付）。郡長の前は郡役所書記や県会議員をつとめ、和歌山県政に大きな影響力をふるった時代もあったが、郡長退任後は政治的関心が郷里への貢献に向かったようで、二期にわたって紀見村村長をつとめたり、私費を投じて「芋谷トンネル」を作ったりした。芋谷トンネルというのは、柱本から山ひとつ越えた堺原《さかいばら》へ通じる道が不便だったのを解消するねらいで作られた全長六十メートル、高さ一・八メートル、幅二メートル手掘りのトンネルで、今も通行可能である。

時代はくだり、昭和三十年（一九五五年）、全国的な規模で町村合併が進められていく趨勢に伴って橋本町は周辺の村々と合併し、新たに橋本市が成立した。紀見村は橋本市の一部になって姿を消し、今は大字名だけが残されている。紀見峠のあたりの現在の住所表記は「和歌山県橋本市柱本」である。

紀見峠の岡家についてもう少し話を続けると、本籍地である「柱本九二九番地」の位置は高野街道沿いの紀見峠の集落の中ほどで、ここに岡潔の父や祖父が生まれた岡家があった。岡家の背後は山の斜面である。家の前面に高野街道が走り、街道の向かい側にも家々が立ち並ぶが、さらにその後方には再び急斜面が続いている。灌木にびっしりとおおわれた崖のところどころに、麓に降りる間道がつけられていて、峠を昇り降りするための近道になっている。紀見峠の和歌山県側の麓の沓掛《くつかけ》という地域は、かつて柱本尋常小学校があったところである。沓掛は柱本地区内の小字である。その沓掛に隣接する一帯は慶賀野という地域（大字）で、わりあいに広々とした田畑が広がっている。岡潔の曾祖父、文左衛門や、祖父文一郎の時代には慶賀野地区の大半は岡家の小作地であったという。

紀見峠の頂上と麓を往還する山道のひとつは昔から「馬転《うまこ》かし坂」と呼ばれていた。馬も転げてしまうほどの急坂という意味が込められているのであろう。明治四十年、柱本尋常小学校に入学した岡潔は、紀見峠に住む他の小学生たちとともに馬転かし坂を通って通学した。この道は岡潔の生誕百年の節目が過ぎた現在もなお通行可能であり、ぼくも幾度か往復したことがある。

大正二年春、柱本尋常小学校を卒業した岡潔は和歌山県粉河中学校を受験して失敗し、一年間、紀見尋常高等小学校（所在地は紀見村橋谷田室。「橋谷」は大字名、「田室」は小字名）の高等科に通学した。今度は通学路は馬転かし坂ではなく、巡礼坂であった。巡礼坂は今は通行に向かないようで、平成八年暮、紀見峠に出向いたおりにこの坂を降りようとしたところ、途中に通れない箇所があるからと、土地の人に止められた。

草田源兵衛さんの話

明治二十一年の伊都郡紛擾事件から八十二年という歳月が流れた後のことになるが、草田亦十郎の縁続きになる人物が、岡文一郎の孫の岡潔にしかりつけられるという意外な事件が起こった。昭和四十五年六月七日の出来事で、この日、岡潔は和歌山県伊都郡かつらぎ町笠田公民館において開催された「かつらぎ風猛会」の年次総会に招かれて記念講演を行なった。「風猛会」というのは粉河中学の同窓会のことで、「かつらぎ風猛会」といえば、粉中の地元近辺に住む同窓生たちの集まりである。会長は草田源兵衛《くさだげんべえ》さん、副会長は当時のかつらぎ町長木村重雄であった。同窓会の名称「風猛会」は西国三十三箇所第三番「風猛山粉河寺《かざらぎさんこかわでら》」から採られたという。「風猛」は「かざらぎ」と読むのが本当らしいが、今日では字の通り「ふうもう」と読む習慣がほぼ定着した模様である。「風猛」を「かざらし」と読むのも有力で、粉河中学の同窓会誌の誌名は「かざらし」である。「かざらぎ」と「かざらし」の関係はよくわからない。

講演に先立って、岡潔は草田会長と木村副会長のために、

人には平生の心
の奥に無私の
心がある
　　　　　　岡潔

という同文の色紙を書いた。草田源兵衛さんは粉河中学第二十三回生（昭和三年三月卒業）であるから、第十四回卒業の岡潔の九年後輩にあたるが、そればかりではなく、伊都郡紛擾事件のおりの首謀者と目された草田亦十郎の親戚でもある人である。岡文一郎、草田亦十郎の時代から見ると孫の世代にあたる二人の人物が、同じ粉中の同窓になり、こうしてはるか後年の同窓会の席を同じくしたわけで、人生の巡り合わせというほかはない。

草田さんは「塀《へい》」という俳号をもつ俳人で、風太郎北村俊平と親しいおつきあいのあった人である。句集『涼《りよう》梢《しよう》日録《にちろく》』の著者である。

平成九年（一九九七年）一月二十七日、ぼくは和歌山県伊都郡かつらぎ町大谷の草田さんのお宅を訪問し、応接間で岡潔の色紙を眺めながら［この時点から振り返って］二十七年前の出来事の経緯をうかがったことがある。

岡先生の講演の内容はもうさっぱり覚えていないが、と草田さんは語り始めた。午後二時

に始まり、まず草田会長が開会のあいさつをした。参加者は総勢二百名ほどというから、相当の盛会であった。風猛会の会員が主で、ほかに各種学校の先生たちや自治体職員の姿も相当見受けられた。やがて講演が始まった。岡潔は演壇の右に左に身を移し、ときおり体をまさぐって上着のポケットから煙草（「敷島」だったという）を取り出した。一本を抜き取って口にくわえ、残りは袋のまままたポケットにもどし、それからまた体をまさぐって、今度はマッチ箱を引き出した。マッチを一本取り、片手でマッチ箱を構えて火をつけようとした。聴衆が固唾《かたず》を飲んで見守っていると、あわやと思ううちにマッチは元の箱におさめられ、あまつさえくわえた煙草も元の袋にもどされてしまった。この一連の所作には何の発言も伴わなかった。人に語りかけるというより、みずからへの語りかけとでも言うべき風があり、ほとんど聴衆の存在を意識しないかのようであった。

終了後の謝辞は木村副会長がすることになっていた。草田さんが木村副会長に目配せしてうながすと、どうか会長の言葉でもって閉じてくれと言われ、草田さんにお鉢が回ってきた。草田さんは色紙の言葉を引用しながら講演の内容に言及し、先ほど、先生は色紙に「人には平生の心の奥に無私の心がある」とお書きになっていましたね、と切り出した。この言葉遣いがちょっとでも違っていたら申し開きがたたない。そこでついうっかりと、

先生、さようでございましたね

と軽く念押しをした。そうそう、という程度にうなずいてくれることを期待して、それを梃子《てこ》にしてあいさつにはずみをつけようというほどの気楽な配慮であった。ところがこれが千慮の一失であった。岡潔は突如としてものすごい勢いで怒りだした。火鉢の火に花火を打ち込んだも同然の怒りようで、「烈火のごとく」という形容がぴったりだったというから、何かわけがあるのだろうとだれしもが思ったが、理解する者はひとりもなかった。何分にもあいさつはまだ始まったばかりである。草田さんは主催者側の席に立ちつくし、しかりつけられるままにまかせていた。それがまたいけなかったのであろう、講師席にすわっていた岡潔は、

しかっている自分がすわっていて、しかられているおまえが立っているとは何事か

と声に力を込めた。ここまでくると八つ当たりというほかはないが、草田さんの耳に残ったのは、ただこの言葉のみであった。

一同寂として声なく、会場に響くのは岡潔の怒声ばかりというありさまで、事態は収拾のつきそうにない様相を帯びてきたが、そこへ副会長の木村町長が割って入り、本日は御多忙のところをまことにどうも、というふうな通り一遍のあいさつをした。これで一段落した恰好となり、場はようやくおさまりを見せ始めた。

あとで粉中の後輩のひとりが草田さんに声をかけ、

災難やったな。お察しする。でも、この際、堪えていただきたい。あちらもこちらも身内（粉中の先輩後輩の意）だから……

となぐさめてくれたという。

公衆の面前でしかりつけられるという珍しい体験をするはめになった草田さんだが、不思議と腹も立たなかった。しかし閉会のあいさつはまだ始まったばかりだったのであり、岡潔の色紙の文言に事寄せて、わずかに講演を回想しただけにすぎないのである。いったい何が逆鱗に触れたのか、今もさっぱりわからない、というのが草田さんの話であった。

文化勲章（昭和三十五年）受賞を機にマスコミに発見された当初から、岡潔は世事にうとい超俗の数学者というイメージを伴って世間に受け入れられていった。だが、実際は案外そうではなく、何であれ状勢はよく認識していたように思う。岡潔は草田さんを紹介された時点ですでに、草田さんと草田亦十郎との関係をおおよそ理解したのではないかとぼくは思う。講演会場の笠田公民館の所在地の笠田地区といえば、稲本保之輔の顕彰碑の建つ宝来山神社の所在地であり、伊都郡紛擾事件の日の前日、草田亦十郎たちはその宝来山神社の境内に参集して岡郡長との談判に向けて鳩首協議を行なったのである。岡潔には心中いくばくかのわだかまりがあったのではあるまいか。

俗に十年ひと昔というが、伊都郡紛擾事件から百十三年目になる平成十三年春四月、ちょうど岡潔の生誕百年目にあたるころ、紀見峠に風太郎こと北村俊平の句碑が建立された。草田さんは戦後のある日、北村俊平と知り合う機会があり、人柄と俳句に感じ入って深い敬意を払い、生涯にわたって兄事するようになった。北村俊平の没後（昭和五十八年三月、数えて八十五歳で亡くなった）、風太郎句碑の建立は草田さんの長年の念願になっていた。

石一つ
　残して
　　野火の行哉《ゆくえかな》

句碑ができあがり、紀見峠で簡素な記念会が催され、北村俊平の次男で橋本市の市長でもある北村翼《きたむらよく》さんをはじめ北村家の人々、北村家と親戚筋の岡家の人々とともに、草田さんも参列した。恩讐《おんしゅう》を超えるというほどの大仰なたとえはあてはまらないと思うが、岡潔のいとこの北村俊平と草田さんの間に親しい交友が生まれたこともおもしろく、どこかしら大団円という言葉が相応しい情景が紀見峠に現われたような感慨がある。紀見峠と紀北の近代史が凝縮されて、稲本保之輔の顕彰碑、岡文一郎の旌徳碑と合わせて恰好の三幅対《さんぷくつい》が形成されたのである。

岡家の人々（二）

岡文一郎には男の子ばかり四人の子どもがいた。順に寛剛《ひろたけ》、寛範《ひろのり》、寛治《ひろはる》、寛平《かんぺい》といい、どの名前にも「寛」の一字が使われているところに特徴が出ていた。長男の寛剛は岡家の家督を継いで岡を名乗ったが、次男の寛範は谷家に養子に入り、三男の寛治と四男の寛平は姓を改めてそれぞれ坂本寛治、齋藤寛平となった。坂本寛治は岡潔の父であるから、岡潔は初め「坂本潔」という名でこの世に生を享けたのである。

「坂本」も「齋藤」も架空の姓であり、実在の坂本家や齋藤家に養子に入ったというわけではないが、これは徴兵を免れるための措置で、家督相続人は徴兵されないという初期の徴兵令の隙をついたのである。養子はともあれ姓の変更というのは奇妙な感じもするが、当時は常套手段だったようで、全国的に見られた現象である。

利岡中和《としおかちゅうか》の著作『真人横川省三伝』（昭和十年）は日露戦争前夜の満洲で特別諜報任務について有名になった横川省三の伝記だが、横川省三は盛岡の南部藩士、三田村家の次男として生まれた人で、二十歳のころ初め山田家、次いで横川家に養子に入った。これは徴兵忌避のためで、当時の南部藩の次男坊、三男坊の頭を支配していたのは、

「徴兵に出たって、どうせ薩長の奴らにこき使われる丈だ、馬鹿臭い、養子に行け」

という考えだったという。南部藩は会津藩とともに佐幕側に立ったため朝敵視されたのであ

る。この本には「著者がある老人から聞いた直話」というのも紹介されている。明治初年、新設予定の鎮台の将校候補として各藩から有力な武士の子弟が選抜されて大阪の兵学校（後の士官学校）に入ったが、財政の都合で新設鎮台六個の予定が三個になったため、兵学校卒業生の半数が不要になり、各藩に帰された。ところが残されて士官に任ぜられたのはほぼすべて長州人だったというのである。この老人は紀州藩の出身ということであるから、紀州一帯にも南部藩と似た空気が充満していたのであろう。

ところが明治国家の側もこの趨勢に対応し、徴兵令を改正して長子も徴兵できるように規約をあらためてきた。代わって創始されたのが明治十六年（一八八三年）制定の一年志願兵の制度であった。明治二十二年（一八八九年）には単独の法令として一年志願兵条例が制定され、中等学校と同程度以上の学歴をもつ者に対し、志願して一年間の兵役をつとめれば将校に任官できるという特権を与えることにした。ただし服役中の食料費、被服、装具、弾薬費、兵器修理費は自弁で、しかも無給料であり、検査往復費、入退営旅費、将校任官のとき必要な被服、装具の購入費もすべて自弁だったから、相当の資産家の子弟でなければ志願することはできなかった。坂本寛治は東京に出て明治法律学校（明治大学の前身）を卒業した後、この改正徴兵令に応じ、明治二十七年十二月二日付で陸軍歩兵少尉に任官して予備役に編入された。

岡寛剛は明治十六年七月、和歌山中学を卒業した。三回生で、同期卒業者は四名であった。同窓会名簿を参照すると、わずか四箇月前の明治十六年三月に五名の二回生が出ているが、その中に南方熊楠《みなかたくまぐす》の名前が見える。和中卒業後は郷里にもどったようで、明治二十二年四月一日付で紀見村の書記に就任したという記録が残っているが、同年八月四日、急逝した。『紀見村郷土誌』には事故のためと出ているのみであり、詳細は不明である。まだ数えて二十三歳で、この年二月に生れたばかりの男の子がひとり後に遺された。明治二十二年は大日本帝国憲法が発布された年であったから、それにちなんで憲法の「憲」の一字をとり、憲三という名前がつけられた。母は紀見峠の北村家の出の八重さんである。八重さんは後、坂本寛治と再婚し、潔、泰子の母になったから、岡憲三は岡潔と泰子さんの血のつながった兄に当たるわけである。

「日本婦人鑑」

坂本寛治の次兄、谷寛範は岡寛剛と同じ和中の卒業生で、橋本町の川向こうの清水地区の谷家に養子に入ったが、何か事情があったのであろう、岡家にもどり、再婚して松下の家のわらぶきの棟に住んだ。その時期はいつころからなのか正確な日時は不明だが、岡潔が小学校に入学する前の冬、すなわち明治三十八〜三十九年の冬のある日、潔少年はわらぶきの家に遊びに行き、「谷の伯母」（谷寛範の後妻）に婦人雑誌（誌名はわからない）の付録の回り双六「日本婦人鑑《にほんふじんかがみ》」を見せてもらったことがあるという。「日本婦人鑑」のあがりはかぐや姫で、あがりの二人手前に弟橘媛命《おとたちばなひめのみこと》がいた。いずれ劣らぬ美しい伝説に彩られた日本の神話的世界に生きる女性たちの中でも、少年の日の岡潔の目に格段とりっぱに映じたのは弟橘媛命であった。

弟橘媛命は倭建命のお妃である。倭建命が父である景行天皇の命を受けて東国遠征に向かったとき、弟橘媛命も同行した。遠征に先立って倭建命は伊勢神宮に叔母の倭比売命《やまとひめのみこと》を訪ね、剣と袋を授けられた。剣は草薙《くさなぎ》の剣《つるぎ》である。袋の中味は不明だが、倭比売命が言うには「火急の場合にはこの袋のひもを解くように」とのことであった。

倭建命が相模の国に入ったとき、相模の国造《くにのみやつこ》が、

「この野の中に大きな沼があります。その沼に住む神はひどく狂暴な神です」

と申し立てた。これは倭建命をおとしいれるためのいつわりで、倭建命がその沼の神を見ようと野に入ったところ、相模の国造が火をかけてきた。だまされたと気づいた倭建命が、倭比売命にいただいた袋をあけると、火打石が入っていた。そこでまず草薙の剣で草を刈り、火打石で火を打ち出して向かい火を燃え立たせ、迫りくる猛火を撃退した。この間、弟橘媛命はずっと倭建命に追随していたが、倭建命は弟橘媛命に声をかけ、安否を問うたという。

窮地を脱した倭建命は走水《はしりみず》の海（浦賀水道）をわたって上総《かずさ》の国（房総半島）におもむこうとしたが、海神が波をたてたため船がゆれ、進むことができなかった。そのとき弟橘媛命が倭建命の身代わりを申し出て、海に入ろうとした。弟橘媛命は、

あれ御子《みこ》にかはりて海に入りなむ。御子はまけの政《まつりごと》遂げてかへり、ことまをしたまふべし

（本居宣長『古事記伝』巻二十七「日代宮二之巻」）

と言い遺し、波の上に菅畳（菅《すげ》を編んだ敷物）を八重に、皮畳（獣皮で作った敷物）を八重に、絹畳を八重に敷いてその上に降りた。すると荒波はおのずからないで、船が進み始めた。このありさまを見届けて弟橘媛命は、

さねさし相模の小野に燃ゆる火の火中に立ちて問ひし君はも

と歌った。相模の野の野火のわざわいを回想する歌であった。

七日の後、弟橘媛命の櫛が海辺に寄せられた。そこでその櫛を拾ってお墓を作り、櫛をおさめたという。お墓の場所は相模か上総かはかりがたいが、相模の国の梅沢のあたりに吾《あ》妻《づまの》森というのがある。そこではないかというのが、『古事記伝』に出ている本居宣長の注釈である。

大正二年、紀見尋常高等小学校高等科第一学年の岡潔は谷寛範に教わって漢字の単語帳を作り、漢字の書き方を覚えたりしながら、次年度の粉河中学の入学試験に備えた。このエピソードを最後に谷寛範の消息は途絶え、大正六年、数えて四十九歳で亡くなった。墓は紀見峠の岡家の墓地にある。墓石に刻まれている「俗名」に「谷」の姓はなく、ただ「俗名寛

範」とあるのみである。

「旭桜院」齋藤寛平

坂本寛治の弟の齋藤寛平は少年期の岡潔の心に特別の印象を刻んだ人物だったようで、後年の回想が遺されている。

父のすぐ下の四男寛平は法律を学ぶために上京していたが、日清戦争後の三国干渉で遼東半島を返還した際、わが国の軟弱外交をいきどおって霞ヶ関前で割腹自殺した。法名を旭桜院と言い、家門の誇りとして小さい私にもよく知らされていた。

これは日本経済新聞に連載された「私の履歴書」(昭和四十年)に出ている証言だが、実際には齋藤寛平の没年は岡潔が生まれる一年前の明治三十三年であり、日清戦争後、ドイツ、フランス、ロシア三国による干渉事件が起こったのは、講和条約が締結された直後の明治二十八年四月二十三日のことである。この間およそ五年の歳月が流れていることでもあり、岡潔の記述に不可解な感じが伴うのは否めない。割腹自決したというのは本当のようで、明治三十三年二月六日付の都新聞に「法学生の切腹」という小見出しの記事が出ていて、齋藤寛平の割腹事件が報じられている。ただし舞台は霞ヶ関ではなく横浜である。

都新聞によると齋藤寛平はかつて東京専門学校(早稲田大学の前身)や東京法学院(中央大

学の前身）などに通って法律を学んでいたが、事件の当時は退学して、柔術や撃剣に打ち込んでいたという。二月三日、横浜にでかけ、柳町の旅人宿「吉田屋」に一泊し、翌四日午後一時ころ、山下町二百三十五番地のゲルマン・クラブの門外で突然、用意の短刀を取り出して割腹し、腹部に横に六寸ほどの重傷を負った。さらに短刀をのどに突き立てて気管に達するほどの傷をつけ、加えて左の肋骨にも一寸ほどの傷をつけた。加賀町警察署の巡査が出張し、六角医院に入院させたが、生命はおぼつかないということで、この後、二月八日に逝去したことになる。行年二十四歳。三国干渉が齋藤寛平の自決にどのような影響を及ぼしたのかは不明である。墓は紀見峠の岡家の墓地にあり、一段とりっぱな墓石の正面に「旭櫻院眞巌良道居士」と刻まれている。

岡文一郎は政治活動の面では県や郡からの撤退を余儀なくされ、私生活でも四人の男の子のうち三人に先立たれるというふうで、晩年は不遇であった。岡潔が生まれたのは齋藤寛平の自決の翌年の春のことであり、喜びはやはり大きかったのではあるまいか。明治四十四年の暮れ、文一郎は中風（一度目の中風）で倒れたが、このときは軽かったとみえて、正月にはもう起き上がれるようになっていた。元旦、つるのさんに助けてもらい、右足を引きずりながら歩いて隠居所を出て、みなとお屠蘇を祝う席についた。そうして、

わしは御先祖さまの遺して下さったものを皆使ってしまったが、この孫一人が得られたから、これで御先祖さまに申しわけが立つ

と語ったという。これは岡潔の晩年の作品『春雨の曲』（第七稿）に書き留められている言葉である。

正月になると文一郎はいつも俳句を作り、紙に書いてもってきてみなに見せた。俳句の右肩にはいつも小さく「乞斧鉞」と書かれていた。「斧鉞《ふえつ》」というのはおのとまさかりの意で、「斧鉞を乞う」といえば、添削をお願いするという意味である。

小学校五年生のときの岡潔の所在地は紀見峠ではなく、兵庫県芦屋の打出《うちで》の浜で、岡潔は阪神電鉄で大阪市内の菅南尋常小学校に通っていた。そのころの夏のある日、夏休みで祖父母の待つ紀見峠に帰省していたのであろう、祖母つるのさんが岡潔のためにところてんをつくってくれたことがある。岡潔が「そんなにおいしくない」と言ったところ、あとで祖父文一郎にしかられてしまった。祖父は、

「おいしくないじゃない、祖母はお前に喜んでもらおうと思って手間をかけてつくったんだ。だからおいしい、おいしくないはお前のことで、まず祖母の心を汲んでありがたいと思わなきゃいけない……」

（『春の草　私の生い立ち』日本経済新聞社）

と潔少年に教え、

あたたかき［祖］母のなさけやところ天

と書いた。

岡文一郎は背はあまり高くはないが、胸幅が広く頑丈で、筋骨隆々といった偉丈夫で、潔少年の目にはなんだかおそろしい感じのする人物であった。

島町二丁目二十番屋敷の家

岡潔が生まれたのは明治三十四年（一九〇一年）四月十九日だが、戸籍上の誕生日は三月十九日になっている。これは一年早く小学校に入学させるために父が取った措置で、産婆に依頼して、三月に生まれたという証明をしてもらったのである。届け出を怠ったということにして遅く届けたが、罰金をとられたという。

この話は紀見村内ではみな知っていたようで、後年、栢木喜一《かやききいち》先生が旧紀見村地区で収集したひとつのエピソードがそれを裏付けている。栢木先生は戦前の國學院で折口信夫の教えを受けた人で、戦後、郷里の奈良県桜井市にもどり、奈良県下の高校で国語の先生になった。昭和三十七年春、四月十五日から毎日新聞紙上で連載が始まった岡潔のエッセイ「春宵十話」を読んで深い感銘を受け、その年の暮十二月、奈良に岡潔を訪ねていった。これを皮切りにひんぱんに岡家に出入りするようになり、岡潔と親しい交流を続けた。同郷の先輩、保《や》田與重郎《だよじゅうろう》を岡潔に引き合わせたのも栢木先生であった。昭和四十年四月十日（土）、栢木先生は南海高野線の紀見峠駅で下車して柱本小学校に向かい、途中で小学校時代、岡潔の同窓生だったという農夫に出会った。それは山口直義という人で、山口さんは岡潔を話題にして「あの人はひとつ早く学校にきた」という話をした。もっとも学制もまだ草創期と言える時代のことでもあり、一年早く小学校に行くのはそれほど珍しいことではなかったようである。現にいとこの北村俊平は明治三十一年一月二十一日の早生まれだが、明治三十六年、数えて六歳で柱本尋常小学校に入学した。

当時の小学生の遊びに「頭はり」というのがあった。組み分けをして、両方から攻め合い、頭をはられたら負けという遊びである。「潔さん」（と山口さんは呼んだ）は身体が大きかったから、いつも先にはり、勝者になったという。昔のことはあまり覚えてないが、ただ潔少年はちょっと気が短かったという話も出た。

岡潔の生地は故郷の紀見峠ではなく、大阪市東区島町二丁目二十番屋敷である。この時期の坂本寛治の来歴はよくわからないが、大阪の第四師団（大阪城内に司令部があった）で一年志願兵の課程を終了した後、予備役陸軍歩兵少尉に編入された。それが明治二十六年暮れのことで、それから七年後の明治三十三年四月一日付で後備役に編入されている。『明治法律学校　校友規則並表　附報告』を参照すると、明治二十七年十二月刊行分から明治三十一年十二月刊行分に至るまで、坂本寛治の住所は「和歌山県」とのみ記載されている。明治三十一年十二月刊行の『明治法律学校校友名簿』に出ている住所も「和歌山県」である。『明治法律学校校友会員名簿　附校友会規則』を見ると、明治三十二年十二月刊行分から明治三十六年十二月刊行分に至るまで、住所表記は「大阪市東区島町二丁目番外五」となっている（「番外五」というのは意味がよくわからない）。ここから推定すると、予備役編入後、坂本寛治はいったん帰郷して、明治三十二年ころ、おそらく八重さんとの結婚がきっかけになって再び大阪に出たと見てよいであろう。それからの坂本家の大阪での生活の様子は不明である。大阪には親戚の原さんという人がいて、後年三たび大阪に出て天満宮の近所の北区壺屋町に住んだときは、原さんのお世話を受けて保険の勧誘員になった。原家は八重さんの妹のたけのさんの嫁ぎ先である。ここから推すと、明治三十年代の大阪時代もやはり原さんを頼ったのかもしれない。

歳月は流れ、明治三十四年四月に坂本潔が生まれ、明治三十七年二月、日本とロシアの国交が断絶して日露戦争が始まった。同年四月十三日、坂本寛治は日露開戦に伴って召集を受け、第四師団所管の後備歩兵第三十七連隊に所属した。歩兵少尉であるから、小部隊の指揮官として満洲の曠野で前線に出ることも当然予想され、そうなれば戦死の公算が高いと見なければならなかった。大阪での生活はもう不可能になり、八重さんは数えて四歳の岡潔を連れて紀見峠の岡家の元家に引き揚げた。

明治三十七年十一月下旬、後備歩兵第三十七連隊は韓国駐劄《ちゆうさつ》軍の管轄下に置かれ、予備兵力として朝鮮半島に駐屯することになった。それに先立って紀見峠では岡潔の妹の泰子さんが誕生した。明治三十七年九月九日のことで、遼陽の会戦の直後であった。坂本寛治は休暇をとって一時帰郷して泰子さんの顔を見て、それから朝鮮半島に出ていった。

後備歩兵第三十七連隊の兄弟連隊の後備歩兵第八、九、三十八連隊は後備歩兵第四旅団を構成し、乃木希典大将を司令官とする満洲軍第三軍に所属して旅順の戦いに参加したが、後備歩兵第三十七連隊は前線に出る機会がなく、明治三十八年一月上旬までで韓国駐劄軍の管轄を離れて大阪にもどり、そのまま終戦を迎えた。部隊の復員（解散）完結は明治三十九年三月五日と記録されている。坂本寛治はそれから帰郷して、しばらく紀見峠で生活した。朝鮮にいる間に進級して陸軍歩兵中尉に任官し（明治三十七年十二月十日付）、戦後の論功行賞で単光旭日章という勲章ももらった。銀ばかりでできていて、真ん中に赤いきれいなガラスのようなものがはまっている勲章を見て、潔少年は「きれいだなあ」と思ったという。

父がもどってからまもなく長雨で墓下の家がくずれ、松下の家が作られた。祖父母と両親と妹がみな揃い、北の一棟には谷の叔父夫婦も住み、岡家と坂本家と谷家の三家族併せて総勢八人の共同生活が続けられた。兄、岡憲三は和歌山中学の生徒で、寄宿舎に入っていたが、夏冬の長い休みのおりには松下の家にもどってきた。近所にはこれもまた大家族の母の実家の北村家があり、北村俊平以下、同年輩のいとこたちがたくさんいた。祖父の弟の岡貫一郎の一家も紀見峠に住んでいた。幼時夢幻というが、にぎやかな、活気に富む日々が続いたことであろう。明治三十九年夏、和歌山中学五年生の兄、岡憲三が夏休みで帰省して、夜になると岡潔と並んで寝て一夏をすごした。ある夜、岡憲三は「開立《かいりゅう》の九九」を繰り返し繰り返し声に出して練習したことがあった。開立の九九というのは今はあまりはやらないが、「二二が八、三三、二十七……」という調子のもので、立方を計算したり、逆に立方根を求めたりするのに使用するむずかしい計算術である。そのころ潔少年は算術といえば漢字の「九」という字をひとつ知っていただけにすぎなかったが、兄の練習する声を子守歌のように聞きながらいつのまにか眠ってしまい、翌朝目覚めると不思議なことにすらすら暗唱することができたという。

それからまた年があらたまり、明治四十年になった。四月、数えて七歳の潔少年は柱本尋常小学校に入学した。第二学年の二学期から坂本家は親戚の原さんを頼って大阪に出て、天満宮の近くの大阪市北区壺屋町に転居した。原家の当主は原幸衛という人で、原幸衛の母のたけのさんは、岡潔の母の八重さんの実の妹である。父、坂本寛治は原家の助力を得て保険の勧誘員になった。当時、原幸衛は東京海上保険株式会社大阪支店員だったから、坂本寛治も東京海上保険の仕事をしたのであろう。岡潔は菅南尋常小学校に転校した。

明治四十四年、岡潔が小学校第五学年に進級して間もないころ、坂本家は兵庫県芦屋の海の手の打出の浜辺に引っ越した。岡潔は阪神電鉄に乗って菅南尋常小学校に通学した。打出は空気がよく、魚がたくさんとれる土地がらであった。岡潔は絵を描くカバンと三脚と水彩絵の具を買ってもらい、六甲の姿や松原続きの海の姿などを写生して歩いた。写生すると、情景の美しさがよく飲み込めた。写生散策には妹の泰子さんもいっしょについていった。仲のよい兄妹であった。

明治四十四年暮れ、祖父文一郎が中風でたおれるという事件が起こり、打出に住む坂本家に転機が訪れた。岡家には、文一郎の早世した長男寛剛の遺児、憲三がいて、岡家の後継者と目されていたようである。岡憲三は明治四十四年の時点で数えて二十三歳に達していたが、家督を継ぐにはまだ早いという判断がなされたのであろう。坂本寛治が岡家を継ぐことになり、打出の浜を引き払い、一家四人で紀見峠に帰郷して松下の家の南の棟に落ち着いた。これに伴って姓も「坂本」から「岡」に変わり、「岡潔」が誕生した。

明治四十五年（大正元年）春、岡潔は第二学年の二学期以来四年ぶりで柱本尋常小学校にもどり、第六学年に編入した。大正二年三月、小学校を卒業。和歌山県粉河中学を受験したが失敗したため、紀見村橋谷の紀見尋常高等小学校高等科に進み、あわせて次年度の受験の準備をすることになった。柱本尋常小学校には高等科は附設されていなかったのである。この年、岡憲三は分家して紀見峠に新居を構えることになり、新居を建てるために土地の整地が行なわれた。その土地の一隅で、岡潔は夏休みに大根を作ったりした。尋常科にはない高等科の新課目「農業」の宿題であった。

翌大正三年春、岡潔は二度目の粉河中学の入学試験に合格し、四月から中学生になった。そのまた翌年の大正四年九月、岡文一郎は紀見村役場に隠居届を提出し、岡寛治に戸主を譲渡した。このとき岡潔は粉中二年生。数えて十五歳のときに遭遇した世代交代であった。

魔法の森

勇気のある少年

明治三十八年九月五日、アメリカ東部の軍港ポーツマスで日露講和条約が調印されて日露戦争が終結したころ、岡潔は父の郷里の和歌山県紀見峠で幼年の日々をすごしていた。日露戦争に応召した父は留守だったが、祖父母がそろって健在のうえ、母の八重さんと、日露開戦の年（明治三十七年）に紀見峠で生まれた三つ下の妹の泰子さんがいた。住まいは紀見峠の頂上附近の柱本九二九番地の「墓下の家」で、すぐ横の細道を登っていくと、岡家をはじめ、紀見峠に住む人々の墓地が山肌に沿って広がっている。

古い高野街道の細道の両側に家々が軒をつらねていた。岡家の所在地は山の急斜面の側だったから、がけの麓である。それと裏腹に、街道をはさんで反対側の家並みは「がけっぷち」を占拠している。そのがけのここかしこに「馬転かし坂」「巡礼坂」などと呼ばれる隘路が下り、峠の麓との往来に使われていた。「柱本」は紀見村を構成する大字の一つであり、紀見峠の頂上附近の集落は、（紀見峠ではなくて）紀伊見峠という小字名をもつ柱本の一区域である。

翌明治三十九年春三月には父が無事に帰郷して、岡家はまた一段とにぎやかになった。ところがそれからほどなく六月の長雨で家の裏手の山がくずれ、岡家の勝手元が押しつぶされるという事件が起こり、そのために引っ越しを余儀なくされるという事態に立ち至った。転居先は同じ紀見峠の頂上の柱本九三五番地の「松の下の家」で、倉や風呂など元家の一部分を移したうえに建て増しをして、大阪と和歌山のちょうど境のあたりに立っている大きな一本松の木陰に第二の岡家が作られた。今度はがけっぷちの側だったからひとまず山崩れの心配はなかったが、後年（昭和十四年）、道の拡幅工事に遭遇し、敷地が半分ほど削り取られてしまうはめになった。

祖父母の姓はもちろん「岡」であり、祖父の名は文一郎、祖母はつるのさんという人である。ところが岡潔のほうはといえばこの時期にはまだ「岡潔」ではなく、両親と妹とともに「坂本」の姓を名乗っていた。「坂本潔」が「岡潔」になるのはもう少しあとのことになる。

岡家にはもうひとり、岡潔より十二歳年長の（父親の違う）兄、岡憲三がいた。憲三は和歌山中学（現在の和歌山県立桐蔭中学校・高等学校の前身。明治十二年三月一日に開設された和歌山県下最古の中学校である）に進み、寄宿舎に入ったため、春夏冬の長期休暇のおりに帰郷するほか普段は紀見峠にはいなかったが、明治四十年夏七月、中学を卒業して帰省した。その少し前の同年四月、岡潔は柱本尋常小学校に入学し、馬転かし坂を上り下りして通学した。「谷の伯父」こと、父の兄の谷寛範《たにひろのり》の家族も岡家の一隅に居を構えていた。一つの屋根の下に一族の面々がみなそろい、楽しく幸せな毎日であった。

父、坂本寛治（後年、「岡寛治」になった）が大阪に転居することを考えているのを潔少年が知ったのは、柱本尋常小学校の二年生にあがって間もない春先のある日、いっしょに風呂に入っているときであった。岡潔が、「棕櫚《しゅろ》で囲んだ楕円形の花壇を作ってほしい」と父に頼んだところ、生返事が返ってくるばかりでさっぱり要領を得なかった。めげずに押し返して重ねてお願いすると、父は、「実は大阪へ出て行こうと思っているから、いま花壇を作ってもむだになる」と意外なことを口にした。それからその理由も説明し、

おじいさんが年をとり、おまえの父親違いの兄さんが、まだひとりで家を治めていくほどに成長していないから、私がしばらく岡家に帰って代わりをしていたのだ。しかし、この家の資産はほんとうは兄さんが継ぐべきでお前のものではない。だから、私はお前に決してそういうものまでほしいという気を起こさせてはいけないと思って、潔《いさぎよし》という名をつけたのだ。

（「私の履歴書」）

と、潔少年にさとすように話して聞かせた。

この話に出てくる「父親違いの兄さん」というのが岡憲三のことで、憲三は早世した岡寛治の長兄、岡寛剛《おかひろたけ》がこの世に遺した一人子であった。明治二十二年二月十五日に生まれたが、ちょうどその四日前の紀元節の日（二月十一日）に大日本帝国憲法が発布された。そこでその慶事にちなんで「憲三」と名づけられたのである。母は潔と泰子さんの兄妹と同じ八重さ

んで、八重さんは岡寛剛の没後、坂本寛治と再婚したのである。岡家の保全を寛治に託そうとする配慮から出た措置であり、この当時は日本のあちこちでしばしば見られた光景であった。ただし岡家には嫡男の憲三がいたからこの間の事情は少しばかり複雑で、「坂本」姓の寛治が岡家を継ぐと決まったわけではない。寛治はあくまでも憲三の後ろ楯という立場であった。

岡潔が小学校二年生のときの春先といえば明治四十一年のことになるが、岡憲三はその前年、すなわち明治四十年七月に和歌山中学を卒業したばかりであり、明治四十一年には数えてちょうど二十歳に達していた。一人立ちするのに相応しいと見てさしつかえない年齢でもあるし、もともと岡家の家督は憲三が継ぐのが本当だというのが寛治の考えなのであるから、坂本家の大阪への転居はひとまず時宜を得た判断と言えるのではないかと思う。もっともそれだけなら必ずしも郷里を離れなくともよかったのではないかとも思われるし、憲三の側から見ると母親と離ればなれになってしまうわけであるから、あまり愉快な出来事ではなかったであろう。「坂本」姓のまま後見人を続けてもよかったろうし、憲三を跡継ぎにするのであれば、むしろ「坂本」姓を捨てて「岡寛治」になって、憲三を養子に入れるのがもっとも有力な手順だったのではあるまいか。

坂本家が大阪に移ったのはこの年明治四十一年の夏あたりであった。寛治のほか、八重さん、潔少年、それに泰子さんの四人家族である。泰子さんはこのときまだ数えて五歳である。明治五年一月四日に生まれた寛治は数えて三十七歳、八重さんは寛治より八歳年上であった。

寛治が生まれた明治五年の年初という時点にもう少し着目すると、太陽暦が採用される直前のことであり、寛治の誕生日の一月四日というのは太陰暦による日付である。この年十一月二十三日の太政官布告により、明治五年十二月三日をもって明治六年元日とすると定められた。十二月一日と二日はどうしたのかといえば、それぞれ十一月の三十日、三十一日と定められたのである。十一月は陰暦では二十九日まで、陽暦でも三十日までしかなかったのであるから、この決め方は少しおかしかった。それでもこれで日本の暦は太陽暦になり、時間の区切り方が西欧諸国と同じになったのである。西暦に還元すると寛治の誕生日は一八七二年二月十二日になる道理である。

岡潔の「私の履歴書」（日本経済新聞社）や自伝『春の草　私の生い立ち』（同上）などを参照すると、柱本尋常小学校一年生のころの岡潔に出会う。紀見村は小字ごとに細分化されていて、小学生も小字ごとにひとつの集団を作り、上級生がリーダーになって集団行動をしていたという。それなら岡潔が所属していたのは小字「紀伊見峠」のグループで、その面々の中にはいとこの北村俊平もいた。

北村俊平は明治三十一年一月二十一日の生まれで、岡潔より三歳年長だが、明治三十六年四月、数えて六歳、満五歳のとき規定より一年早く柱本尋常小学校に入学したから、学齢では四学年上になる。この当時の学制は小学校は尋常科四年、高等科四年、計八年の二部制だったから、明治四十年四月、岡潔が小学校に入学したとき、北村俊平は高等科の一年生であった。

　明治四十年四月から翌年三月まで、潔少年と北村俊平はいっしょに通学したが、この時代は丸一年間で終焉した。明治四十一年度から学制が変わり、尋常科六年、高等科二年という恰好になったのを機に、俊平は大阪で眼科医をしている叔父の北村純一郎を頼って村を出て、京都府師範学校附属小学校第六学年に転校したのである。

　北村家は岡家の最も近しい親戚で、両家は代々非常に密接な婚姻関係で結ばれていた。たとえば岡潔の母の八重さんは北村家の出で、俊平の父、北村長治の妹である。反対に俊平の母のますのさんは岡家の出身で、岡潔の祖父の文一郎の弟、貫一郎の長女になるという具合である。岡貫一郎は岡家から分家して、同じ紀見峠に一家を構えていた。

　小学校一年生の潔少年の日々は平穏無事とは言えなかったようで、他の小字の集団のリーダーは、岡潔の家にはお金があるからもってこさせようという考えで、「五銭持ってこい」「十銭持ってこい」と要求をつり上げていって、とうとう「五十銭持ってこい」と潔少年をおどすまでになった。後年、岡潔は、「私はそれほど意気地のない子どもではなかったと思うのだが、まだ小学校一年だし、寄ってたかっておどされるとやはりこわかった。しかしそうかといって家に帰って言うわけにもいかず、仏壇の下に入れてあるお金をこっそり持ち出そうとしてとうとう見つかってしまった」（「私の履歴書」）と往時の苦境を回想した。

　これではまるで軟弱ないじめられっ子だったような印象を受けるが、「私はそれほど意気地のない子どもではなかったと思う」という岡潔の追憶を裏付ける証言がある。およそ六十年後の昭和四十年四月十日（土曜日）、数えて六十八歳になる北村俊平が、岡潔の面影を追って紀見峠を訪ねてきた栢木《かやき》喜一《きいち》先生のインタビューを受けたことがある。栢木先生は、大正五年の生まれであるから、このとき数えて五十歳である。

栢木先生に向かい、北村俊平は、潔少年は「勇気のある少年だった」という話をした。

勇気のある少年だった。たとえば昔は特に上級生はこわかった。こわいものとされている上級生にいつどこまで出てこいと申し込まれるのは恐怖心以上の対決だった。しかしそんなときでも潔少年は平気で出ていった。この勇気は今にあの人のよさにつながっているもの。正義感、いや自己信頼から出た勇気と思う。

これでは岡潔自身の回想と比較して隔たりが際立ちすぎるような感じもあるが、一年生のうちから終始一貫して上級生にたてつき続けるのもかえってむずかしく、ときには弱気を起こしてお金を持ち出してしまえと思ったこともあったということであろう。本人の言葉はそれはそれとして、遊び仲間の観察者の目に映じた情景はやはり捨てがたい。わけても「自己信頼から出た勇気」という指摘は的確で、ともに少年期を経験した親戚ならではの深い批評眼が光っているように思う。

「鶸《ひわ》の行方」

父母に連れられて妹とともに大阪に出た岡潔は、二年生の二学期から五年生の終わりまで菅南尋常小学校に通い、五年生のとき、藤岡英信先生というよい担任の先生に恵まれた。藤岡先生は少年の日の岡潔の心情を深く理解してかわいがり、岡潔もまた心から藤岡先生を慕った。箕面の昆虫採集、枚方《ひらかた》の写生大会、模型飛行機作り等々、岡潔は藤岡先生にまつわる感銘の深いエピソードをいくつも書き留めている。その様子は真にめざましく、形の上ではクラスの担任とひとりの生徒という関係にすぎないとはいいながら、藤岡先生と潔少年はまるでよく心の通いあう友だちであるかのように、親密な、友情に酷似した感情の糸で結ばれていたように思う。小学校時代の岡潔にとって、藤岡先生との出会いはまちがいなく最大の体験であり、岡潔の生涯を語るうえで不可欠の重要事である。

大阪への転居にあたり、坂本寛治は大阪市北区河内町に住む親戚の原さんという人に手づるを求め、河内町の隣の壺屋町に家を借りることになった。明治四十一年（一九〇八年）の夏という遠い昔の日の出来事である。原家を知る手がかりはもう見あたらず、今日のぼくらに遺されている証言は岡潔自身の回想記しかないが、「私の履歴書」の記述によれば、

> 大阪に出て初めての借家は、聖天寺の石がきと向かいの、壺屋町の表通りに面しており、腰ガラスごしに聖天寺の石がきや境内の木などが見えて私は喜んでいたのだが、そこから路地をはいったところに一軒あき家ができたので、父母はそこへ引っ越してしまった。

ということである。岡潔が住んだ壺屋町の借家は二軒あったことになる。岡潔のエッセイを参照して推定を加えると、初めの借家は五間の二階建てであった。二番目の路地の奥の借家は六畳三間の平屋で、そこに移ったのは菅南小学校四年生のときのことである。

壺屋町は河内町と同じく大阪市北区の一区域で、現在の地名表記で言えば、北区天満二丁目または三丁目または四丁目あたりになる。淀川の支流の大川が中之島にさしかかり、堂島川と土佐堀川に分かれていく手前に天満橋がかかっているが、天満地区はこの橋から淀屋橋の辺りまでの大川に沿って川の北側に位置している。天満地区の側から天満橋をわたるとすぐに、中央区島町、かつて東区島町と呼ばれた地区にさしかかる。そこが岡潔の生地であるから、岡潔はいったん生地を離れた後、四年余りの故郷滞在を経て、再び生地の周辺に戻ってきたことになる。

壺屋町の表通りに面して聖天寺があった、と岡潔は記しているが、実際には明治期も今も、壺屋町はおろか大阪府下のどこにも聖天寺という名のお寺はなく、かろうじて西成区に聖天坂という地名が見られるにすぎない。壺屋町に実在したのは仏照寺というお寺であり、当時は仏照寺に面して壺屋町二丁目が広がっていたから、坂本家の所在地はこのあたりであったであろう。菅原道真を祭る天満宮もすぐ近くにあった。仏照寺を聖天寺とまちがえるのはあまりにも飛躍が大きいが、この突飛な誤記の原因はよくわからない。

河内町の親戚の原さんというのは原謹吾という人のことで、四国から裸一貫で大阪に出てきて成功し、次第に大阪財界で重きをなすに至ったという人物である。原謹吾の子どもに原幸衛という人がいて、その奥さんのたけのさんは紀見峠の北村家の出で、岡潔の母の八重さんの妹である。原家には、岡潔のいとこになる幸雄、千代という兄妹がいた。妹の千代さんは岡潔と同学年で、ちいちゃんと呼ばれていた。

このような転居の経緯は主に岡潔の回想によるが、岡潔はさらに、坂本寛治は原家の助力を得て保険の勧誘員になったとも書き留めている。保険会社の名称などは不明だが、他方、この時期（明治末期）の大阪人名録を参照すると、大阪市北区北野角田町三三七に原幸衛という人がいて、東京海上保険株式会社大阪支店員と明記されている。この原幸衛は岡潔の親戚の原家の当主と同一人物ではないかと思う。それなら原家の所在地は河内町ではなくて北野角田町であることになり、坂本寛治もまた原幸衛の世話を受けて東京海上保険の勧誘員になったと見てよいであろう。

転居にあたり、転校先の小学校を決めなければならなかった。通学区域内の小学区は瀧川尋常高等小学校（今も同じ場所に瀧川小学校がある）であるから、選択の余地はないのが普通だが、坂本寛治が原さんに依頼して調べてもらったところ、この学校はどうも風紀の面で感心できないから（これはどのような意味であろうか）、学区外になるが、菅南尋常小学校がよいだろうという勧告を受けた。寛治はこれを受け入れ、岡潔は菅南尋常小学校に通うことになった。こんなことが許されるのなら学区というものの厳密な意味は失われてしまうが、何かしら今ではもうわからなくなった手立てがあったのであろう。

「菅南」の「菅」の一字は菅原道真の「菅」で、菅公を祭る大阪天満宮のやや西よりの南方の位置にあるところから、菅南という名前がつけられた。高等科は時期によって附属したりしなかったりしたが、岡潔が通い始めた当時は尋常科だけだったから、菅南小学校は「尋常高等小学校」ではなく、「尋常小学校」である。

菅南尋常小学校は初め「北大組第六区小学校」という名前で創立された。開校式は明治六年五月八日と記録されている。所在地は天満宮表門の向かいの天神町筋十二番と、その東隣にあたる市之町三十番附近（現在の住所表記でいうと天満橋一丁目九番あたり）であり、上州高崎藩の藩邸が質流れになったのを、学区の住民が費用を負担して購入し、修築して校舎にあてたと伝えられている。それから多少の曲折を経て、明治二十六年、大阪市立菅南尋常小学校が成立した。児童の増加につれて校舎が手狭になったため、菅原町五十二番地に新校舎を建てて移転したが、それが明治四十二年四月の出来事である。すると岡潔は二年生のときは天神町筋十二番と市之町三十番の校舎に通い、三年生

『日本少年』明治43年11月号

にあがってからは菅原町五十二番地の新校舎に通ったことになる。

壺屋町の貸家に住む坂本家が同じ壺屋町内で第二の貸家に引っ越したのは明治四十三年で、岡潔が小学校四年生のときのことである。このころから坂本寛治は潔少年のために、創刊されて間もない『日本少年』という月刊雑誌を月々とってくれるようになった。『日本少年』は明治三十九年一月、実業之日本社から創刊された男の子向けの雑誌で、類似の性格をもつ雑誌としてはほかに、明治二十八年一月に博文館より創刊された『少年世界』などがあった。

岡潔と同時期に北陸石川県大聖寺町の錦城尋常高等小学校に通っていた中谷宇吉郎《なかやうきちろう》は、

その当時あこがれの的であった『少年世界』や『日本少年』を毎月とっているなどという子供は、級に一人か二人という程度であった。

(「簪《かんざし》を挿した蛇」、『文藝春秋』昭和二十一年十二月号)


と書いている。それなら岡潔は当時の少年としては破格の待遇に恵まれていたと言えるのではないかと思う。岡潔は『日本少年』を路地の日ざしのもとで読んだり、家の中でうつ伏せに寝そべって足をパタンパタンさせながら読みふけった。

小学校四年生の秋、岡潔は『日本少年』十一月号に掲載されていた相馬泰三の小説「鶸《ひわ》の行方」を読んだ。本文わずかに五頁の小品で、岡潔自身による後年の要約を元にして補足と改訂を加えて紹介すると、おおよそ次のような物語である。

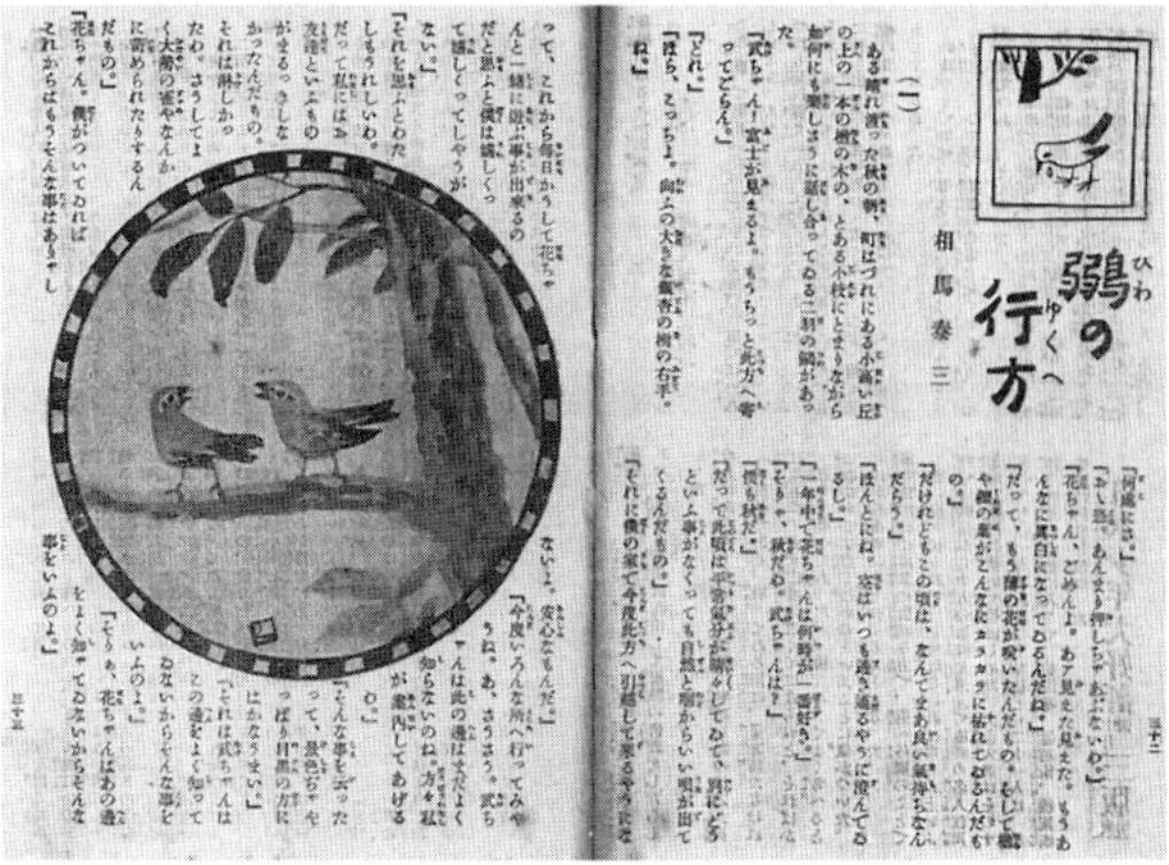
鶸《ひわ》の行方《ゆくへ》

相馬泰三

（一）

ある晴れ渡った秋の朝、町はづれにある小高い丘の上の一本の樫の木の、とある小枝にとまりながら如何にも楽しさうに話し合つてゐる二羽の鶸があつた。

「武ちやん！富士が見えるよ。もうちつと此方へ寄つてごらん。」

「どれ。」

「ほら、こつちよ。向ふの大きな銀杏の樹の右手。ね。」

「何處に？」

「おゝ痛。あんまり押しちやあぶないわ。」

「花ちやん、ごめんよ。あア見えた見えた。もうあんなに真白になつてゐるんだね。」

「だつて、もう隣の花が咲いたんだもの。もして樅や樫の葉がこんなにカラカラに枯れてゐるんだもの。」

「だけれどもこの頃は、なんてまあ良い氣持ちなんだらう。」

「ほんとにね。空はいつも透き通るやうに澄んでゐるし。」

「一年中で花ちやんは何時が一番好き。」

「さうね、秋だわ。武ちやんは？」

「僕も秋だ。」

「だつて此頃は平常気分が晴々してゐて、別にどうといふ事がなくつても自然と嬉しい唄が出てくるんだもの。」

「それに僕の家で今度此方へ引越して来るやうになつて、これから毎日かうして花ちやんと一緒に遊ぶ事が出来るのだと思ふと僕は嬉しくつて嬉しくつてしやうがない。」

「それを思ふとわたしもうれしいわ。だつて私にはお友達といふものがまるつきしなかつたんだもの。それは淋しかつたわ。さうしてよく大勢の雀やなんかに苛められたりするんだもの。」

「花ちやん。僕がついてゐればそれからはもうそんな事はありやしないよ。安心なもんだ。」

「今度いろんな所へ行つてみやうね。あ、さうさう。武ちやんは此の邊はまだよく知らないのね。方々私が案内してあげるわ。」

「そんな事を云つたつて、景色ぢややつぱり村里の方にはかなうまい。」

「それは武ちやんはこの邊をよく知つてゐないからそんな事をいふのよ。」

「そりあ、花ちやんはあの邊をよく知つてゐないからそんな事をいふのよ。」

三十二

三十三

「鶸の行方」

（ある晴れた秋の日の朝）二羽の夫婦のひわ（武ちゃんと花ちゃん。夫婦ではなく、友だち）が仲よく庭の木（木犀）の枝に止まって話し合っていたところ、空気銃を買ってもらったばかりの心ない子供が来て、そのうちの一羽を撃ち落とした（繁ちゃんという子供が、お母さんとお姉さんの季子さんと小間使いの春さんの四人で日曜日に三越デパートに買い物にでかけて、みなの反対を押し切って空気銃を買った。繁ちゃんは代々木の家に帰ると、お隣の春夫さんを呼んで、空気銃を見せびらかした。ちょうど二羽の鳥が木犀の木の枝にとまっていたので、片方にねらいを定めて試しに打ってみた）。それがオスのひわだった。メスのひわは一時はパッと空に舞い上がったが、オスのゆくえがわからないので、もう騒ぎもおさまったころだろうと元のところへ戻ってきてみると、どこにもオスのひわの姿が見当たらず、そのかわり木の下のコケの上に点々と赤い血が散っていた（木犀の木の根元にポチリと一滴、赤い血が木の葉のすき洩る月の光にあざやかに残っていた）。

（「私の履歴書」より。括弧内の記述は『日本少年』明治四十三年十一月号所収「鶸の行方」に基づく補足と改訂）

岡潔は「実に悲しくて私はそのとき心ない少年の無慈悲に心からの憤りがこみあげてくる」のを感じた。その感情の本体こそ正義心にほかならない、と後年の岡潔は回想した。

『お伽花籠』

『日本少年』には「鶸の行方」のほかにも印象の深い物語がいろいろ載っていた。岡潔が住んでいた借家と同じ路地奥に、瀧川尋常高等小学校に通っていた一学年下の女の子がいて、よく遊びに来たが、岡潔の家に『日本少年』が積んであるのを見つけて、「自分は哀れな話が好きだから何かそういうものがあったら貸してくれ」と言った。そこで貸してあげたのは「湖の少年」という話であった。岡潔自身による要約ではこんな話である。

父母を亡くした絵のじょうずな少年がどこかのいなかへ行き、湖の前で松林に白い雲がぽっかり浮かんでいる絵を描いていた。それを見ていた少女がいかにもきれいな絵だとほめると、その少年はそれじゃこの絵をやろうといってそれをくれ、そのうえもはや僕にはいらないからといって絵の具も三脚もカンバスもみんなくれた。あまりのことに少女は驚いたが、どうしてもとれというからもらうことにした。翌日近所のおとなの話で、少年の死体が湖に浮いていることを知った。

（「私の履歴書」より）

「湖の少年」はこのような哀れな話であり、岡潔の友だちの女の子は、かわいそうだと言って涙を流したという。女の子は男の子より一年ぐらい早熟で、小学校三年生になると事そのこと、物そのものの哀れさが十分わかる、と岡潔は言う。ただ自覚しないで行為に現れないというだけであり、しみじみと感じてうれしがったり悲しんだりはできる。それがわかれば引き続いて正義も教えられる。なぜなら「正義の根本は無慈悲なものに対する憤りである」からであるという。「湖の少年」の悲哀感に支えられて、「鶏の行方」の正義心が生い立っていくという考えであり、ふたつの情操が非常に立体的に組み合わせられているように思う。

ぼくは「湖の少年」を実際に読んでみようと思い、潔少年が『日本少年』を購読していた小学校四年生から高等小学校一年生のときまで、すなわち明治四十三年から大正二年までの四年分の『日本少年』の目次を入手して目を通したことがある。しかし「湖の少年」という標題の物語は存在せず、それらしい印象のある作品も見あたらなかった。今のところ岡潔による要約で大要を知るだけに留めておくほかはない。

「鶸の行方」と同じころ、潔少年は「今でもこれを童話の世界第一の傑作と推奨してはばからない」（「私の履歴書」）というほどの物語に遭遇した。それは童話集『お伽花籠』に収録されている窪田《くぼた》空々《くうくう》作「魔法の森」という作品で、後年、岡潔はこれを批評して「なつかしさという情操を底の底から教えている童話である」と賛美した。

『お伽花籠』というのは、当時、「おとぎ話のおじさん」として名が高かった「巖谷のおじさん」こと巖谷《いわや》小波《さざなみ》が編集した『世界お伽噺』（博文館）全百冊の完結を記念して、友人や門下生たちから贈られた童話集のことであり、明治四十一年（一九〇八年）四月五日、『世界お伽噺』と同じ博文館から発行された。童話の世界では先輩になる友人の上田《うえだ》萬年《かずとし》（国語学者）が「序」を寄せ、同じく友人の芳賀《はが》矢一《やいち》（国文学者）が「はしがき」を書き、発起人のひとり木村小舟《きむらしょうしゅう》が「緒言」を執筆した。全部で十編の童話が花籠に盛られ、順に、

西村渚山作　「犬の名前」
沼田笠峰作　「霊の水」
吉岡向陽作　「蝦夷の鍛工」
高野斑山作　「琴の由来」
竹貫佳水作　「瓜助物語」
武田桜桃作　「錦太郎」
黒田湖山作　「金馬銀馬」

窪田空々作　「魔法の森」
福田琴月作　「お伽国大王」
木村小舟作　「赤天王」

というふうに並んでいる。どの作品にも一枚ずつきれいな挿し絵がついているが、「魔法の森」の絵を描いているのは杉浦非水《すぎうらひすい》という画家である。

杉浦非水は本名を朝武《つとむ》といい、四国松山出身の日本画家で、日本のグラフィックデザイナーの草分けとして知られる人物である。愛媛県尋常中学校（後の松山中学）の出身であるから、岡潔の三高、京大時代の親友だった松原隆一《たかかず》の先輩にあたることになる。ポスターやたばこのパッケージのデザインを手がけたが、もっとも有名なのはカルピスの水玉模様のパッケージのデザインであろう。カルピスが売り出されたのは岡潔が三高に入学したのと同じ大正八年だが、発売日がちょうど七月七日になることを知った杉浦非水は七夕の天の川のさわやかさをイメージして、水玉模様をデザインしたという。すなわちあの水玉は本当は水玉ではなく、星だったというのである。

杉浦非水はその道では知られた人物であり、多くの資料があるが、窪田空々についてはあまりよくわからない。

ぼくは大阪の万博公園内の大阪国際児童文学館で『お伽花籠』の実物を発見した。「魔法の森」は本文が三十一頁の作品で、主人公はお花と春雄という姉と弟である。一読して受ける印象も西洋風だが、末尾に「ハッヒ・クリーベル氏」と記されているところをみると、ドイツあたりの童話の翻案かとも思われる。「ハッヒ・クリーベル氏」という人物については今のところ何もわからない。

岡潔のエッセイ「義務教育私話」（『春宵十話』所収）に「魔法の森」の概要が紹介されている。それを土台にして、足りない言葉を補ったり、多少の訂正を加えたりしながら紹介したいと思う。括弧内の語句は原文に基づく訂正または補筆である。

森のこなたに小さな村があって、姉と弟が住んでいた（お花と春雄。春雄は五歳）。父はすでになく、たった一人の母もいま息を引きとった（亡くなる前、母はお花に、幼い春雄のめんどうをみるよう、よく言い聞かせた）。おとむらいがすむと、だれもかまってくれない（にくらしい家主の八兵衛は慈悲もなさけもなく立ち退きをせまり、おまけに家の中にあるものをみな売り払い、お金は全部、自分のふところに入れてしまった）。姉弟は仕方なく、森を越えると別のよい村があるかもしれないと思ってどんどん入っていった。これこそ人も恐れる魔法の森であることも知らないで。

ところが、行けども行けどもはてしがない。そのうち木がまばらになって、ヤマイチゴのいちめんに実をつけている所へ出た。もうだいぶおなかのすいていた姉弟は喜んでそれをつんだ。ところが、この天然のイチゴの畑に一本の細い木があって、その枝にきれいな鳥（ひばりほどの大きさのかわいらしい鳥）がとまっていた。姉弟がイチゴを食べようとするのを見て「一つイチゴは一年わーすれる、一つイチゴは一年わーすれる」（正確には、苺をたべると、わーすれる、一つ苺は一年、わーすれる、という歌である）とよく澄んだ声で鳴いた。姉はそれを聞いてイチゴを捨て、食べようとしている弟を急いで引きとめた。しかし弟はどうしても聞かないで、大きな実を十三（実は十五個）も食べてしまった。それで元気になった弟は、森ももうすぐ終りになるだろう、ぼくがひと走り行って見てくるから姉さんはここで待っていてほしいというや否や走り出して、そのまま姿が見えなくなってしまった。

いくら待っても帰って来ない。そのうちに日はだんだん暮れてくる。この森の中で一晩明かすと魔法にかけられて木にされてしまう（初めの六日間は何でもないが、七日目になると魔法の神の魔法がきいて、人間の身体は何かに変わってしまう）ので、小鳥（この小鳥は、木の枝にとまっていた先ほどの小鳥とは別の鳥で、灰色の小鳥である）は心配して、さっきからしきりに「こっちいこい、こっちいこい、こっち、こっち」と鳴き続けている（灰色の小鳥がお花のそばをかけりまわって、

いっしょにこい、こい、こい、こい

と誘った）のだが、姉は、「いいえ、ここにいないと、弟が帰って来たとき、私がわからないから」といって、どうしてもその親切な澄んだ声の忠告に従わない。

一方、弟の方は、間もなく森を抜ける。出たところは豊かな村で、そこの名主にちょうど子がなく、さっそく引き取られて大切に育てられた（春雄は森を抜けて大きな野原に出て、細い一本道をよるべもなく歩いているところに馬車が通りかかった。御者の夫婦には春雄と同じ年頃の男の子があったが、ひと月ほど前に亡くなったばかりだった）。ところがそれから八年過ぎ九年過ぎ、だんだん十三という年の数に近づくにつれて、何だかこころが落ち着かなくなっていった。何か大切なものを忘れているような気がして、どうしてもじっとしていられず、とうとう十一年目に意を決して養父母にわけを話し、しばらく暇を乞うて旅に出た。

「魔法の森」はこのあたりからいよいよ最高潮にさしかかる。

「魔法の森」

童話「魔法の森」の岡潔による要約が続く。

それからどこをどう旅したろう。ある日ふと森を見つけ、何だか来たことのあるような所だと思ってしばらく行くと、イチゴ畑に出た。この時がちょうど十三年目に当っていたため、いっぺんにすべてを思い出し、姉が待っていたはずだと気がついて急いで探した（苺を十五食べた日からちょうど十五年目の日に、大きな緑の野原に出て森を眺めたとき、魔法が解けてすべてを思い出した）。すると、あのとき姉の立っていた所に一本の弱々しい木が生えている（足の先は根になって土に入り、腰から下は茎になり、全身が百合となり、首から上は「雪をもあざむくまっしろな花」になった）。弟は、これが姉の変り果てた姿と悟って、その木につかまって思わずはらはらと涙を落した（春雄は百合の花を見つけ、これがお花のお墓と思い、花の前にひざまずいて手をあわせて拝んだ。さらに手を伸ばして花を引き寄せ、のぞき込むと、どこからともなく「春ちゃん、春ちゃん、春ちゃん」という声がした。ひとしずくの涙が花の中に落ちた）。

ところが、そうするとふしぎに魔法がとけた。姉は元の姿に戻り、姉弟は手を取り合ってうれし泣きに泣く。小鳥がまた飛んで来て「こっち、こっち、こっち」（正確には、

あっちへおいで、あっち、あっち、あっち

という誘い声）と澄んだ声でうれしそうに鳴く。今度は二人ともいそいそとその後についていって森を出る。養父母も夢かと喜び、その家で姉弟幸福に暮した、という物語であった。

岡潔が紹介する「魔法の森」の概要はこれでおしまいである。岡潔はこの作品を、懐かしさという情操を根柢から教える作品と見て賛嘆しているが、作者（すなわちハッヒ・クリーベ

ル）または翻案者の窪田空々の意図するところはこれとはいくぶん違い、通俗的というか、少々教訓めいたねらいがあったようにも思われる。

弟の春雄が旅に出る決心をして、養父母にお暇をくださいと申し出たとき、「両親の驚きは一方《ひとかた》ならず、掌《てのひら》の玉と思いし只の一人児をまたもやなくなしてしまうことか」と嘆き悲しみ、涙をはらはらと流した。父は、

そんなことを言わずと、ここにおいでよ。おまえはここの跡取り、家も屋敷もお金も何一つおまえのものにならぬものはないのだよ。出ておいででないよ。

と行って引き留めにかかったが、春雄の決意は固く、早々とでかけてしまった。それでもそのとき「決してうそはつきませぬ。必ず帰ると申しましたら、きっと帰ってまいります」と誓ったのである。そうしてこの物語は、「人間は約束したことはぜひ守らねばなりませぬから、（森を抜け出たあとで）ふたりは春雄のもらわれた家に帰りました」というふうに結ばれているのであるから、うそをつかず、約束は守るべきことを教えているかのようにも読み取れる。

この軽い教訓はおそらく窪田空々が付け加えた文言であり、元の作品は純粋にお話の楽しさを味わうべき物語であったであろう。「魔法の森」は非常に色彩の豊かな作品で、話の展

開に連れて色とりどりの舞台設定が次々と繰り広げられていき、読む者の心をひきつけて離さない。何も説明はなくても、この作品にはこのままの姿ですでに、全体に深遠な魅力が充満しているように思う。教訓を取り去れば直接的なメッセージは何もなくなってしまう。その代わりぼくらの心に（あるいは、岡潔の言葉を用いるならば、読者のひとりひとりの「情緒」の中核に）率直に働きかけて、自由な空想の世界へと誘う力が備わっている。そのようにして生まれる多種多様な想念のさ中にあって、岡潔はわけても「懐かしさ」という情操を刺激されたと語っているのであるから、「魔法の森」はかえって岡潔その人を知るうえでかけがえのない役割を果たす作品と見るべきであろう。

ぼくらは懐かしさという情操の働きに誘われて、回想の翼に乗り、しばしば過去の世へとさかのぼる。回想は個々人の生い立ちを越え、懐かしさのままに父祖の系譜に及び、民族の歴史へと広がっていく。そうして岡潔は日本の歴史の流れの中に芭蕉や道元のような知己をみいだして、彼らとの親しい交友（時空を越えて通い合う純粋な心の交友である）を通じて作り出される泉から、数学研究へと向かう強靭な精神の力を汲み上げた。それなら懐かしさという情操はさながら新しい学問芸術を生む歴史的世界への扉を開く神秘の鍵であるかのようであり、岡潔の生涯はこのような思索の正しさを生き生きと明示して、後進のぼくらをいつまでも励ましてくれているように思う。

「魔法の森」の作者（あるいはむしろ翻案者）である窪田空々という人については詳しいことは不明だが、別段童話作家というわけではない。本名を窪田重弌といい、海軍士官（主計中佐）である。巌谷小波は岡潔が生まれる年の前年、明治三十三年（一九〇〇年）から明治三十五年（一九〇二年）にかけてベルリン大学東洋語学校講師として招かれてドイツに滞在したが、このとき「白人会」というベルリン邦人俳句同好会を結成した（ベルリンの表記「伯林」の一字「伯」を旁と偏に分解して「白人」としたのである）。巌谷小波が宗匠で、会員は芳賀矢一（俳号龍江、国文学者）、美濃部達吉（古泉、憲法学者）、加藤正治（犀水、法学者）、水野幸吉（酔香、書記官）など多士済々だが、窪田空々はこの白人会の一員であった。小波の門下生、木村小舟の著作『少年文学史　明治篇下巻』（童話春秋社、昭和十七年）を参照すると（ぼくが見たのは昭和二十四年五月十五日発行の増補改訂版である）、『お伽花籠』の成立の経緯に触れて、

窪田空々は、海軍主計中佐にて、小波が独逸以来の交友、特に少年文学の愛好者とて、この挙あるを聞くや、進んでこれに加わり、得意の一篇を寄せ来たものである。

という記事が目に映る。これ以上のことはまだ何もわからない。

「琴の由来」

『お伽花籠』に収録されている十篇の童話の中で、「魔法の森」を紹介するときほどの情熱が伴っているわけではないが、岡潔はもうひとつの作品にも言及している。それは高野斑山

作「琴の由来」というお話で、岡潔はこれを、

「琴の由来」という童話では、にくしみについて知らされた。その話の中に出てくるにくしみの糸になぜふれていけないか、そのときはわからなかったが、のちに三高にはいってあらゆる面から自分を作り上げようとしたときにいま一度考え直し、この寓話《ぐうわ》のもつ教訓がわかった。

（「私の履歴書」）

というふうに回想した。物語の内容は語られていないので、ここで簡単に紹介してみたいと思う。「ふれてはいけない」のを「にくしみの糸」としたのは岡潔のまちがいで、実際には「欲の糸」だったことがわかる。

「琴の由来」は、「この世の人がようやく田を耕し、布を織り、家を作ることを覚え始めたころのこと、両親に別れてしまったひとりの男の子が、人里を遠く離れて山奥の一軒家に住んでいました」という一文とともに始まる。男の子の名前はわからない。朝晩、笹の若葉の巻葉を吹き鳴らしてさびしさをまぎらしたが、ある満月の夜、白雲に乗ったひとりの天童が月の彼方から降りてきて、大神《おおかみ》のメッセージを伝えた。笛の音を聴いて感心した大神からの招待であった。男の子は天童とともに天上界に行き、たちまち天上の人となり、無上の喜びと無限の楽しみのうちに三年あまりを過ごした。

そんなある日、大神が男の子を呼び出して、下界に帰るべき日が近づいたことを申し伝え、手元の黄金の箱から大きな卵をふたつ取り出して男の子に預けた。それは鳳凰という鳥の卵であった。

ふたつの卵を天上の花園の中ほどの日あたりのよい草のうえに置いて暖めると、卵のそばから一本の木が生えて、またたくまに幾丈ともなく生い立った。驚いて梢のかなたを見上げていると、にわかに足元で卵が孵《かえ》って、二羽の鳳凰が飛び立った。孔雀に似ているが、孔雀よりも幾倍か大きく、幾十倍か美しく見えた。

大きな木は一時に無数の紫色の花をつけ、高い香りを放っている。鳳凰はその紫の花の上に降りて、日ごとに異なる音色を天上界に響かせた。ある日の声は飛び立つばかりに喜ばしく楽しく聞こえ、ある日の声は腸《はらわた》もちぎれるほどに悲しく聞こえる。またある日には、何かのことで怒ったのではあるまいかと思われるような声を出した。そのようにして七日間がすぎ、八日目の朝、鳳凰は二羽とも姿を隠してしまった。びっくりして大神に報告すると、大神はしずかにうなづいて、

なお二、三日、その木の下におれ

と仰せになった。

木の花はこの日のうちに実を結び、翌日にはほろほろと散り始めた。そのとき男の子は

急に眠くなって、草の上に倒れてしまった。天上界に来て眠ったのは、これが初めてのことであった。

三日三晩眠り続けて四日目の朝、目を覚ますと、あの大きな木は地上に倒れ、根もなく、葉もなく、うつろな幹だけの姿になっていた。そのうつろな幹には、蜘蛛《くも》の渡した六筋の糸が日にきらきらと輝いていた。男の子はこの幹を抱えて大神の御前《ごぜん》に参上した。

大神は六筋の蜘蛛の糸を取りはずすように命じ、代わりに左手の七筋の糸を一筋ずつ右手でたぐり、新たに六筋の糸を各々二筋《ふたすじ》ずつ断ち切って男の子に与えた。それらは「喜びの糸」「怒《いか》りの糸」「哀しみの糸」「楽しみの糸」「愛《め》ずる糸」「悪《にく》む糸」と名づけられた。これで全部で十二筋の絃がうつろな幹に張られたことになるが、まだ少々余裕があった。そこで、

まだ一筋ほどの余地がございます

と申し上げると、大神は、

さらば、これは欲の糸。この糸には誤っても指を触れてはならぬぞ

と言って、一筋の欲の糸を与えた。こうして合わせて十三絃の琴ができあがった。

男の子はこの琴をもち、大神みずからのお見送りを受けて、琴をかなでながら、雲に乗って人の世に向かって降りていった。十三絃の琴のうつろな幹には、紫の花の結んだ実がいっぱいに詰まっていた。やがてはるか下方に月が見えだした。まるで蛍火《ほたるび》のようであった。

そのときどうしたはずみか男の子の指がちょっと「欲の糸」に触れた。すると男の子はとたんに雲を踏み外し、幾千万尺の虚空をまっ逆さまに落ち始めた。十三本の糸は大空に高く鳴り響き、紫の花の実は四方に飛び散った。男の子の落ちていった先は、とある国王の宮殿の前で開かれていた酒盛りの席のまっただ中であった。それでも男の子の身には少しの別状もなく、すぐさま立ち上がって琴をかなでた。

このとき飛び散った紫の花の実が生い立って桐の木になった。また、男の子が天上界からもってきた十三絃の琴により、下界に琴というものが伝わった。これが、このお話の標題で言われているように、ぼくらの住むこの人の世の「琴の由来」である。

「琴の由来」はおおよそこんなふうな物語である。男の子が天上界にお別れしたとき、初めの予定では、雲に乗って地上に降りていく先は、かつて住んでいた人里離れた山奥の一軒家のはずであった。ところが途中でたまたま「欲の糸」に触れてしまったために行く先が変更されて、王様の宮殿前の酒盛りの席に落ちてしまったというのである。ただそれだけのことで、読者への特別のメッセージが盛られているわけではない。それでもお話の展開は起伏に富み、文章も美しく（ただし、この美しさは要約では伝わらない）、「魔法の森」と同じようにそのまま読むだけで十分に楽しむことができると思う。

岡潔は『お伽花籠』の中の十編の物語から、「魔法の森」と並んで特にこの「琴の由来」を取り上げたのであるから、やはり琴線に触れるものがあったのであろう（岡潔が『お伽花籠』を読んだのは明治四十三年で、日本経済新聞に掲載された「私の履歴書」の中で『お伽花籠』を語ったのが昭和四十年十二月のことである。この間に五十五年という歳月が流れたことになる）。

ただし、岡潔はなぜかしら勘違いして、主人公の男の子が決して触れてはならないと大神に禁じられたのは、「欲の糸」ではなくて「にくしみの糸」（正確には「悪《にく》む糸」）であるとした。確かに「欲」よりも「にくしみ」のほうが感情の構造は複雑で、「にくしみの糸」が禁じられたとしたなら、定めしいっそう深遠な理由に根ざしているのであろうと察せられて、さまざまにぼくらの想像を誘う。興味深い勘違いだが、「にくしみ」という感情は「なつかしさ」という情操の対極に位置するかのように感じられたのであろう。

木村先生と藤岡先生

昭和三十六年三月七日付の朝日新聞の記事「わが師の恩①　唱歌の先生によって私の原型は作られた……」を参照すると、『お伽花籠』と、「鶵の行方」が出ている『日本少年』を岡潔に貸してくれたのは、菅南尋常小学校の女の唱歌の先生だったことがわかる。岡潔は「残念ながらこの先生のお名前も忘れ、習った歌もほとんど忘れてしまった」と書いているが、この先生は木村ひでという人である。

平成九年（一九九七年）八月八日、ぼくは大阪市北区の西天満小学校を訪問し、校長の播本先生にお目にかかった。菅南尋常小学校の歴史はやや複雑な推移をたどって変遷したが、昭和十六年、大阪市立菅南国民学校と改称され、昭和二十年八月十五日、廃校になった。廃校の日付はちょうど先の大戦が終結した日である。この一致は偶然とは思われないが、詳しい事情は不明である。廃校後、またも複雑な経緯があり、昭和二十二年四月、西天満小学校に統合されることになった。そのようなわけで菅南尋常小学校に関する基礎資料はすべて西天満小学校に移管されたのである。

播本校長先生は校長室の戸棚からひもでくくられた古びた書類の束を取り出して、一枚一枚ていねいに点検していった。菅南尋常小学校に勤務した先生方ひとりひとりの個人情報を記した書類が、赴任した順番に重ねられている。明治四十二、三年あたりを特に慎重に見ていくと、まず藤岡英信先生の師範学校の卒業証書と小学校教員免許と履歴書が見つかった。藤岡先生は明治二十一年五月三日に生まれた人で、明治四十三年十月十五日、大阪府天王寺師範学校を卒業した。卒業と同じ日付で大阪府小学校教員免許状が交付され、その直後の十月十八日付で菅南尋常小学校訓導（訓導というのは小学校教員の呼称である）を拝命した。このとき数えて二十三歳という若い先生であった。翌年、小学校五年生の岡潔のクラスの担任になった。

岡潔のいう「女の唱歌の先生」を見つけるのは少しむずかしい作業になったが、この前後に赴任した女の諸先生の中で、音楽を教える免許をもっていたのはひとりきりであった。それが木村ひで先生である。

あるとき潔少年は木村先生にしかられたことがある。あるとき、というのは潔少年が五年生のときのこと、悪童たちが木村先生を冷やかしたりして悪ふざけをしたことがあった。あまりたいしたことではなかったとは思うが、子弟が師に対して守るべき線を越えたようなことをいったようだという(「先生は別嬪やなあ」などとからかったらしい)。潔少年もこの心ないいたずらに同調した。すると木村先生は涙をためた目でじっと潔少年をみつめ、「坂本、お前までもですか」(このときはまだ「岡潔」ではなく「坂本潔」であった)と言った。

このときの印象はよほど強く潔少年の心に焼きついたようで、後年、ゆくりなく思い出す機会があった。それはある民放のラジオに出たときのことで、応対した女のアナウンサーの名前が「古村《こむら》」というのを聞いて連想が働いたのである。「古村」は「こそん」に通じ、「こそん」は「孤村」という言葉につながる。そこで岡潔は、

「花あり月ある孤村の夕べ、いずこにつながん栗毛のわが駒……」

という唱歌を連想した。これは木村先生がよく歌っていた歌の一節であるという。

岡潔が連想した唱歌は「騎馬旅行」という歌で、教育音楽講習会編纂『新編教育唱歌集』(全八冊。明治二十九年一月)の第八集に収録されている。二番まであるが、岡潔が連想した

歌詞は第一番の末尾に現れる。

騎馬旅行

（一）肥えたるわが馬、手なれしわが鞭《むち》
千里の旅行もおもへばやすし
いざ、いざ、すゝまん、山こえて
いざ、いざ、進まん、河を渡りて
花あり月ある孤村《こそん》の夕《ゆふべ》
いづこに繋《つな》がん、栗毛のわが駒

（二）けはしき山路も、はてなき野原も
蹄《ひづめ》にかけ行くわが旅たのし
いざ、いざ、すゝまん、里すぎて
いざ、いざ、進まん、橋を渡りて
わが馬立てつゝ見かへるあなた
白雲ゆうべの宿をぞへだつる

（教育音楽講習会編纂『新編教育唱歌集』第八集所収。明治三十九年一月二十八日発行、訂正第六版より）

木村ひで先生は明治二十年十一月に生まれた人で、交付された免許状は尋常小学校本科正教員（この免許では教えられるのは尋常科のみである。師範学校出身の藤岡先生の免許は「尋常」が取れて小学校本科正教員の免許であるから、高等科も教えられる）であるから、おそらく高等女学校を卒業して小学校の先生になったのではないかと思われる。木村先生が菅南尋常小学校に赴任したのは明治四十二年十二月二十日で、その翌年、すなわち明治四十三年秋、小学校四年生の岡潔に『お伽花籠』や『日本少年』を貸したことになる。これを機に『日本少年』を定期的に購読するようになったのであろう。木村先生は数えて二十四歳の若い先生であった。

『お伽花籠』や『日本少年』のようななつかしい思い出があるにはあったが、二年生の二学期に菅南尋常小学校に転校したときから三年生、四年生に至るまで、潔少年の学校生活は孤独だったようで、「ガリレオのように一人対大ぜいでいつも帯革《おびかわ》を振り回して」（「私の履歴書」）、けんかばかりしていたと回想されている。帯革というのは、日露戦争帰りの父にもらった軍隊用の革バンドで、幅の広いじょうぶな金具がついていた。菅南尋常小学校に制服はなく、男の子は普通、小倉織の上着に短ズボンをはき、父にもらったバンドをしめ、四季袋（東京尾張町の「伊勢新」から売り出された信玄袋の一種）に本をつめて学校に通った。「江戸っ子」というあだ名をつけられて、級友が「江戸っ子、江戸っ子」と軽蔑の表情ではやしたてると、初めは四季袋を振り回して対抗したが、そのうち金具つきの帯革を武器にして大勢に立ち向かっていくようになった。勇気のある少年であった。

「江戸っ子」という奇妙なあだ名の由来は岡潔の標準語にあった。大阪への転居にあたり、大阪では紀州弁を話すときっとばかにされてのけものにされるから、という配慮により、父が標準語を教えてくれた。父は明治法律学校（明治大学の前身）に通った人であるから、東京の言葉になじみがあり、自信があったのかもしれない。

ところがこの親心がかえって裏目に出て、潔少年は級友たちに「江戸っ子、江戸っ子」とはやされる結果になってしまった。都会の悪童どもの目には、紀州の山奥から出てきた少年はからかうのに恰好の相手と映じたのであろう。みながよってたかって、さも軽蔑したような表情を向けて「江戸っ子、江戸っ子」としきりに繰り返した。それで「江戸っ子」という言葉は非常に悪い言葉と思い込むようになり、とうとう「江戸っ子」と言われたらそれだけで必ず怒るというパターンができてしまった。味方をする者はひとりもなく、いつも「ガリレオのように」（これは岡潔自身による比喩である）孤軍奮闘した。父に教わった岡潔の標準語はどうもあやしげで、大阪の子どもたちには気取っているとでも思われたのであろう。せっかくの父の配慮は裏目に出て、いつまでも友人のできない日々が続いた。

ガリレオは十六〜十七世紀のイタリアの天文学者で、伝統の天動説に反して地動説を主張したために異端とされ、宗教裁判にかけられたが、「それでも地球は回っている」とつぶやいたと言われている。世界の観察において観念をしりぞけて事実を重んじる姿勢を鮮明に打ち出して、近代科学の始祖と見られる人物である。少年岡潔には、孤立無援の立場においやられながらも、「真理はわれにあり」というほどの小さな自負があったのであろう。

二年生から四年生まで、潔少年のクラス担任はずっと谷口先生という人であった。谷口先生とはどうも馬が合わなかったようで、岡潔はこの先生のことについてはほとんど何も語っていない。わずかに「一九七七、十二、二六（月）」という日付（亡くなる三箇月前）のある未発表原稿「私の生い立ち」を見ると、

（谷口）先生は転校当時喧嘩ばかりしているのを見て粗暴な奴だと思い込んでおしまいになったらしく、それが私の成績にまで自ら響いていたようです

というふうに言及されているのが目に留まる程度である。算術と、国語のなかの読み方と、修身を別にすると成績も芳しくなかったようであった。こんなふうにあまりぱっとしない毎日が続く中で、潔少年は唱歌の時間に木村先生に出会い、かわいがられ、『お伽花籠』と『日本少年』を貸していただいたのである。うれしさもひとしおだったであろう。

後年、岡潔は「学問の中心は情緒である」という考えを公表して、世の人々の意表に出るとともに、深い感銘を与えた。この有名な言葉の初出は昭和三十七年四月十六日付の毎日新聞に掲載されたエッセイ「春宵十話」の第二回「情緒が頭をつくる」で、冒頭に、

頭で学問をするものだという一般の観念に対して、私は本当は情緒が中心になっている

といいたい

と書かれている。このような不思議な魅力に富む発言をした人は数学の世界では岡潔を措いてほかになく、岡潔の真骨頂がよく表われているように思う。

物理学の分野に目を移すと、寺田寅彦や、そのお弟子の中谷宇吉郎《なかやうきちろう》のような、独自の自然観をもって物理的思索を深めていった人がいる。しかもこの二人の物理学者の自然観と岡潔の数学観（岡潔は物理的自然と対比させて、好んで「数学的自然」という表現を使った）は無縁ではなく、昭和四年初夏（というのは五月末から六月初めにかけてのことである）、洋行先のパリの日本学生会館で中谷宇吉郎が毎夜、岡潔の部屋を訪れて二週間にわたって語り続けたのは、ほかならぬ寺田物理学のうわさ話であった。それから三十三年という歳月が流れたとき、岡潔は「春宵十話」の中で往時を回想し、「これが後々私の数学研究に大きな影響を与えたと思う」と述べたのである（これは昭和三十七年四月十九日付の毎日新聞に掲載された「春宵十話」の第五回「フランス留学と親友」の中に出ている言葉だが、中谷宇吉郎はその直前の四月十一日に病没した。青山斎場で葬儀が行われたのが四月十四日で、「春宵十話」の連載が始まったのが翌四月十五日であるから、中谷宇吉郎は岡潔の「春宵十話」を目にすることはできなかった。岡潔は中谷宇吉郎の葬儀には参列しなかった）。

ここで問題になるのは「情緒」という考え方の由来だが、岡潔は子供のころから孤独な少年で、その孤独の中から「情緒」の思想が生まれたというのが保田與重郎《やすだよじゅうろう》の意見である。

保田與重郎と杉田有窓子《ゆうそうし》（詩人）の対談「歴史とところどころ」（『燕雀』第十六号、昭和四十五年四月、所収）を見ると、こんな問答が交わされている。

杉田　岡潔先生が数学を情感に結びつけられたそうですが、思いもよらんことでビックリします。

保田　あれはいい話ですね。お話を伺っている時には何かわかったような気もするが、帰り路にはもう忘れています。くりかえすことができないのです。ボーッと解ったような気がするだけです。……岡先生のは自分で発見された智慧です。どこから出たかというと、子供の時から孤独な方だったんですね。昔の童話にも孤独のところがありました、今はありませんが。この淋しさは明治の風俗ではありませんか。「阿蘇の山里秋ふけて」などの歌……。

保田與重郎は奈良県桜井市出身の文学者で、明治四十三年四月十五日に生まれた人であるから、明治三十四年四月十九日に生まれた岡潔より九歳だけ年少になる。桜井尋常小学校から奈良県畝傍中学、大阪高等学校を経て、東京帝国大学に進み、文学部美学美術史学科に所属して美学を専攻した。胡蘭成《こらんせい》（中国の政治家、思想家。昭和二十五年秋、日本に亡命した）とともに、晩年の岡潔と親しい交友のあった人物である。

菅南尋常小学校での潔少年の生活が一変し、活気に満ちた生活に変貌したのは、五年生になって藤岡英信先生が担任になってからのことであった。この学年になると成績も急に向上し、これはおそらく第一学期のことと思われるが、修身、国語、算術、歴史、地理、理科、図画が「甲の上」という、すばらしい成績をおさめ、二学期は級長になった。

このころの小学校の成績は甲乙丙丁という記号でつけられた。一番いいのはもちろん「甲」で、優等生はしばしば全教科で「甲」を取り、「全甲《ぜんこう》」と呼ばれた。潔少年の場合は全甲ではないようだが、たぶん体育の成績が少々思わしくなかったのであろう。もう少し細かく観察すると、「甲の上」という成績をおさめたというのは岡潔の回想に基づく記述だが、「甲」よりもさらに一段と上のように見える「甲の上」という名前の成績は存在しないから、少し変な感じがする。岡潔よりひと回り下、すなわちきっかり十二年後の大正二年（一九一三年）四月に群馬県の山村に生まれたぼくの父を例に取ると、小学校（花輪尋常高等小学校）の成績表に「甲の上」という表示はない。ところが小学校四年生（大正十年度）のときの作文帳を見ると、ひとつひとつの作文に附された成績の中に、「甲」のほかに「甲の上」という表記がある。ここから推すと、おそらく作文や図画の評価として「甲の上」などという表記が用いられたのではないかと思う。岡潔の場合なら、図画の作品に「甲の上」という評価を得たものがあったのであろう。

藤岡先生は少年の日の岡潔をかわいがり、潔少年のためになにくれとなくしてくれて、後年に至るまで消えることのない強い印象を岡潔の心に刻んだ。飛行機の模型の作り方を教えてくれたのもそのひとつであった。これは軽い木に竹ひごで作った翼をつけた簡単な飛行機で、ゴムの力で飛ばすのである。作るのはおもしろく、ずいぶん熱中して楽しんでいろいろ作った。ただし買ってきた飛行機はよく飛ぶが、自分でこしらえてみるといっこうに飛ばなかった。

それと、藤岡先生はしばしば潔少年を指名して、「坂本、こんど理科で柿を教えるから少しよけいに持ってこい」とか「栗を持ってきてくれ」というふうに用事をいいつけたが、これはうれしい体験だった。何かしら特別に目をかけられているように思えて、誇らしかったのであろう。

昆虫採集の楽しみを覚えたのも藤岡先生のおかげであった。五年生にあがってほどない六月のある日の日曜日のこと、岡潔は大阪の箕面に昆虫採集に出かけた。青酸カリの瓶を右肩から左脇にたすきに掛け、手に捕虫網をもって一人で遠征したのである。箕面には大きな瀧があり、瀧から落ちた水が川になって流れている。その川に、谷のあちこちから幾筋もの小川が流れ込んでいた。谷々は峰が高く、傾斜が急で、杉や楓《かえで》が繁っていた。

ふと見ると、小川の縁の湿った土の上にとまって、杉の葉の汁を吸っている碧條揚羽《あおすじあげは》を見つけた。黒い縞のある瑠璃色で、実に美しかった。こんな美しい蝶を見るのは初めてで、「きれいだなあ」と思った。それからそっと忍び寄って捕虫網でつかまえようとしたが、さっと飛び上がり、軽々と高い峰を越えてしまう。実に鋭い飛翔力であった。

非常に回り道をして、その蝶が降りたと思われる隣の谷へ行くと、はたしてその蝶はそこにいて、やはり小川の縁の湿った杉の葉に止まって汁を吸っていた。本当のことを言えばさっきの蝶と同じ蝶なのかどうかわからないが、このときは同じ蝶と思い込んでいたのである。またもそっと近づいて補虫網で捕まえようとすると、またさっと飛び立って隣の峰に行ってしまった。こんなことを繰り返すばかりで一日中、箕面の谷から谷へ追い回したが、とうとう捕獲できなかった。

夕方、菅南尋常小学校の二年上の同窓生に出会い、箕面の近くにあるその先輩の別荘で風呂に入り、夕飯を御馳走になった。この日は父は留守で、帰宅すると、母が万一を心配して警察に保護願いを出すなどして、大騒ぎになっていた。

箕面の谷で碧條揚羽を追って一日を過ごしたころより少し後のことになるが、岡潔の菅南尋常小学校時代は第五学年までで終わり、小学校六年にあがるときから郷里の紀見峠にもどり、地元の柱本尋常小学校に通った。藤岡先生に手ほどきを受けた蝶の採集の楽しみは帰郷してからも持続した。後年のエッセイ『春雨の曲』第七稿に描かれている回想によると、紀見峠の上には碧條揚羽の姿は見えないが、峠を北に下りると杉山が多く、谷川もあり、そこには碧條揚羽がいたという。それで待望の標本作りにも成功した。しかし出色の思い出は大紫《おおむらさき》の発見であった。

梅雨明けのある日、潔少年はいつものように補虫網と青酸カリの瓶をもって蝶の採集に出かけた。山の道をだいぶ行くと、道は新しく繋った木の葉に閉ざされて、木の葉の匂いが立ち込めているところに入った。名前はわからないが、真っ白な花が咲いていて、よい匂いがした。補虫網が枝に触れて木が動くと大きな蛾が飛び立つが、蛾は採らないことに決めていた。少しすいて見える青空には一文字蝶がすべるように舞っていた。しかしこの蝶の標本はもうたくさんもっていたから、捕ろうとは思わなかった。

若葉のトンネルをくぐり抜けると山畑に出る。畑の周囲には櫟《くぬぎ》が植えられている。ずっと奥まったところにある一本の太い櫟は地上四尺（一尺は曲尺《かねじゃく》で約三十センチ、鯨尺《くじらじゃく》で約三十八センチ）ほどのところに樹皮に傷があり、絶えず甘い樹液を出していて、いろいろな昆虫がそれを吸いに集まってくる。蝶もよく来るので、この日はそれが目当てだったのである。

今日はどうだろうと思って見ると、非常に大型の蝶が止まっていて、閉じた羽をゆっくりと開いた。その羽が七月の強い山の日の光を浴びてきらっと紫色に輝いた。潔少年はその美しさに思わず息をのみ、茫然と見守った。この蝶が大紫であった。岡潔は『春雨の曲』第七稿で大紫を見つけたときのうれしさをこんなふうに美しく回想し、そのうえで、この喜びこそ、寺田寅彦のいう「発見の鋭い喜び」であると付言した。

岡潔は数学研究の発見の経験を語るとき、好んでこの「発見の鋭い喜び」という言葉を引き合いに出した。典拠は俳誌『ホトトギス』明治四十一年十月号に掲載された寅彦のエッセイ「花物語」の第七話「常山の花」である。

寅彦が小学生のころのこと、友だち仲間で昆虫採集が非常にはやった。母にねだり、破れた蚊帳《かや》で補虫網を作ってもらい、寅彦少年は夏の日盛りも恐れずに毎日のように虫捕りに出かけた。蝶や蛾やかぶと虫などがたくさん棲んでいる城山（寅彦の郷里は四国の高知である）

の中を歩き回って、長い日を暮らしてすごした。二の丸三の丸の草原には珍しい蝶やバッタがたくさんいる。少し茂みに入ると、樹木の幹にいろいろな甲虫《かぶとむし》がいる。玉虫やこがね虫や米つき虫がいる。強い草木の香にむせながら、胸を躍らせてこれらの虫をねらって歩いた。寅彦はこんなふうに往時を回想し、珍しい虫を見つけて捕えたときの喜びを「鋭い喜び」と表現した。岡潔はこの言い回しを借りて、「発見の鋭い喜び」という美しい言葉を造語したのである。

藤岡先生の思い出を紡ぐ岡潔の回想は「枚方《ひらかた》の写生会」で最高潮に達する。

五年の二学期だったと思う。級長だった私は、副級長と二人で新聞社主催の写生大会に藤岡先生に連れられて枚方へ行ったことがある。私は絵の方は得意ではなかったので、エンピツ画を即席で練習してその日に備えた。他校の先生が藤岡先生に「この子供たちは絵がうまいのか」と聞いていたが、そのとき藤岡先生はすましたもので「せっかくの新聞社の招きだから遊びに来たのだ」とのんきなものだった。おかげで私たちは恥ずかしい絵をだれからものぞき込まれずにすんだ。いまでもバスなどで秋色を帯びた木津川堤（淀川上流）を通ると、あのときの秋の枚方の堤をなつかしく思い出す。

（「私の履歴書」）

副級長は「笛」君という少年であった。

枚方の写生会

平成九年（一九九七年）の暮れ、十二月二十七日に、ぼくは大阪の中之島図書館に立ち寄って、明治四十四年秋の大阪朝日新聞を閲覧した。目的は枚方の写生会の様子を伝える記事を見つけることで、岡潔の回想によればこの写生会は新聞社の主催ということであったから、朝日新聞あたりを参照すれば該当記事に出会うのではないかと考えたのである。マイクロフィルムを借り、九月一日から始めて一日一日と見落としのないように注意しながら見ていくと、十一月六日の「欄外記事」の中に「少年の郊外写生」という記事が出ているのを発見した。六日は月曜日で、前日すなわち十一月五日の日曜日の写生会の様子を小さく報じる記事である。主催者は新聞社ではなく、お伽倶楽部《とぎくらぶ》という団体であった。

少年の郊外写生

子供をして多く自然の景物に接せしめ、清新なる趣味を養はしむるため、当地のお伽倶楽部は少年郊外写生画会を設け、第一回写生旅行を京阪間の名勝たる香里、枚方、八幡、伏見、淀等と定め、五日午前八時、京阪電車に乗りて右のうちそれぞれ目的の場所へ各班に分れ、班長指導して出発す。会員は市内各小学校尋常五六年、高等小学校の男生徒（学校で選定せしもの）に限る。会費一切要せず、電車賃も要せず、弁当持参の事、写生用具携帯の事。さてその作品は全部班長に提出し、審査の上或る期間を定め、香里遊園地にて

「少年写生画展覧会」を開催するとぞ。

これが、欄外記事「少年の郊外写生」の全文である。お伽倶楽部というのは、おとぎ話の口演(「読み聞かせ」のことであろう)の普及を目的として、巖谷小波の門下生、久留島武彦が創設したクラブである。久留島武彦は近衛兵として兵役をつとめた経歴があるようで、近衛連隊の新兵さん、すなわち近衛新兵《このえしんぺい》をもじって、初め尾上新兵衛《おのえしんべえ》というペン・ネームで『少年世界』に軍事談義を寄稿していたが、その後、横浜でお伽倶楽部を創立した。巖谷小波などを招いて発会式が挙行されたのが明治三十六年七月十二日であるから、日露戦争を間近に控えたころの出来事である。

久留島武彦が日露戦争に従軍したため、お伽倶楽部も一時中断を余儀なくされたが、久留島の凱旋後、規模がいっそう拡大されて再開の運びとなった。東京に本部を置き、神田の青年会館で毎月、月例会が催された。そのうえ機関誌『お伽倶楽部』を発行し、各地に支部が作られたということであるから、枚方の写生会の主催者は、お伽倶楽部の大阪支部だったのではないかと思う。

岡潔は急いで鉛筆画を練習して参加したが、あまり自信はなかったようである。審査のうえよい作品を選定し、香里遊園地で「少年写生画展覧会」を開催するということになっていたが、この展覧会については岡潔の回想は見あたらない。審査はともかく他校の生徒たちに混じって郊外に出るのは珍しい体験ではあるし、藤岡先生の引率を受けて出かけていくのは、それだけですでに晴れがましい出来事であったことであろう。

こうして藤岡先生は少年の日の岡潔に、「絵を描く楽しみ」を教えてくれた。潔少年は絵を描くカバン、三脚、それに水彩絵の具を買ってもらい、大阪と打出《うちで》の間のいろいろな景色を写生して歩いた。川沿いに見た六甲の姿とか、松原続きの海の姿などであった。この小さな写生旅行には、四学年下の妹の泰子さんもしばしばいっしょについていった。写生して歩くと自然の美しさがよくわかった。

話が多少前後したが、打出というのは阪神電鉄沿線の海浜の地、宮川流域の兵庫県武庫郡精道村大字打出（昭和十五年から芦屋市の大字となった。住所表記はその後、さらに変遷した）のことで、岡潔が菅南尋常小学校の五年生になって間もなく（これは『春の草　私の生い立ち』の記述によるが、エッセイ「義務教育私話」には打出に移ったのは「四年の三学期」と記されている）、父の意向によりこの地に移ったのである。大阪壺屋町で一度、転居しているから、紀見峠の故郷を出てから、これで三度目の引っ越しになる。

岡寛治は保険の勧誘の仕事をして、自転車に乗ってよく田舎まで足を延ばしたが、田舎に出るたびに、

どうも大阪は空気が悪い。少し都会から離れて大阪を見るとばい煙がもうもうと立ち込めている。こんなところで子供を育てるわけにはいかない。

（「私の履歴書」）

と痛感した。それが引っ越しの原因であるという。打出の浜は空気がよく、魚がたくさんとれる土地だったが、わざわざ引っ越したのはそればかりではなく、阪神電車が打出まで延長されたおかげで新興の住宅地として注目され始めていたことも、有力な転居理由のひとつに数えられるであろう。

阪神電気鉄道打出停留所が設置されたのは明治三十八年のことである。これで神戸・大阪間の交通が便利になり、打出地区が住宅地として発展していく基礎になった。打出停留所は今の阪神本線打出駅である（所在地は現在、芦屋市打出小槌町）。阪神電車が走っているのは打出地区の真ん中で、六甲山寄りは「山の手」、海岸寄りは「海の手」と呼ばれた。新しい岡家（実際にはこの時点ではまだ坂本家）は海の手側の路地にあり、二階建てであった。潔少年はこの家から阪神電鉄で梅田まで行き、梅田駅から歩いて菅南尋常小学校に通った。越境入学になるが、学区という点から見ればもともと壺屋町に転居した当時も瀧川尋常高等小学校に通うのが正常だったところ、風紀が乱れているからといううわさを聴いてわざわざ菅南尋常小学校を選んだのである。誕生日の届け出を一箇月早めて村役場に提出して一年早く小学校に入ったりしたこともあったし、いとこの北村俊平は規定の学齢より一年早い満五歳で小学校に入っている。当時は規定の運用は必ずしも厳格ではなく、いろいろ融通が利いたのかもしれない。妹の泰子さんも明治四十四年春には満六歳で、学齢に達していたから、地元の精道村の精道尋常高等小学校に通ったのではないかと思う。しかしはっきりしたことはもうわからない。

昭和二十三年といえば、打出への転居の年（明治四十四年）から数えてちょうど三十七年後のことになるが、この年の秋、京都大学で数学の学会があり、岡潔も出席した。十月三十一日から十一月二日まで三日間続けて顔を出し、四日目の十一月三日は、芦屋の光明会本部聖堂（この年の五月十六日に創立された。恒村夏山が顧問であった）で開かれるお別時（日時と場所を設定し、大勢でお念仏を唱える集まり）に参加するため、欠席した。お別時に出るのは午後からにして、午前中は海辺に出て「海づら」を「めづらあかず」に眺め入り、それからお昼のお弁当を食べた。「海づら」とか「めづらあかず」とか、珍しい言い回しだが、これは昭和二十四年一月の時点で書かれた「アンリ・ポアンカレの問題について　素材其の二」というエッセイに出ている言葉である。幼時を回想にふける晩年の岡潔の目とともに、なつかしい打出の浜の情景がぼくらの心に広がるが、このときの岡潔はじっと海面を見つめていたわけではないようで、わざわざ「だまつて、ではありません」と註記されている。何かつぶやいていたのであろう。

次に挙げる回想の出典も同じエッセイである。

……私小学五年のとき一年程ここ打出の浜に住んで、大阪の小学校（菅南）に通つてゐたことがございます。昔の俤はもうありません。其の頃は父も母もゐて、妹も一緒だつたのですが、父母については、多分この頃が一番楽しい頃だつたのでございませう。私も幸福で月々『日本少年』をまちかねてゐました。其の中の話に「鶸の行方」と云ふのがあります。無心に囀り交してゐる夫婦の鶸の一羽をまだ世の悲しさを知らぬ少年が空気銃で打ち殺したそのあとのあはれな話しです。これだけはどうしても忘れられません。

（「アンリ・ポアンカレの問題について　素材其の二」より）

打出の浜の生活は一年ほどで終わったと書かれているが、これは祖父の文一郎が中風で倒れたためである。岡潔の父、坂本寛治が岡家の家督を継ぐことになり、翌明治四十五年春、潔少年が小学校六年に進むときから帰郷した。学校はまた柱本尋常小学校である。姓も坂本から岡に変わり、これで「岡潔」が誕生した。祖父の元には岡潔の兄の岡憲三がいて、ゆくゆくは岡家を継ぐことになっていたが、この時点では岡家を託すにはまだ荷が重すぎるという判断がなされたと言われている。それでも明治二十二年生まれの憲三は、明治四十五年当時、すでに数えて二十四歳に達していたのであるから、憲三が家督を継いで、寛治が後見するという形にしてもおかしくないと思う。実際に家督を継いだのは岡寛治のほうで、憲三は分家することになった。今はもうこのあたりの詳しい事情は不明である。

打出の浜の一年間は両親にとってもたぶん一番楽しいころだったろうと岡潔は述べているが、岡潔本人もこのころは毎日が幸せだった。打出の家には両親と妹がそろっていたし、学校に着けば藤岡先生と木村先生がいた。通学路の梅田駅と菅南尋常小学校の途中に本屋があり、そこは『日本少年』の特約店になっていた。毎月『日本少年』の発売日が近づくと、潔少年は二、三日前から待ちかねて、通りかかるたびに届いていないかどうか確認した。首尾よく手に入れることに成功したら、帰宅途中の阪神電車の中で少しずつ少しずつ読んでいくのが無上の喜びだった。「鶚の行方」に触発されて始まった『日本少年』の購読はいつまでも途切れずに継続し、碧條揚羽や大紫にもまがうなつかしい情景を、少年の情緒の世界に美しく描き出したのである。

與八とんとん（粉河中学）

粉中入学

和歌山県粉河中学は開学当初はまだ「粉河中学校」ではなく、和歌山県第三中学校という名称で発足した。和歌山県下第三番目の県立中学校という意味で、この流儀で数えるならば、第一中学は南方熊楠（和歌山市出身の民俗学者、粘菌研究者）が出た和歌山中学（明治十二年創立。所在地は和歌山市）、第二中学は、その熊楠の長男の熊弥《くまや》が卒業した田辺中学（明治二十九年創立。所在地は西牟婁郡田辺町）である。同じ明治三十四年には粉河中学のほかにあと二つ、佐藤春夫（作家、詩人）が入学して中退した新宮中学（所在地は東牟婁郡新宮町）と徳義中学（所在地は和歌山市）が相前後して設立された。新宮中学は初め第二中学、すなわち田辺中学の新宮分校として開校した。開校日は四月二十七日と記録され、それから二年後の明治三十六年四月一日、新宮中学と改称された。徳義中学の前身は維新後困窮した士族の子弟の教育のために徳義社が設立した徳義学校である。明治十六年設立。明治三十三年、県立に移管して和歌山県第一中学校徳義分校となり、翌年、県立徳義中学校になった。

粉河中学の設置場所は『粉河寺縁起絵巻』で名高い粉河寺のある和歌山県那賀郡粉河町

（現、紀の川市）だが、初めは固有の校舎がなく、粉河尋常高等小学校の校舎の一部を借りて第一学年の入学式が行われたのが明治三十四年四月二十二日と記録されている。岡潔の生誕年と同年で、しかも粉中（こちゅう。粉河中学の略称）の入学式と岡潔の誕生日は日付まで似通っている。初年度の新入生の生徒数は百名であった。

その後、現在の新制（すなわち戦後の学制での）粉河中学の位置に新校舎が建設された。旧粉河中学の面影はもうとぼしいが、正門の二本の石柱のたたずまいは昔のままであり、正門をくぐってすぐ右手に、旧粉河中学の校歌第三番を刻んだ石碑が建てられている。

見よ紀之川の
　清流は
混濁の世を
　あざけりて
青葉若葉の
　涓滴《けんてき》も
積る知識の
　真の淵

もっとも、正門の石柱が建てられたのは大正十四年であるから、岡潔が卒業して六年後のことになる。岡潔の在学中のなごりを今日に伝えるものはもう何もない。

戦後の学制改革により粉河中学は今は和歌山県立粉河高校と名を変えている。その粉河高校の所在地と校舎は旧学制での粉河高等女学校からの引き継ぎで、粉中と粉河高女が合併して新制粉河高校が成立したのである。平成九年（一九九七年）一月二十七日、ぼくは粉河中学の同窓会「かつらぎ風猛会」会長の草田源兵衛さんに案内していただいて、粉河中学にゆかりの地を遍歴した。ここに記したようなやや複雑な粉中変遷記録は、そのおり草田さんに教えてもらった話である。

旧制粉河中学の歴史は新制粉河高校に受け継がれ、平成十三年（二〇〇一年）、粉河高校は開学百周年を迎えた。記念事業の一環として粉中時代の校友会雑誌『かざらし』を全部揃えて製本するという作業が遂行されたが、そこには粉中時代の岡潔が書いた数篇の作文や、卒業時の学業成績など、貴重な記事が随所に保存されている。粉河高校には旧制粉河高女の歴史も継承されている道理だが、この方面から数えた年次数は定かではない。おそらく長い方を採ったのであろう。粉中と岡潔は同年齢であるから、平成十三年は岡潔の生誕百年目にあたる節目の年でもあった。

「第三中学」というのは仮の呼称だったのであろう。ごく短命に終わり、第一回目の入学式からほどない明治三十四年六月には早くも粉河中学校と改称された。生徒定員は四百名だったが、その後しばしば変遷し、岡潔が入学した年、すなわち大正三年（一九一四年）の一月には六百名と定められた。五学年制であるから、一学年あたり百二十人になる勘定である。

岡潔は前年大正二年度の入学試験に一度失敗しているので、大正三年度は二度目の挑戦であった。今度はやすやすと合格し、自伝風エッセイ『春の草　私の生い立ち』（日本経済新聞社）を参照すると、「たしか合格者百五十人中十九番だったのを覚えています」と記述されている。実際には志願者総数三百六十九名に達し、そのうち入学を許可された者は百四十七名というのであるから、そうそう安直な試験ではなかったと思う。一度失敗したことのほうがなにかの間違いだったのであり、後年の三高入試でもそうだったように、受験の現場において岡潔はたいへんな秀才ぶりを発揮した。

大正三年度の入学者は甲乙丙の三組に分かれ、岡潔は乙組に所属した。粉中の在学生の出身地の分布は広範囲にわたっていたし、それに交通の便も悪い時代であったから、通学できない生徒たちのために敷地内に寄宿舎が設置されていた。高野登山鉄道が橋本まで延びていない時代のことであり、紀見峠の岡潔も通学不能組のひとりであった。

寄宿舎の舎監は常時三人いたが、舎監長は英語の内田與八《よはち》先生であった。校長の吉村源之助は和歌山中学の第二回生（明治十六年三月卒業）で、南方熊楠と同期だった人物である。もっともこの当時の中学卒業生はごくわずかで、第二回生は全部で五名を数えるにすぎなかった。卒業の時期も変則で、第一回生十一名の卒業は前年明治十五年五月だったし、第二回生が卒業して半年後の明治十六年七月には第三回生四名が卒業した。そのうちの一人は岡潔の伯父（父の長兄）岡寛剛《ひろたけ》であった。もうひとりの伯父（父の次兄）谷寛範《ひろのり》も和中の卒業生（明治二十二年七月卒業）である。

交通事情が悪いため初年度は寄宿舎に入るしかなかったが、入学して一年がすぎて大正四年春になると、大阪の汐見橋《しおみばし》から高野山方面に向かう高野登山鉄道が橋本まで延長され、電化開業した（開通式が行われたのは大正四年三月十一日であった）。これで、少し時間はかかるが通学が可能になった。紀見峠駅から橋本に出て、橋本から国鉄「和歌山線」に乗り換えて和歌山市に向かい、粉河駅で下車するのである。だが、二学年時からも寄宿舎を出る気配はなく、寄宿舎生活は少なくとも四年生の二学期あたりまで続けられた。それから五年生になり、この最後の一年間は紀見峠から通学した模様である。

寄宿舎で割り当てられたのは五号室で、他に三人の同室者がいた。城茂美は岡潔と同じ一年生、城寛憲は三年生で副室長、それに五年生の栩本傳《とちもと》が室長であった。いつもぼんやりして、何となく抜けているところがある風で、同室の仲間に「岡はん」と呼ばれた。あるときなどは畳に針が突き刺さっているのを知らずに踏みつけてしまい、舎監が飛んでくるような大騒ぎになった。後で、「岡はん、お前がぼんやりしているからわしまで叱られた」と室長がこぼしたという。

三年生あたりまではテニスに熱中した。「富山文庫」を読むのに凝った一時期もあったというが、具体的な作品名が不明なため、このあたりの事情はよくわからない。「富山文庫」というのは存在しないが、東京の出版社「富山房《ふざんぼう》」（「冨山房」ではない）が明治三十六年（一九〇三年）から出し始めた「袖珍《しゅうちん》名著文庫」というのがあるから、あるいはこれのことかもしれない。この文庫は国文学の校訂本のシリーズで、五十冊ほど刊行された。中学校にそろえてあっても不思議ではないとしても、中学生の岡潔が井原西鶴や上田秋成、あるいは『仮名手本忠臣蔵』や近松門左衛門の浄瑠璃物『国姓爺合戦』などに読みふけったという情景を想像するのはむずかしい。「袖珍名著文庫」ではないとすれば、明治四十四年から大正年間にかけて、大阪の立川文明堂から次々と二百点ほど刊行された「立川文庫」あたりが有力な候補にあげられる。こちらは猿飛佐助や霧隠才蔵などが活躍する講談物であり、おもしろい読み物ではあるが、中学校に取り揃えてあったかどうかは疑問の残るところである。

四年生に進級した年（大正六年）、母方のいとこの北村赳夫（北村俊平の弟）が粉中に進学してきて、寄宿舎で同室になった。北村赳夫は岡潔の妹の泰子さんと同学年で、紀見峠と麓の間を、馬転《こ》かし坂を上り下りしていっしょに柱本尋常小学校に通った仲の幼友だちである。夏のある日のこと、学校帰りの馬転かし坂の途中で夕立ちにあい、激しい雷雨の中を、北村赳夫は泰子さんをおいてきぼりにしてひとりで坂道を駆け出して先に行ってしまったことがあるという。「あのときは往生した」と、何年か前、泰子さんは笑いながらぼくに話してくれた。遠い昔の紀見峠の情景のひとこまである。

子どものころの岡潔はだいぶ腕白だったようで、岡潔自身、小学校時代に級友とよくけんかをしたという話を書き残している。ところが北村赳夫の回想によると、この少年時の腕白は粉中時代にはすっかり鳴りをひそめ、かえって「ものぐさ」が頭をもたげてきたという。何かというと寄宿舎の部屋のすみでねころんだり、寝るときも寝巻きに着替えず、上衣だけ脱いでごろっと寝た。入浴はしたが、すすんでしたことはなかった。舎監の内田先生が見る

にみかねて、

「北村、岡を風呂に入れてやれ。臭うていかん」

と言うので、北村赳夫が風呂に誘うと、「服を脱がせてくれたら入ってやろう」とだだをこねた。そこで靴下を脱がせて浴室へ連れていくというありさまであった。

こんな生活ぶりはその後も変わらなかったようで、これも北村赳夫の回想記に出てくる話だが、三高時代の三年間、岡潔は一度も歯ブラシを使わなかったという。後年のフランス留学のとき、母の八重さんが、「ときには爪もきれいにきり、爪あかもためないように」という配慮から荷物の中にわざわざ爪切りを入れたともいうが、いかにもありそうな話である。

フランスには単身で向かったが、両親が心配して（奥さんの）みちさんに後を追わせた。みちさんが到着するまではパリの日本館に逗留し、昼過ぎに起き出して明け方になってから寝るという毎日が続いたし、フランスに着いてから三箇月間も散髪にいかなかったというのであるから（これは中谷治宇二郎《じうじろう》が兄の宇吉郎に伝えたエピソードである）、両親の心配は杞憂とばかりは言えず、それなりにもっともな理由があったのである。

回想の粉河中学

粉中の数学の授業では一年で算術、二年で代数を習った。代数が始まると算術はなくなったが、代数のほうは五年まで続いた。三年生になると初等幾何が加わった。これは平面幾何のことで、今日では顧みられる機会も少ないが、かつては華やかな時代があり、中学からさらに各種の上級学校に進むおりにも平面幾何の問題は必ず出題された。岡潔はこの平面幾何がよほど気に入ったらしく、後年のエッセイで「私の生涯でこれぐらいおもしろいものはありませんでした」(『春の草　私の生い立ち』)と回想した。

昭和三十七年春四月、毎日新聞に連載されたエッセイ「春宵十話」の第三話「数学の思い出」(毎日新聞、昭和三十七年四月十七日)によると、粉中二年生の三学期の学年試験のとき、代数の試験に出た問題五題のうち、たった二題しかできなかったという。岡潔はいつも一番むずかしそうな問題からとりかかることにしていたようで、この試験のときもそのようにした。ところが一学期に解法を習ったのに忘れてしまっていたため解くことができず、かえってあせってしまい、他の問題まで間違えるという結果になった。年間の成績評価では三学期の試験がもっとも重視されていたため、この年の代数の平均点は六十八点であった。それほど悪いとも思えず、まあまあ普通の点数のようにも見えるところだが、岡潔本人は大きな不満を感じたらしく、これを「みじめなことになった」と自嘲した。

試験がすんで春休みになって帰省したものの、代数の不成績が気にかかってくよくよしていたが、郷里の早春の土の色がこの鬱屈《うっくつ》をいやしてくれた。ある朝、庭を見ていると、白っぽくなった土の上に早春の日が当たり、春めいた気分があふれていた。それを見ているうちに、すんだことはどうだってかまわないと思いなおし、ひどくうれしくなったというのである。「代数の六十八点」がよほど心身にこたえたことを示すエピソードである。

この話にはまだ続きがある。昭和三十五年秋、文化勲章を受け、授賞式に参列するために上京した岡潔は、授賞式の日から二日後の十一月五日午後、この年の五月に開業した銀座東急ホテルで開かれた東京風猛会（東京方面在住の粉中の卒業生たちの集まり）主催の文化勲章受章祝賀会に出席した。岡潔と岡みちさんを含めて四十人ほどの参会者があった。恩師として出席した数学の藤枝哲先生（粉河中学二回生）があいさつにたち、「岡君は中学生のときからすでに天才で……」というふうな話を始めたところ、岡潔は唐突にさえぎって、

「中学二年のときの数学の平均点は六十八点だった。ここではっきりと訂正します。私を天才などと呼ぶのは何かのお考えちがいかと思います」

ときっぱりと言い切った。これには藤枝先生も鼻白んだことであろう。

岡潔は終生、天才と呼ばれることをきらい、「私の努力を知らないからそんなことを言うのだ」と腹をたててしかりつけたという。岡潔の言い分にはもっともなところがたしかにあるが、それはそれとして、岡潔が挙げる「勉強ができなかった事例」のあれこれは例外中の例外ばかりなのであり、岡潔の学校での成績はいつもすばらしく、つねに学年で一、二を争う目の覚めるような秀才であった。三高でも京大でもその秀才ぶりは変わらなかったが、岡潔自身は、試験ができなかった話とか、学校の勉強を二の次にして幾何の問題を解き続けた

という類《たぐい》の話を好んでエッセイに書いた。どこかに「学校秀才」（学校の試験でよい点数を取る秀才）であることを恥じる気持ちがあったのであろう。

粉中にはおもしろい授業をする先生が幾人もいた。大正三年、岡潔が入学したのと同じ年に粉中に移ってきた関谷國英先生は、たいへんな美文調で「植物」を教えた。岡潔が考えるに、美文調で教えようと思うなら、自分がその気持ちになって教えないとだめである。しかも理科を美文調で教えるとは想像もしていなかったので、そこがかえってひどくおもしろかった。関谷先生は「植物」であったにもかかわらず、生徒の情緒をゆり動かして目ざめさせようという教育法だったのだ、と岡潔は回想した。

歴史の先生は重原慶信先生といい、自分で自分のあだ名を「急行列車」とつけたという人物である。岡潔が二年生のときから四年生まで、すなわち大正四年から大正六年までのちょうど三年間、粉中に勤務した。試験には方々から取って書かなければならない、いわゆる「大きい問題」を出してくる。そこで問題を見て構想をたて、あらかじめどこと、どこと、どこと決めておいて、筆（比喩ではなく、本当に筆だったという）を取って一気に書き始め、時間を告げる鐘と同時くらいに書き終えた。手が抜けるようにだるかった。それでいて字はめったに間違えず、ときどき一字間違えるくらいのところであった。

昭和四十年四月十日（土）、栢木喜一《かやききいち》先生が紀見峠にでかけたときの記録が残されている。平成八年（一九九六年）八月三十一日、ぼくは大阪の願泉寺で開かれた近畿迢空会の第三百十八回例会に出席し、初めて栢木先生にお目にかかり、言葉を交わした。「沼空」は「釈《しゃく》迢空《ちょうくう》」で、折口信夫の別名である。近畿迢空会というのは近畿地区在住の國學院の同窓生たち（「院友」というそうである）の中でも折口先生を慕う人たちの集う会で、栢木先生はこの会の会長である。岡潔を訪ねたり、紀見峠に出向いたりするとき、そのつど細やかな記録を書き留めた。ぼくはその貴重な記録の数々を拝借して目を通し、そのおかげでこうして思わぬエピソードに触れることができるようになったのである。

栢木先生は南海高野線の紀見峠駅で下車して柱本小学校に行き、それから紀見峠にのぼって北村家を訪問した。北村家の当主は岡潔のいとこの北村俊平である。奥さんの千代さんは、中学生の岡潔を知っているという話をした。千代さん自身も女学生のころのことである。「潔さん」ははたの人のことに頓着せず、冬でも電車の窓をあけて本を読んでいた。たしか英語の本で、大きな声で読んでいた。かわいらしい顔をしていて、女学生の間で、きれい、きれいと大評判だった。橋本の駅で粉中の下級生たちが敬礼しているのを見たこともある。岡潔はそのつど「おはよう」と応答した。そんなときの潔少年には風格があり、千代さんは少年「岡潔」に威厳を感じたということである。

與八とんとん

岡潔が回想する粉中の諸先生の中で、舎監長の内田與八先生の風貌は特別に際立った印象をぼくらの心に刻む。内田先生の受け持ちの教科は英語だったが、いかにも才気煥発な人物で、「知的に眠っていたものをゆり動かすような教え方」(「私の履歴書」)をした。それが、中学生の岡潔にはひどくおもしろかった。「心の眠りがさめかけようとしているところをゆり動かしさえすれば、情的、知的、意志的のいかんにかかわらず、おもしろいと感ずるものである」(同上)というほどであるから、よほどおもしろかったのであろう。

粉中二年生のころ、岡潔が一番凝っていたのは「富山文庫」(と岡潔は書いているが、既述のように冨山房の「袖珍名著文庫」か立川文明堂の「立川文庫」のどちらかであろう)で、全部借り出して読みふけった。寄宿舎での岡潔の机は窓に向いて据えられていて、その外は花畑になっていた。あるとき舎監がそっと近づいてきて、岡潔の読んでいる本を窓越しにスーッと持ち上げていってしまい、なかなか返してくれなかったなどということがあった。こんなふうなやり方でやられるのはあまり愉快ではないが、同じ舎監でも與八先生になるとまた様子が違い、舎監室を出て見回りにくるとき「いくぞ」という調子で大きな足音をさせながら歩いてくる。これが、

「與八、トントン、與八、トントン」

とうまく合いの手が入るようになっていた。この足音は後年まで耳に残り、なつかしい「粉河中学の音」になった。内田先生は明治十四年(一八八一年)八月二十日の生まれであるから、この当時、数えて三十五歳である。

内田與八先生は徳島県三好郡辻町西井川に生まれた人で、徳島県師範学校を経て、明治三十七年、東京高等師範学校に入学した。校長は柔道の嘉納治五郎であった。この年次は志願者千六十七名、合格者百五十四名で、競争率六・九三と記録されているから、相当に難度の高い選抜が行われたのである。明治四十年三月、英語選科を卒業し、同年四月、福島県安積《あさか》中学に赴任した。それから明治四十二年六月十四日付で和歌山県粉河中学に異動した。夏目漱石も東京帝大卒業後、初め東京高師に勤めた後、いきなり愛媛県松山中学に赴任したりしたが、この当時の中等学校教員の転勤先は全国各地に広がっていたわけである。

内田先生は岡潔が卒業した年の翌大正九年、粉河中学から鳥取県倉吉中学に転任し、それから年が明けて大正十年になると、今度は山梨県甲府中学へと移っていった。大正十二年、山梨県身延中学の創立に伴い、校長になって赴任した。昭和七年、山梨県韮崎《にらさき》中学の校長に転勤し、そのまま在職を続けて昭和十五年八月二十八日付で退職した。戦後はあちこちで英語を教えるなどして、退職後の長い年月を甲府ですごした。昭和四十七年八月二十三日、甲府市美咲町一丁目十五の八の自宅で死去。行年九十二歳（数え年。満九十一歳）であった。戒名は「教徳院賢清與楽居士」。お墓は甲府市の市営墓地にある。

長期にわたる教員生活の間、安積中学時代には久米正雄（作家）を教え、粉河中学では岡潔を教えた。身延中学には柔道部員の金丸信《かなまるしん》（自民党の政治家）がいた。身延中学では校長だったから生徒に英語を教えたわけではないが、金丸信は大学卒業後、韮崎中学に勤務した一時期があり、先に韮崎中学に移っていた内田校長と再会したのである。内田先生が亡くなったとき、葬儀委員長をつとめたのも金丸信である。一般的な知名度という側面から見るとこの三人が抜群の有名人だが、そのほかにも多くのよい教え子に恵まれた。岡潔の回想によれば、粉中時代の内田先生は寄宿生の卒業送別会の席でひとりひとり人物批評をして将来の注意を与えたという。岡潔の三級上に箕田貫一（大正五年三月卒業）という生徒がいた。後年、栗本鐵工所の社長になった才気あふれる人物だが、その箕田が寄宿舎を出るとき、内田先生は、

「こんなのはうまくいくといいが、失敗するとたいへんなことになるから、やりそこなうことのないように気をつけてやれ」

という趣旨の手きびしい注意事項を進呈した。これが効を奏したのかどうか、それはわからないが、箕田は社会に出てりっぱに成功した。終生内田先生を慕い続け、後年、内田先生が栗本鐵工所に立ち寄ることがあったとき（箕田に招かれたのであろう）、至れり尽せりのもてなしをしたという。内田先生は教え子を愛するよい教育者であった。

粉中卒業後は内田先生に会う機会はなかなかなかったが、岡潔もまた内田先生を親しく思う多くの教え子たちのひとりであったことはまちがいない。再会の機会を与えてくれたのは文化勲章であった。昭和三十五年秋、文化勲章の授賞式に出席するために上京した岡潔は、十一月八日、みちさんと連れ立って数えて八十歳になる内田先生を訪問した。おそらく五日

粉中時代の内田先生

の東京風猛会で内田先生の消息を耳にして、急に甲府行へと気持ちが誘われたのであろう。この日は日帰りで、一日中、話をして、午後五時ごろ帰京した。粉中卒業時から数えると、実に四十一年ぶりという再会であった。

岡潔の晩年の作品『春雨の曲』（第七稿）の中の「私の旅路」によると、遠い大正期の中学校の師弟の間で、この久方ぶりの再会の日にこんな会話が交わされたという。

岡　わたし達の粉河中学は非常によかったと思いますが何故でしょう。
内田　それは先生がよかったからだね。
岡　どうしてよい先生が粉河に集まったんでしょう。
内田　それは吉村校長がえらかったからだね。

この内田先生の言葉を受けて岡潔が「矢張り、士は己を知るもののために死す、ですか」と応じると、内田先生は莞爾《かんじ》としてうなづいたということである。吉村校長というのは岡潔が粉中に入学した当時の校長で、吉村源之助という著名な教育者である。和歌山中学の二回生（明治十六年三月卒業）であり、同期生五名の中に南方熊楠がいた。ちなみに岡潔の伯父、すなわち父の長兄の岡寛剛も同じ和中の同窓で、吉村源之助や南方熊楠に少し遅れて明治十六年七月になって卒業した。第三回生になるが、同期卒業者はわずかに四名を数えるのみであった。

岡潔のいくぶん唐突な訪問を受けた日、内田先生は、

昭和三十五年十一月八日(火) 岡潔兄来
本日意外にも文化賞岡潔……来宅 驚いた

と簡単な数語を日記に書き留めた。

それからちょうど一年後の昭和三十六年秋、岡潔は十一月一日の園遊会に出席するため、みちさんといっしょに上京した(上京の正確な日にちはわからない)。この上京では園遊会のほか、慶應大学病院に入院中の吉川英治(作家。文化勲章受賞時に知り合った)を見舞うなどしたが、四日、また甲府にでかけ、内田先生を訪問した。今度もみちさんが同行し、茶室「久遠荘《くおんそう》」に一泊して帰京した。久遠荘というのは、内田先生が身延中学に在職中(一期生から九期生まで)の生徒たちのうち、金丸信など百九人がお金を出し合って建て、内田先生のために寄贈した書斎兼茶室である。昭和三十三年、喜寿(七十七歳)を祝って計画され、総工費二十二万八千円をかけて六月二十日、完成した。「久遠荘」という名称は身延山にちなむが、実際に身延山の好意で払い下げを受けた杉や檜が使われたのである。内田家の敷地内に、内田家の建増しのような形をとって建てられた。

岡潔と内田先生
（甲府市の内田家にて。昭和36年11月5日）

昭和三十六年十一月四日はくもりであった。この日、内田先生は、

岡潔夫妻来訪　一夜を語りたり

と日記に書いた。

岡潔と内田先生が親しく碁盤を囲む模様を伝える一枚の写真が残されているが、これは昭和三十六年の二回目の訪問のおり、おそらく一夜明けた十一月五日のお昼前の情景であろう。

内田與八先生の歌（昭和三十八年四月二十三日の日記より）

麒麟児を教へ育てし紀の川の
丘の上なる学舎恋しき

この歌を詠んだとき、内田先生は数えて八十三歳であった。

クリフォードの定理（数学の第一の種子）

大正五年四月、岡潔は粉河中学校三年生に進級した。クラスは丙組である。三年生のとき、岡潔は数学という学問との大がかりな出会いを体験した。それは「クリフォードの定理」との邂逅であり、岡潔の心に播かれた「数学の第一の種子」であった。

この一大事に直接のきっかけを与えてくれたのは、意外なことに脚気《かっけ》であった。岡潔はこの年度の二学期に脚気にかかり、帰郷して静養することになった。脚気という病気は今はもう症例を見るのも稀で、原因が明らかにされている（ビタミンB_1の欠乏症）ので治癒もたやすいが、江戸時代あたりから白米を主食とした人々に多発した病気である。日露戦争で戦病死した将兵の半数は脚気による病死だったと言われている。脚気にかかると末梢神経を冒されて手足が麻痺し、むくみが出て、全身の倦怠感、知覚異常に襲われる。ひどくなると心臓の一部が肥大して、心臓発作を起こして死に至ることもあるという恐ろしい病気であった。これという治療法もなく、多くの人々を悩ませていた。

この当時はまだ脚気の原因は不明とされていたが、本当は明治四十三年（一九一〇年）の段階で解明されていたのである。それは東京帝大農科大学（農学部の前身）の鈴木梅太郎の業績で、鈴木は米ぬかの中から脚気防止に有効な成分を抽出することに成功し、「オリザニン」と名づけた。ビタミンB_1と同じものである。だが、この大発見は日本の医学界から無視されてしまい（鈴木の所属先が医科大学ではなくて農科大学だったためと言われている）、脚気の予防、治療にはつながらなかった。一年後、ポーランドのカシミール・フンクが「オリザニン」と同一の物質を発見し、「ビタミン」と命名した。こちらは学界の受け入れるところとなったが、すぐに活用されるというわけにはいかず、岡潔の脚気の治療にはまにあわなかった。

帰郷した岡潔は紀見峠の「松下の家」の「倉の二階の物置きのような書庫」（「春の思い出」）に入り込み、ここでクリフォードの著作の菊池大麓による邦訳書『数理釈義』を見つけた。その『数理釈義』には「紀嶺　岡氏所蔵」と記入されていた。それに、「坂本寛治」という署名もあった。もともとは父の本だったのである。

クリフォードのフルネームはウィリアム・キングドン・クリフォードといい、十九世紀のイギリスのロンドン大学の数学者である。『数理釈義』の原著は『The common sense of the exact sciences』という作品で、この標題をそのまま翻訳すれば『精密諸科学の常識』というほどのことになる。「精密諸科学」は数学を意味するが、菊池大麓はこれを『数理釈義』と功妙に訳出した。発行元は博聞社で、刊行日は明治十九年（一八八六年）六月十五日である。原著が刊行されたのはその前年一八八五年であるから、きわめて迅速な翻訳作業であった。

クリフォードはイギリスのエクセター（イングランド南西部のデボン州の州都）に生まれ、ニュートンと同じケンブリッジ大学のトリニティ・カレッジに学んだ。「科学的発見はいかにして起こるか」という形而上的な問いに心を向けたところなど、ポアンカレや岡潔によく似ている。病《やまい》を得て、ポルトガル領マデイラ島に静養にでかけたが恢復せず、一八七九年三月三日、(日本流に数えて)三十五歳で亡くなった。夭逝の天才であった。『精密諸科学の常識』は没後の作品で、ロンドン大学のユニバーシティ・カレッジ・ロンドンの数学者ラウア・ローとカール・ピアソンの手で完成された。ローもピアソンも菊池の親友で、菊池はイギリス洋行中にケンブリッジ大学で彼らと知り合いになったのである。

菊池大麓は幕末から明治初年にかけて二度にわたってイギリスに留学した人で、ロンドン大学のユニバーシティ・カレッジ・ロンドンやケンブリッジ大学のセント・ジョーンズ・カレッジに学んだ数学者である(イギリスの大学制度は複雑だが、ロンドン大学の「大学」はユニバーシティの訳語で、そのユニバーシティの傘下にユニバーシティ・カレッジ・ロンドン、バークベック・カレッジ等々、いくつものカレッジがぶらさがっている。ユニバーシティ・カレッジ・ロンドンが開学したのは一八二六年である)。帰朝後は東京帝大総長や文部大臣など、要職を歴任した。数学方面の多くの著作と翻訳書があり、日本の近代数学に教育と研究の両面で礎石を置く役割を果たした。

『数理釈義』に話をもどすと、岡潔はこの著作の第二編第七節に出ている「クリフォードの定理」(証明なしで出ている)に神秘を感じたという。クリフォードの定理というのは、

「第一　二直線有レハ一点ヲ確定ス　即其交点是ナリ」

「第二　三直線有レハ第一ノ如キ点三個ヲ得　依リテ一円ヲ確定ス　即三直線ノ成ス三角形ヲ容ル、円［外接円］是ナリ」

「第三　四直線有レハ第二ノ如キ円四個ヲ得　此四円ハ一点ニ於テ交ル」

「第四　五直線有レハ四直線ツ、ノ五組ヲ得　而シテ各組ニ第三ノ如キ一点有レハ五点ヲ得　此五点ハ一円周上ニ在リ（仏人ミケル始メテ之ヲ証シタリ）」

（『数理釈義』百四十九～百五十頁）

というふうに続いていく初等幾何の命題の総体を指し、このような次第で「隔番ニ一点ト一円ヲ確定スルコト限リ無シ」というのである。直線が六本あれば五本ずつの直線の組が六組できて、第四に記述されているような円が六個、手に入るが、それらの円は一点において交叉する。以下も同様で、概して述べれば、偶数個の直線は同数個の円の交点になる一個の点を確定し、奇数個の直線は同数個の点を通過する一個の円を確定する。この命題を初めて証明したのがクリフォードで、『数理釈義』にも「是クリフォード氏ノ始メテ証明シタル所ナリ」と明記されている。クリフォード自身が自分の著作の中でこんなふうに言うのは変ではあるが、このあたりの記述はクリフォード没後の編纂者ローやピアソンの手になるのであろう。

岡潔自身はクリフォードの定理を次のような言葉で述べている。

直線が三本あると点が三つ決まる。そうすると三点を通るひとつの円が決まる。特別の場合として円が直線になってしまうのを許すならば、三点があれば必ず一つ、ただ一つの円が決まる。また直線が四本あると、それから三本を取り出す方法は四通りある。だからこのような円は四つ決まるが、この四つの円は同一の点で交わる。直線が五本あると、それから四本とり出す方法は五通りあって、かような点が五つ決まるが、この五点は同一円周上にある。また六本あると、かような六個の円が同一の点で交わる。このようにして直線の数が奇数のときは円を、偶数のときは点を、こもごも決定して極まるところなし。これクリフォード氏の初めて証明せるところなり。

（『春の草　私の生い立ち』）

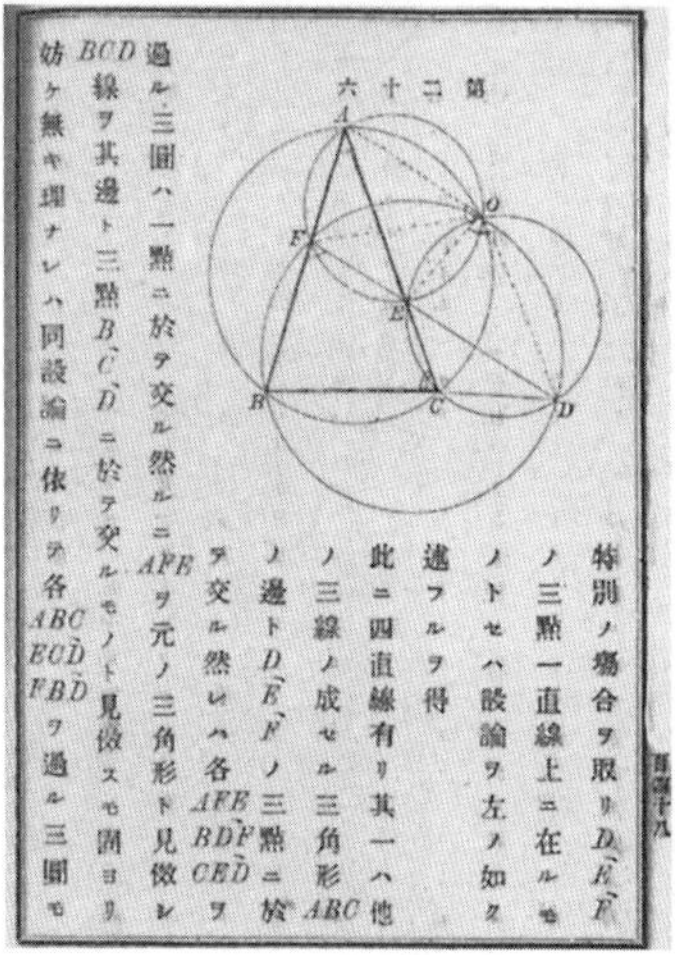

第二十六

特別ノ場合ヲ取リD、E、Fノ三點一直線上ニ在ルモノトセハ設論ヲ左ノ如ク述フルヲ得

此ニ四直線有リ其一ハ他ノ三線ノ成セル三角形ABCノ邊トD、E、Fノ三點ニ於テ交ル然レハ各AFE、BDF、CEDヲ過ル三圓ハ一點ニ於テ交ル然ルニAFEヲ元ノ三角形ト見做シBCD線ヲ其邊ト三點B、C、Dニ於テ交ルモノト見做スモ固ヨリ妨ケ無キ理ナレハ同設論ニ依リテ各ABC、ECD、FBDヲ過ル三圓モ

クリフォードの定理

菊池の訳文では「隔番ニ一点ト一円ヲ確定スルコト限リ無シ」となっているところを、岡潔は「このようにして……こもごも決定して極まるところなし」と紹介した。意味は同じだが、「限リ無シ」より「極まるところなし」

のほうが言葉としてはおもしろく、岡潔のエッセイにはこの種の言い換えが散見する。初めて目にしたとき心に刻まれた強い印象をそのまま言葉にしたのであろう。

岡潔は「松下の家」の一間に布団《ふとん》を敷いてもらい、家人（母か祖母であろう）に汁を多めにして炊いてもらった甘い小豆《あずき》を食べながら『数理釈義』を読み、クリフォードの定理に遭遇した。

やがて年があらたまり三学期に入った。岡潔は臨時試験に備えるため寄宿舎にもどり、クリフォードの定理に熱中した。粉河中学の試験は二種類で、学期ごとに臨時試験（授業の合間に行われる）と期末試験が行われた。証明ができたら一番いいが、それはとても手がとどきそうになかったから、「大きな画用紙と定木とコンパスとで、三年の三学期の自修時間を毎日毎日画ばかり描いて、本当にそうなり相かどうかをしらべた」（「春の思い出」）。この試みは臨時試験の間際まで続けられた。寄宿舎の自修時間は夜七時から九時までであった。

河合良一郎のエッセイ「数学シンポジウム　クリフォードの定理」（『大学への数学』一九八五年一月号）は、後年、この時期を振り返る岡潔の言葉を伝えている。岡潔は、小さい紙だと図が描けないので、新聞紙くらいの大きさの白い大きな紙を買ってきて、そこへ定規とコンパスを使ってできるだけ正確な図を描こうと努力した。ところが何遍やってもどこかで直線の交点が紙の外へはみだして円が描けなくなり、どうしても図が描けなかった。このような努力を重ねているうちに、数学には限りない「奥深さ」のあることが感じられるようになったという。級友たちによく「神秘主義者」と言われたというのも、このころであろう。

後年の三高講師（昭和二、三年）時代の話になるが、岡潔は学生に課す演習問題を探すために図書室に行き、ルーシェとコンブルースの著作『初等幾何学』（全二巻）を見つけたことがある。するとこの書物に出ている演習問題の中にミケルの定理とクリフォードの定理があった。ミケルの定理はクリフォードの定理の出発点にあたる定理である。これがヒントになって図の描き方がわかり、クリフォードの定理の証明もできるようになったが、それまでさんざん苦労してむだを重ねてきただけに感慨があった。「数学の扉は、もしそんなものがあるとすれば、鍵のすべての番号が合ったときにだけ開かれ、その奥に何があるかを見せてくれるが、一つでも番号が合わなければ決して開かれない」（「数学シンポジウム　クリフォードの定理」より）ということがわかり、この体験を通じてだいぶ（数学に対する）考えが変わったと語ったということである。

ウジェヌ・ルーシェとシャルル・ジュール・フェリックス・ド・コンブルースはともにフランスの数学者である。岡潔が三高図書館で見つけた『初等幾何学』の原書は『幾何学概論』という本で、一九〇〇年に刊行された。これを数学史家の小倉金之助が訳出し、註釈もつけて、東京の山海堂出版から第一巻「平面之部」（大正二年発行）、第二巻「空間之部」（大正四年発行）を刊行した。第一巻の内容は平面幾何、第二巻「空間之部」は立体幾何である。初版に次いで訂正版再版が出て、以下数次にわたって版を重ねた。ミケルの定理とクリフォードの定理は第一巻「平面之部」に出ているから、岡潔はこれを見たのであろう。ただし『数理釈義』で扱われているのは初等幾何のみではない。ニュートンの流率法なども紹介されていて、相当に程度の高い数学書である。

大正六年四月、岡潔は粉中四年生に進級した。妹の泰子さんもこの三月に柱本尋常小学校を卒業し、四月、大阪府立堺高等女学校現、府立泉陽高等学校に入学した。それに先立って受験があったが、そのときは父親の岡寛治と兄の岡潔がふたりして泰子さんに同行し、みんなで旅館に宿泊した。

泰子さんは初めの二年間は天見の相宅《おうや》家に住み、天見駅から電車に乗って堺まで通学した。この時期の相宅家の当主は相宅才蔵といい、幼児、伯父にあたる岡文一郎にあずけられ、紀見峠で成長した人である（岡文一郎の末の弟の正一郎が相宅家に養子に入った。正一郎の子が相宅才蔵である）。ところが大正七年三月十五日、岡文一郎が死去（行年七十四歳）すると、祖母のつるのさんがさびしがり、泰子さんを相宅家から紀見峠に呼びもどした。そこで泰子さんは堺高等女学校の後半の二年間（当時は四年制で、次の年度から五年制に移行した）を紀見峠から天見に降りて通学することになったが、天見までの山道を気づかって岡寛治が送り迎えした。

粉中の第四学年も甲乙丙三組に分かれ、岡潔は乙組の級長と定められた。担任は岡田彦五郎先生である。校長の交代もあった。四月六日、午前九時より吉村校長の告別式（お葬式みたいだが、お別れ会の意でこの言葉が使われた）と始業式が行われた。九日、午前九時より入学式。十一日、春日新校長が着任した。岡潔はこの年度の途中から寄宿舎を出て、紀見峠から通学することになった。高野登山鉄道の紀見峠駅から橋本に出て、和歌山線に乗り換えて粉河で下車するのである。

二学期になると、岡潔はまた脚気になった。今度こそ根本的治療をしないと胃の吸収力も弱ってしまうというので、大阪に出て叔父の北村純一郎（母の八重さんの弟）の家に一箇月半も逗留し、赤壁鍼灸院に通ってお灸をすえて治療した。このころ北村家は日本橋北詰にあった（後、帝塚山に移った）。この治療は成功し、胃も脚気もよくなり、足が非常に軽くなったという。しかしどうしてお灸で脚気が治ったのであろうか。脚気そのものはお灸で治るはずはないが、胃の調子がよくなったり、足が軽くなったりしたのはたぶんお灸のおかげであろう。ほかに食料事情が変化して、自然にビタミンが補給される環境が整えられたと考えられるが、この後もいつも再発を恐れなければならなかったのではあるまいか。

このときの大阪滞在をきっかけに寄宿舎を出て、それから卒業するまでの一年余は紀見峠から通学した。

大正七年一月二十六日は修学旅行であった。全校生徒六百名が参加して、みなで國主神社に向かった。国主神社というのは那賀郡貴志川町（現、紀の川市）の大國主神社であろうと思われるが、有田郡吉備町（現、有田川町）長田の國主《くぬす》神社あるいはまた海南市の國主《くぬし》神社のことなのかもしれず、よくわからない。

大正七年四月、岡潔は粉中五年生に進級した。また乙組である。この粉中最後の学年にも、三年生のおりの「クリフォードの定理」との邂逅ほど大がかりではなかった模様だが、数学に関連してひとつのめざましい出来事があった。それは、冬休みに藤森良蔵編著、松岡文太郎校閲『幾何学　考へ方と解き方』（東京、青野文魁堂）を読み、「ニュートンの定理」の証明に取り組んだという一事であった。

『幾何学　考へ方と解き方』は上級学校への進学をめざす中学生のための受験参考書である。刊行されたのは明治四十三年だが、大正五年九月一日、改訂新版が発行された。「続編」も出たようである。藤森良蔵にはほかにも『代数学　学び方考へ方と解き方』『三角法　学び方考へ方と解き方』（藤森良夫との共著）などの著作があり、全体として「考へ方シリーズ」と呼ばれて、全国の受験生に親しまれていた。『幾何学　考へ方と解き方』をもう少していねいに観察すると、全部で十一個の編から成り、「第一編　総論」「第二編　直線形」「第三編　円」というふうに続いていく。第十編が「三点一直線問題」で、かくかくしかじかの三つの点は一直線上にあることを示せ、というタイプの問題が並んでいる。たとえば「三角形の垂心と外心と重心の三点は一直線上にあることを示せ」という類《たぐい》である。まず例題が提出され、続いてその解法が示される。解法に先立ってしばしば「考へ方」と銘打って、解法のヒントや方針が出されるところにこの参考書の特徴が打ち出されている。例題に続いて、例題に関連する「問題」、言い換えると「類題」がいくつか出る。例題も問題も典拠はおおむね過去の入試問題であるから、当然ながら非常に実戦的な配慮がなされているわけである。

ところが第十編の最後（二百六十六頁）に出ている「問題（6）」はそうではない。それは、「完全四辺形ノ三ツノ対角線ノ中点ハ同一直線上ニアリ」という事実（「ニュートンの定理」

とか「ガウスの定理」と呼ばれる）を証明せよという問題で、入試の過去問《かこもん》（学生用語）ではないばかりか、わざわざ「難題」と註記されている。岡潔はこの平面幾何の難問を解こうとして苦しんだのである。岡潔の言葉に追随して完全四辺形というものを説明してみよう。普通の四辺形の対辺を延長すると必ず交わる（平行だったら無限遠の点で交わると見る）。対辺は二対あるから、二つの頂点が増える。そこでもとの四辺形の二つの対角線にこの第五、第六の頂点を結ぶ三つ目の対角線を加え、このような三本の対角線の中点は同一直線上にあることを証明せよというのが問題である。

岡潔は冬休みに入る少し前あたりからこの問題を考え始め、家の出口のたたきのところで消し炭を使って図を描いては考え込んだ。これを冬休みに入ってからも続けたところ、正月前にとうとう鼻血を出してしまった。それと同時になんとも形容しようもない変な気持ちになってしまい、ぼんやりしたままで冬休みの残りをすごしたという。

戦前の数学の世界では初等幾何学が全盛をきわめていた。中学校では初等幾何が教えられていたし、京大理学部でも「立体解析幾何学演習」が学生に課されていた。初等幾何の本もたくさん出版され、その中にはルーシェ、コンブルース『初等幾何学』のような本格的なものもあれば、藤森良蔵の『幾何学　考へ方と解き方』のような受験用のものもあった。三高生の岡潔は秋山武太郎『幾何学つれづれ草』（大正八年、高岡書店）という本を購入したりしたが、これは初等幾何に題材を求めた数学の教養書である。

この趨勢は終戦とともに転機を迎えた。初等幾何学は戦後、次第に衰えを見せ始め、影が薄くなっていき、ついに完全に地を掃《はら》うに至った。数学の世界で何事か根本的な変化が起こったことをうかがわせる事態である。

粉中卒業

岡潔の粉中時代は戦争と革命の時代であった。オーストリア・ハンガリー帝国の皇太子フランツ・フェルディナント夫妻が、セルビアのサラエボで暗殺されるという「サラエボ事件」が発生したのが大正三年（一九一四年）六月二十八日で、この事件が糸口になって第一次世界大戦へと展開していった。オーストリアがセルビアに対して宣戦を布告したのが「サラエボ事件」からきっかり一箇月後の七月二十八日で、以後、世界的な広がりをもって複雑な宣戦布告が重ねられていった。八月下旬、日本もドイツとオーストリアに宣戦を布告して英仏両国とともに連合国側に加わり、中国大陸のドイツの租借地、山東でドイツ軍と交戦し、青島《チンタオ》を攻略した。これらはみな、ちょうど岡潔が粉中に入学した年の出来事である。

大正六年、ロシアで二月革命（ロマノフ王朝が崩壊した）、十月革命と相次いで大きな事件が起こり、レーニンを首班とするソビエト政権が樹立された。大正七年（一九一八年）八月二日、日本政府がシベリア出兵の宣言を出した。翌三日、アメリカ政府も出兵を宣言し、これで日米協調出兵の形ができあがった。十二日、日本軍の第一陣がウラジオストックに入港し、上陸した。この出兵の名目は、ソビエト軍と交戦中のチェコ軍を救出するためとされた。

シベリア出兵をみこして米商人たちの投機が始まり、そのために米価が著しく高騰した。

七月二十三日、富山県新川郡魚津町の漁民の主婦で、沖仲仕《おきなかし》をしている女たちが海岸に集合し、県外への米の積み込み中止を荷主に要求するという騒ぎが起こった。これが米騒動の発端で、それからたちまち全国各地に伝染し、ついに軍隊が出動して鎮圧するという騒ぎへと展開した。その結果、九月、寺内正毅内閣が倒れ、政友会総裁の原敬が内閣を組織するという政変が起こった。原内閣は日本の近代憲政史上、初の政党内閣である。

十一月十一日、ドイツが連合国との休戦協定に調印し、これで第一次世界大戦が終結した。

内外ともに多事多端というほかのない状勢が打ち続いたが、粉中生岡潔が多少とも社会問題に関心を寄せた徴候は見られない。脚気に悩み、試験の成績を気にかけ、毎年学年初めに手にする教科書などを愛読し、上級学校に進むための受験勉強に打ち込みながら、初等幾何の神秘に心を奪われるという生活であった。まるで一人だけ「壺中の別天地」に住んでいるかのようであった。

大正八年二月六日、シベリア遠征兵士が凱旋した。岡潔たち粉河中学の生徒は将兵を沿道に迎え、旗行列に参加した。二月十一日は紀元節で、粉中でも午前九時より拝賀式が挙行された。三月一日から六日間、第五学年の学年試験が行われた。これが中学生活での最後の試験である。

卒業の日が近づいていた。三月十二日、五年生の成績が発表された。また、卒業生の写真撮影があり、茶話会もあった。卒業式が挙行されたのは三月十四日であった。第十四回目の卒業式で、卒業生総数は九十七名である。大正三年春の時点で入学を許可された者は百四十七名であったから、ちょうど五十名も減少したことになる。彼らはどこにいってしまったのであろう。最優等生（首席卒業者）は田中重義という生徒であった。田中は徳川侯爵寄贈時計一個を受賞した。岡潔は次席で、徳川侯爵臨校記念賞を受賞した。また、下村宏氏寄贈賞品（優等生）、吉村奨学賞（物理化学優等生）、乙種濱中奨学賞（地歴優等生）を受賞した。数学は優等生ではなかったところはちょっとおもしろい。卒業の日付は三月二十三日である。粉中の卒業式から丸一年がすぎたころ、京都に住む三高生の岡潔のもとに、粉中の同期生で和歌山の会社に就職した児玉亀次郎から一枚の絵はがき（和歌山公園紅葉谷）が届いた。日付は大正九年三月十四日。ちょうど粉中の卒業式の日で、

「今日は粉中の卆業式ですね。満一年前の今日君が汽車に遅れた日だね」

などと書かれているところを見ると、岡潔は卒業式に遅刻したのであろう。児玉亀次郎は昭和二年六月、死去した。

和歌山県橋本市の郷土資料館の一角に「岡潔コーナー」があり、そこに一冊の「文稿帳」が展示されている。表紙に、

「和歌山県立粉河中学校第五学年生乙組　岡潔」

という自筆の署名が記入されていて、ぼくらの目を奪う。綴られている作文は全部で三つで、題目は「菊を愛する説」「克己論」「衛生の必要を論ず」というのである。「菊を愛する説」の書き出しを見ると、

秋色漸《ようや》く深くして一夜の嵐に凋落《ちょうらく》の哀れを見むとする頃咲き出づる菊花嗚呼《ああ》何等愛すべきの花ぞ　就中《なんかづく》黄菊の豊艶にして高貴なる　白菊の純潔にして気品高き共に類するものあるべからず

という調子である。「克己論」は、

孔子曰く「己に克《か》ち礼に復《かえ》るを仁と為す」と。以て克己の必要を極論す。然《しか》らば何が故に克己心の欠くべからざる斯の如きものあるか

と始まり、「衛生の必要を論ず」は、

凡《およ》そ身体の強壮を計るに三箇の手段あり　医療其の一なり　衛生其の二なり　鍛練其の三なり

と説き起こされている。おおむね当時の作文の作法によくかなった文体で、ていねいに書かれている。

粉中の校友会雑誌『かざらし』にも岡潔の数篇の作文が掲載されているが、『かざらし』は実物を見るのがむずかしい（現在の粉河高校に保存されている）。これに対し橋本市郷土資料館の「文稿帳」のほうはだれもが自由に見ることができる。展示物中の白眉であり、これからいつまでも、粉中時代の岡潔をしのぶ最良のよすがであり続けるであろう。

松原隆一との別れ（三高と京大）

三高憧憬

大正八年（一九一九年）三月末、粉河中学を優等で卒業した岡潔は、堺高等女学校に通う妹の泰子さんを天見駅（紀見峠から大阪側に降りたところにある南海高野線の駅）まで送り迎えしながら英単語の暗記などにつとめ、高等学校の入学試験に備えて受験勉強に取り組んだ。大正八年当時の高等学校の学制では秋九月が新学期だったから、入試は七月初めに行われた。そこで中学卒業から入試まで、四月から六月いっぱいまで丸々三箇月ほど自由時間が与えられることになり、高等学校進学をめざす者はめいめいの流儀で受験勉強に打ち込むのが常であった。このやや変則的な学制は大正十年度からあらためられて、小中学校と同様、春四月が新学期になった。移行措置にともない、大正九年度は一学期（九～十二月）と二学期（一～三月）の二学期だけで終了し、大正十年四月から次の学年が始まることになった。このとき岡潔は京都の第三高等学校に在学中で、大正十年四月、順調に三年生に進級した。

五月が半ばにさしかかったころ、受験勉強の最中の紀見村の岡潔のもとに、粉中の同窓生の岸和田の山本信一から一枚の絵はがきがとどいた。絵柄は摂津住吉反橋、消印の日付は五月十五日である。はがきの住所氏名記載面の下半分に、英文ひとつと代数の問題一問が小さな字で書き写されている。英文は省略して文面を紹介するとこんなふうである。

「a^3b-ab^3ガ3ニテ割切レルコトヲ証セ（但シaガ1ヨリ大ナル整数ノ時ナリ）」トハ神商〔神戸高等商業学校〕ノ問題だ。

英文ハ本校ノ五年級ノ upper class in English〔英語上級クラス〕ノ英語試験ノ一問のよさそうなものだ。僕ハ引かかつてゐる。

代数の方は一先生に聞いて解が分つたが君の証シ方は如何。御知らせ下さい。英訳の方も。尚坂上君から法政大……予備校の模擬試験問題を知せて呉れましたから次便に御知せします。

「坂上君」というのは、岡潔をおさえて粉中を首席で卒業した田中重義のことで、卒業後すぐに養子に出て改姓したようである。一高から東京帝大法学部に進んだが、昭和二年六月、級友の児玉亀次郎と同じ月に死亡した（坂上は六月一日没、児玉は六月二十日没）。山本も坂上も各々の地で予備校に通って受験に備え、ときおり情報を交換しあっていたのであろう。

岡潔の志望校は初めは三高ではなく、東京の一高であった。それを京都の三高に変更したのは粉中第五学年の冬休みの終わりころというのであるから、大正八年の新年早々と見てよいであろう。いくぶん唐突な感じがするのは否めず、何かしら相当のわけがあったのであろうとあれこれ想像を誘われる場面である。岡潔自身の言葉に耳を傾けてみると、二通りの理由が語られていることに気づく。第一の理由は一高の寄宿舎生活をきらったためという即物的な事情に依拠するもので、よくありがちな、わかりやすい理由である。「私の履歴書」を参照すると、

私は最初、一高を志望したが、一高は一年生の間はぜひ寄宿舎生活をしなければならないので、朝寝られるだけ寝ていたい性分だった当時の私には不向きとみて、急遽三高に変えたのである。

と記されている。一高は全寮制であった。三高にも寮があり、岡潔と同期の梶井基次郎《かじいもとじろう》や中谷孝雄《なかたにたかお》などは寮に入ったが、義務づけられていたわけではなく、岡潔もそうしたように下宿生も多かった。

だが、一高の全寮制はたしかに大きなたてまえではあったものの、入寮は絶対的な条件というわけではなく、二学年、三学年と進むうちに寮を離れていく生徒も多かった。新入生はたいてい入寮したが、それは一高の寮生活にむしろあこがれて入学してくる生徒が大勢を占めていたからであり、嫌なら嫌で自宅や下宿から通学してもさしつかえなかったのである。それに、朝は寝られるだけ寝ていたいといっても授業に出るためにはそんなことは不可能で、たとえ下宿で生活したとしても好きなだけ寝ていられるのはせいぜい日曜日くらいのもので

ある。この理由づけはどうも説得力にとぼしいと思う。寄宿舎生活は粉河中学時代にすでに一度体験ずみだったことでもある。生来共同生活が肌に合わなかったのであろう。

第二の理由はペダンチックというか、なんとなく高尚な感じのするもので、こちらはあまりわかりやすいとは言えないように思う。一高か三高か、生涯の分れ道の選択を決定したのは寮歌だというのである。

粉中第五学年の冬休みの終わりころ、大阪日本橋で眼科を開業していた叔父、北村純一郎のところに遊びに行くと、二人いる看護婦のうち一人は郷里に帰っていて、もう一人は看護婦になったばかりだから、気の毒だが薬局を手伝ってほしいと言われた。大阪高商（大阪高等商業学校）に通う一つ年上のいとこ、すなわち岡潔の母、八重さんの末の妹「まさの」の次男、松田義一《まつだよしかず》も同じ手伝いを頼まれて、二人で若い看護婦を助けて薬局を受け持つことになった。このいとこはテニス部の副将で、しばしば三高とテニスの試合をするが、相手はよく「逍遥の歌」を歌う。「あれには全く参ってしまうのだ」と松田が言うので聞いてみると、すぐにわかった。俗に「一高の自治」「三高の自由」というが、両校の寮歌を比べると、三高の自由とは「植物の喜び」であって、一高の自治とは「動物のひしめき」だと思った。「それで躊躇なく人生の梶を一高から三高へ取り変えた」と岡潔は言うのである。これは『春雨の曲』第七稿に出ている説明である。「植物の喜び」とは、「曇り日に雲が切れて日がサッと射すと、植物の花々が一斉に声を揚げんばかりに喜こぶ」が、そのような喜びを意味するという。「動物のひしめき」のほうは説明がないのでよくわからない。

寮歌にもいろいろあるが、岡潔がいとこの松田に教えてもらった三高の寮歌というのは「紅もゆる丘の花（逍遥の歌）」のことで、歌詞の第一番は、

紅《くれない》 もゆる丘の花
早緑《さみどり》匂う岸の色
都の花に嘯《うそぶ》けば
月こそかかれ吉田山

というのである。以下、第十一番まで長々と続いている。三高の寮歌、部歌、応援歌の類《たぐい》は非常に多く、百曲にあまるとも言われるが、なかでも「逍遥の歌」すなわち「紅もゆる」は別格の位置を占め、さながら三高の校歌のような待遇を受けていた。入学式、始業式、四大節（四方拝＝新年、紀元節、天長節、明治節）などの節目に真っ先に歌われたのが「紅もゆる」であった。曲想も美しく、三高を象徴する名歌である。

一高について言うと、岡潔はもともと一高志望であったから有名な一高寮歌「嗚呼玉杯に花うけて」はとうに暗記していた。後年（昭和三十七年）、一高出身の東洋思想家、安岡正篤《まさひろ》に初めて会ったとき、和歌山の新和歌浦のホテル岡徳楼で行われた宴会の席で、岡潔は大酒して（三高ではなくて）一高寮歌を最後まで歌ったという。その一高寮歌というのが「嗚呼玉杯に花うけて」と始まる歌で、明治三十五年、第十二回紀念祭のおりの東寮の寮歌である。

紀念祭というのは学園祭のことであり、学園祭のたびにみなで寮歌を歌い、気炎をあげていたのであろう。歌詞の第一番は、

嗚呼《ああ》玉杯に花うけて
緑酒《りよくしゆ》に月の影宿《やど》し
治安の夢に耽《ふけ》りたる
栄華《えいが》の巷《ちまた》低く見て
向ケ岡《むこうがおか》にそそり立つ
五寮の健児意気高し

という格調の高いもので、曲調も歌詞に相応しく荘重である。以下、第五番まで続く。二つの寮歌を聞き比べるとたしかに著しい相違は感知されるように思うが、そこに生涯の分れ道を認識するのはいかにも突飛であり、同時にロマンチックにすぎるような感じもある。

一高をやめて三高に志望を変えたのは何か心理的なわけがあったのであろう。三高の気風に「自由」があったことはまちがいないが、一高の「自治」の伝統のほうも自由と不可分であり、これを一概に「動物のひしめき」と見て一蹴するのは粗略すぎるように思う。入寮の強制がいやだったという「私の履歴書」で語られている理由のほうがやはり本当で、岡潔は郷里を遠く離れて単身東京に出ることに、あまり乗り気がしなかったのではあるまいか。そ

れに、当時の学制では高等学校はみな同格であり、全国の高等学校全体が帝大の予科という性格を備えていたから、帝大への進学も自由であった。三高に入ったら東京帝大には進学できないなどということはなく、高等学校の選択自体は本質的な問題ではなかったのである。

三高の自由ということで思い出されるのは、平成九年一月七日、京都四条寺町の三高同窓会事務局で三輪佳之さんという同窓生に聞いた話である。三輪さんは名古屋の愛知一中の出身で、昭和十九年春、三高に入学したが、当初は地元の第八高等学校に進学する考えだったそうである。ところが愛知一中の五年生のとき、昭和十八年も暮れになったころ、配属将校に呼び出され、「貴様には教練検定(の合格証明書)をやらん」と言いわたされた。軍事教練の点数は在学中いつも四十点で、特別及第ぎりぎりのところに達してはいたが、日頃からこの配属将校ににらまれていたのがたたり、最後の段階でこのような仕打ちを受けたのである。それでも四修(第四学年まで修了)だから高等学校の受験資格はあると思い、事態の重要さの認識を欠いたまま地元の八高に進むつもりでいたところ、教務課では「卒業見込み証明書」が出せないという。これで受験できるかどうか見通しがたたなくなってしまい、八高に出向いて尋ねてもやはり「受験させない」という返事であった。何分にも戦中のことであり、中学校でも高等学校でも、学校側から見ると軍事教練検定には相当の重みがあったのであろう。

八高の受験が不可能になったため、三輪さんは受け入れてくれるところを探すべく、全国の高等学校に宛てて三十四通にのぼる問い合わせの手紙(速達)を書いたが、返ってきたのは二十通たらずにすぎず、しかもただ一つの例外を除いてことごとくみな「否」であった。

三輪さんが受験資格の有無を尋ねたのに対し、「受験資格無し」とか「受験はさせるが本校生徒にはできぬ」（これはどういう意味なのであろうか）などという返事が届いたのである。ところがその唯一の例外というのが三高で、四年まで修了しているのだから受験資格はある。そんなこと（軍事教練検定不合格のこと）は問題ではない、という意味のことが明記されたうえで、「健闘を祈る」と励ましの言葉さえ添えられていた。しかも問い合わせの手紙に同封した返信用のはがきは使われず、わざわざ封書が届いたというのである。

この話にはぼくも心を打たれたが、ここにくっきりと顕われている何ものかこそ、「三高の自由」と言われるものの本領であろう。

話のついでに「一高からはどんな返答があったのですか」と尋ねると、拒否はもちろんとして、「そんな非国民」とか「早く改心せよ」とか、（時勢をわきまえよという趣旨の）「お説教」がついていたそうである。

三輪さんの三高受験の話を続けると、一次の学力試験に合格の後、二次試験の面接と身体検査に臨んだが、あいにく風邪《かぜ》で高熱を発し、慢性の腎臓炎が悪化して蛋白が出るという始末になった。するとその様子を見た検査医師の校医（三高OB）は「君、今日は調子が悪いな」と声をかけ、「再検査する」と宣言した。そこで三輪さんは校医の勤務先の京大の結核研究所に一週間ほど通い、風邪の全快をまって「異常なし」「もういいよ」という診断を出してもらった。これで三高に合格した。検査医師の先生は形式的な判定をくだすのを避けて、配慮のある言葉をかけてくれたのであろう。三高はそういう学校であった。

岡潔と同じ年（大正八年）に三高に入学した大宅壮一（ジャーナリスト）にも、三輪さんの体験とよく似たエピソードがある。大宅壮一の生地は大阪の三島郡富田村（今は高槻市）で、明治三十三年九月十三日の生まれであるから、岡潔と同学年である。生家は造り酒屋ならぬ造り醤油屋であった。富田尋常高等小学校を高等科まで出て、大正四年、岡潔に一年遅れて茨木中学に入学した。大正七年、茨中《いばちゆう》四年生のとき、教育勅語に疑問を表明したり、米騒動に関心を寄せて現場を見てまわり、出身小学校の同窓会で「不穏な演説」（米騒動を支持し、煽動したという）を試みたという廉《かど》により退学処分にあった。そこで徳島中学で「専門学校入学者検定規則ニヨル試験検定」いわゆる「専検」を受けて合格し（合格者は百人近くの中からたった一人という過酷な試験であった）、受験資格を得て、大正八年度の三高入試にのぞんだ。ところがこれを知った茨中から、「かくかくしかじかであるから合格させないでくれ」という趣旨の申し出がわざわざ三高に届けられたというのであるから、大宅と茨中の間には相当の感情的確執があったのであろう。

この件は三高の合否判定会議の場でも話題にのぼったが、国史の中村直勝先生が「雑音に惑わされず、三高独自の判断によるべきである」と明快に述べたのが通り、大宅は無事合格した。三高は、「三高独自の判断によるべきである」と主張する中村先生のような先生がいて、しかもそれが堂々と通る学校であった。

大宅壮一は三高卒業後は東大に進んだが、東大でも新人会（当時の新思想である民本主義の普及をめざして結成された学生の集まり）などの活動に力を注ぎ、結局卒業に至らなかった。

このようなわけで大宅がきちんと卒業したのは、（義務教育の）小学校のほかは、三高だけであった。後年、大宅はそんなふうに述懐し、三高の用事ならなんでも引き受けると語っていたという。

岡潔の場合に話をもどすと、一高と三高の寮歌を比べて「動物のひしめき」と「植物の喜び」の相違を基準にして三高を選んだという説明はたしかに奇抜だが、岡潔は校風の違いを寮歌の比較に託して語り、一高受験を取り止めたことの説明にしたかったのではないかと思う。

今日では平均化というか、標準化が徹底し、学校に独自の気風というものはまったく痕跡をとどめないまでに消失したが、明治大正昭和前期あたりまではそうではなく、校風のちがいというのは確かに存在したように思う。運営する側は努めて校風を保持しようとし、受験する側にしてみれば、受験先の選定にあたり、校風の違いは有力な選択基準のひとつであったであろう。

旧制高校の入試制度はひんぱんに変遷したが、大正八年度の入学試験は同一の問題により、各高等学校ごとに実施された。前年と前々年は全国総合入試制であり、それ以前は各校選抜入試制であった。この年度から新しい高等学校令が実施に移され、中学四年修了者にも入学資格が与えられることになった。中学四年修了での入学者は「四修《よんしゅう》」と呼ばれ、五年卒業での入学者は「五卒《ごそつ》」と呼ばれた。岡潔の生涯の友になった秋月康夫は大阪の天王寺中学から四修で三高に入った秀才であった。文理二科制となったこともこの年度の特徴で、文科と理科はさらに外国語の選択に応じて甲乙丙の三類に分けられた。甲乙丙類はそれぞれ英独仏語を第一外国語とするクラスである。ただし理科丙類を設置する高等学校はまれで、（東京高等学校に少人数の理科丙類が設置されていたのを除いて）わずかに大阪高等学校に一例が見られるのみであった。大正八年度の文理二科制は、大学受験生を文系と理系に分ける今日の方式の淵源でもある。

受験票には志望欄があり、第一志望と第二志望を記入して、第一志望を優先しながら成績順に割り振っていくことになっていた。理科甲類を第一志望にする者の第二志望はほかに選択の余地がないから当然ながら乙類で、岡潔もそうしたが、秋月康夫は秀才の気負いがあったのであろう、第一志望記入欄に「甲」と書いたのみで、第二志望記入欄はあえて空白のままにした。甲類は帝大に進学するとき理学部か工学部に進むコースであり、乙類は医学部コースである。ただしこれはおおまかな傾向にすぎず、実際の進路は人さまざまである。岡潔の同期でいうと、たとえば梶井基次郎は理科甲類でありながら東大の文学部（英文科）に進んだし、同じく理科甲類の小川鼎三《ていぞう》の進学先は東大の医学部であった。

入試問題

六月の半ばを少しすぎたころ、受験票、すなわち「第三高等学校入学志願者名票」が送付されてきた。その裏にいろいろ注意事項が書かれていたが、第十項目を参照すると、七月五日午前八時から午後三時までに三高に出頭し「諸事承合すべし」ということであったから、岡潔も五日までには紀見峠を発ち、大阪日本橋に住む叔父、北村純一郎のもとに逗留したのではあるまいか。

入学試験は七月七日から十四日まで、八日間にわたって実施された。入学検定料は五円。七日から九日まで体格検査が行われ、十日は休養して十一日から学科試験が始まった。入試科目は「国語及漢文（国文解釈、漢文解釈、書取、作文）」（十一日、金曜日、午前八〜十一時）、「数学（代数、平面幾何）」（十二日、土曜日、午前八〜十一時）、「外国語（英語解釈、和文英訳、英語書取）」（十三日、日曜日、午前八〜十一時）、「歴史、博物」（十四日、月曜日、午前八〜十時半）であった。理科文科の区別はない。

半自伝風エッセイ『春の草　私の生い立ち』によると、三高の入試はごく簡単だったという。ただし英語の書き取りは別で、発音がわからなかった。冒頭からいきなりバリバリエクササイズと聞こえてきたが、これはボディリィ・エクササイズのことで、体操という意味である。しかしエクササイズは書けるが、バリバリのほうはその通りに書くしか仕方がなかった。岡潔が思うに、これは田舎の中学の出身で発音になれていないためばかりではなく、試験官の三高の英語の先生の発音も相当に独特だったためもあったのではないかというが、たぶんそうだったろうとぼくも思う。

数学の問題のほうはあんまりやさしすぎて、これではできない人はなかろうと心配になるほどであった。この年度から中学四年修了者にも受験資格が与えられるようになったことに対応して、試験問題も「中学四年修了程度」と定められたことも、「やさしい」という感じがした理由の一部分であったであろう。

しかし実際にはなかなか岡潔の言うほどやさしくはなく、難問とは言えないまでもてらいのない良問がそろっている。「国語及漢文」の「国文解釈」(「古文解釈」ではない)は古文の現代語訳で、三つの古文が並んでいる。一番を例にとると、

「よろづ何の業にも古よりしるべとなす法ありてそれによらざらむはまことの心を得がたくそののりを得たるはまめやかなりとて人もうべなふべし」

という一文で、これを「平易ナル口語ニテ解釈セヨ」というのである。

「漢文解釈」は返り点付きの漢文に送り仮名をつけて読み下し、そのうえで解釈する問題で、やはり三つの文章が並んでいる。古文も漢文も問題文は二、三行程度の短文である。「書取」は漢字書き取りで、カタカナで書かれたやや長い文章のあちこちに(全部で三十九箇所の)傍線が引かれている。その部分に漢字をあて、また文章に文法上の誤りがあれば正せというのである。書き出しのあたりを少し紹介すると、

「セカイハイマヤヘイワノセンサウノジキニイリカクコクマサニテキタウナルセイサクヲタテオホイニコクリヨクノゾウシンヲハカラントス……」

という調子の文章である。

「作文」は課題作文で、与えられた課題は「吾ガ畏敬スル人物」というのである。四つの注意事項が明記されていて、「文体は文語体または口語体」「字体は漢字は楷書に限り、仮名は随意とする」「字画についても成績を考査する」「文字は縦書きで、八百字以内に限る」とされた。

「数学」のうち代数は五題、平面幾何は三題である。代数の一番は、

$x^4+6x^3+7x^2+ax+b$ ガ完全平方式ナルヤウニ a, b ノ数値ヲ定メヨ

という問題で、これはやさしい。二番と三番も容易である。四番は問題文がやや複雑である。

甲乙二校ニ於テ各三百名ヅツノ生徒ヲ募集セシニ応募者ノ数ハ両校合セテノ数ニテ云ヘバ募集人員ノ八倍ヨリモ猶百五十名多カリシガ之ヲ前年度ニ比スレバ両校合セテノ数ニテハ前年度ヨリモ其ノ10%ヲ減ジタルモノニシテ甲校ノミニ付テハ前年度ヨリモ其ノ2%ヲ増シ乙校ノミニ付テハ前年度ヨリモ其ノ20%ヲ減ジタリト云フ両校ニ於ケル応募者ノ数各幾名ナルカ

これは連立方程式の問題である。難問ではないが、まちがいやすいであろう。代数の五番は省略して幾何に目をやると、一番はまあまあとして、二番は、「一辺ト対角線トノ和ヲ知リテ正方形ヲ作レ」という問題である。これは正解を書くのがむずかしそうである。三番はまたも長文である。

頂角ガ鋭角ナル三角形ABCノ底辺BCヲ直径トスル円ヲ画キAヨリ此ノ円ニ引ケル一ツノ切線ノ切点ヲFトシAB上ニAFニ等シクADヲ定メDニ於テABニ立テタル垂線ガACニ交ル点ヲEトスレバ三角形ABC, ADEハ其ノ面積相等シキコトヲ証セヨ

これは難問の部類と見てよいと思うが、クリフォードの定理に魅せられて幾枚も幾枚も図を書き続けたという経験の持ち主である岡潔のことである。やすやすとこれを解いたであろう。

外国語の「英語解釈」は五題あり、それほど長くはない五つの英文が並んでいる。「和文英訳」は二題で、

「我国に度々大火のあるのは木造家屋が多いからでもあらうが人々の注意の足りないのにも因る」

「僕は昨日此の地へ着いたが予て思つて居たよりも遥かに美しい所です」

という二つの文章の英訳が課された。

岡潔の耳にバリバリエクササイズと聞こえたという「英語書取」の冒頭の一文は、

Bodily exercise, especially in the open air, is of the greatest importance to health. …

というのであるから、出だしはたしかに「ボディリィ・エクササイズ（「体操」の意）」になっている。

試験の最終日十四日（月）午前の「歴史、博物」のうち、「歴史」の問題文はどれもごく簡明である。一番は「徳川時代ニ於ケル国学ノ勃興ニツキテ記セ」という国史の問題である。二番は「乾隆帝ノ事蹟ニツキテ記セ」という問題で、これは東洋史である。以下、「藤原良房」「義和団」「肥水」（三番）、「文藝復興」（四番）、「ウイーン列国会議」（五番）の説明が要求されている。四番と五番は西洋史である。書きようがないという難問ではないが、字数の制限もない自由記述であり、実力がそのまま答案に反映されることであろう。

「博物」の問題も五問あり、みな自由記述方式で解答を書かなければならない。一番は「葉ニ於テ行ハル、生理作用ヲ挙ゲ之ヲ説明セヨ」という植物の問題である。二番は動物の問題、三番は「食物消化ノ順序ヲ問フ」という問題、四番は鉱物の問題、五番は進化論の問題である。

現在の大学入試センターの全国統一試験問題に比べると、総じてどの科目も出題形式は素朴だが、実力がなければ答案を書くことができないという良問が並んでいる。今日の大学入試が順序をつけることに力点を置いているのに対し、昔の高等学校の入学試験は、力のある学生を採ることをめざしているように思う。合格した者は真に誇らしかったであろう。

七月二十八日、入試の成績が確定し、翌二十九日、入学を許可された者の氏名が官報に掲載された。北村家で北村赳夫《たけお》など、いとこたちと将棋を指して遊んでいるところに、妹の泰子さんが合格通知のはがきをもってやってきて合格の報を伝えた。このあたりの情景は粉中に合格したときと同じである。岡潔は「そうか」と言ったきりで、平然と将棋を指し続けた。

志願者総数は文科千三十名、理科八百二十二名、合計千八百五十二名。そのうち新入学の許可を受けた者は二百八十七名で、内訳は文科百四十八名（甲類七十三名、乙類四十名、丙類三十五名）、理科百三十九名（甲類百六名、乙類三十三名）である。理科だけで見るとおよそ六倍の競争率である。岡潔の成績は七百点満点の八割に近接する五百五十六点という高得点で、文科理科の合格者全体の中で十四番、理科では四番という好成績であった。この年度の入試はどの高等学校も同じ問題で行われたのであるから、この点数なら一高でもどこでも、欲するがままにすばらしい成績で合格できたことであろう。

昭和十二年十一月の時点での粉河中学第十四回生の名簿を参照すると、粉中の同窓生九十七人のうち、上級学校に進学した生徒は六十五人。そのうち高等学校進学者は十一人いたが、三高に進んだのは岡潔だけであった。一高には、粉中を首席で卒業した田中重義をはじめとして計三名が進学したが、三人とも早世した。ほかの高等学校の進学は四高（金沢）一名、六高（岡山）二名、八高（名古屋）一名、松本高等学校（長野）一名、佐賀高等学校一名、北海道帝大予科一名というふうである。ほかにも早大、明治大、高工（高等工業学校）、高農（高等農林学校）、高商（高等商業学校）、医専（医学専門学校）など、過半を占める進学者があった。ただし進路が明記されていない者や消息不明者もいるから、正確な数字はわからない。また、全員が一回目の入試で合格したわけではなく、翌年以降に入学した者もいる。このあたりの事情は現在の大学入試と同じである。それともうひとつ、若い死亡者が非常に多かったことは特筆に値すると思う。昭和十二年の段階ですでに二十一名に達しているから、およそ二〇パーセントという驚くべき高率である。たいてい肺結核だったのであろう。

当時の学制上、高等学校は帝大予科という基本的性格を備えていて、卒業時、進学先の帝大は自由に選べた。ただし北大予科は北海道帝大専属の予科であった。台北帝大にも予科があった。

九月一日、三高理科甲類に入学した。一年生は全部で三百三十一名で、新入学者総数より多いが、これは留年者がいるためである。理科甲類の同期生は百二十四人いて、一組、二組、三組の三クラスに分かれた。岡潔は二組である。同じ組に哲学者西田幾多郎の次男の西田外彦（京都府京都第一中学。甲類。化学者）がいた。ほかにも小川鼎三（甲類。大分県杵築《きつき》中学。脳の研究者）、梶井基次郎（大阪府北野中学。甲類。作家）、河田末吉（甲類。大阪府北野中学。物理学者）、谷口豊三郎（大阪府天王寺中学。甲類。実業家）、松原隆一《たかかず》（甲類。愛媛県松山中学）、秋月康夫（大阪府天王寺中学。甲類。数学者）、小川芳樹（京都府京都第一中学。甲類。湯川秀樹の長兄）などがいたし、文科には中谷孝雄（乙類。三重県第一中学。作家）、大宅壮一（乙類。大阪府茨木中学中退。検定。ジャーナリスト、評論家）、山口新比古《ちかひこ》（乙類。京都府第一中学。俳人。俳号誓子）、浅野晃（丙類。東京府第一中学。詩人）、島田叡《あきら》（丙類。兵庫県神戸第二中学。終戦時の沖縄県知事）などがいて、多士済々というか、実に多様な可能性を秘めた顔ぶれであった。授業料は年間三十円である。

九月十日は延見式であった。これは校長以下の教員と新入生との初会合の儀式である。昭和二年、岡潔の八年後に三高に入学した西山夘三《うぞう》（昭和五年、理甲卒。建築家）の青春自伝漫画小説『あゝ楼台の花に酔う』（筑摩書房）の記述によると、延見式は校長室で行われたという。校長の横にクラス主任が控えていて、生徒は十人ずつ区切られて入室し、テーブルを囲んだ。校長の前には名簿があった。クラス主任のまえに置かれた一冊の書類は、生徒の身上書の綴じ込みである。これは入学早々、クラス主任の指示を受けて生徒たちが書いたのである。名簿と身上書をもとにして校長と主任が生徒ひとりひとりにあれこれと質問し、会話を交わし、生徒の人柄を見定めておこうというのが延見式のねらいであった。

延見式の翌日十一日は入学宣誓式で、ひとりひとり宣誓し、署名した。翌十二日が始業式である。入学式は行われず、校則の説明もなかったから、そういうものがあるのかないのかさえわからなかった。学年ごとの授業の時間割は掲示されたが、教科書もあまりない。勉強をするもしないも学生ひとりひとりの好き勝手で、自由放縦というか、学生を全面的に信頼するという構えを取るのが学校側の姿勢であり、「三高の自由」と言われるものの姿である。寄宿舎の名前からして、生徒たちはかってに「自由寮」と名乗っていた（正規の呼称は「寄宿舎」である）。

京都での学生生活がこうして始まった。他の学生たちと同じく、岡潔もまた三本の白線が巻かれた帽子を阿弥陀にかぶって通学したことであろう。東一条通りに正門があり、ほぼ真向かいには京大の正門があった。下宿先は京都市上京区岡崎町御所の内広道通（後、「岡崎北御所町四十八番地」と表示が変わった）小野木正蔵という人の家で、大学卒業までずっとここで生活した。平安神宮の正面に向かって右側（東側）の通りが広道すなわち岡崎通りである。岡崎北御所町四十八番地には近年まで五色おはぎで有名な錦弘庵《きんこうあん》という和菓子のお店があったが、数年前に廃業した。古くからあったお店ということだが、主人は小林さんという人のようで、小野木さんではない。その跡地は今では工具屋さんである。土地の人に尋ねると、錦弘庵があった岡崎北御所町四十八番地のあたり一帯はかつては木々に包まれていて、その林の中に大きな建物があったという。それならそれが小野木さんのお宅で、さしづめ何人もの学生を抱えた下宿屋だったのであろう。小野木さんの消息を知る人はこのあたりにはもういない。

杉谷先生（数学の第二の種子）

三高には国史の「ちょっかつ」こと中村直勝、図画（図学）の「パーペン」こと福田正雄、物理の「よしかわ」こと吉川泰三、数学の「ドテカン」こと児玉鹿三、数学の「もりまん」こと森満、同じく数学の「すぎたに」こと杉谷岩彦等々、あだ名と組になって学生に呼び親しまれ、独特の風格を備えた諸先生がそろっていた。福田先生を「パーペン」というわけはすぐにはわからないが、これは英語のパーペンディキュラー（直角）の意で、講義のとき、紙や鉛筆や定規などを教壇の上に直角に配置するという習癖に由来するあだ名である。いかにも三高生らしい感じがある。児玉先生の「ドテカン」というのも不思議なあだ名だが、御面相の形がドテカヘドロン（「正十二面体」の意）になっているところからきているということで、ちょっと凝っている。

後年、岡潔は昭和二年と三年の二年間だけ三高で教えた（京大講師と兼任）が、特におもしろいあだ名はつかず、単に「おか」と呼ばれた。このとき同僚になった三高の講師仲間にドイツ語の「おおやま」こと大山定一、同じくドイツ語の「ふるまつ」こと古松貞一、修身とドイツ語の西谷啓治、哲学概説の木村素衛などがいた。「おか」というのは「よしかわ」「すぎたに」「おおやま」「ふるまつ」などと同類である。西谷啓治と木村素衛はともに京都学派の哲学者だが、三高講師時代のあだ名はわからない。古松貞一は岡潔の同期生（理科乙類）で、秋月康夫と同じ大阪の天王寺中学の出身である。

数学の森満先生は味も素っ気もない講義をするので有名で、試験にあたっては情け容赦なく思うがままに落第点をつけたため、学生たちに恐れられていた。落第を恐れ、配慮を乞い

三高・杉谷岩彦先生の数学の授業

に森家を訪ねた三高生に向かい、本人が直々に、「モリマンは留守だ。本人が言うのだからまちがいない」と言って追い返したというエピソードが伝えられたほどである。岡潔の生涯の親友になった三高の同期生の秋月康夫もモリマン先生に苦しめられた口で、第三学年の二学期にモリマン先生の数学の試験に失敗した。そこで三学期の試験で挽回しようとはりきっていたところにあいにく腸チフスにかかってしまい、卒業が一年遅れるはめになった。ただし秋月康夫本人はつねづね、モリマンの数学ではなくて「パーペン」の図画（図学）の試験に失敗したと語っていたそうである。数学で失敗したことを恥じる気持ちがあったのであろう。

一見して冷酷非情にも見えるモリマン先生だったが、これには有力な異論がある。後年、ほかならぬ秋月康夫が三高に勤務したころの話だが、あるとき秋月がモリマン先生を訪ねたおりのこと、モリマン先生はちょうど試験の採点中で、なにかしらしきりに考えこむ風が見えた。よくよく様子をうかがうと、及第点に達しない答案をためつすがめつして、何かよいところを探して点をやろうと悩んでいた最中だったというのであった。採点がついついきびしくなってしまう性癖の持ち主ではあったものの、モリマン先生もまたまごうかたない三高教師だったのであり、三高を愛し、三高の学生を愛していたことをうかがわせるエピソードである。

物理の吉川先生は湯川秀樹、朝永振一郎、江崎玲於奈と三人のノーベル物理学賞受賞者を教えたことを終生誇りにしていたという。しかしそれならもう一人、数学の岡潔を教えたことも自慢の種に加えるべきであったであろう。

地質学の江原真伍先生も忘れえない先生の一人であった。単行本として刊行された第一エッセイ集『春宵十話』におさめられている「わが師わが友」という一文によれば、江原先生は世界各国の学者とともに太平洋沿岸の地質図を作るという仕事にとりくみ、そのためわらじがけで海岸を歩き回っていたという。一面では地味な、また一面では非常に元気な先生で、研究のことになると時間のたつのも忘れて話し続けるが、学者らしい謙虚さから外に出ないというふうが見えた。岡潔は親しい気持ちを込めてこのように回想し、「ともかく、非常に感化を受けたという印象が残っている」と言い添えた。

国語の阪倉篤太郎先生には「徒然草」を教わった。「徒然草」を教えるのにいかにもふさわしいという感じの先生であることが、さきごろ（というのは昭和三十七年のある日のことであろう）同窓会でお会いしてはっきりわかったという。「いろはにほへと」の歌と平仮名の由来に関する阪倉先生の学説というのも知られている。これを作ったのは弘法大師と言われているが、それは俗説で、本当は比叡山根本中堂の会計帳簿をあずかっていた山法師たちが手数をはぶくために作ったのだというのである。

第一学年のとき杉谷岩彦先生に数学を教わった。蝶の収集でも有名な先生で、「スギタニイチモンジ」（台湾産の蝶）、「スギタニルリシジミ」（大正七年、杉谷先生が京都府貴船で発見した）というようにその名を冠した蝶がいくつもあるという人物であった。その杉谷先生は三学期（大正九年）の講義で三次と四次の代数方程式の解法を教え、そのうえで、

「五次方程式から先は、このやり方では解けない。アーベルの定理といって解けないことがちゃんと証明されている」

（「春宵十話」第四話「数学への踏み切り」。昭和三十七年四月十八日付の毎日新聞）

と解説を加えた。二次方程式の解の公式は中学の代数の授業で学習ずみとして、高校では方程式の次数をあげて三次方程式や四次方程式の解き方を教えたわけである。次数が少し高くなっただけで解法は格段にむずかしくなり、方程式の根を表示する公式の形も複雑になるが、解けることは解けて、有名な「カルダノの公式」が導かれる。ジェロラモ・カルダノは十六世紀のイタリアの数学者で、『アルス・マグナ（大技術）』という著作の中で「カルダノの公式」を公表した。ただし実際には三次方程式の解の公式の本当の発見者はニコロ・タルタリ

アで、四次方程式の解の公式を見つけたのは、カルダノの弟子筋にあたるロドヴィコ・フェラリという人物であった。カルダノは他人の発見を自分のものであるかのように平然と装ったわけである。タルタリアもフェラリもカルダノと同時代のイタリアの数学者である。

方程式の次数をもうひとつあげて五次方程式を考えると数学的状勢は一変し、解の公式をみいだそうとする多くの試みはことごとくみなしりぞけられてしまった。そのなかで次第に反省の気運が生まれ、「そもそも根は本当に存在するのだろうか」「存在するとしても、二次方程式や三次、四次方程式の場合のような解の公式を作ることは可能なのだろうか」という、学問の根幹に触れる問いが問われるようになった。十八世紀後期にルイ・ラグランジュ（イタリア生まれのフランスの数学者）の長篇「方程式の代数的解法に関する省察」が公表されたが、それまでは根の存在にも公式の存在にも疑いの目が向けられたことはなく、存在するものと決めてかかって、やみくもに技巧を工夫して見つけようと試みてきたのである。

ラグランジュの論文のタイトルに赤裸々に表明されているような省察の気運に乗って現れたのが「アーベルの定理」であり、「カルダノの公式」の時点から見て優に二世紀半という歳月が流れている。数学という学問が単なる解法の技術の集積であることを脱却し、思想的な深さを獲得するためには、これだけの年月が必要だったのである。

ニールス・ヘンリック・アーベルは十九世紀初頭、北欧ノルウェーに生まれた人で、絶えない貧困の中に二十六歳で病没した薄幸の大数学者である。人生と学問の様相において、岡潔にもっともよく似ている人物でもある。

「五次方程式から先は、このやり方では解けない」という杉谷先生の言葉の印象は岡潔の心に強く残り、日がたつにつれて鮮明さを増し、「解けないことを、いったいどう証明するのだろう」と考えこむようになった。高等学校に入学したばかりのまだ十代の岡潔は、杉谷先生の片言を機に、数学史がたどった道筋を反復しようという歴史的思索の端緒をつかんだのである。これが、(粉中時代のクリフォードの定理との出会いを第一の種子と数えて)岡潔の心に播かれた数学の第二の種子である。

これも「わが師わが友」に出ている話だが、岡潔は杉谷先生に呼び出されて注意を受けたことがある。岡潔は入学後も秀才で、在学中三年間を通じて好成績が続いたが、ある学期の数学の期末試験の時間に解答のついた答案を回覧した。カンニングの勧進元になったのである。難問が出たようで、解けたのは岡潔のほか幾人もなく、岡潔の答案はクラス中をひと回りした。ところがこれが発覚してしまい、数学の受持ちの杉谷先生に呼び出された。カンニングが露呈した者には点数がつかないため、留年を余儀なくされたが、中にはすでに一年留年した生徒もいた。二年続けて留年すると退学という規則であるから、岡潔の答案を見たために三高を去らなければならない事態におちいった人もいたわけである。おそらくこのあたりの機微に触れたのであろう、杉谷先生は人生というものをしみじみと語り、心にしみこむような話をしてくれた。岡潔はこれを「生涯の計画図を描く時期にふさわしい援助」と受け止めて、これ以後はあまり常軌を逸したことはしなくなったという。数学の杉谷先生は人生の師でもあったわけである。

自伝風エッセイ『春の草　私の生い立ち』（日本経済新聞社。第六エッセイ集）やほぼ同文の「私の履歴書」（日本経済新聞に連載された）や『昭和への遺書　敗るるもまたよき国へ』（月刊ペン社。第九エッセイ集）などを参照すると、このエピソードには多少の異同が見られる。岡潔はわりあい安直に答案を人に見せたりしたようである。一年二学期の代数の試験の応用問題に難問が出たときのこと、岡潔のクラスだけ十人ほどできていたが（全員できていたという話もある）、他のクラスにはできた人は一人もいなかったという出来事があった。ところがこれが不審をもたれる結果となり、三学期の期末試験のおりには先生がカンニングに目を光らせているといううわさがたった。さすがに警戒して教えてくれという者はなかったが、一人だけ、岡潔の横の机にすわっていた数学のできない男がいて、これだけは教えてもらわなければとても及第点は取れないというので全部教えてやった。案の定これが発覚して二人とも呼びつけられた。杉谷先生にこんこんと説示を受けたのはこのときのことであろう。

具体的な処置としては、岡潔についてはこのときの試験が零点になっただけですんだが（一学期と二学期の成績がよかったので、年間を通して成績を出すと及第したのであろう）、相手の男はもともと留年組だったこともあり、数学で及第できなかったため二年続けて原級据え置きで規定にしたがって退学になった。

カンニングとは違うが、準備を放棄して試験を受けて、わざと落第点を取ったこともある。岡潔の下宿にはよくトランプ仲間が集まってきて、十人ほどでツーテンジャックを楽しんですごしたが、その悪友連中の中に、秋月と同じ大阪の天王寺中学出身の「デーヤン」という男がいた。天王寺中学出身の同期生の中にこの呼び名の該当者は見当たらないが、『昭和への遺書　敗るるもまたよき国へ』を見ると、同じ人物が梶井基次郎と同じ北野中学出として語られている。梶井の同期生に中出丑三という生徒がいるから、あるいはこの人かもしれない。

さて、デーヤンは、

「岡、三高にきたら机にばかりへばりついてちゃだめだ。いっぺんぐらいは落第点をとってみなけりゃ三高生といえん」
（『春の草　私の生い立ち』）

と岡潔を煽動した。岡潔はこれを真に受けて、「いったい良い成績をとるのにどんな意味があるのだろう」と思い、ドイツ語の文法の試験を下調べをしないで受けたのである。これが後々までたたり、ドイツ語の格変化にいつまでも自信がもてないというありさまになってしまった。

代数の試験にむずかしい応用問題を出した杉谷先生は、蝶の収集も好きだったが、数学のよい問題を集めるのも上手だった。岡潔は影響を受け、大倉書店から刊行されていた「数学叢書」（『初等幾何学　作図不能問題』『初等幾何学　軌跡問題』などがあった）を見て、そこに出ている問題を解いたりした。この叢書を監修したのは東北帝大の林鶴一で、岡潔の三高の先輩にあたる人物である。私財を投じて『東北数学雑誌』という国際的な数学誌を創設したことても知られる。後年、岡潔の第六番目の論文が掲載されたのもこの『東北数学雑誌』である。

岡潔は朴歯《ほおば》の下駄（桐製の台に朴で作った歯をはめた高下駄。歯がすりへったらはめかえる）をはき、腰に手ぬぐいをぶらさげ、わざとてっぺんを引き裂いた帽子をかぶり、霜降りの洋服（黒ずんだ地に白い細かい点が一面に散り、霜が降ったように見える服）を着て、あるときは友人と話し合いながら、またあるときはただ一人で、寮歌を歌いながら傍若無人に町をぐるぐる歩き回った。これは岡潔のエッセイ『春の草　私の生い立ち』に出ている情景描写だが、旧制高校の、いわゆる弊衣破帽《へいいはぼう》（ぼろの衣服と破れた帽子）という風情である。

腰に手ぬぐいをぶらさげるところはおそらく本当で、後年、というのは大正十五年（昭和元年）の話だが、京大理学部一年生の湯川秀樹の回想によれば、微分、積分の演習を担当していた岡講師の身なりはいっこうに大学の先生らしくなく、背広の腰にきたない手ぬぐいをぶらさげているところは、まるで三高の応援団員みたいだったなどという有力な証言も記録されている。ところが、わざとてっぺんを引き裂いた帽子をかぶったという「破帽」のほうについては、疑問の声がある。これは三高同窓会事務局にお勤めの海堀昶《かいほりとおる》さんにうかがった話だが、帽子のてっぺんを引き裂くというのは「おれは新入生とは違うんだ」といきがりたがる生徒の行為であり、実際にはめったにいなかった。所詮は幼稚な田舎者の所業にすぎず、三高生「岡潔」がそんな蛮行を楽しんだとはとても思えないというのである。現役の三高生だった海堀さんの言葉であることでもあり、たしかに重みがあるが、岡潔のエッセイに、わざとてっぺんを引き裂いた帽子をかぶったと明記されていることもまたまちがいなく、判断に迷う場面である。

旧制度のころの高等学校というと弊衣破帽の印象があるが、これは案外通俗的なイメージにすぎないのかもしれず、岡潔がみずからエッセイに書いているとはいっても自分がそうしたというのではないかもしれない。あるいは岡潔の言うことは本当で、ただ時代の相違も考慮に入れなければならず、岡潔が通学した大正期と海堀さんが在籍した戦中戦後の昭和二十年前後とでは、学生の習俗もだいぶ変遷したということなのかもしれない。岡潔がどこまで弊衣破帽に徹していたのか、明言することはできないが、海堀さんの指摘がぼくの耳に新鮮に響いたことはまちがいのない事実である。それと、「霜降り」は夏の制服だが、冬はどうしたのであろう。

岡崎通りの小野木さんの下宿を出て、丸太町通りに沿って平安神宮の裏手を西進すると、すぐに東大路通りとの交差点に出る。その向こう側の右手の角に熊野神社があるが、これを右に見てなお西進を続けると、道の両側には古本屋がたくさん並んでいる。寺町通りの交叉点にさしかかったら直角に左折して、寺町通りを南下していく。御池通りを横切り、新京極を通り抜けると四条通りに出る。そこでまた左折すなわち四条通りに沿って東進し、鴨川に架かる四条大橋をわたって歩をのばしていけば、ほどなく八坂神社に突き当たる。祇園石段下から左折して(これで三度目の左折である)、東大路通りに沿ってまっすぐ北進すれば熊野神社にもどる道理である。三高生の間でレギュラーコースと呼ばれた散歩コースとだいたい一致する。

中谷孝雄の回想によると、週に一度や二度、あるいは多少誇張して言うとほぼ毎日のようにと言ってもいいくらいひんぱんに、梶井基次郎といっしょに夜の散歩に出たという。道順はおおかた決まっていた。吉田の学生町あたりが出発点で、丸太町通りを西進して寺町通りの交差点に向かって直進するというのであるから、東大路通りに沿って南進して熊野神社の角で右折するのであろう。それから先は岡潔の散歩コースと同じで、寺町通りを南下する。

御池通りに達するまえに二条通りと交叉し、交叉点の一角に鎰屋《かぎや》という老舗《しにせ》の菓子屋がある。その二階は喫茶店になっていて、三高生の間でモルゲン（ドイツ語で「朝」の意）と呼ばれて評判の、お朝さんという美人の女給さんがいた。中谷たちはほとんどいつもここでひと休みして、「邯鄲《かんたん》」という不思議な名前のお菓子を食べたというが、岡潔はどうしたのかはわからない。寺町通りをはさんで鎰屋の向い側の角に「八百卯《やおう》」という果物店がある。ここは梶井の作品『檸檬《れもん》』の主人公が一個のレモンを買い求めた店である。八百卯は今もあり、一階が果物店「八百卯」、二階がフルーツパーラーになっている（二〇〇九年一月二十七日の京都新聞で、八百卯は二十六日までに閉店したと報じられた）。

鎰屋を出て寺町通りに沿ってさらに南下を続け、三条まで下ったところで新京極通りに入った。映画館や寄席が立ち並び、お上りさんや修学旅行生でごったがえすにぎやかな通りである。通りの入り口の角には「さくら井屋」という店があり、きれいな舞妓《まいこ》の絵が刷られた便箋や封筒を売っていた。

新京極通りを通りすぎると四条通りに出るが、その少し手前の路地を東側に入ったところに「正宗ホール」という飲み屋があった。少々汚いが、銘酒「正宗」の酒樽の腰掛けが置いてあり、安くて楽しい三高生たちのたまり場であった。四条通りに出たら左折して、通りに沿って東進して祇園方面に向かう。鴨川の手前の四条大橋西詰に「矢尾政《やおまさ》」というレストラン(東華菜館)があり、橋をわたると、東詰に「菊水」というカフェーがあった。中谷たちはお金があるときは菊水に立ち寄って、梶井は酒を飲み、下戸の中谷はコーヒーや紅茶を飲んだ。岡潔はどうしたのであろうか。菊水の真向かいは歌舞伎の南座である。

菊水を出て八坂神社に向かうのは岡潔と同じだが、中谷たちは八坂神社のすぐ東側の桜の名所の円山公園まで足をのばした。春の夜などはかがり火が燃え、夜桜の見物のための便宜がはかられて、にぎやかだった。それから北進して岡崎公園に向かったが、その道は東山の麓に沿う老樹に覆われた暗いさびしい通りだったというのであるから、知恩院の東方に北行きの小道があったかのように思える描写である。しかし実際にはそんな道は存在しないところを見ると、彼らが通ったのは知恩院の西方の道筋で、今では明るい大路だが、大正期には暗くさびしい通りだったのであろう。この通りにさしかかると梶井はよく歌を歌った。ドイツ語や英語の歌を歌うこともあるが、たいていは三高寮歌であった。中谷もいっしょに歌った。

昭和二年に三高に入学した西山夘三の回想によれば、西山たちは円山公園に続いて知恩院の南門をくぐったようで、そうすると急に暗く静かになった。山門の下の広場は昼は土産店が並ぶが、夜は人気がなく、大声で寮歌を歌うにはもってこいだったというから、中谷たちも同じ道を歩いたのかもしれない。青蓮院の横を抜け、坂を下り、京津電車（三条—大津間）の踏み切りを越えると東洋一の大鳥居があった。交番があり、大声で歌う三高生にときどき文句をつけてきた。

岡崎公園から、岡潔の下宿のある岡崎通りに沿って進み、平安神宮の裏に回る。するとすぐに吉田の学生町に出て出発点にもどり、散策が終了する。

こんなふうにただやみくもに歩き回るだけのことで、岡潔の心は感激にみたされたという。夜ごとに彷徨を繰り返す三高生たちはみな、何かしら正体の不明なあるものに突き動かされ、感激で胸がいっぱいになったのである。青春の一時期にのみ許される美しい惑いの日々であった。

入学して一年がすぎ、岡潔は三高二年生に進級した。始業式は大正九年九月四日である。岡潔は理科二年甲類一組で、クラスメートは四十一人。前年度二学期のドイツ語の文法の試験などはわざと下調べをせずに受験して注意点をもらったし、三学期の数学の試験も零点になったが、それにもかかわらず席次はクラスの三番である。秋月康夫と谷口豊三郎も同級になった。河田末吉は理科甲類二組、小川鼎三、小川芳樹、松原隆一、西田外彦は理科甲類三組であった。理科二年甲類の生徒は全部で百二十三名である。一学年下の新入生の中に中野好夫（文科甲類。英文学者）、吉川幸次郎（文科甲類。中国文学者）、下村寅太郎（文科乙類。京都学派の数理哲学者)、河盛好蔵(文科丙類。フランス文学者)などがいた。翌大正十年になると、二学年下に外村茂(後、繁。文科甲類。作家。梶井、中谷たちとともに同人誌『青空』の創刊に加わった)、服部英次郎(文科甲類。中世哲学)、今西錦司(理科甲類。自然学者)などが入ってきた。三高は、たわわに実ろうとする粒よりの種子の集う小さな「豊饒の海」であった。

ポアンカレ(数学の第三の種子)

大正十年から新しい学制が施行された。三高の第二学年は二学期までで終了し、新年度の始まりが従来の九月から四月に変更されて、四月十三日に始業式が行われた。岡潔は三年生に進級した。理科甲類一組(三十八人)で、クラスの首席である。同級生に小川芳樹、河田末吉などがいた。秋月康夫、谷口豊三郎は理科甲類二組。小川鼎三、松原隆一、西田外彦は理科甲類三組である。理科三年甲類の生徒は百十七名で、毎年若干の異同があるが、これは留年組や退学組が出るためである。

三高三年生のときの最大の体験はフランスの大数学者アンリ・ポアンカレのエッセイ『科学の価値』との出会いであった。岡潔が手にしたのは田辺元(科学哲学に造詣の深い京都学派の哲学者)による翻訳書で、大正五年六月二十五日付で岩波書店から刊行されている。この書物の中に、フェリックス・クライン(ドイツの数学者)による「ディリクレの原理」の証明が語られる場面が出ているが、岡潔はその箇所に目をとめて深い感銘を受けたのである。この感動の体験こそ、岡潔の心に播かれた「数学の第三の種子」であった。

H. ポアンカレ

F. クライン

G. F. B. リーマン

三高のとき私はアンリー・ポアンカレーの「科学の価値」をよんだ。そうするとこういう意味のことが書いてあった。クラインはリーマンのディリクレの原理を証明しようとして、球、ドーナツ、球に二つ耳のついたもの、三ついたもの等の模型を頭の中で作り、それに±［プラスマイナス］の二極を置いて、頭の中で電流を流した。そしてその流れるのを見て安心した。

リーマンというのはスイスに生まれドイツのゲッチンゲンで教えた十九世紀の大数学者、数学史中の最高峰と思うのは私だけではない。ディリクレの原理というのはリーマンが発見して、その師ディリクレの名を取って命名した大原理であって、実に簡潔、実に有力であるが、リーマンのした見事な証明は不備であることが後にわかった。クラインというのはリーマンの死後大分してゲッチンゲンの教授になったドイツ人で、生涯リーマン一辺倒であった。

私はこのポアンカレーの文章を見て限りない興味を感じ

た。

（『昭和への遺書　敗るるもまたよき国へ』より）

岡潔が読んだポアンカレの言葉をそのまま書き写すと次のようである。

其反対にフェリクス・クライン Felix Klein を考へると、彼は函数論の最も抽象的な問題の一つを研究した。即ち一の与へられたリーマン面に、与へられた特異性を有する所の函数が常に存在するかといふ問題である。扨此［さて、この］有名な独逸の幾何学者は如何にしたであらうか。彼はリーマン面に置換へるに電導率が一定の法則に従つて変化する如き金属面を以てし、其二つの極を連結するに電池の両極を以てした。斯くして彼は電流が之に通じなければならぬ事、其電流の面に分配され方が問題に要求せられた特異性を正に持つ所の函数を定義する事を述べたのである。

（田辺元訳、ポアンカレ『科学の価値』より）

ポアンカレはエッセイ『科学の価値』において数学者を「解析流儀」の学者と「幾何流儀」の学者に分けて、それぞれの実例を挙げながら両者の特性を語った。解析流儀の数学者というのは、「少しも偶然に任す事なく包囲工事をしながら敵城に迫る攻城家ヴォーバン Vauban の方法に従つて一歩一歩進んで行く如くに思はれる」（田辺元の訳文）精神の傾向を示す学者のことで、もっぱら論理に支配されている。これに対し幾何流儀の数学者は「宛も前陣の勇士の如く一挙に急速なる、併しながら時に不確かなる勝利を得んとする」（同上）精神の持ち主のことで、このタイプの数学者は直観に導かれて数学の世界を歩んでいく。クラインは幾何流儀の数学者の例として取り上げられたが、そのクラインが試みたのは、「与えられたリーマン面の上に、与えられた特異性をもつ解析関数が存在する」というリーマンの定理を証明することであった。ポアンカレの分類では、リーマンもクラインと同じ幾何流儀の数学者に分けられている。

ゲオルク・フリードリヒ・ベルンハルト・リーマンはクラインより一世代前のドイツの大数学者で、一八二六年九月十七日、ドイツ北部のハノーバー王国のエルベ河畔の小村ブレゼレンツに生まれた。大数学者が目白押しの近代数学史上でも屈指の数学者だが、なによりも際立っているのは、数学研究の全体を満遍なくおおっている深遠なロマンチシズムの色どりである。生来の病弱のため、暖かな土地を求めてイタリア行を繰り返し、一八六六年七月二十日、三度目のイタリア旅行の途次、北部イタリアのマジョレ湖畔西岸の町セラスカで満四十歳に満たずに亡くなった。生前公表された論文はわずかに九篇を数えるにすぎないが、論文ごとに創意が見られ、とうてい一人の数学者の仕事とは思われないほどである。このようなところは岡潔にそっくりである（後年、ドイツの数学者ジーゲルが来日して奈良に岡潔を訪ねたおり、岡潔の九篇の論文を評して「とうてい一人の数学者の仕事とは思われない」と語ったことがある）。

岡潔は多複素変数解析関数論の建設者として近代数学史上に名をとどめたが、リーマンはといえば、一複素変数解析関数論の基礎理論を確立することに成功した数学者である。一八五一年、日本の流儀で数えて二十六歳のとき、リーマンはゲッチンゲン大学に学位取得論文「一個の複素変化量の関数の一般理論の基礎」を提出し、この偉大な事業を遂行した。名は体を表わすと言われる通り、この学位論文のタイトルはそのままリーマンの企図の所在を明示してあますところがない。ここでリーマンが基礎理論の展開されるべき場として導入したのが、近代数学史に名高い「リーマン面」の概念であった（リーマン自身は単に「面」と呼んでいるだけだが、後にリーマンの名を冠して「リーマン面」という呼称が定着した）。リーマンはリーマン面の概念を純粋に幾何学的な様式で描写し、そのうえで「ディリクレの原理」に基づいて、「与へられた特異性を有する所の函数が常に存在する」ことを証明しようとした。関数が存在するべき場を規定した後に、実際に関数が存在することを確認し、その事実をもって一般理論の根底に据えようという気宇の宏大なアイデアで、天才の所産というほかはないが、同時にきわめてロマンチックな構想である。

岡潔の言葉に出ている「ディリクレの原理」のディリクレというのは十九世紀のドイツの数学者ルジューヌ・ディリクレのことで、リーマンはベルリン大学でディリクレの講義を聴いて「ディリクレの原理」を学んだ。岡潔は、「ディリクレの原理というのはリーマンが発見して、その師ディリクレの名を取って命名した大原理」であると（少々間違っていることを大雑把に）言っているが、「ディリクレの原理」それ自体はよく知られていた変分法の基本原理であり、別段ディリクレのオリジナルというわけではなく、すでにガウス、グリーン、トムソンなどが使っていた。それを「ディリクレの原理」と命名したのはリーマンで、この点は岡潔の言う通りである。

岡潔の言葉を続けると、「リーマンのした見事な証明は不備であることが後にわかった」という箇所がぼくらの目を引きつける。これは、「ディリクレの原理」には数学的に見て解明を要する問題点が存在し、そのためにリーマンによる「関数の存在証明」は完全とは言えないという意味であり、簡単な例を提示して問題点の所在を明示したのは、リーマンの同時代のベルリン大学の数学者カール・ヴァイエルシュトラスであった。ただしヴァイエルシュトラスが指摘したのは、ディリクレの原理の適用にあたって留意するべき事項があるということで、リーマンの証明の方針がまちがっていたわけではない。実際、リーマンの学位論文が公表されてからちょうど半世紀後の一九〇一年のことになるが、ゲッチンゲン大学の数学者ダフィット・ヒルベルトはリーマンのアイデアをそのまま生かし、「ディリクレの原理」を救済することに成功した。リーマンは正しかったのである。

ヴァイエルシュトラスは数学的論証の厳密性を重視する数学者（ポアンカレの言う「解析流儀」の数学者）で、その精密な批評精神の目には、リーマンの論証はあまりに直観的にすぎると映じたのであろう。それでもヴァイエルシュトラスはリーマンの存在定理それ自体は正しいという確信を抱いていたようで、弟子筋の数学者ヘルマン・シュヴァルツに、ディリクレの原理を使わない証明法を工夫するよう、指示を与えた。シュヴァルツはこれに成功したから、論理的な目で見るかぎり、リーマンの理論はヒルベルトに先立ってすでに確立したと言えるのである。シュヴァルツとは別に、ライプチヒ大学の数学者カール・ノイマンも独自の証明法を案出し、リーマンの存在定理を確認した。

だが、クラインはリーマン自身が提示した証明の構想に愛着を感じ、ディリクレの原理を生かしたいと念願した。ポアンカレの言葉にもどれば、クラインはリーマン面を、伝導率が一定の法則にしたがって変化する均質な電気導体と考えた。そのリーマン面上にスズの薄膜を張り、二点に適度な強さの電極をとりつける。するとここに電流が発生し、「其電流の面に分配され方が問題に要求せられた特異性を正に持つ所の函数を定義する」というのである。

クラインの思考実験は数学の証明とは言えないが、クライン自身はこれでディリクレの原理の正しさを確信した。すなわちクラインの（「知」ではなくて）「感情」が心から納得したのであり、クラインにとってはこれで十分だったのである。精密な論証に基づくいわゆる数学的証明のほうは、少し後にヒルベルトが試みて成功したのであるから、クラインの確信には根拠があったと言えると思う。

岡潔は大学時代、「論理も計算もない数学をやりたい」という突拍子もない言葉を口にして、居合わせた人たちを驚かせたことがあるというが、数学的証明とは言いがたいクラインの「証明」にはたしかに論理もなければ計算もなく、それにもかかわらず人々の「情」をひきつけてやまない深遠な魅力と説得力が備わっていた。岡潔の念願する数学の姿はすでに十九世紀ドイツの数学者リーマンとクラインにおいて実現されていたことになるが、実際の経緯はむしろ逆で、岡潔もまたリーマンからクラインへと継承された数学思想に親しみを感じ、深遠な影響を受けたと見るべきであろう。

後年の岡潔の第一エッセイ集『春宵十話』の第二話「情緒が頭をつくる」を参照すると、冒頭に、

「頭で学問をするものだという一般の観念に対して、私は本当は情緒が中心になっているといいたい」

というおおかたの意表をつく発言があり、ぼくらの耳をそばだたせる。小林秀雄との対話『人間の建設』（新潮社）でも同趣旨の発言がひんぱんに繰り返されて、この対話篇の見どころのひとつを作っている。

「数学は知性の世界だけに存在しうるものではない。何を入れなければ成り立たぬかというと、感情を入れなければ成り立たぬ」

「矛盾がないというのは、矛盾がないと感ずることですね。感情なのです」

「そしてその感情に満足をあたえるためには、知性がどんなにこの二つの仮定には矛盾がないのだと説いて聞かしたって無力なんです」

「矛盾がないということを説得するためには、感情が納得してくれなければだめなんで、

知性が説得しても無力なんです。ところがいまの数学でできることは知性を説得することだけなんです。説得しましても、その数学が成立するためには、感情の満足がそれと別個にいるのです」

「……ともかく知性や意志は、感情を説得する力がない。ところが、人間というものは感情が納得しなければ、ほんとうには納得しない存在らしいのです」

ある事柄が正しいことを証明する手法として、数学では「帰謬法《きびゅうほう》」(「背理法」ともいう)という論証法が常用される。ある命題が正しいことを証明するために、仮に「正しくない」と仮定する。そのうえで論証を押し進め、何かしら矛盾を内包する状勢を導出する。そこでこんな矛盾が生じた原因を初めの仮定がまちがっているためと見て、「(正しいことを証明したいと思う)命題は正しい」と結論をくだすのが、帰謬法という簡単な論証法の骨子である。これを支えているのは純粋な知性の働きとしか思えないが、岡潔はその常識を退けて、「矛盾がないというのは、矛盾がないと感ずることですね。感情なのです」と、大胆な見解をこともなげに主張するのである。

ひとたび「感情の納得」という立脚点に立ち返るなら、ヒルベルトの数学的論証を俟たずとも、物理的思考実験に根拠をもつクラインの確信は優に「証明」とみなしうるであろう。後年の数学者「岡潔」は数学の世界を「数学的自然」と観照し、数学的自然世界を統《す》べる法則や自然現象のあれこれを純粋直観をもって把握した。「正則領域におけるクザンの第一問題の解決」「岡の原理の発見」「ハルトークスの逆問題の解決」等々、どれもみな数学的証明に先立って、まず初めに岡潔の目に映じた情景ばかりであった。岡潔はこれらをいわばクラインのように確信し、その後にヒルベルトのように数学的論証の衣裳をまとわせようと試みて、長い努力を重ねたのである。数えてまだ二十一歳の三高三年生の岡潔の心に播かれた「数学の第三の種子」は順調に生い立って、生涯を通じてみごとな開花を見たと言えるのではあるまいか。

後年のことになるが、あすなろ社から刊行された『同級生交歓2』（昭和四十三年。いろいろな人のエッセイを集めた本）に収録されている秋月康夫のエッセイ「岡潔君のことなど」を見ると、岡潔の三高時代のあれこれがおもしろく描かれている。秋月は岡潔と同じ数学者で、生涯を通じて親密な交友が絶えなかった人物である。

高等学校の生徒当時の岡潔は秀才で、しかも数学などというつまらぬことに懸命になっている話せぬ男だと秋月は内心思い、そのころは親しい仲とは決して言えない間柄であった。当時の京都大学には西田哲学の西田幾多郎がいて、西田を中心にして、後年のいわゆる「京都学派」が形成されつつある過渡期にあたっていた。科学哲学の田辺元、倫理学の和辻哲郎などが相次いで京都に呼び集められたし、宗教哲学の西谷啓治のように、一高を卒業しながら西田の学風を慕って京都帝大に進んでくる者もいた。何よりも西田の次男の外彦は三高で岡潔や秋月の同期入学者であり、しかも一学年のときは岡潔と同じクラス（理科甲類二組）

なのであった。

大正九年十一月七日の梶井基次郎の日記には、

「西田博士に道で会ふ」

というさりげない、しかし印象の深い数語が書き留められているが、岡潔の三高の日々に哲学の影が射し込んでいたふうは見られない。梶井は「哲学の

秋月康夫

道」あたりを歩いて西田幾多郎とすれちがったのであろう。
秋月によると、三高時代に流行していたのは「文学的哲学青年」というもので、秋月自身、「はずかしいながら」（秋月の言葉）その仲間であった。秋月は「四修」の秀才だったから、勉強ばかりしてすごしたであろう中学時代の反動がきたのかもしれなかった。当然のことながらまだ数学一辺倒と言うにはほど遠く、本人の自称する「文学的哲学青年」というべき高校生であり、哲学に憧れを抱き、西田幾多郎の著作をかじり読み、チェーホフ、ツルゲーネフ、ドストエフスキーなどロシア文学方面の翻訳書を読みあさったり、印象派の絵の展覧会を追い回したりした。岡潔のことはガリ勉の秀才と見てどちらかというと軽んじていた模様である。親しくつきあったのは岡潔よりもむしろ梶井基次郎などのほうで、梶井はよくいっしょに酌み交わす酒飲み友達のひとりであった。その証拠におでんやのおばさんが梶井の分

まで秋月につけていて、身におぼえのない巨額のつけを申しつけられたりしたこともあったという。

三高生でにぎわう町のおでんやは何軒かあった。西山夘三の『あゝ楼台の花に酔う』によると、三高の東門の近くにはその名も「三高屋」というおでんやがあったという。経営していたのは三高の市民応援団（三高対一高などの対抗戦のおりに応援にかけつける市民）の旗頭のひとりで、ぎょろ目の親父であった。もうひとつ、河原町の三条から上の仕舞家《しもたや》（商家などではない一般の住宅の意）の多い地区に、ぽつんと一軒のおでんやがあり、抜け目のなさそうなばあさんがいた。秋月が梶井のつけを支払った店は案外この店あたりかもしれない。

これも同じ秋月のエッセイに出ている話だが、あるとき秋月が岡崎町の下宿に岡潔を訪ねたことがある。「岡！」と部屋の外から声をかけると、「うん」と返事があった。ところがふすまをあけてみても岡潔の姿はない。どうしたことかといぶかっていると、押入れのなかで寝ていたのである。「ここの方が明るくないし、隙間風も入らず寒くないから」というのが岡潔の弁明であった。岡潔はいつも徹夜で勉強し、明け方近くになると睡眠薬を飲み、押入れに頭を突っ込んで足だけ部屋に出すという恰好で強引に寝てしまうのである。

秋月は三年生の三学期に腸チフスのため期末試験が受けられず、留年を余儀なくされた。それがかえって文学的哲学青年の心のゆとりを生んだのであろう、秋月は高校生活四年目にして初めて、天分はわずかでも数学にあるのではないかとの内心の声をきくことができたという。岡潔と秋月が三高に入学した大正八年に刊行された西田幾多郎の著作『思索と体験』

（岩波書店）に「数理と論理」というエッセイがおさめられているが、秋月はこれを読んで、数学という学問は学校で習っているものとはおよそ異質であることを認識し、それからポアンカレのエッセイなどを読むようになって、次第に数学への関心が呼びさまされていった。中学時代は幾何が大好きだったのに、三高に入ってからは、微分積分など習っても別段、感動するようなこともない状態が続いたのである。

四年目の三高生の秋の深いころ、秋月は、（これまで数学の劣等性だったのに）はたしてこれから数学をやっていけるだろうか、と岡潔におうかがいをたてた。すると京大一年生の岡潔は、「まあ、やってみろよ」と秋月の背中を押して、当時の定番の教科書だったグルサ（フランスの数学者）の著作『解析教程』を読むようにすすめた。秋月はさっそく丸善で購入し、それから数学の勉強に打ち込むようになった。岡潔との間に数学を介して真の交友が始まったのはこのときからであるから、同級生としてよりはむしろ先輩と後輩の仲というほうがあたっていた。これは、みすず書房の雑誌『自然』に掲載された秋月のエッセイ「京都の数学山脈」に書かれている話である。

大正十一年（一九二二年）三月四日、三高で卒業生送別会が催された。同窓生は二百六十五名。そのうち理科甲類の生徒は九十七名であった。三月二十五日、各科卒業生に卒業証書が授与された。岡潔は三高を卒業した。

三高時代に数学の第二の種子と第三の種子が播かれたことは特筆に値するが、これらの内面の大事件を別にすると、総じて平穏な（二学年が二学期しかなかったため）三年弱の高校生活であった。秋月康夫のように文学や哲学に熱中した様子も見られず、おでんやで友人たちと飲み明かしたふうもない。時代思潮の影が心に射した気配もなく、あまりにも超然としているかのようでかえって不可解なほどである。強いて言えば、田辺元が西田幾多郎の申し出を受けて東北帝大から京都帝大に異動したのが大正八年八月で、岡潔の三高入学と符節する。しかも岡潔が第三学年に進んだ大正十年には田辺元は三高で「哲学概説」を講じているのであるから、案外岡潔は田辺の講義を聴講した可能性もある。その田辺が訳出したポアンカレのエッセイを手に取ったのはあるいは偶然だったのではなく、当時の青年層を包んでいた文学的哲学の空気は、無意識のうちに自然にみなの身辺に及んでいたのかもしれなかった。

妹のたよりと父の手紙

岡崎町の小野木さんのお宅で下宿生活を始めた岡潔のもとに、全国各地に散った粉中時代の友人たちから相次いでたよりがあった。金沢医専に進んだ井上徳市からは大正八年九月二十一日の消印で封書がとどいたが、これは岡潔の手紙への返書である。

御手紙有難う。貴兄正に京師にあるか。噫《ああ》親父嗅〔臭〕き医専の一分子として三高の花の蕾の貴兄を羨望します。

風邪にて御困りの由、同情に堪へず十二分の御養生を祈り上げます。

次に小生等は毎日毎日独・・で困り居ります。僕は中学時代に英語で困つた。事ほど左様［さよう］にソーダット［so that］困つて居ます。十年度から単科大学になりますから三高のみならず高校御出身の人達が来られるでせう。僕等は専門部で残されます。
当地も降雨が毎日です。故郷と異つて洪水のないのは奇と云へば奇、珍と云へば珍です。
貴君の御達筆に委して都の音づれを閑々に願ひます
祈貴君の御健康

行く末は医者になるほかはない井上徳市の目には、多くの可能性を内包する三高生「岡潔」の姿が、さながら「花の蕾」のように映じたのであろう。金沢医専を卒業後、井上徳市は郷里の妙寺《みょうじ》にもどり、和歌山線妙寺駅前で開業した。

井上の手紙に記されているように、学制が変わって医専は単科大学になり、金沢医専も大正十二年度から金沢医科大学（金沢大学医学部の前身）になることになった。これにともなって高等学校の卒業生が（帝大ではなくて）医科大学に進む道も開かれて、たとえば少し後のことになるが、岡潔のいとこの北村四郎は高知高等学校から新潟医科大学（新潟大学医学部の前身）に進学した。この場合は無試験だったから、高等学校の文科出身者が医科大学に進んで医者になるというようなケースも少なくなかった。このようなところを見ると、昔の学制のほうが現在よりはるかに柔軟性の度合いが高かったように思う。

東京の一高に進んだ土井重太郎は、一高の時計台の絵柄の絵はがきを送ってきた。日付は九月二十八日。土井の所在地は一高北寮八番である。

暫く失礼致しました。其後お変りはありませんか。君から頂いた御手紙はつい此間坂上君と学校の図書館に入つて初めて発見したのだ。久しく君の住所を知らなかつたものだからこんなに失礼したのだ。許して呉れ給へ。委細は又後便にて。御身御大切の程繰返し……

はがきのすみに、「脚気はどうですか」とわざわざ書かれているところをみると、粉中時代の岡潔の脚気は相当に有名だったのであろう。

土井の絵はがきはもう一枚ある。消印が読み取りにくいが、大正九年九月であろう。日にちは「二十六日」と明記された。絵はがきの絵柄は日本美術院第七回展覧会の倉田白羊の出品作品である。住所は南寮九番に変わっているが、二年生に進級して部屋を移ったのであろう。

高校はどうだ。京都の秋も良いだらう。東京の秋も悪くはない。上野の森から夕鐘が響いて来るあたりなかなか良いよ。これからはお互に無性〔精〕を自慢になどせずに出来る丈通信し合はふ。無性《ぶしよう》〔精〕を自慢にするなんて虚偽で以ての外だ。僕は大いに悟つたよ。無性〔精〕は決して我々の良い癖ぢやないよ。

昭和十二年の粉中同窓会名簿には、土井は昭和五年四月四日死亡と記録されている。一高から先の進路はわからない。

神戸高商に進んだ大林敏雄からは、大正八年十一月二日の消印の絵はがき（神戸高商の寄宿舎正面）があり、「須磨の菊人形も見頃になつた。嵐山も遠可《か》らず賑ふ事だらう」と始まる文面で、近況が報告された。

早稲田大学文学部に進んだ堀正福からは英語のたよりがあった。大正九年四月二十七日付の絵はがき（東京名所　蠣殻町水天宮）で、住所は東京牛込北町三五の紅葉館という下宿屋である。英文の大意は、

「新愛なる岡君。ずいぶん長い間、御無沙汰しました。許してくれ給へ。なるべく早く手紙をくれないか」

というほどのことにすぎない。堀は卒業後、早稲田中学の教員になった。

上級学校に進学せず、和歌山市内で会社勤めを始めた児玉亀次郎からは、おりに触れて、ひんぱんにたよりがあった。

岡潔が受験勉強を進めていたころ、英語と数学の問題を書き送ってきた山本信一は、大正九年三月二十日付で絵はがき（神田須田町通り）をよこした。いよいよ受験のために上京し

たという知らせである。

　愈々受験のため当地に参りました。一昨日着いて、その夜は堀君や藤井君の居る牛込北町三五の紅葉館に居候しましたが昨日から本郷区台町六一の金剛荘といふ下宿に根拠をすゑました。こゝには水本君（昨日来）壺井君（古参）初め粉中卒業生は只今八名居ります。君等は今学期試験でお忙しい事でせう。何時頃帰省します？　今度は僕の成績によつて紀見峠を見舞ひます。失敬

これで見ると山本はどうやら前年夏の入試には失敗した模様だが、詳しい事情はわからない。粉中の同窓生が東京で一堂に会し、励まし合いながら、それぞれ志望する学校の受験に備えていたのであろう。結局、山本は鹿児島高等農林に進み、後、岸和田中学の教師になった。「藤井」は藤井道夫で、東京商大に進んだ。「水本」は水本龍太郎で、八高から京都帝大経済学部に進んだ。「壺井」は壺井周一で、長崎高商に進んだが、昭和四年十二月に亡くなった。粉中時代を回想する岡潔のエッセイには具体的な交友の記録はとぼしいが、こうしてみると親しい友人はわりと多く、暖かみのある友情に恵まれていたように思う。

　京都での新しい生活が始まって間もないころ、妹の泰子さんからもたよりがあった。泰子さんは「御なつかしい兄上様」と岡潔に呼び掛けて、なつかしい郷里の消息をあれこれと報

告した。父、寛治は胃に痛みがあり、大阪日本橋の北村家に逗留して治療を続けていた模様である。柿も豊年だし、栗の実もだいぶ熟してきたという。大正八年九月二十九日付の手紙である。

御なつかしい兄上様　其の後の御様子は如何で御座いますか。学校も変り、生活さへも一変して、さぞかしお困の事と存じて居ります。但し友人もふえ、学校生活にもなれ、新しい希望を抱かれて楽しく御勉強なされる事と御察し申し上げます。昨日一番で大阪の伯母様［北村みよし］の家［大阪日本橋で北村眼科を経営する北村純一郎の家］へ行きました。

父上の御病気も最早すつかりよくなられました［岡寛治は何か病気にかかり、北村家に逗留して病院に通っていたのであろう］。二十一日の午後から行かれて、毎日センバ［船場］病院に行つて胃を洗滌して不消化物等を掃除してもらつたので、いたみ等は少しもなく御恢復なされたとの事承り、祖母様初め皆々よろこんで居ります。又伯母様の御病気もすつかりよくなられて、看護婦が一人もゐないので薬局は全部一人でして居られます。

祖母様母上様及び私に至るまで皆々無事で暮して居ります。月曜日等には例のまづいお料理等をして皆に笑はれて居ります。柿は申し上げる迄もなく栗の実も大分熟して参りましたので、今度の日曜日にでも一度栗取りに行かうと今から皆楽しんで居ります。

今年は柿は豊年で珍しい程たくさんなりました。皆はたべる度にこんな柿を少しでも持つてい［つ］て上げたい物だといつもおうはさ申して居ります。しかし何分遠いものですから持つてい［つ］てもらふ人もありませんので、何卒京都の方で買つていただく様にと皆が申して居ます。二十七日に学校から先生に連れられて大浜へ海上飛行機を見に行きました。千米程高く飛びましたが三台［の］中の一台は不幸にして故障を生じて落ちました。乗つて居る人の顔まで見える位近くで見たのは今度が初め［て］でした。

父上は明日位帰られるだらうと待つて居ります。

私共は此の様に日々笑声に満されながら過して居りますから家の事は少しも御心配遊ばさずに専一に御勉強の程お願ひ申し上げます。

だんだん寒さはげしくなりますから、何卒御身御大切になされて、冬休みには一日も早くお帰りの程お待ち申し上げます。祖母様母上様からもよろしくお伝へ下さる様にとの事で御座いました。

かしこ

泰子

九月二十九日

兄上様

泰子さんは兄を尊敬し、兄を思う心のやさしい妹であった。三つ違いの仲のよい兄妹で、幼時、紀見峠のあちこちでよくいっしょに遊んですごした時期がある。家の雨戸をはずして禿げ山にもっていき、二人で乗ってすべり降りたりしたときは、母親の八重さんに見つかって「あぶない」としかられた。いっしょに柿の木にのぼったときなどは、岡潔は自分ばかりおいしそうな柿の実を取って食べ、泰子さんには固い実を投げてからかったりした。箱庭をいっしょに作ったこともしばしばで、いつもなつかしく思い出された。

大正九年の年があけて早々、岡潔は流感（流行性感冒）にかかり、何日か下宿で寝込んでしまった。小野木のおばあさんのお世話になって切り抜けて、まもなく恢復した旨を郷里に伝えたところ、さっそく父から懇切なたよりがあった。大正九年一月二十五日付の手紙である。流感が案外はやく快癒したそうでけっこうだが、病後の養生が肝要だ。養生を心掛けないためにまたひきかえして死亡する者も多い。医師の命じるまま十分摂生してほしい。病後一週間くらい臥床するとよい。昨今は寒冷がはなはだしいから、ひきかえさないよう厚着をすること。おおよそこんな調子の文面で、すみずみまで細やかな心配りにみたされている。

下宿屋の小野木のおばあさんには看病などしてもらってだいぶおせわになったが、父の配慮はこのあたりにも周到に及んでいる。二円くらいのお礼でよいと思うが、小野木のおばあさんのことだからお金は受け取らないだろう。そこで何か適当な品物を見計らって贈ること。健康が恢復してからでよく、今すぐでなくともよい。おばあさんの好物でも買い整えるとよい。岡寛治はそのようにアドバイスをした後に、「かえすがえすも油断大敵」と重ねて静養をうながして、それから「この手紙が着いたら容態を詳しく教えてほしい」と言い添えた。

同日の日付で、父から書留でお金が送られてきた。生活費に加えて、小野木のおばあさんへのお礼の品物の代金などの諸経費である。手紙も添えられていて、「流感があちこちに流行しているからくれぐれも摂生してほしい」「サイダーやラムネなどはなるべく飲まないようにしてほしい」などと、まるで母親が子にするような綿密さであった。

大正九年五月十七日付の父の手紙も残っている。岡寛治は、「健康状態如何にや」と真っ先に切り出し、続いて脚気のあれこれを語って岡潔の注意を喚起した。白米は醱酵作用による毒素を血中に送り、その中毒作用が脚気として現れるものであるから、白米を摂取する量が多いほど重症となる。中年の男女の労働者に脚気が多いのはそのためということだ。米の量を減らし、副食物で補うとよい。牛肉と新鮮な野菜鶏卵との「くつくつだき妙ならん」。牛肉等は一回二三十匁《もんめ》とすればよいだろう。こんなふうに父はいつものように岡潔の健康に気をつかい、「脚気らしき萌《きざし》到らば速《すみやか》に御知らせ」と申し出た。

脚気の原因が白米の摂取過多にあることは日清日露の戦役のころから徐々に認識されていた事実であった。海軍では軍医の高木兼寛《かねひろ》の提案を受けて兵食を麦に変えたので脚気が激減したが、陸軍では白米の兵食に固執したため脚気が蔓延して戦闘能力が失われる兵隊が続出し、軍事上の大問題になっていた。日清戦争のおりの陸軍の脚気患者は全部で十七万人の兵士のうち四万一千人に達し、日露戦争では二十五万人の兵士が脚気にかかったと言われている。岡寛治は日露戦争に従軍した経験の持ち主であるから、気掛かりも格別だったのであろう。白米を極端に精白する習慣があったことも脚気の原因で、時代が進むにつれてだんだん七分づきが推奨されるようになった。高木兼寛は脚気の原因をタンパク質の不足に求めようとした。この説を採用するならば、一般に白米の摂取量を減らして動植物性のタンパク質を副食物にするのはよい脚気対策である。脚気の真の原因はビタミンB_1の不足であるから高木の説は正しいとは言えないが、白米を減らして副食物で補うという岡寛治のアドバイスは結果的に当を得ていたわけである。牛肉と新鮮な野菜鶏卵との「くつくつだき」というのは、「ぐつぐつ煮込んだもの」すなわち「すき焼き」のことであろう。

大正十年二月二十二日付の手紙では、満年齢でいえばこの時点ではまだ十九歳にすぎない高等学校二年生の岡潔に向かい、近い将来に起こるであろう結婚問題に関して早々と親の意を伝え、注意を喚起した。この冬は紀見峠も寒さがきびしく、よく雨になった。ことごとく結氷し、全山つららとなって偉観《いかん》を呈し、杉や檜《ひのき》の損害も大きかった。近ごろは都市に「悪寒」（流行性感冒のことであろう）が流行するきざしがあると聞いている。今回の「悪寒」は発熱せず、のどを襲うとかで、油断していると生命にかかわるそうだから、細心の注意を払ってほしい。真綿《まわた》や膚着《はだぎ》を買うお金が足りなかったら少しの間、下宿にて立て替えてもらったらどうだろう。

ここまではいつもの通りの健康の気遣いだが、今回は少々様子が違い、「某子恋する女子あり」と手紙の文面は続いていく。名は秘すが、ある人がある女の子を好きになった。しかし家格が釣り合わないためと、女の子の体質がよろしくない（この意味はよくわからない）ために両親の許しがでず、苦しんでいる。（潔に限って）こんな心配はなかろうとは信じるが、親の「深案《ふかあん》じ」も察してもらいたい。すなわち配偶者を選ぶ際の選択権は半分以上は（親である）自分に与えてもらいたい。このことをはっきり言っておく。親族のことと体質が強健ではないこととは自分のもっとも忌避するところである。突然このようなことを申し出て異様な感じがすることと思うが、つい最近になって起こった前例に鑑みて、あらかじめ警告しておく次第である……。

岡寛治は万事によく目が行き届き、繊細な愛情を子に注ぎ続ける父であった。

封筒が失われて文面のみ残されている父の手紙もある。「年」は不明だが、日付は十一月二十二日で、紀見峠の秋の気配が深いころである。岡寛治はいつものように、「にわかに寒くなったが御健康は如何」と筆を起こした。その後の状況が気がかりで毎日手紙のみ待っているが、いっこうにたよりがないので深く案じている。目下の容態を知りたい、とあるところを見ると、少し前に京都の岡潔からかぜをひいたとか何かの知らせがあったのであろう。「寝具は薄からずや」「真綿を買い求めて暖かくしてほしい」と、くれぐれも自愛するよう重ねて要請された。今日の目で見るとさながら母親の代わりをつとめているかのような父の姿だが、大正期や昭和前期には子どものめんどうをあれこれとみるのは、母親よりもむしろ父親の役割だったのではないかとも思う。

今日の小中学校ではPTAすなわち「日本父母と先生の会全国協議会（後の日本PTA全国協議会）」という名の全国的組織が全盛だが、高校や大学には今も父兄会という呼称の組織が見られるようである。日本でPTAが成立したのは昭和二十七年のことで、アメリカで生まれ、アメリカから輸入された組織であった。これに対し大東亜戦争（太平洋戦争）の前は小学校、中学校、女学校等々、各種の学校ごとに父兄会が設置されていた。母親は日々家事に忙殺されてとても父兄会に出るゆとりはない。家業が農林業や商業などであれば、時間に融通がきいて父兄会に出ることができたのは、文字どおり父または兄であったのではあるまいか。ＰＴＡの常連が母親で占められるようになったのは、父親の職業に会社勤務者が増えていったことの反映と見るべきであろう。

文学に目覚めていた中谷孝雄はやや放蕩無頼な高校生活を送り、成績不良もさることながら欠席日数が多すぎたため、第一学年を二度繰り返さざるをえないはめになったりした。郷里（三重県の津）でも心配して、あるとき家人が派遣されて暮らしぶりを検分にくることになったが、実際にやってきたのは母ではなく、やはり父なのであった。

やがて高校生活も終点に向かい、帝大に進む時期が近づいてきた。工科（工学部）にするか、理科（理学部）にするか、進路を定め、それから東京に出るか、京都にとどまるか、いずれかの道を選択しなければならなかった。岡潔は本当は数学をやりたかったが、とても数学に貢献できる自信がない。父は工科で電気か何かをやらせるつもりだったのだが、岡潔本人は工科にはいっこうに気乗りがしないし、向いていないようにも思われた。この迷いを断ち切ったのはアインシュタインの来日であった。

大正十年はアインシュタインが世界遊歴の途次、改造社の招きに応じて日本に立ち寄る前年にあたり、日本では相対性原理に関する本が数多く出版され、相対性原理を否定する本も現れたりするというふうで、前夜祭めいたブームが起こったという。この空気に乗って、岡潔のクラスからも理科志望者が十人ほど出たが、岡潔自身もその仲間であり、理科は理科でもともかく（数学ではなくて）物理をやってみようかという気になった。物理なら数学にいちばん近いし、それに物理ならまだしも少しぐらい学問に貢献できるかもしれないと思ったのが、物理を選んだ理由であった。岡潔の心にはこのときまでにすでに数学の種子が三つまで播かれていたが、種子はまだ発芽せず、岡潔の背を押して数学に踏み切らせてくれるだけの力にはならなかったのである。

　アインシュタインの来日が実現したのは大正十一年の秋十一月十七日のことで、この日、日本郵船の北野丸で神戸に到着した。この日は京都ホテルに一泊し、翌日上京した。これは偶然のことではあるが、北野丸は昭和四年、岡潔が渡仏するときに乗った船であった。十二月に入ってアインシュタインは再び京都にもどり、十日、岡崎の公会堂で講演を行った。講演終了後、京都帝大の学生を代表して宇宙物理志望の理学部三年生、荒木俊馬《としま》が約十五分ほどドイツ語で歓迎の辞を述べたうえ、壇上から降りてアインシュタインと握手するという場面が現れた。荒木俊馬は広島高等師範から京大に進んだ人で、熊本の神風連《しんぷうれん》の流れを汲むと言われた人物である。京大時代から岡潔と親交を結び、祇園で二人して朝まで花札に興じたりしたというエピソードが伝えられているが、アインシュタインの講演なら京大一年生の岡潔も足を運んだにちがいなく、案外このときの岡崎の公会堂あたりが二人の出合いの場だったのではあるまいか。

　後年、荒木俊馬は京都産業大学の創設に尽力し、初代の総長に就任した。奈良女子大学を定年で退官した岡潔を京産大に招聘したのも荒木俊馬で、岡潔は週に一度、荒木総長差し回しの車に乗って奈良の自宅から京都まで講義に通ったのである。

理科志望と帝大進学の話をもう少し続けると、志望の定め方がこんなふうだったため、特別この学校へいきたいということもなかった。大学の選択といってもこのころはまだ名古屋帝大、大阪帝大は設置されていなかったし、九州帝大と北海道帝大はあったものの理学部は設置されていなかった。東北帝大には理学部があり、数学科も物理学科も存在したが、好んで仙台まででかけていく理由は見あたらなかったから、現実に考慮される選択肢はおのずと限定されて、東京と京都のいわゆる「東西両京の帝大」のいずれかでしかありえなかった。この当時の学制では高校は帝大の予科という位置づけであったから、すべての高校の卒業生の総数と帝大の定員は同数であり、学部の選り好みをしなければ帝大への進学はつねに可能であった。特定の学部、たとえば東京帝大の法学部に定員を越える人数の入学志願者があった場合には試験が行われる。その場合、不合格者は浪人して翌年再度挑戦するか、あるいはどこか定員にゆとりのある学部に進むのである。岡潔の言うところによれば、東京に行こうとすると入学試験があってめんどうだから京大に入ることにしたというのであるから、思うに東京帝大の理学部の物理学科には定員以上の志願者があったのであろう。

傍証のひとつとして京大の西内貞吉が弟子の柏木秀利との共著の形で書いた高等学校用教科書『最新解析幾何学』を参照すると、巻末に帝大の数学の入試問題が年度別に分かれて並んでいる。そこに大正十一年の東大物理学科の問題が出ているところから推して、東大物理学科では入試が実施されたと見てよいと思われる。京大理学部は定員に比べて志望者が少ないのが常で、試験は行われないのが常態であった。京大工学部は志望者が多かったため、いつも試験があった。大正十一年二月二十四日といえばもう三高卒業を間近に控え、そろそろ卒業試験も終わりがけのころのことになるが、この日の日付で書かれた岡寛治の手紙（書留）を参照すると、大学進学に関連して多少の消息がぼくらの目に留まる。このころ岡寛治は紀州を出て大阪日本橋の北村純一郎のもとに出向き、ここで初めて岡潔が進学先を京大に決めたという話を聞いたのである。手紙には、

「百五十円にては切詰めしものとの言葉は東京へ受験に行くと仮定せしものと考へ……金百円送金した。不足なら一寸知らせてほしい」

という言葉が見える。もうひとつ意味のとりにくいところもあるが、察するに岡潔には東京に受験に行く考えがあり、郷里に資金の送付をお願いしたおりに、百五十円では足りないと申し出たのではあるまいか。岡寛治の側ではそのように岡潔の意図を汲んで準備を進めていたのであろう。そこへ京大に確定というニュースがあり、それなら百円で間に合うと判断したという経緯があったのではないかと思われる。

父の言葉は続く。蒲団《ふとん》は目下調整中だが、袖夜着《そでやぎ》（袖のついた夜着。かい巻き）は勝手もわ

からず三越にて買い求めた。すぐに送ったのでもう入手したことと思う。襟口《えりぐち》のところへ白《しろ》晒《さらし》の布をつけてもらうとよい。下宿にも頼んでおいた。羽織《はおり》、着物、袴《はかま》は近日中に送る。三月中ごろはだいぶ暖かくなると思うから、着物は薄い綿入れにして、袷《あわせ》のときも着られるようにした……。懇切にすぎて、過剰と思えるほど細やかな配慮である。

「受験までは羽織と着物は着用しないように」とも記されているが、この「受験」というのは京大受験の意で、志願者の人数の多寡により入試が実施される可能性もあったのである。東大には入試があってめんどうだから京大にしたと岡潔自身は言うが、実際の経緯を見ると、卒業試験の時期にはすでに京大に決めていたわけである。東大と京大の双方を念頭に置いて両様の構えで準備を進め、いよいよ決定を迫られた段階で、試験のある東大を捨てて京大を選択したということになる。それでもなお、なぜ京大にしたのかというかすかな疑問がわく場面ではあるが、京大の選択に格別の意味はないのであるから、特に問題にするにはあたらないようにも思う。京都に不満があったわけではないし、東京にはわざわざ出ていくほどの大きな魅力を感じることもなかったというだけのことであろう。

京大進学

『京都帝国大学一覧』に収録されている名簿によると、大正十一年度の京都帝大理学部第一学年の学生は七十四名と記録されているが、大正十一年五月十日付の官報に告示された時点では七十九名であった。京大理学部には数学科とか物理学科とかいうような学科の区分はなく、「主トシテ物理学ヲ学修スルモノ」とか「主トシテ数学ヲ学修スルモノ」というふうに、登録される状況が異なるのみにすぎず、それに応じて聴講科目の組み合わせの異同が生じるのである。初年度、「主トシテ数学ヲ学修スルモノ」として登録されたのは十七名で、愛媛県松山中学出身の松原隆一もその一人である。アインシュタインの来日に刺激されて物理を志望した岡潔は「主トシテ物理学ヲ学修スルモノ」として登録された。この仲間の人数も十七名であった。

三高の同期生の河田末吉と西田外彦も京大を選び、理学部に進んだが、小川鼎三、谷口豊三郎、小川芳樹などは東京に出て東大に進学した。文科では大宅壮一、山口新比古、淺野晃、島田叡などが東大に進んだ。理科の梶井基次郎は大正十一年春にはまだ卒業できず、二年遅れて大正十三年の春、三高を卒業し、文科に転じて東大の文学部英文科に入った。文学仲間の中谷孝雄も梶井と同じく二年遅れて東大で、こちらは文学部独文科である。三高同期の秋月康夫は卒業が一年遅れ、翌大正十二年、京大理学部に入学した。

京大には三高以外の学校の出身者もいた。竹山説三（物理学者）は荒木俊馬と同じ広島高師出身で、京大理学部に入り、岡潔と知り合った。竹山は広島文理大で岡潔の同僚になった人でもある。岡潔が文化勲章を受けたおりの総理大臣だった池田勇人は熊本の五高出身で、京大の法学部法律学科に進学した。岡潔と同期である。

「主トシテ物理学ヲ学修スルモノ」として登録されたものの、岡潔の京大時代の回想には物理の話は現れず、語られるのはもっぱら数学ばかりである。物理というのは仮の姿で、志はやはり当初より数学にあったわけである。数学の講義は四つあり、担当していたのは、河合十太郎（数学第一講座。函数論総論、函数論各論）、西内貞吉（数学第二講座。立体解析幾何学、同演習、微分幾何学、射影幾何学総論、射影幾何学特論）、和田健雄（数学第三講座。微分・積分・微分方程式）、園正造《そのまさぞう》（数学第四講座。代数学、数論）という四人の教授であった。

一年生のときに受けた和田健雄の微分・積分・微分方程式講義には問題演習が附随していて、助教授の蟹谷乗養《かにたにじょうよう》が担当した。和田健雄は「これはこうだからこうです」と教卓の両端を両手に持って、目をむき出すようにして話すのが特徴だった。英国の紳士という感じで、一つ一つをゆるがせにしない謙虚で真摯な態度があり、気持ちが引きつけられたという。数学に転じる原因のひとつになったと語っているほどであるから、よほど強い感銘を受けたのであろう。蟹谷乗養の演習では毎週、演習問題が二題出された。出題者の蟹谷先生に銭湯でばったり会い、「あの問題は君、一週間じゃとても解けなかっただろう」などと言われたこともあったが、実際のところ問題はいつもむずかしく、なかには二週間かかってようやく解けたものもあった。講義も演習に劣らずおもしろかったようで、後年、岡潔はこの時期を振り返り、「わたしの数学はこの二人の先生によって根本から叩き直されたのである」（『春雨の曲』第七稿。「二人の先生」は和田健雄と蟹谷乗養）と回想した。

蟹谷乗養は大正八年に京大を卒業した人で、卒業後、大正九年度の一年間だけ三高で教えたことがある。岡潔は三高では教わらなかった模様だが、梶井基次郎は二回目の一年生のとき蟹谷先生の「微分・積分」の授業を受けた。その講義ノートが今も残っている。

園正造は頭のよいことで評判の先生であった。講義も名講義として知られ、何ごとも確かめなければいけないといって定義まで立ち返るというやり方で、「足をふみすべらせては困る」というのが口癖であった。西内貞吉は園正造とは対照的な人物で、岡潔はこの先生からアイデアというものを教えてもらったという。西内先生のお宅で数学の話を聞いたとき、岡潔が『数理釈義』の話を持ち出したところ、西内先生は、「ぼくもあの本がおもしろかったので数学をやったんだよ」と大いに同感の意を示した。二年生になって西内貞吉の「ヘルムホルツ、リーの自由運動のアクションについて」という講義を聴講したが、そのとき西内先生は、「ナマコを初めて食ったやつも偉いが、リーも偉い」と言ったという。ヘルムホルツは十九世紀のドイツの物理学者である。ソフィアス・リーは同じく十九世紀のノルウェーの数学者で、岡潔の心に数学の第二の種子を播く役割を果たした数学者アーベルの同郷の後輩にあたる人物である。リーは連続群論（連続群は創始者のリーの名にちなんで「リー群」と呼ばれる）の創始者として名高いが、ノルウェーにはもうひとり、有限群論で有名なシローという数学者がいる。リーとシローは協力して『アーベル全集』を編纂したことでも知られ、ともにノルウェーを代表する数学者である。

河合十太郎は幕末慶應元年（ほぼ一八六五年）五月、金沢に生まれた人で、加賀藩士の子弟である。明治維新の後、独自に洋算を修得した和算家の関口開《せきぐちひらき》に啓明学校で代数と幾何を学んだ。啓明学校は加賀藩旧士族のために設置された七年制の学校である。それから東京に出て、まだ日本にひとつしかなかった帝国大学に進み、卒業後、第三高等中学校（第三高等学校の前身）に勤務した。ここで高木貞治や藤原松三郎などを教えたから、高木貞治は岡潔と同門の先輩ということになる。まもなく三高から京都帝大に移り、ここで和田健雄、西内貞吉、園正造などを教えた。日本の近代数学の草分けと見るべき人物である。

河合十太郎は端然とした羽織・袴の姿で複素関数論を教えたが、その講義は初めから終わりまでひと続きで、章も節も全然ないという珍しいものであった。数学者の逸話などで、これはおもしろいと思ったものを大小さまざまな紙片に書きつけて封筒に入れておき、講義の途中で封筒を開いては紹介するというくせがあった。天衣無縫という言葉が相応しい人柄であり、岡潔にフランスの数学者ガストン・ジュリアのパーミュテーションの論文を読むように薦め、数学研究への足掛かりを作ってくれたのは、この河合先生であった。

京大時代の岡潔は三高生のころと同じくまじめな秀才然として終始したようである。「風俗に堕してはならぬ」とつねに心がけ、そういう意味の言葉を壁にはりつけて座右の銘にした。ただしこのころからすでにいくぶん変わった挙動は見られたようで、しばしば河原町あたりの路上にかがみこみ、一心に何やら図を描いたりした。後輩の三高生たちは先輩のそういう姿を目にして、畏敬の念に襲われることがあったということである。

京大での第一学年の冬休みは郷里にもどり、紀見峠の松の下の家でフォーサイスの小微分方程式論の問題を解き続けた。和田先生と蟹谷先生に手ほどきを受けた微分方程式はよほどおもしろかったのであろう。だいぶ後のことになるが、昭和二十四年の春先に書かれた「春の回想」というエッセイを見ると、このときの情景がなつかしそうに描かれている。粉雪がさらさらと降る夜更け、一心に微分方程式を解き続ける岡潔を見守っていたのは、またしても父であった。

大学一年の冬休みに西向きの書院で、その前からずつと続けてゐたForsythの小微分方程式論の問題を（勿論キーなんか見ないで）休みが終つても学校へは帰らないで、解きつづけました。……前が小高い蜜柑畑になつてゐて西風は来ませんから戸はたてなかつたのですが、夜など粉な雪がサラサラと障子を通して、時としては書院にまで吹き込みます。私はその楽音をたのしみながら、問題を解くことに没頭したのですが、その中に、父がいつのまにかその書院の外にそつとしのびよつて、菓子盆に色々とりかへて菓子を入れては置いて行つてくれます。私は一と区切りがついてホツとしますと、それをいただきながら火鉢にかけた番茶をのんで、気分をリフレシしてはまたつづけたものでした。楽しうございました。

この回想の元になる日記もある。それは昭和二十一年六月二十六日の日記の記事で、

「大学時代の一冬、新座敷でForsythの微分方程式の問題を解いた。粉雪がさらさらと降つて居た。父が窓から菓子をもつてきてくださつた」

というのである。Forsythというのはイギリスの数学者アンドリュー・ラッセル・フォーサイスのことで、微分方程式の著作で知られていた。『小微分方程式論』というタイトルの作品はないが、全六巻から成る『微分方程式の理論』という大著がある。これを「大微分方程式論」と見ると、もうひとつの著作『微分方程式概論』のほうは「小微分方程式論」と呼ぶのに相応しい。問題とその解法がたくさん紹介されていて、豊富な例題がついている。岡潔はそれを解き続けたのである。フォーサイスは例題の解答を並べて『微分方程式概論の中の例題の解答』という本も作ったが、岡潔はこの解答集を指して「キー(鍵)」と呼び、「勿論キーなんか見ないで」とわざわざ断っている。邦訳書はまだ出ていなかったから、図書館で原書を借り出して郷里に持ち帰った。

数学には貢献できる自信がないからという理由で物理を志望することに決めたとはいうものの、岡潔の心のおもむくところはいつでもやはり数学であった。後年の数々のエッセイを見ても、学生時代の回想に物理が登場する場面は皆無である。

数学への踏み切り

物理から数学へと人生の舵《かじ》を切り換えるきっかけを具体的に与えてくれたのは、講師の安田亮であった。第一学年の期末試験に安田先生は問題を二つ出した。ひとつは不変式に関する問題、もうひとつは合同式に関する問題である。合同式のほうは「こうすれば解ける」とわかっているとおりにやって解けたが、不変式に関する問題のほうは尋常一様の方法では解けるはずのない問題で、岡潔は深沈と考え込んでしまった。文字の入った四次の行列式が、ある簡単な結果になることを証明せよ、というタイプの問題であった。

……物理学科の一年生のとき、講師の安田先生の講義を聞いたのが数学科へ移るきっかけになった。この年の期末試験の数学は二題とも応用問題だったが、私のくせでむずかしいほうから取り組み、一題に二時間のほとんどを使ってようやくわかった。あんまりうれしくて「わかった」と大声で叫んでしまい、前の席の学生がふり返った。あとの試験はほうり出して、ぶらぶら円山公園に行き、ベンチに仰向けに寝て夕暮れまでじっとしていた。それまで、ずっと変にうれしい気持が続いた。これが私にとっての数学上の発見——むしろ証明法の発見——の最初の経験だった。そこで、やれば少しくらいはできるかもしれないと思って、数学科に転科することに踏み切ったわけである。

（「春宵十話」第四話「数学への踏み切り」。毎日新聞、昭和三十七年四月十八日）

ベンチに寝そべって空を見る岡潔の目に、まだ葉の出ていない樹木の梢が映じた。寒いとも退屈とも思わなかった。

安田亮は明治二十三年（一八九〇年）、京都に生まれた人で、三高から京大に進み、卒業後は京大講師、大阪高等学校教授、広島高師教授を歴任したが、大正十五年五月、数えて三十七歳で亡くなった。和田健雄の弟子で、専門は関数論である。天才の名の高い人物であった。

後年の岡潔はしきりに「発見の鋭い喜び」を語ったが、安田先生が出題した難問が解けたときのうれしさは「発見の鋭い喜び」の言わば雛形《ひながた》であり、岡潔はこの喜びに励まされて数学に専念する決意を新たにしたのである。具体的な手続きの面では転科というほどのことはなく、ただ「主トシテ物理学ヲ学修スルモノ」から「主トシテ数学ヲ学修スルモノ」へと登録を変更するだけにすぎず、それにともなって卒業に必要な履修科目の組み合わせが数学中心に移行していくことになる。この変更が実際になされたのは三年生になってからだが、大正十二年（一九二三年）四月、京大二年生に進級したころには岡潔の心はもうすっかり数学に奪われていて、秋月康夫と連れ立って丸善に行ってクライン全集（全三巻）やエルミート全集（全四巻）を購入したりした。クラインに触発されてリーマンの全集を調べたこともあり、リーマンの学位論文や、教授資格取得のための試験講演「幾何学の根底に横たわる仮説について」などを読み、秋月と論じあった。

現在の京都の丸善は河原町通りと蛸薬師通りの交差する角にあるが、当時は三条通りと麩屋町通りが交差する角にあった。

数学者クラインの名はポアンカレのエッセイ『科学の価値』を通じて三高生のころからすでに認識していたが、京大二年生の一九二三年はちょうど全三巻のクライン全集の刊行が完結したばかりの年であった。その第三巻には、ポアンカレに数えてもらった例のディリクレの原理に関する著作「代数関数とその積分に関するリーマンの理論について」が収録されていて、岡潔はそれに目を通すためだけの目的をもって全集三巻をそろえたのである。
同じ丸善でエルミート全集（全四巻）を購入したときも秋月康夫といっしょであった。岡潔も秋月もまだフランス語は読めなかったが、各巻の初めに添えられたエルミートの肖像に心をひかれ、ただながめるだけで十分に満ち足りた気分になった。第一巻の肖像は若い日のエルミート（二十五歳ころのエルミートのクレヨンのデッサン）、第二巻の肖像は両手に本をもって読みふけっている中年のエルミート、第三巻の肖像は晩年のエルミートであった（第四巻の冒頭に出ているのはメダルのようなもので、エルミートの横顔が刻まれている）。秋月康夫は中年のエルミートが気に入って、切り抜いて額に入れ、机上に置いた。それを見た三高同期の西田外彦が影響を受け、専攻の化学とは無縁としか思われないのに丸善で同じエルミート全集を買ってきて、秋月をまねて中年のエルミートの肖像を切り取って机上に飾った。大正の青春の気配が匂い立つようなみずみずしい情景である。岡潔の好みは若い日のエルミートの肖像で、まるで「詩人の目」のような目であった。晩年の肖像はあまりよいとは思わなかった。
シャルル・エルミートは十九世紀のフランスを代表する大数学者で、ポアンカレの先生でもあった人であるから、ポアンカレのエッセイに登場しても不思議ではない。実際、ポアンカレは『科学の価値』の中でエルミートに触れて、
エルミトと語る際彼は決して眼に見える図形を用ゐぬけれども、彼に対しては最も抽象

若き日のエルミート

中年のエルミート

晩年のエルミート

的概念も生きた物に等しいといふことは人の直に認める所であつた。彼は之を見はせぬけれども、其等の概念が人為的の集合物でなくして、何等か内的統一の原理を持つものなることを感じて居たのである。

（田辺元訳、ポアンカレ『科学の価値』より）

と語っている。岡潔はこの「エルミットの語るや、如何なる抽象的概念と雖もなお生ける如くであった」（ポアンカレの言葉を岡潔はこんなふうに縮めて引用した）というポアンカレの言葉に触発されて、エルミート全集を買ったのである。岡潔も秋月も、この短いポアンカレの言葉に、ああもあろうか、こうもあろうかといつも胸をときめかせていたが、全集の第二巻に出ている中年のエルミートの肖像を見ていると、ポアンカレの言葉がなんだかわかってくるような気がするのが不思議であった。

アーベル。ポアンカレ。クライン。リーマン。エルミート。岡潔の知的情緒の世界にどこかしら遠い西方の世界から明るい光が射し、夜が次第に明けていくような感慨があった。後年の数学者「岡潔」の原形が青春期のさなかにひとつひとつ芽生え、生い立っていった。

松原隆一との別れ

大正十四年（一九二五年）三月、岡潔は「主トシテ数学ヲ学修シタ者」として数学教室が行う学士試験を受けて合格し、三月二十五日の日付をもって合格証書と卒業証書を授与された。岡潔は京都帝大を卒業した。理学部の卒業者は四十三名で、そのうち数学専攻はわずかに四名である。河田末吉、竹山説三は「主トシテ物理学ヲ学修シタ者」として同じ理学部を卒業した。卒業の直後、岡潔は古本屋を呼び、蔵書を売り払って資金を作って北陸旅行を試み、片山津温泉（中谷宇吉郎、治宇二郎兄弟の故郷である）などに行ったというが、この旅行については詳しいことはわからない。

京大卒業と相俟《あいま》って、この年の四月は岡潔の人生の節目のひとつであった。一日、河内柏原の小山玄松《おやまくろまつ》の四女みちさんと結婚した。みちさんは小山家の四人姉妹の末っ子で、岡潔より二歳だけ年下である。三人の姉は順にみどり、あい、みよしといい、すぐ上の姉のみよしさんは、岡潔の叔父（母の弟）の北村純一郎の奥さんである。その北村純一郎とみよし夫妻が、岡潔とみちさんの仲人であった。新居の所在地はよくわからないが、大正十四年九月十八日付で岡潔に宛てて書かれた岡寛治の一通の手紙が遺されている。その封書の住所表記から推して、京都市上京区浄土寺南田町三十一に新居（貸家と思う）を構えたと見てよいであろう。初めの二年間は何度か転居したとも言われているが、結婚三年目の昭和三年春、京都府立植物園前の下鴨半木町七十七の貸家に転居した。それからは丸二年間そこに住み、フランス留学もその下鴨半木町の貸家からでかけていった。

岡潔が結婚したのと同じ四月一日、東京では妹の泰子さんと岡田弘との結婚式があった。父の岡寛治は四月一日には岡潔の結婚式に出て、それから数日して上京した。岡田弘は泰子さんの養父の西村天囚の親友、岡田正之の三男である。明治三十三年、東京に生まれ、東京府第四中学から第一高等学校（文科丙類）を経て東京帝大文学部仏文科に進み、三高から進学してきた三好達治（詩人）や淀野隆三と同期になった。三好と淀野は梶井基次郎が始めた同人誌『青空』の仲間である。岡田弘はこの年三月、東大を卒業したばかりだが、フランス語教師として静岡高校に赴任することが決まっていて、四月四日、泰子さんと二人で静岡市外安東村大岩の新居に移動した。それから四回ほど転居を重ね、最後は静岡市大岩宮下町四十八に落ち着いた。

岡田弘と同様、岡潔もまた結婚に先立って就職が決まり、四月一日の日付で京都帝大講師を嘱託された。第一年目に受け持ったのは「立体解析幾何学演習」であった。京大の講師職は一年ごとの嘱託契約で、三高の諸先生も毎年よく京大講師の嘱託を受けていた。岡潔にアーベルの定理の話をしてくれた杉谷岩彦もそのひとりであり、京大では例年、微分幾何を教えていた。

京大講師としての生活も昭和二年で三年目に入ったが、園正造の薦めを受けてこの年から三高講師も兼任するようになり、日々はだいぶ多忙になった。この年度の終わり間際という と昭和三年の二月から三月あたりの時期のことになるが、岡潔はひとつの別れを経験した。それは三高入学以来の友人、松原隆一との別れであった。松原隆一は三高では岡潔と同じクラスになったことはないが、同じように三高から京大理学部に進み、初めから「主トシテ数学ヲ学修スルモノ」として登録した。順当にいけば岡潔と同じく大正十四年春に卒業となるところだが、卒業が三年ほど遅れ、昭和二年度中もなお京大生のままにとどまっていた。

松原の卒業が遅れたのは講義に出なくなったためであった。松原は二年生のとき幾何の西内貞吉のヘルムホルツ、リーの自由運動論の講義を聴いて感動し、リーの著作『変換群の理論』を読み上げるのだと言って、ドイツ語で書かれた一冊六、七百ページ、全三巻の本を小脇に抱え、かすりの着物に小倉のはかまをはいて、講義を休んで大学の図書館に通った。図書室ではみんなが勉強していて、その空気が好きだから、と松原は言っていたという。

大正十五年に書かれた戸坂潤（京都学派の哲学者）の論文「幾何学と空間」を参照すると、

> ヘルムホルツは「自由なる運動」という概念を用いて計量幾何学の基礎を築いたが、この運動とはリーによれば一つの連続群、即ち一種の変換群と考えられるべきものである。

などという言葉が読み取れる。この当時の京都帝大を覆いつつあったと伝えられる哲学的思索的エーテルの中に、数学専攻の学生松原隆一をリーの著作へと向かわせる強い磁力が働いていたのであろう。それにしても『変換群の理論』全三巻を読破したという人は実際にはめったになく、今日に至っても邦訳書は出ていないほどである。おそらく松原の後にも先にも皆無なのではあるまいか。

岡潔も西内先生の講義をおもしろく聴講した口だが、松原のような破天荒なことはせず、まじめに講義に出席し続けた。講義に通う途中でいつも、図書館に向かう松原と決まった地点で出会った。岡潔が「松原！」と声をかけると、松原もまた「おお！」と朗らかに返してくるのが常であった。何の変哲もない声の掛け合いにすぎないが、ここに響いているのはまたしても、青春期に特有のあのなつかしい通奏低音なのであった。

松原隆一は卒業が二年遅れていたから、昭和二年度にはどうしても必要な科目の試験を受けて合格しなければならなかった。松原も苦心を重ねたのであろう、残るはあと微分幾何の試験のみというところにこぎつけた。ところがどうしたことかその試験期日を間違えてしまい、試験を受けに来てみると、一日前にもうすんでいたのであった。これを聞いた岡潔は、出題者の同僚に、すぐに追試験をしてやってほしいと頼んだが、それには教授会の承認がいるなどと言うばかりでいっこうに埒《らち》が明かなかった。この頑迷で融通のきかない態度に終始した同僚というのは、かつて三高生の岡潔に人生というものをしみじみと語ってくれたあの杉谷岩彦にほかならない。

このときである。松原はこう言い切った。

「自分はこの講義はみな聞いた（ノートはみなうずめたという意味である）。これで試験の準備もちゃんとすませた。自分のなすべきことはもう残っていない。学校の規則がどうなっていようと、自分の関しないことだ」

（『春宵十話』所収「日本的情緒」）

こうして松原は卒業証書をもらわないまま大学を去っていった。それからの松原は杳《よう》として行方がしれず、岡潔との再会の機会はもうなかったが、その代わりこの松原の最後の言葉は岡潔の心に深い印象を刻み遺した。松原は岡潔の心が生涯にわたって仰ぎ見続けるおそるべき友（畏友という言葉が真に相応しい）になったのである。「理路整然とした行為とはこのことではないだろうか」と岡潔は讃嘆した。もちろん自分など遠く及ばない。「私（岡）はその後いく度この畏友の姿を思い浮べ、愚かな自分をそのつど、どうにか梶《かじ》取ってきたことかわからない」（『春宵十話』所収「日本的情緒」）というのであった。

岡潔はなお言葉を続け、「何でも、大変大きな漁師の息子だということだったから、郷里へ帰って魚でもとっているのかもしれない」などと語っているが、これは何かの

松原隆一

間違いというか、勘違いというほかはなく、松原隆一は四国松山の郊外の周桑郡田野村といら山村に生まれた人である。郷里の住所表記は愛媛県周桑郡田野村大字田野上方《たのうわかた》八十五番戸で、現在の表記では愛媛県周桑郡丹原町田野上方である。明治三十四年一月六日の生まれで、父の名は松原喜作、母の名は「わさ」である。男ばかり三人兄弟の末っ子であった。長兄は松原英郷《ひでさと》、次兄は松原蕦之助《しげみのすけ》。「英郷」「蕦之助」はそれぞれ「えいごう」「おきなのすけ」と音読みしても口調がよく、「隆一」もまた「りゅういち」と読んでさしつかえない。父、喜作のお好みのアイデアから出た命名法で、訓で読んでも音で読んでもどちらでも調子のよい名前をつけたのである。

松原隆一は愛媛県松山中学を一番で出て三高（理科甲類）に進み、ここで岡潔と同期になった。紀伊の国の南方熊楠《みなかたくまぐす》（博物学者）が東京に出て伊予の国の正岡子規に遭遇したように、岡潔は紀州から京都に出て伊予の人、松原隆一に出会ったのである。

昭和三年春、京大を去ってからしばらくの様子は不明だが、おそらくひとまず帰郷したのではないかと思う。昭和五年、岡崎みさおと結婚し、分家して神戸に住まいを移した。住所は神戸市須磨区戸政町二丁目十一番地で、ここで「温故塾」という学習塾を経営して理数科の科目を教えた。京大の河合十太郎先生は、数学をやっていくときの基本的な態度として「温故知新」すなわち「故《ふる》きを温《たず》ねて新しきを知る」という論語の言葉を繰り返し教えたが、松原隆一もそこに塾名の由来を求めたのであろう。

昭和二十年、神戸空襲の前に神戸を離れ、四国の生家にもどり、松原家の敷地内の納屋に住んだ。ただし神戸空襲は二月四日昼、三月十七日夜、六月五日早朝と三回にわたって行われた。どの空襲の前だったのか、これ以上正確に帰郷の時期を特定するのはむずかしい。戦後の一時期は両親と長兄の家族に加え、次兄も家族を連れて台湾から引き上げてきたので、松原家はたいへんなにぎわいだった。松原隆一は初め住まいの納屋で塾を開いたが、そのうち田野村の助役になり、村役場に勤務した。田野村には水が少ないのでダムを作ったらどうか、と県に提案したところ、かえってダムの開発団の責任者に任命された。そこで住まいを(愛媛県の県庁所在地の)松山市に移し、県庁に出て、ダムの建設の仕事に参画した。こうしてできたのが田野村の水源「面河《おもご》ダム」である。

面河にダムを作る仕事をこの世に遺し、昭和三十二年五月三日、松原隆一は喉頭癌のため松山市で世を去った。数えてまだ五十七歳という働き盛りの死であった。お墓は存在せず、ただ京都の西本願寺に納骨されている。面河ダムは昭和三十九年になって完成した。

戦後すぐの一時期には大勢寄り集まってにぎやかだった松原家も次第に人が減り、今は松原史枝《ふみえ》さんがお子さんと二人きりで暮している。史枝さんは、松原隆一の甥《おい》すなわち長兄松原英郷の長男幸一の奥さんである。史枝さんは、隆一さんはがまんづよい人で、おもしろいことを言う人だった、という話をぼくにしてくれた。

史枝さんが松原家に来たころから声がかすれていたというから、だいぶ前からいろいろ徴候はあったのであろう。松原隆一はおもしろい人だった。近所に遊園地があり、その手前にさとうきび畑があった。田んぼの曲り角でさとうきび畑ががさがさとゆれたことがある。すると松原隆一が史枝さんに、何かわからんものが出た、おばけが出た、という話をした。史枝さんは本気にした。帰宅してそんなことを話題にしたところ、「隆さんや、いいかげんにせいや」とおばあさん（松原隆一の母）が言ってたしなめた。すると松原隆一は、「おいさん、あれ、冗談やったの（史枝さん、あれは冗談だったんだ）」と言ってすましていた。

それからいよいよ喉頭癌の手術を受けることになり、両親に最後の別れを告げるため、奥さんのみさおさんといっしょに少しの間、田野村にもどったことがある。手術は松山の病院で受けるのである。両親をはじめ、松原家のみなにお別れして松山にもどるとき、史枝さんは自転車の荷台に荷物をくくりつけて、田野のバス停まで見送りに行った。荷物を降ろし、バスの到着を待たずに先に家にもどろうとしたところ、松原隆一が史枝さんの背に何事かを語りかけた。しかしその声は史枝さんの耳にはとどかなかった。後日、史枝さんがみさおさんから聞いた話によると、あのとき松原隆一は「じいさんとばあさん（父と母）を頼むぞ」と史枝さんに言って泣いたのだというのであった。もう覚悟していたのであろう。手術は成功とも失敗ともつかず、手術の途中で亡くなった。松原家でお葬式があり、五十人ほどの弔問者があったという。

昭和三年早春の松原隆一との別れは青春の日々との別れであった。京都の街角に松原の姿が見られなくなるのにつれて、岡潔の三高京大時代もまた回想の世界へと繰り込まれていった。だが、京都に残された岡潔の心には数学の種子が播かれ、息づいていた。青春の日にともにポアンカレを語り、エルミートを語り、リーマンを語りあった数学の友、秋月康夫も京都にとどまっていた。岡潔は秋月と連れ立って歩みを運び、数学の未見の世界に向けて生涯にわたって進んでいかなければならなかった。

岡の解と秋月の解

大東亜戦争（太平洋戦争）の終わりがけ、昭和二十年の五月か六月ころのことになるが、三高に勤務して数学を教えていた秋月康夫が、戦中の日々をすごす三高生たちに「岡の解と秋月の解」を紹介したことがある。戦争中のことであり、三高生のうち健康な者は軍需工場に動員されたが、結核などの病気で工場勤務に向かない五十人ほどの生徒は、健民修練の名のもとに、兵役や徴用で男手のない留守家族の援農作業をしながら兵庫県の但馬竹田町（現在の朝来《あさご》市和田山町竹田）の公会堂の和室で集団疎開生活を続けていた。十畳から十五畳ほどの和室が三室あったのを、襖《ふすま》を取り払って大広間を作って寝泊まりしたのである。監督の先生がふたりいて、半月ごとに交代したが、秋月はといえばそのうえの総監督で、ときおり竹田にやってきて全般の様子を見た。

この生徒たちの中に、賄方《まかないかた》監督すなわち食事担当の海堀昶さんがいた。海堀さんは地方事務所との交渉役も受け持っていたが、こんな仕事はみな秋月に任命されたのだという。戦後まもない昭和二十一年三月、野球というものを見たこともない海堀さんをむりやり野球部に引き込んで理事にしたのも、そのころ野球部長をしていた秋月であった。

ある雨の日のこと、竹田に顔を見せた秋月が数学の課外講義と称し、

「円に外接する四辺形の二本の対角線の中点を結ぶ直線は、この円の中心を通ることを証明せよ」（ここで主張されている事実は「ニュートンの定理」とか「デュランドの定理」と呼ばれる定理である。「円」を「楕円」に換えても同じ命題が成立する。ニュートンの主著『自然哲学の数学的諸原理』の「補助定理二十五　系三」はそのような形で提示されている）

という問題を取り上げて、「岡の解と秋月の解」を紹介した。この問題には岡潔と秋月のみが知る因縁があった。発端は（昭和二十年の時点から振り返って）十七年前にさかのぼる。岡潔が三高講師を兼任して二年目の昭和三年度のことであった。ある日の解析幾何の演習で西内貞吉の教科書から採って（と岡潔は言っている）上記の問題を出したところ、ある学生が黒板の前に出て解答を試みた。それは、竹田で問題を提示された三高生たちの念頭にもまず初めに浮かんだやり方で、解析幾何の手法に忠実にしたがって複雑な計算を遂行する解法であった。岡潔はそれを見てすっかり閉口してしまい、

ぼくは誤りを見つけるのがごくへただから、この長い証明を調べて、よしこれでよろしいといっても、それは少しも解答が正しいということにはならない。だから見ないが、いくらなんでも、もう少し巧《うま》い解き方がありそうなものだ。（第五エッセイ集『月影』より）

という意味のことをその場で口にした。

三高の数学の講義というと、梶井基次郎の成績表などを参照すると「微分積分」「代数」のどれかのように見えるが、昭和期に入ると「立体幾何」「解析幾何」「三角法」も加わった模様である。岡潔は三高講師一年目の昭和二年度は立体幾何を教え、二年目の昭和三年度には解析幾何を教えた。解析幾何の講義の一環として演習が実施されたのであろう。問題それ自体は初等幾何の問題だが、座標系を適当に設定して、円や直線を表わす方程式を記述していくという方針に出れば解析幾何学の問題になる道理である。西内貞吉の教科書というのは、大正十四年の初め、西内貞吉が高校の教科書用に弟子の柏木秀利との共著で刊行したばかりの『最新解析幾何学』(成象堂)を指すと思われるが、この書物には上の問題は見あたらない。しかし三高の講師時代、岡潔が適当な演習問題を求めてしばしば参照したというルーシェとコンブルースの著作『幾何学概論』の演習問題の中には出ているから、岡潔はそれを出題したのであろう。小倉金之助が訳註をつけた邦訳書『初等幾何学　第一巻　平面之部』の第三百九十五番目の問題(第二版で見ると四百八十二頁)がそれである。教科書は教科書であるから岡潔もまた西内貞吉の本を使っていたと見てよいが、それはそれとして、教科書以外の書物も自由に参照していたわけである。

こんなことがあった日の夜、日本数学物理学会の集まりの席で、洋行する三高の先輩堀健夫(大正九年卒業。物理学者。洋行後、北大理学部に赴任して、中谷宇吉郎の同僚になった)の送別会が開かれた。岡潔は昼の演習で自分が出した問題をずっと考え込んでいて、みな立ってワインで乾杯という場面になったときも、一人岡潔のみが立ち上がろうとしなかった。この不審な挙動を目撃して、秋月が「岡、どうした」と声をかけてあわてて岡潔の肩を持ち上げると、立つことは立ったもののひとりで先にワインを飲みほしてしまったりした。こんなふうにしてなおも考え続けると、まもなく満足のいく解答に到達した。岡潔は秋月にそれを説明し、そのうえで、

「数学というものは何もかも全部を書くものではない。大事なところだけを引き抜くのだ」

という話をした。この情景は秋月の回想「岡潔君とその数学」（『科学』岩波書店、一九六一年五月号）に紹介されている。

秋月康夫が竹田の公会堂での課外講義で取り上げたのはこのいわくつきの問題であった。秋月はまず初めに午前の講義のおりに、「エスプリの効いた簡潔な論理で成立ち、数式の使用は最小限に押えた見事な解法」（海堀昶「秋月先生を憶う」）を示した。海堀さんたちはみな驚嘆した。午後、秋月はさらに話を続け、今度は午前中の講義で紹介した解法よりもなおいっそう簡潔な解法を示した。これにはみな驚きを通り越して、ただあっけにとられるばかりであった。その様子を見届けたうえで、秋月は「先のが岡、後のが私」「今朝はああいう話

をしたが、今のが私」と得意そうに種明かしをした。海堀さんは秋月と親しいおつきあいを続けたが、数学の話をうかがう機会は案外とぼしく、竹田での講義「岡の解と秋月の解」の一件が、「唯一つまともに承わった数学の話」だったという。

秋月がエッセイ「岡潔君とその数学」に書き留めてくれたおかげで、「岡の解」は今も知られている。しかし「秋月の解」を知る者はもういない。海堀さんは現在、京都の四条寺町にある三高同窓会事務局に勤務して同窓生たちの取りまとめ役をしているが、不思議なことに「秋月の解」の実体の記憶はないという。いっしょに聴講した同窓生のだれかれに尋ねても同様で、だれも「おぼえていない」と言うばかりである。ぼくはこの話を三高会館（菊水ビルのこと）で海堀さんに教えてもらったが、ただあっけにとられた記憶がよみがえるのみだというのがいかにも不可解で、そこがまたかえって魅力的な感じをかもす物語であった。

＊　＊　＊

岡潔と秋月康夫との友情はその後も続いた。秋月は戦時中、志願して三高の生徒主事をつとめ、行政の中枢部にいたため、戦後は一転して生徒たちに文句をつけられる側にまわり、数名の教官とともに追放運動の対象にされかかったりした。昭和二十年秋のことである。秋月の名を取りざたするのに断固として反対する生徒がいたおかげで、この騒動はなにほどのこともなく鎮静したが、秋月は秋月で学者として油が乗り切ったはずの時期を空費したとい

《秋月康夫による「岡の解」の解説》

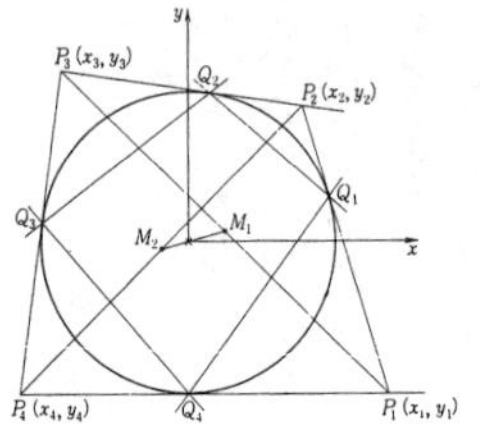

$$x^2+y^2-r^2=0 \qquad (1)$$

円が $x^2+y^2=r^2$ となるよう座標軸を取り，頂点 P_i の座標を (x_i, y_i) とする．4点が平面上勝手に与えられては，この四辺形は円に接しないだろう．ではその条件とは？ これは，P_i の円 (1) に関しての極線 $xx_i+yy_i=r^2$ ($i=1, 2, 3, 4$) が作る四辺形 $Q_1Q_2Q_3Q_4$ が円に内接することと同値である．ところで2直線 Q_1Q_4, Q_2Q_3 は

$$S=(xx_1+yy_1-r^2)(xx_3+yy_3-r^2)=0 \qquad (2)$$

また2直線 Q_1Q_2, Q_3Q_4 は

$$S'=(xx_2+yy_2-r^2)(xx_4+yy_4-r^2)=0 \qquad (3)$$

と表されるから，(2) と (3) の交わり，すなわち4点 Q_1, Q_2, Q_3, Q_4 を通る二次曲線の一般形は（二次曲線は5点で定まるから）

$$S+kS'=0 \qquad (4)$$

である．この中に円 (1) がふくまれていることが求める必要十分条件である．したがって仮説のもとでは，(4) において，x および y の一次係数をともに0ならしめるような k の値があるべきである．ところが (4) の x についての一次係数は $(x_1+x_3)+k(x_2+x_4)$ であり，y についてのそれは $(y_1+y_3)+k(y_2+y_4)$．よって

$$-k=\frac{x_1+x_3}{x_2+x_4}=\frac{y_1+y_3}{y_2+y_4}$$

すなわち $\dfrac{x_1+x_3}{2}:\dfrac{y_1+y_3}{2}=\dfrac{x_2+x_4}{2}:\dfrac{y_2+y_4}{2}$

よって M_1M_2 は中心 O を通るべきであるという，代数的'暗算'であった．

（「岡潔君とその数学」より）

う思いにさいなまれ、茫然自失の状態におちいっていた。そのころ、というのはいつのことなのか明確な日時はもう不明だが、戦争が終結してまもない昭和二十年秋から昭和二十一、二年にかけてのある日のことであろう。京都に出て秋月家に逗留した岡潔が、「早く数学にもどれ」「数学の研究に再出発することだ」と秋月に説教したことがある。傷心の秋月が「いや、もうだめだ」と弱音をもらすと、岡潔は、

「そんな弱気でどないするんや」「がんばらんでどないするんや」「がんばらんかいや」

と叱りつけ、いきなり横つらを張り飛ばした。それからすぐに優しい口調にあらたまり、

「数学をやれよ、もう一度やれよ。きっとやれるよ。一緒にやろうよ」

と秋月を励ました。

戦後の諸制度変更は大学にも及び、帝国大学の名称が廃止され、国立総合大学とあらためられることになった。昭和二十二年十月一日付の出来事だが、秋月はその新制京都大学に三高から異動して同年十一月十五日付で理学部助教授に就任し、翌昭和二十三年六月二日には教授に昇進した。

後年、秋月は、

「岡にどつかれてなあ」「わしはそれで目を覚ました、立ち直った」

と海堀さんに語った。ブランクの大きさを歎き、年をとったと歎きながら、五分の時間でも頭を切り換えて数学に集中するんだ、とゲーテを引合いに出しながら持続と集中の大切さを語り続けた。親友の岡潔に気合いを入れられて学問への復帰と再生をめざそうとする真摯でひたむきな姿勢が示されて、海堀さんの目にもいかにも感銘が深かったということである。

心情の美と数学の変容

シンガポールにて

岡潔は文部省の在外研究員として日本郵船の北野丸でフランスに向かう途次、シンガポールの波打際で、ある悠久なものの影に心を打たれたときの情景を幾度も繰り返し語って倦まなかった。エッセイ集『一葉舟』（読売新聞社。昭和四十三年）の巻末に収録されている回想記「ラテン文化とともに」によれば、そのとき海岸には高い椰子の木が一、二本斜めに海に突き出ていて、「はるか向こうには二、三軒伊勢神宮を思わせるような床の高い土人の家が、渚にいわば足を水にひたして」立っていたという。岡はひとりで渚にたたずんでいた。そうして「寄せては返す波の音を聞くともなく聞いているうちに、突然、強烈きわまりない懐かしさそのものに襲われた」というのである。続いて、

時は三万年くらい前、私たちはここを北上しようとして、遅れて来る人たちを気づかいながら待っているのである。

と言葉が重ねられていく。「私たち」というのは「日本民族」を指す言葉であり、北上を続けていって行き着く先は言うまでもなく「日本」である。

この話はいくほどかの変奏を伴いながら岡の（数学以外の）作品群の随所に登場する。たとえば『春風夏雨』（毎日新聞社。昭和四十年）所収のエッセイ「自己」の記述を見ると、このときの経験は岡の「生涯というアルバムにただ一枚しか貼られていない印象」で、しかも、

この強い印象こそ、歴史の中核は詩だということを、また詩というふしぎな言葉の持つ内容の一端を、一番明らかにしてくれているのではなかろうか。

と語られている。膨大な量にのぼる岡の語録の中でも屈指の発言（「自己」が毎日新聞社の週刊誌『サンデー毎日』に掲載されたのは昭和三十九年五月のことで、そのとき岡は数えて六十四歳であった）で、疑いもなく詩人の言葉である。六十代、七十代の岡はこのような基本認識を中心に据え、美しい日本の歴史を紡ぎ出そうとして心血を注ぎ続けたのである。

岡の没後、私家版のような形で刊行された遺稿『春雨《はるさめ》の曲』（昭和五十三年。完成した第七稿と未完の第八稿がそれぞれ五十部ずつ作られた）に目を移すと、シンガポールでの体験描写はいっそう具体的である。岡は不意に「名状すべからざる強烈な懐かしさの情に襲われてそのまま其処にうずくまった」が、まもなく立ち上がり、

日本民族は常住にして変易なし

とつぶやいたというのである。最晩年の岡の宗教的思索の世界にそのままつながっていく神秘的な体験である。ただし実際にこの通りの言葉をつぶやいたというわけではない。この言葉は『涅槃経』に出ている「如来常住《にょらいじょうじゅう》　無有変易《むうへんやく》」（如来は常住にして変易有ること無し）の翻案で、道元の作品『正法眼蔵』の「仏性」の巻の冒頭に引用されている。後年、『正法眼蔵』に親しんだ岡はそれを借り、若い日のシンガポールでの特異な心情を言い表すのに援用したのであろう。

留学を終えて三年後に帰国したときもやはり船旅《ふなたび》で、インド洋をわたってシンガポールに到着すると、往路と同様、深遠ななつかしさに襲われた。これは河合良一郎（河合十太郎を祖父にもつ数学者）の伝える岡の言葉だが、「東洋に生まれたものが、その生れ故郷の東洋へ帰り着いたという言い知れない安堵の気持と、何とも言い知れない深い『懐しさ』とを感じた」（「数学シンポジウム　岡潔先生の数学に対する情熱」、『大学への数学』一九八四年十二月号）という。それはあたかも生まれる前からもっていたと思えるような、名状しがたい「悠久の懐かしさ」とでも言えるような深い「懐かしさの感じ」であった。

往路のシンガポールは昭和四年の「晩春初夏の候」（『春雨の曲』第七稿。実際には四月二十五日にシンガポールに到着し、一日だけ碇泊した）、復路のシンガポール到着は昭和七年四月二十四日であるから、淡路福良行（「福良の海と数学の誕生」参照）が決行された昭和十四年秋の時点から見てそれぞれ十年前、七年前の出来事である。福良行のころの岡は広島文理科大学を休職中で、郷里の和歌山県紀見村で研究三昧の日々を送っていたが、昭和四年春、今しも洋行の途につこうとしていたころの状勢に立ち返るなら、広島文理科大学はまだ、東京のもうひとつの文理科大学とともに官制が制定されたばかりというありさまであった。それから十年の間に岡はフランスに留学し、帰朝して広島に赴任し、帰郷し、休職し、辞職し、学位を授与された。枚挙にいとまがないほどの大小無数の諸事件が打ち続いたが、それらのあれこれに丹念に思いをはせるとき、ぼくらの感慨はそのたびに新たである。岡は尋常ではない生涯を生きた人であった。

心情の美

「歴史の中核は詩だ」という美しい詩的認識に膚接して、岡の言葉は、

この中核を包む歴史の深層は、美しい情緒のかずかずをつらねる清らかな時の流れであり、そして私はごく幼いころ、私の父からそれを教えられたように思う。

と続いていく。岡のいう「情緒」というのは「人の心」のことであり、「美しい情緒」と言えば、「日本的情緒」のことにほかならない。そうしてその美しい日本的情緒の持ち主は「純粋な日本人」であると言われている。「私の履歴書」（日本経済新聞。昭和四十年）の記述

によれば、民族はそれぞれ心の色どりを持ち、日本民族は日本民族の色どりを持っていて、しかもその色どりはなかなか変わらない。そこで「その民族の色どりとその心の色どりが一致する人」のことを、岡は「純粋な日本人」と呼ぶのである。

例示されている「美しい情緒のかずかず」に目をやれば、菟道稚郎子《うじのわきいらつこ》、弟橘媛命《おとたちばなひめのみこと》、聖徳太子、山背大兄皇子、北條時宗、楠木父子（正成と正行《まさつら》）、東郷元帥、清宮《せいみや》大尉、能富《のうとみ》大尉というふうに不思議な人物名が並んでいる。菟道稚郎子と弟橘媛命は神話伝説上の人物である。清宮大尉と能富大尉は先の大戦当時の日本海軍の軍人であり、『月影』（講談社現代新書。昭和四十一年）という作品では、「あなた方の中には、ブーゲンビル特急のころの、清宮大尉や能富大尉の名を懐かしむ人たちも多いでしょう」というふうに紹介されている。「ブーゲンビル特急」という言葉は耳慣れないが、ここで回想されているのは、戦中の昭和十八年秋のブーゲンビル島沖航空戦にまつわる出来事であろう。

いずれにしても、岡によれば、これらの人びとにはひとつのめざましい特質、すなわち「行為において全く打算しない」という固有の性質が共通に備わっている。たとえば弟橘媛命は日本武尊《やまとたけるのみこと》のお妃で、日本武尊の軍が蝦夷を追って相模の海を渡るとき、同じ舟に乗っていた。そこに突然大風が起こって波浪は天を打った。当時の迷信では、こんな時はだれかが身をささげて龍王の怒りをなだめなければならないことになっていた。すると、

侍女たちも多かったでしょうに、妃は突然立ち上がって、尊と別離の目交《まなかい》をされるやい

なや、尊の面影を心に抱いたまま、緋《ひ》の袴《はかま》を躍らせて蒼海に消え去られたのです。

（『月影』）

というのであった。これが、岡のいう「まったく打算のない行為」の一例である。

菟道稚郎子の物語は古事記と日本書紀に出ているが、岡による紹介は日本書紀の「仁徳紀」の記述に基づいているようである。菟道稚郎子は応神天皇の末の皇子で、宇治に住んでいた。長子の大鷦鷯尊《おおさざきのみこと》は後の仁徳天皇であり、大阪の難波に住んでいた。応神天皇はかねがね菟道稚郎子に譲位したいと考えて皇太子とし、大鷦鷯尊を太子の輔弼《はひつ》として国事にあたらせることにした。大鷦鷯尊もこれを諒承した。それからほどなく応神天皇が不意に病没したときのこと、菟道稚郎子は皇位にはやはり長子がつくべきだという考えで即位せず、大鷦鷯尊に譲ろうとした。菟道稚郎子は百済《くだら》の人「阿直岐《あちき》」と「王仁《わに》」を師として儒教の諸典籍を学んだ人物であるから、兄は上に、弟は下にという考えで、兄をさしおくような振る舞いに及ぶことはできなかったのであろう。大鷦鷯尊も先皇の意向を尊重する構えをくずさず、固辞したため、皇位の譲り合いになり、三年間がむなしく過ぎ去った。菟道稚郎子が学んだ古典籍は父の意向を尊ぶべきことをも教えている。

そうこうするうちにある海人《あま》が現れて、鮮魚を持って菟道宮に献上したところ、菟道稚郎子は「私は天皇ではない」と言って難波に献上するよう申しつけた。そこで難波の大鷦鷯尊のもとに行くと、大鷦鷯尊もまた返上し、菟道宮に持っていくよう指示した。こうして往還を重ねている間に鮮魚が腐ってしまったので、もう一度鮮魚を整えていずれかに献上しようと試みたが、事態は前と変わらず、またも腐ってしまった。海人はこの徒労を苦にし、鮮魚を棄てて泣いたという。

こんなふうでは国の煩いだし、菟道稚郎子は兄の皇位を奪うべきではないと承知している。それならどうして長く生きることがあろうか。菟道稚郎子はそう言って、みずから命を絶ってしまった（菟道稚郎子の自決は古事記には出ていない）。

これもまた岡のいう「まったく打算のない行為」にほかならない。清宮大尉と能富大尉はともに海軍の軍人で、大東亜戦争（太平洋戦争）中の昭和十八年秋十一月、ブーゲンビル島沖航空戦のおり、アメリカの航空母艦に体当たりして戦死したと報じられた人物である（ただし「能富大尉」は「納富大尉」の誤記）。神風特攻隊の先駆けとも見られる行為であり、ここにも「無私の精神」の発露が観察されて、岡の心の糸に触れたのであろう。

岡が弟橘媛命の犠牲的精神を初めて知ったのは、故郷紀見村の柱本尋常小学校に入学する前の冬の日のことであった。明治三十八年（一九〇五年）の冬、正月を迎える少し前、岡は紀見峠の岡家の同じ敷地内の一画に住む伯父の谷寛範《たにひろのり》（岡の父寛治の二番目の兄）のところに遊びに行き、ある婦人雑誌の正月号の付録の回《まわ》り双六《すごろく》（絵双六《えすごろく》の一種。さいころを振って、出た目の数だけ上がりの方向に駒を進める）を見せてもらった。それは極彩色の「日本婦人鑑」で、日本の典型的な女性が描かれていた。上がりがかぐや姫、その手前が中将姫《ちゅうじょうひめ》、そのあと比較的よい場所に弟橘媛命がいた。「松浦佐用姫《まつらさよひめ》」も「松山鏡《まつやまかがみ》」も「珠取《たまと》り」もあった。谷の伯母さんはそれらのひとりひとりのエピソードを丹念に説明してくれた。

中将姫は天平時代の聖武天皇のころの人で、奈良の藤原豊成の娘「長谷姫」である。幼時、帝《みかど》が病み、川のせせらぎも耳に響き、水音を止めるようにと命じた。無理難題ではあったが、長谷姫は、

波はよし龍田の川も音なくて天のすめらぎなやみてやめよ

と詠んだ。すると本当に龍田川の水音が小さくなったという。帝は長谷姫に中将の位を授けた。これが「中将姫」の名のいわれである。

中将姫は七歳で実母に死に別れ、継母《ままはは》に育てられたが、折り合いが悪く、殺されそうになったことがある。継母は家来に命じて中将姫を殺してしまおうとしたが、家来が実行せず、かえって恋野《こいの》の雲雀《ひばり》山にかくまった。恋野は今の和歌山県橋本市の一画で、岡の祖母つるのさんの出身地である。

それから発心して当麻寺《たいまでら》に入って尼になり、中将法如尼《ちゅうじょうほうにょに》という名をもらった。仏に会いたいという願を立て、念仏を続けたところ、二十一日目の満願の夜、老尼が現れて、蓮の茎の糸を集めるように命じた。中将姫は蓮茎を集め、蓮茎の糸を石光寺の染井につけて五色に染めて桜の木にかけた。そこに織姫が現れて、この夜のうちに一丈五尺の曼荼羅を織り上げ

た。これが、当麻曼荼羅と呼ばれる観経浄土変相図である。織姫の本性は阿弥陀如来であった。十三年後、阿弥陀如来が来迎し、中将姫を西方浄土に連れていった。

松浦佐用姫の物語の舞台は佐賀県唐津市の虹の松原の周辺の松浦潟で、羽衣伝説、浦島太郎伝説とともに日本三悲恋物語のひとつである。宣化天皇二年、新羅による任那侵攻の報を受け、大伴狭手彦《おおとものさでひこ》は勅命により任那救援のため出征することになり、九州に行った。肥前松浦の篠原の長者の娘、佐用姫と結婚したが、狭手彦の出船の日、佐用姫は唐津市の虹の松原南方の鏡山（標高二八三メートル）に登り、軍船に向かって領巾《ひれ》（首から肩にかける女性の装身具）を振り続けた。そこで鏡山はかつて領巾麾嶺《ふるみね》と呼ばれたのである。佐用姫はなお船を追い、呼子の加部島にわたり、天童山にも登ったが、とうとう死んで石になってしまったという。

『万葉集』にも佐用姫を歌う歌がいくつか収録されているが、そのひとつ、山上憶良の歌は、

海原の沖行く船を帰れとか
　領巾振らしけむ松浦佐用姫

というのである。

「松山鏡」は越後二大伝説のひとつで、明治三十年ころの国語の教科書に「孝子の鑑」として収録されたというから、岡潔は小学校入学前に谷の伯母さんから聞いたのと同じ話に、小

学校で再会したのかもしれない。伝説発祥の地は松之山町中尾地区の「鏡ヶ池」である。
松之山は大伴家持《おおとものやかもち》の領地であった。家持は蝦夷《えぞ》征伐に失敗し、松之山町中尾集落に流れ住んでいたことがある。京子という名の家持の娘がいた。その母が病気で死ぬとき形見に鏡を与え、母に会いたくなったらこの鏡を見るようにと言い遺した。家持は後妻をもらったが、後妻は京子を虐待した。ある日、後妻は京子の手鏡を取り上げて池に捨ててしまい、京子は衝撃を受けて池に身を投げた。この池が鏡池である。

「珠取り」というのは龍宮珠取り伝説のことで、能の演目「海士《あま》」（観世流以外では「海人」と表記する）の原型である。四国八十八霊場の第八十六番札所、讃岐の補陀洛山志度寺《ふだらくさんしどじ》には「海士の珠取り縁起図絵」が所蔵されている。

天智天皇のころの奈良朝の貴族、藤原不比等の妹は高宗皇帝の后になっていたが、父、鎌足が死んだのでお寺（興福寺）を建立するという話を聞いて、兄の不比等のもとに面向不背《めんこうふはい》の珠を送り届けた。ところがこの珠を乗せた舟が途中、志度湾房前《ふさざき》沖で時化《しけ》に遭い、激しい暴風雨の中に龍神があらわれて珠を奪い去った。この珠には釈迦三尊が刻まれ、どこから眺めても仏の姿が正面に見えることから「面向不背」と言われた。

不比等は宝珠を取り返そうと志度の浦を訪ね、やがて地元の海女と夫婦となった。男の子が生まれ、土地の名を取って房前と名づけた。不比等は自分がここに来た訳を海女に話し、宝珠を取り戻してくれるよう頼んだ。海女は房前を藤原家の跡継ぎにするという約束を交わして海にもぐり、宝珠は取り戻したものの、龍神の怒りに触れて殺されてしまった。ただし能の「海人」では、海女は自分の乳房をかき切って珠を隠して浮上したことになっている。不比等は約束を守って房前を跡継ぎにした。その房前が母を供養するために建立したのが志度寺である。

このような女性たちの物語の中で、潔少年の目には弟橘媛命が格段にりっぱだとしか思えなかった。

私はそのうちで弟橘媛がいちばんよいように感じ、どうしてそれを上がりに持ってこないのか不服だった。弟橘媛の絵はまっ青な海が波立ち、うしろの船があるのを背景に、まさに海におどり入ろうとする跳躍の姿だった。ハカマの赤といい、海の青といい、いままでも印象それ自体のあざやかさは当時と変わらずに私の心に焼きついている。

（「私の履歴書」）

このような清冽な感受性の働きを幼い岡に教えたのは父であった。岡の父坂本寛治は明治五年（一八七二年）、紀見峠に生まれ、明治二十五年（一八九二年）、明治法律学校（後の明治大学）を卒業した。岡の祖父、岡文一郎の三男だが、坂本姓を名乗った（兵役を免れるための措置である）。岡も初めは「坂本潔」で、「岡潔」になったのは数えて十二歳のときからである。

明治法律学校卒業後、坂本寛治は一年志願兵に志願して大阪の第四師団で兵役に従事した。

それから帰郷して家業についたが、後、大阪に出て、明治三十四年（一九〇一年）には大阪市東区島町二丁目二十番屋敷に岡の母親の八重さんと二人で住んでいた。岡はこの年の四月十九日にここで生まれた。日露開戦を三年後に控えた時期であった。そこで岡は後年、「日露戦争と云う雰囲気の中で召集された軍人の子として童心の季節を送ったのである」（『春雨の曲』第七稿）と回想したのである。

明治三十七年四月、坂本寛治はこの年初めの日露開戦という状勢を受けて召集を受け、出征した。寛治は一年志願兵の兵役がすんで予備役の陸軍歩兵少尉に編入されたが、それから十年以上の歳月が経過して日露開戦のころはすでに後備役に編入されていた。所属先は大阪の第四師団管内の後備歩兵第三十七連隊であった。将校であるから身の回りの世話をする従卒がついていた。岡は「将校だった父の従卒にいだかれて、大阪城の馬場で騎兵が馬駆けしているのを毎日毎日みせてもらっていた」（「私の履歴書」）という。岡が数えて四歳のときのことであった。

父が教えてくれたのは「（日本の）心情の美」というもののとりどりの姿であった。「日本人は桜の花が好きである、それは散りぎわがきれいだからである」（『春風夏雨』所収「湖底の故郷」）と教え、寝かしつけるときは、子守歌に熊谷直実の歌「そもそも熊谷直実は」や、楠木正成の歌「ああ正成よ正成よ」を歌った。元寇の歌「四百余洲を挙《こぞ》る、十万余騎の敵、国難ここに見る、弘安四年夏の頃」もあった。

熊谷直実は源平時代の源氏方の武士で、一の谷の合戦のおり、十七歳の平家の若武者、平敦盛《たいらのあつもり》を討ち取ったことで知られる。そのときの情景を歌った明治の唱歌「青葉の笛」は今もよく歌われているが、「そもそも熊谷直実は」という歌のほうは出自が古く、今日ではもう忘れられているように思う。かつては（というのは日清、日露の戦役のころの話だが）日本中で盛んに歌われ、「改良剣舞」という明治の興行物にも使われたほどで、草創期の日本の軍歌を代表する歌の一つである。もともとは歌ではなく、歌詞の典拠は、竹内節《たけうちたかし》という人が編纂して明治十五年に刊行した『新体詩歌』第一集に出ている「熊谷直実暁に敦盛を追ふの歌」である。

そもそも熊谷直実は　征夷将軍源の頼朝公の御内《みうち》にて
関東一の旗頭《はたがしら》　智勇兼備の大将と
世にも知られし勇士なり　されば元暦《げんりやく》元年の
源平須磨の戦ひに　功名ありし物語
聞くもなかなか哀れなり　その時平家の武者一騎
沖なる船に遅れじと……

（実際に歌われたのはこの歌詞だが、元の詞と多少の異同がある）

この詞に節《ふし》をつけてできたのが、軍歌「熊谷直実」である。
「ああ正成よ正成よ」という歌の典拠もやはり『新体詩歌』で、第四集（明治十六年刊行）

に収録された「小楠公を詠ずるの詩」に節をつけた軍歌「楠正行」である。

嗚呼《ああ》正成よ　正成よ
公の逝去のこのかたは
黒雲《くろくも》四方《よも》に塞《ふさが》りて
月日も為に光りなく
悪魔は天下を横行し
下《しも》を虐げ上《かみ》をさへ
侮り果てて上《こと》とせず
（以下略。全部で六十行）

「ああ正成よ正成よ」という歌い出しを見ると楠正成の歌のようだが、これは前置きにすぎず、実際の主人公は「小楠公」すなわち正成の子の正行である。

元寇の歌は日清戦争前夜の陸軍軍楽隊にいた永井《ながい》建子《けんし》という人が明治二十五年に作った歌で、内地でも戦地でも非常に流行したという。

元寇（第一番）
四百余洲《しひやくよしゆう》を挙《こぞ》る　十万余騎の敵
国難ここに見る　弘安四年夏の頃

なんぞ怖れんわれに　鎌倉男子あり

正義武断の名　一喝して世に示す

（作詞・作曲、永井建子。四番まで続く。「鎌倉男子」は北條時宗を指す。「四百余洲」は中国の意）

日清の戦役の前夜、元寇の国難を回想し、国民の士気を鼓舞するねらいで博多に亀山上皇の銅像建立の議が起こったことがある。陸軍軍楽隊の楽手だった永井建子はこの挙に共鳴し、銅像建設の主旨の宣伝のため、軍歌「元寇」を作ったのである。

織田信長が篠《しの》つく雨を衝いて三千騎で桶狭間を急襲した話、上杉謙信が敵の武田方に塩を送った話や、川中島で単騎敵陣に乗り込んで敵の主将武田信玄に切りつけたときの話など、父はいろいろな物語を聞かせてくれた。どれもみな「根本が犠牲的精神であり、いったん行ない始めるや断固として意思を変えない」（「私の履歴書」）話であり、岡はここから「犠牲的精神、実行に移す際のいさぎよさ、それに皇統の尊さを知った。皇統をめぐる美しい行為から日本の歴史を教わった」（同上）。そうして歴史はさらにさかのぼり、昭和四年晩春初夏のころ、岡はシンガポールの渚において忽然として日本史の原風景を目の当たりにしたのである。

明治三十七年秋十一月、坂本寛治の所属部隊は予備兵力として朝鮮半島にわたり、韓国駐劄《ちゅうさつ》軍に所属してしばらく半島に駐屯した。しかし前線に出る機会はなく、翌明治三十八年初めには大阪に帰還し、そのまま終戦を迎えた。復員して帰郷したのは翌明治三十九年春先のことであった。

「ドイツ留学」

広島文理科大学は広島高等師範学校の一部分の昇格という形を取って昭和四年四月一日付で開学することに決まり、それを受けてすでに早い時期から教官候補者の選考が進められていた。文科と理科の二部制になっていて、理科には数学科が設置された。岡の留学はこの新設大学への赴任を前提にしたものであり、帰朝後は数学科の教授または助教授として広島に赴任することに定められていた。先の大戦前に、大学の新設や学部の増設が行われる際に見られた普遍的な現象である。

たとえば中谷宇吉郎は東京帝国大学理学部物理学科を卒業後、理化学研究所に勤務して寺田寅彦の研究室に所属していたが、北海道帝国大学の理学部増設（昭和二年に設置が決定され、昭和五年四月から開講）に伴って教授候補者に選定され、赴任に先立ってイギリスに留学した。それが昭和三年（一九二八年）二月のことで、帰国後の昭和五年四月に助教授として札幌に赴任し、昭和七年三月三十一日付で教授に昇進した。岡の場合も同様の道を歩むことになるのはだれの目にも明らかであった。単純に想像するならば、数学者として、また大学人としての岡の目に映じていたのは明るい光のみであったであろう。

だが、岡の人生行路にはなぜかしら頻繁に障害が発生し、外見上の姿がたとえどれほど整っているように見えようとも、滑らかに事が運ぶのはまれである。昭和四年のフランス留学のときも同様で、後年、岡がみずから語っているところによれば、初め文部省から指示された留学先はフランスではなくてドイツだったというのである。

留学の決まったとき、フランスを希望したところ文部省はドイツへ行けといった。当時私が聞きたかったのは、ソルボンヌ大学の教授だったガストン・ジュリアの講義で、ドイツには先生にしたい人はだれもいなかった。それでジュリアを聞くためにフランスを留学先に選んだわけだ。だれだれの話を聞くというので留学するのだから、よその国ではだめなのに文部省はそんなこともわからなかったらしい。

（「春宵十話」第五話「フランス留学と親友」。昭和三十七年四月十九日付の毎日新聞）

これだけではよくわからないが、ほかに伝聞はなく、今ではもう詳しい事情を知るすべはない。それでも昭和四年三月十九日の官報には確かに、

「数学研究ノ為独逸国へ在留ヲ命ス」

という文部省の辞令（発令日は三月十六日）が掲載されているから、岡の言うことにまちがいはない。続いて同年五月三十日の官報に目を転じれば、「文部省在外研究員岡潔」は三月三十一日に出発したという趣旨の記事が目に留まる（ただし、岡の乗る日本郵船の北野丸が実

際に神戸港を出航したのは四月十一日である）。すると、このわずかに二週間ほどの日時の間に何かしら文部省と一悶着があり、岡の要望が通って、いったん出された辞令の内容が変化したことになる。どうしたらそのようなことが可能なのであろうか。

京大卒業後の初めの二年間は空白だった、と岡は言っている。猛然として勉強に取り掛ったのは三年目からで、それまでの怠惰を取り返そうとして、三箇月ほどかかって独力でとにかく仏語を読めるようにした。発音や聞き取りなどはともかくとして、なにはともあれフランス語の文章が読めるように努力した。次は数学の教科書だが、京大の数学教室には不文律があり、普通、教科書としてグルサの『解析教程』全三巻とピカールの『解析概論』全三巻はぜひ読まなければならないことになっていた。どちらもフランス語の書物である。しかし両方とも読んでいる余裕はない。そこでピカールの教科書だけを大急ぎで読み上げた。ピカールのほうを選んだのは、この本には、三高のころから強く心を引かれていたリーマンの一変数代数関数論が詳しく書かれていたからであった。毎日二十頁くらいずつ進み、第一巻と第二巻を読み終えた。第三巻の内容は急がずともよさそうなものばかりに見えたので割愛した。

教科書がすんだら、今度は論文の番である。岡は京大時代の恩師、河合十太郎との対話に示唆を得て（河合の定年退職後のことである）、フランスの数学者ガストン・ジュリアの二篇の論文「有理関数のイテレーションについて」と「有理関数の交換可能性について」を読み始めた。「有理関数のイテレーションについて」という論文は百九十九頁もある作品である。

一九一八年（大正七年）、ジュリアがまだ二十五歳のときに公表され、フランスの科学アカデミーのグランプリ（大賞）をとった傑作であるから、評判は日本にも聞こえていたのであろう。

ジュリアの論文に続いてリットの論文を読み、その延長線上においていよいよ研究に取り掛かった。そのころのある日の朝、岡はなにかささいなことでみちさんと口論して家を飛び出し、中国人が経営する神楽坂下の理髪店に行って散髪し、耳掃除をしてもらっていた。

そうすると〝パーミュテイブルな有理函数のイテレーション〟に関する非常に大切な手がかりがインスピレーション式にわかった。数学上の発見はインスピレーション的である、とポアンカレはその著書で述べているが、私がこの通りの形式で数学の研究に貢献したのはこれが最初である。そのあと長くかかって、ひとつの有理函数とパーミュテイブルな代数函数の存在する場合の有理函数はどういうものでなければならないか、ということにまでジュリアやリットの研究を拡張することに成功した。

（「私の履歴書」）

そこで、岡はこの研究成果を「仏文に直してフランスで発表しようと思った」（同上）というのである。見てもらうべき人物はジュリア以外にはなく、留学させてもらえるというならば、行き先として考えられるのはフランスしかありえなかった。当時、ドイツのミュンスター大学にはハインリッヒ・ベンケという数学者がいて、多変数関数論研究の中心地になっていた。多変数関数論というのは後に岡が偉大な開拓者になることになる分野だが、留学を前にして京都でひとりで研究を始めた段階では、岡の研究テーマは関数のイテレーション（「反復」とか「繰り返し」というような意味の言葉だが、数学用語としては適当な訳語が見あたらない）であり、（多変数ではなくて）一変数関数論に所属する研究領域だったのである。

だが、当時の洋行には莫大な費用がかかり、国費でも私費でも洋行する人の数は少なかった。数学研究を目的とした留学生は大正期に十八名、昭和前期（昭和二十年までという意味である）に二十七名を数えるにすぎない。一年に一人か二人が精一杯である。おそらく文部省は人員配置のバランスを考えたのであろう。

北大に増設される理学部数学科の教授候補者は四人いて、全員洋行したが、行き先はドイツとフランスがちょうど二名ずつである。京大数学教室の状勢を見ると、岡のすぐ上の先輩の蟹谷乗養《じょうよう》助教授はフランス、イタリアに、柏木秀利講師はイギリス、スイス、フランスに行っている。その次に洋行したのが岡である。遣唐使や遣隋使の時代のように、西洋の文物をそのまま日本に運んでくるのも留学生の重要な仕事であるから、片寄るのはまずいという配慮が働いて、今度はドイツに配分したのではあるまいか。岡は純粋に学問的な関心事をもって対抗したわけであり、珍しい例とは思うが、文部省の側にもなにがなんでもドイツに固執する理由はなかったのであろう。あわただしく妥協が成立して、岡の望み通りになったということであろうと思われる。

赤瓦の大先生

岡は大正十四年（一九二五年）、数えて二十五歳の春先に京都帝国大学理学部を卒業した。当時の京大理学部には東京大学とちがって数学科や物理学科などという学科課程は明確な形では存在せず、学生は好みに応じて受講科目を選択した。一種の単位制だが、完全に厳密に行われていたというわけではない。それは時間割の問題があったためで、たとえば物理学志望の学生が物理の講義に組合わせて動物学や地質学を受講するのは形式の上ではさしつかえなかったが、実際には授業時間が重なって不可能になっていたという具合である。そこで学生はごくおおまかに「主トシテ数学ヲ学修スルモノ」「主トシテ物理学ヲ学修スルモノ」などというふうに分けられた。移動は簡単で、受講科目の組合わせを変えるだけでよかった。岡は初めは物理志望だったから、一年生のときは「主トシテ物理学ヲ学修スルモノ」として登録されたが、三年目の卒業時には「主トシテ数学ヲ学修スルモノ」の一員であった。

三年以上在籍して、それまでに一定程度の科目を受講した学生は、その時点で学士試験請求の権利が生じた。各科目の担当教官は請求を受けて試験を実施した。それらを受験して、合格した科目数が所定数以上に達すれば卒業で、卒業すれば「学士」である。岡は「主トシテ数学ヲ学修スルモノ」として学士試験を受けて合格し、三月二十五日付で合格証書と卒業証書を授与されたのである。各学年ごとの進級も学士試験もなかなかむずかしく、岡が大正十一年（一九二二年）に京大に入学したとき、理学部の学生は七十四人、そのうち「主トシテ数学ヲ学修スルモノ」は十七名だった。ところが年々減少の一途をたどり、三年後の大正十四年に卒業した者は理学部全体で四十三名、そのうち数学専攻者は岡を含めて四名にすぎなかった。湯川、朝永と京大同期の小堀憲の回想記「思い出すことども」（『数学セミナー』一九八一年一月号）によれば、岡の四年後の大正十五年に京大に入学したとき、数学専攻者は十二名いたが、三年後の学士試験合格者はわずかに三名だったということである。

卒業直後の四月一日には、この日の日付で文部省から京大講師嘱託の辞令が発令された。河内柏原の小山玄松の四女、小山みちさん（岡も、親戚の人たちもみな「おみっちゃん」と呼んでいた）と結婚したのも同じ日で、初め京都市上京区浄土寺南田町三一の貸家で、新しい生活が始まった。それから幾度か転居を繰り返し、三年目に京都植物園前の家を借り、フランスにもこの家からでかけていった。

留学先が希望通りフランスに変更されたのはよいとして、広島文理科大学への赴任の経緯にも、見逃しがたい重要事がひそんでいる。情報はとぼしいが、アンソロジー『日本のこころ』が編纂されて講談社文庫（昭和四十六年）に収録された際、岡はみずから本文中の随所に書き込みを挿入した。フランス留学の経緯を語った部分に添えられたのは、

　これはずっと後できいたのですが、講師にして二年間に論文を書かなかったら、助教授にして残さないという内規が数学教室にあるのだそうです。それで私は「広島へやってしまえ」ということになったのだそうです。

という謎のような数語である。なにかしらいやな雰囲気のただよう言葉である。

ぼくは今も岡のいう「内規」の存在を確認することができない（ただし、京大講師の後、いったん他の高等学校や大学に転出し、それから機を見て京大にもどるというのは通常のコースであった）。数学教室の主導権を握って「広島へやってしまえ」という決定を下した人物も不審だが、有力な候補者としてまず初めに念頭に浮かぶのは松本敏三教授である。受験雑誌『大学への数学』に連載された河合良一郎の連載「数学シンポジウム」には「赤瓦の大先生」または単に「赤瓦」と呼ばれる京大教授が登場する。それは「土地を方々に買い漁り、［上加茂に］赤瓦の豪邸を構え、家に資産のある者以外は弟子に取らない」（『大学への数学』一九八五年二月号）などと言われていた人物で、これが、数学教室の四教授の中で一番若い松本敏三である。

松本敏三は岡の三高京大の先輩にあたる人で、大正十一年に岡が京大に入学したときはすでに助教授だった。この年の六月からフランス、ドイツ、アメリカへ留学し、大正十四年三月、岡の大学卒業と入れ違いに帰朝し、六月、河合十太郎の定年退官と前後して教授に昇進した。京大数学科には四つの講座があり、河合は第一講座を担当していたが、第三講座担当の和田健夫がそのあとを襲い、松本敏三が第三講座の担当になった。第二講座は幾何の西内貞吉、第四講座担当は代数の園正造《そのまさぞう》である。帰朝後の松本敏三の行動は非常に活動的で、京大で初めてセミナーというものを開いたり、特別講義を行ったりした。昭和九年には、私費を投じて一般向けの数学啓蒙誌『数学』を刊行した。専門は微分方程式論と（多変数ではなくて）一変数の関数論である。

昭和七年五月に岡が留学から帰ったころには、京大の数学教室はすっかり「赤瓦の大先生」の天下になっていた。岡は松本敏三と馬が合わず、松本は松本で岡の学問の値打ちをさっぱり理解しなかった。再び河合良一郎「数学シンポジウム」の記述によれば、岡が帰国後、苦労の末やっと書き上げた最初の論文、連作「多変数解析関数について」の第一報告「有理関数に関して凸状の領域」（フランス文）の原稿を京都大学の紀要に載せてもらうつもりで「赤瓦の大先生」に送ったところ、「こんな論文は信用できない」と言って原稿を突き返したうえ、多変数関数論の研究についても、「そんなものはやらなくてもいいことだ。函数論は一変数の函数論さえやっておけばそれでよい」と言って、岡の研究の価値を全然認めなかったという。後年の岡の学位事件のときと同様、単純な、めりはりのきいた発言である。岡は烈火の如く怒ったと伝えられている。

睡眠薬

岡は京大講師になって二年間、論文を書かなかったと言われているのも、人目を引く事実である。この二年ばかりではなく、岡はなかなか論文を書かなかった。連作「多変数解析関数について」の第一報告「有理関数に関して凸状の領域」（フランス文）が公表されたのは昭和十一年（一九三六年）のことで、このとき岡は数えて三十六歳になっていたから、やはり異例の遅さと言わなければならないであろう。

大学卒業後の初めの二年間は、岡は睡眠薬の中毒に苦しめられていた。卒業の少し前、学士試験の口頭試問に備えて習ったことの丸暗記にかかったが、そのとき睡眠薬ジアールの服用を始めたというのである。岡の勉強は徹夜の繰り返しで、濃いコーヒーを何杯も飲みながら一晩中起きていて、明け方、睡眠薬の力を借りて強引に寝てしまう。昼は昼で学校に出なければならないからである。ジアールというのはバルビツール酸系の持続性睡眠薬アロバルビタールの市販名のひとつである。催眠が非常に深まるだけではなく、持続時間もまた長く、普通以上に長時間の睡眠が得られるが、作用の強力さと表裏をなして毒性もまた大きい。岡は京大講師の一年目の一学期に中毒患者になってしまい、医者のすすめで服用を中止した。その後、講師二年目が終わるまでは非常に苦しい日々が続いた。岡は、

私が講師として一学期に出した問題にはなかなか独創的でおもしろいと自分でも思うものがあった。しかし、あとの二学期間と二年目とはまるでお座なりのことをお座なりにやっただけである。この期間、私の頭の中の創造の働きは全然停止していたものとみえる。

（「私の履歴書」）

などと言っている。だが、学生の目に映る岡の姿は印象的だった。

京大講師になって一年目は「立体解析幾何学演習」を担当した。二年目の大正十五年・昭和元年度の担当は「微分・積分・微分方程式演習」で、受講生の中に、物理学志望の理学部

一年生湯川秀樹と朝永振一郎がいた。湯川秀樹の自伝『旅人』（角川書店）や湯川と朝永の対談「二人が学生だったころ」（岩波書店『図書』一九八二年九、十月号）などに散りばめられている逸話によれば、岡の身なりは全然大学の先生らしくなく、背広の腰にきたない手ぬぐいをぶらさげたり、大きな麦わら帽子をかぶったりしている姿は「まるで三高の応援団員みたい」だったという。それでいて出題される演習問題はおそろしくむずかしく、「学生の知識の程度など全く無視したような問題」（『旅人』）であった。湯川も「これはおもろい先生やなという印象」を受けたという。若い日の岡の魅力的な風貌が目に見えるようである。

この年度は、三高同期の秋月康夫が岡に一年遅れて京大を卒業し、無給の副手（後、講師）として勤務し、「立体解析幾何学演習」を担当した。小堀憲の回想にはこの時期の岡と秋月の風貌が生き生きと描かれている。

岡先生の出された問題の大部分は Édouard Goursat［エドゥアール・グルサ］の『数学解析学の講義』の第1巻の演習問題であった。それも、難しいものばかりを選んで出題された。また、秋月先生の問題は、講義とは無関係といってよいものであるが、極めて格調の高いものであった。この両先生は、授業のときだけではなく、学生の中にとけ込んで、われわれに数学を語られた。雑談を通して、数学への意欲をかきたてられた。後年に、朝永振一郎君は「岡、秋月両先生の時間は、学生生活の中で、忘れることのできないものである」と語っていたが、朝永君だけではなく、この演習に出ていた者のすべては、同じように考えていたであろう。

（小堀憲「思い出すことども」日本評論社の数学誌『数学セミナー』一九八一年一月号より）

だが、松本敏三はこのような岡の自在な姿勢を好まなかった模様である。松本は数学第三講座担当で、帰朝後の最初に行った講義が「微分・積分・微分方程式」である。それに付随する演習を岡が担当したのであるから、この世での因縁は深いと言わなければならない。使われた教科書にも気になるところがあった。岡の演習問題はグルサの『解析教程』から採られていたが、松本の講義のほうはピカールの教科書『解析概論』に準じたものだったのである。岡はグルサよりもピカールが好きだと言っているくらいであるから、変といえば変な話で、これでは講義とは無関係にわざと別の教科書を選んだような感じである。

もっとも松本敏三は教授としてはまだ新任にすぎず、岡の人事に直接影響を及ぼしたのは、この段階ではまだ園正造（数学第四講座担当で、専門は代数と整数論）だったと思われる節もある。今井富士雄（中谷治宇二郎に影響を受けた考古学者）の聞き書きによれば、岡が親友の中谷治宇二郎（宇吉郎の弟の考古学者）に語ったところでは、ある日、園正造に呼ばれて「あんたみたいだとだめだ」「学生が困る」と叱られて、その後で三高の先生にされたということである。これは大学卒業後三年目の昭和二年のことで、この年から二年間、岡は三高の講師になっている。それなら京大講師のほうは解嘱（講師職は嘱託である）されたのかというとそうではなく、京都帝国大学一覧には昭和二年以降も名前が記載されている。

京大講師としての三年目と四年目の仕事ぶりを伝える資料はなにもなく、この二年間の生活ぶりは不明瞭である。三高では昭和二年度は立体幾何、翌昭和三年度は解析幾何を教えたようで、わずかに西山夘三《にしやまうぞう》（昭和五年、三高理甲卒）による回想が伝えられているばかりである。岡の講義ぶりは西山にはあまりよい印象を残さなかったようで、「漫画小説」と銘打った三高時代の回想記『あゝ楼台の花に酔う』（筑摩書房）を参照すると、「ものすごく早口で、自分の考えついたことを独り合点でしゃべっているみたい」「好きだった数学がきらいになった」などと書かれている。何かと特色がある講義だったのであろう。

人事の方面を見ても、三高に転出するなら秋月康夫のように教授としていくとか、杉谷岩彦のように三高教授が京大講師を嘱託されるとかいう例は見られるが、双方の講師の兼任というのは珍しいと思う。岡自身は猛然と勉強に打ち込んだことを語るのみだが、三高の仕事は授業数も格段に多く、やはりたいへんだったようである。これは河合良一郎が岡の直話として伝えている話だが、岡は、このままではいけないと居ても立ってもいられない気持ちになって、「思い余って園先生に頼みに行った」（「数学シンポジウム　第三高等学校の数学の先生」、『大学への数学』一九八五年十一月号）。その結果、岡は広島文理科大学への転出を前提に洋行と決まり、秋月康夫が岡の代わりに昭和四年五月十日付で三高教授に転出するという人事が行われたのである。

岡は園正造を尊敬していたようで、園のほうでも、一風変わった岡の挙動にいくぶん困惑しながらも、どこまでもかばっていこうとする姿勢が見られるように思う。松本敏三は岡を排斥したかったようだが、園の心情とのせめぎあいの末、妥協が成立したような恰好になったのではあるまいか。

メタモルフォーゼ

イテレーションの研究はフランスでも続けられ、昭和五年の夏には、「あるひとつの非一次有理関数と交換可能な代数関数」（フランス文）という八十七頁の論文が完成した。しかし公表には至らなかった。長らくイテレーションの研究に打ち込んできたものの、このテーマは生涯を託するに足るとは思えず、次第に気持ちが離れていったのであろう。努力を重ねてようやく論文ができあがったころには、すでに公表の意志は失われていたのである。

岡は毎日図書館に通い、「生涯をかけて開拓すべき、数学的自然の中に於ける土地」（『昭和への遺書　敗るるもまたよき国へ』）の探索を続けた。そのような日々の中で、ジュリアのもうひとつの論文「多変数解析関数の族について」を読んだ。標題に見られる通り、これはジュリアの数ある論文の中で多変数解析関数論をテーマにした唯一の論文であり、「多変数解析函数の分野の何処に云わば造化の秘庫の扉があるか」（『春雨の曲』第七稿）をありありと示していた。岡はこの論文を繰り返し繰り返しすりきれるまで読み返し、「此の論文によって多変数解析函数の分野を研究しようと決意した」（同上）のである。フランスに滞在中、すでに数学的発見を経験し、ジュリアにその話をしたこともあった。ジュリアが関心を示し、「論文を書いてもってくるように」と言うと、「あれは破り棄てた」という返事が返ってきたりした。これは一九五〇年（昭和二十五年）夏、アメリカのハーバード大学で開かれた国際数学者会議の席で、ジュリアが末綱恕一《じょいち》（数学者。東大教授）に語った話である。

多変数解析関数論の研究は昭和七年に帰国した後も続けられ、岡は広島で、

「解析的に創り出される四次元点集合について」

という標題の論文（フランス文）を書き始めた。これは学位請求論文にするつもりだったようで、『春宵十話』などを参照すれば、百五十頁ほどの論文がほぼできあがっていたと言われている。ところが昭和九年に刊行されたベンケとトゥルレンの著作『多複素変数関数の理論』を入手して読んだところ、書きかけていた論文は中心的な問題を扱ったものではないことがわかった。岡はそのように判断し、そのために、もうそれ以上続ける気持ちになれなくなってしまった。

岡はまたも変容し、今度はジュリアからも離れて、多変数解析関数論の形成史そのものに範を求めて独自の構想を建てるに至ったのである。具体的な作業が始まったのは昭和十年の正月、一月二日からである。岡の目に映じたベンケとトゥルレンの著作はさながら箱庭のようであった。その姿形を二箇月かかって丹念に心に描くと、三つの問題群が形成する峨々たる山脈の全容がくっきりと観察された。問題は登り口を発見することである。

私は来る日も来る日も、学校の私の部屋に閉じこもって、いろいろプランを立てては、うまくいきそうかどうかをみた。

日曜など、電気ストーブにスイッチを入れると石綿がチンチンチンと鳴って赤くなっていく。それと共に心楽しくなる。今日は一日近く自分のものだし、昨日まで一度もうまくいかなかったということは、今日もまたうまくいかないということにはならない。

そう思って新しいプランを立てる。日が暮れるころまでにはうまくいかないことがわかる。

（『一葉舟』所収「一葉舟」）

このころ中谷宇吉郎に宛てて書かれた岡みちさんの手紙には、わずかではあるが、この当時の岡の消息が書き留められている。昭和十年三月六日付であるから、二箇月かかって多変数解析関数論の分野の箱庭を心の中に組み立てて、第一着手の発見に向けてさまざまな努力を開始したころの情景であろう。

学位のための論文は中途で止めて見向きもせず、別に何やらむつかしい事をやつてゐる様ですが、なかなかさう容易には出来ないらしうございます。まあまあ好きな様にすればよろしいでせう。この頃では、学校に行きましても夜は大抵七時頃に帰つて来ますが、一時は十一時十二時とがんばつてゐました。まるで一人だけ別世界に生活してゐる様な様子でございました。

「学位のための論文は中途で止めて見向きも」しないとみちさんは言っている。関心は薄れたとしても、帰国後すでに二年以上の歳月をかけて打ち込んで、百五十頁も書いた論文である。お手軽な論文ではなく、その前にフランスで苦心を重ねて書き上げたイテレーションの論文を放置して、新たな気構えで取り組んだのである。研究テーマを変更するにしても、ともあれ眼前の論文を完成させて学位を取得してからにすればよいのにと思われる場面である。

だが、それはやはり多少とも世俗的な姿勢と言わなければならず、岡にはそぐわないように思う。学問の核心に通じる道を認識したなら、どこまでもまっすぐにその道を進んでいかなければならない。岡はこの苦しみの伴う人生行路を生涯を通じて歩き通した人である。ぼくらはそこに、幼い日に父が教えたという「心情の美」の反映を観察することができるであろう。岡は困難な、美しい人生を生きた人であった。

伝説の詩人数学者「岡　潔」
――「ハルトークスの逆問題」の前後と伝説の形成　数学ノート（一）

ガストン・ジュリア

岡潔の誕生年は日本の元号で数えれば明治三十四年、西暦では一九〇一年であるから、二十一世紀の初年二〇〇一年はちょうど生誕百年という節目にあたっていた。その前年二〇〇〇年は中谷《なかや》兄弟の兄、「雪の博士」こと中谷宇吉郎の生誕百年の年だったが、二〇〇二年、今度は弟の考古学者、中谷治宇二郎《じうじろう》の生誕百年がめぐってきた。中谷兄弟は岡潔の生涯を通じて最大の親友で、兄も弟も、岡潔の生涯を語るうえで不可欠の人物である。

岡潔の生地は大阪で、淀川に架かる天満橋、天神橋の南方「大阪市東区島町二丁目二十番屋敷」（このあたりは現在は中央区に編入されている）というところだが、故郷は生地と異なり、和歌山県伊都郡紀見村内の大字「柱本《はしらもと》」小字「紀伊見《きいみ》」という土地である。そこは大阪から高野山に向かう高野街道の道筋の、大阪と和歌山の国境《くにざかい》に位置する紀見峠（標高三百八十五メートル）の頂上付近の集落であり、明治四十年、岡潔はこの土地の柱本尋常小学校に入学した。卒業後、紀の川筋の粉河中学に通い、それから京都に出て第三高等学校から京都帝大へと進学した。大正十四年（一九二五年）三月、京大理学部を卒業し、同年四月一日付で京大講師を嘱託された。講師の仕事は演習で、一年目は「立体解析幾何学演習」、二年目は「微分・積分・微分方程式演習」を受けもった。適切な演習問題を選定し、学生に課して解答させて、講評を加えるのである。三年目からは三高講師も兼任し、解析幾何学などを教えた。

岡潔の後年の回想によれば、京大講師時代の初めの二年間はジアールという名の睡眠薬服用の後遺症に悩まされ、茫漠とした精神状態が続いたため数学の研究はできなかったという。三年目の昭和二年ころから猛然と数学に取り組み始めたという。京大数学教室で関数論を講じていた河合十太郎のアドバイスを受け、フランスの数学者ガストン・ジュリアの二論文

「有理関数のイテレーションについて」(一九一八年)
「有理分数の交換可能性について」(一九二二年)

に手がかりを求め、まず一変数複素関数論のイテレーション研究へと向かった。こののち研究テーマはいくたびか変遷し、昭和九年末あたりから多変数関数論の「ハルトークスの逆問題」を生涯の課題に定めるに至ったが、関数論そのものからは最後まで離れなかった。

岡潔はパリで中谷宇吉郎に出会い、数学について書いたことはみな日付を入れて残しておくようにとすすめられ、終生これを守り続けた。たいていはレポート用紙が使われたが、岩波書店の講座『数学』用の原稿用紙に書き留められた記事も多く、各種のノートもまた相当

の分量に達する。すべてのコピーを作ると全部で一万四千枚ほどに達するが、それらを参照すると、最後の研究記録「Rothstein〔ロートスタイン〕の定理に就て」に附されている日付は「1966. 12. 31」すなわち「昭和四十一年十二月三十一日」となっている。昭和二年春先の時点から数えて、この間、実に四十年という歳月が流れたのである。

岡潔は三高在学中、田辺元が訳出したポアンカレのエッセイ『科学の価値』(岩波書店)を読み、そこに紹介されているクラインの言葉によりディリクレの原理を教えられ、リーマンの数学思想に魅了された。それから多少の曲折があったが、ほどなくしてリーマンの一複素変数関数論をまっすぐに継承する道を選択し、多複素変数関数論へと向かうに至った。研究の構想は宏大で、「ハルトークスの逆問題」の解決の試みを通じて基礎理論建設に向かいつつ、(多変数の)代数関数論までも視圏にとらえながら数学的思索を継続した。遺稿群の中に「リーマンの定理」という神秘的な標題をもつ晩年の一系の数学ノートが遺されていて、見る者の目を奪う。一筋に解析関数論に捧げられた生涯であった。

昭和四年春、新設の広島文理科大学の教官要員として赴任に先立って洋行したが、留学先にフランスを希望したのもジュリアに会うためであった。パリでは開館したばかりの国際大学都市の日本館に居を定め、ここで中谷兄弟と出会うことになった。

予定通りジュリアに師事したが、大学に通って講義の聴講を始めたのは翌一九三〇年の五月中旬あたりからで、それまではひとりきりでイテレーションの研究を続けていたのであろう。ただしジュリアとはしばしば会っていたようで、後年のノート「花のかげ(十一)」(ノートの表紙に記入されている標題。昭和二十六年）に出ているとりとめのない走り書きの中に、アンリ・カルタンに言及するジュリアの言葉が書き留められている。ジュリアは「フランスのジューヌ・ジェネラシオン（若い世代）を育てねばならないのだが」と言って、特にカルタンの名をあげたというのである。

も少しふらんすごをけいこしてほしい。せつめいしたいからと云つた。その間これをと云つて論文を数十もらつた。・・・私は・・・を・・・てその中から多変数かいせきかんすう（一九二五年頃 Acta）をえらんだ。Julia［ジュリア］は・・・しそうに「私は沸らんすのジューヌ、ゼネレイションをそだてねばならないのだが」と云つてとくにH. Cartan［アンリ・カルタン］の名を上げた。

（ノート「花のかげ（十一）」より

昭和二十六年五月二十九日の記事）

H. カルタン

カルタンはアンドレ・ヴェイユとともに数学者集団「ブルバキ」の創始者と見られる人物であり、しかもブルバキは初め「ジュリアセミナー」の形をとって歩み始めたのである。

G. ジュリア

ブルバキと岡潔は数学思想の面では正反対と言うほかはないが、泉を共有している点は興味深いと思う。ブルバキのメンバーのなかでもカルタンは岡潔と同じ多変数解析関数論に向かい、相互に深い影響を及ぼしあいながら、長い期間にわたって数学のこの未墾の土地の開拓に従事した。

ジュリアは一八九三年二月三日、アルジェリアの北西端に位置するシディ・ベル・アッベースという町に生まれた人である。第一次世界大戦に一兵卒として従軍し、ドイツとの戦闘で鼻を失う重傷を負ったため、それからは終生、皮製の鼻マスクを顔につけてすごすことになった。一九二九年五月末、岡潔がパリに到着した時点でまだ三十六歳（満年齢）であり、ソルボンヌ大学（パリ大学の通称）の教授であった。一九七八年三月十九日、岡潔に少し遅れてパリで亡くなった。

ジュリアにもらった数十の論文の中から岡潔が選び出したのは、

「多変数解析関数の族について」（一九二六年。「族」は「正規族」の意。）

スウェーデンの数学誌『数学輯報』第四十七巻に掲載された）

という論文で、多変数関数論の分野でのジュリアの唯一の作品でもあった。岡潔はこれを「繰り返し繰り返し、論文がすり切れてしまふまで」（昭和二十四年のエッセイ稿「春の回想」）読み入ることにより、多変数関数論へと向かう転機をつかんだのである。だが、具体的な歩みが踏み出されていくのは、懸案のイテレーションの論文がひとまず完成した後のことになる。

イテレーション

留学二年目の年が明けるとみちさんがパリにやってきた。しばらくセレクトホテルに逗留し、連日みちさんと花札ばかりしてすごしたが、論文も仕上げるつもりだったようである。一九三〇年五月二日付で兄、宇吉郎に宛てて書かれた中谷治宇二郎の手紙（パリから札幌へ）を参照すると、

「岡さん丈夫　論文近く出来上る由」

と近況が伝えられ、続いて六月三日付の手紙には、

「永らくの論文、この月中には終るでせう」

という見通しが語られている。「永らくの論文」というのは、

「あるひとつの非一次有理関数と交換可能な代数関数」

という標題の仏文の論文を指し、表紙一枚、目次二頁、本文八十七頁の大作である。京都以来のイテレーション研究は丸三年余の歳月をかけてこれで一段落したことになる。この論文はタイプに打たれ、ジュリアのもとに届けられたが、意に満たない点があったのであろう、後にみずから取り下げたと言われている。この間の心情は「春の回想」にも記述が見られるが、岡潔は研究の結果が不満足で愛着が断てないのを、理知と意志とで打ち切ってブルターニュ、ドルドーニュ方面に旅行に出た。そうしてカルナックの夏を海に遊び、レゼジーの秋を山に親しむことにより、ようやくイテレーションへの愛着を洗うことができたという。

ジュリアに論文を提出した後、一九三〇年七月二十九日朝、岡潔はみちさん、中谷治宇二郎、フランス語の家庭教師のA・ドゥ・フェロディとともにパリを発ち、初めカルナックの古墳サンミシェルの中腹の「古墳ホテル」に落ち着いた。以後、四十数日をここで過ごした。

カルナックは「巨石遺跡の集団地として、考古学の聖都と呼ばれている所」（中谷治宇二郎のエッセイ「ドルメンの思い出」）であった。中谷治宇二郎はみちさんに手伝ってもらいなが

ら遺跡調査を続け、岡潔は巨石によりかかってモンテルの著作

『解析関数の正規族とその応用』（一九二七年）

に読みふけったりした。ジュリアの著作

『孤立する本質的特異点をもつ一価関数について』（一九二四年）

にもっとも深く親しんだのもこの時期であったであろう。九月中ごろ、ベゼール川の水辺の地レゼジーに移り、ホテル「レビニュ・デュクロ」に滞在した。レゼジーも旧石器時代の遺跡の宝庫であり、中谷治宇二郎はカルナックに続いてここでも洞窟の壁画、貝塚の調査を行った。こんどは岡潔もみちさんともども治宇二郎の助手になり、手を傷だらけにして旧石器時代の遺跡を掘り、石鏃を採集した。

岡潔はイテレーションへの愛着を洗いながそうと試みながら新たな勉強を始め、歩むべき道筋を模索していたのであろう。五月から滞仏一年で初めて講義を聴き始めたのも、この模索の一環と見るべきであろうと思われる。

近代数学史の空に夜明けの星々のように散りばめられている巨人たちの中で、人生と学問の姿形において岡潔にもっともよく似ているのは、十九世紀初頭のノルウェーの数学者ニー

ルス・ヘンリック・アーベルであったろうとぼくは思う。数学者としての生涯の初め、アーベルは五次方程式の代数的解法の探究に向かい、「不可能であること」の証明に成功したが、ガウスの理解が得られず小さからぬ挫折を経験したと言われている。だが、アーベルが真に数学の創造者でありうるためにはこの独創に満ちた孤立した研究だけではまだ足りず、楕円関数論、超楕円関数論、アーベル関数論へと広がる大きな世界の中に代数方程式論を包み込んでいかなければならなかった。岡潔のイテレーション研究は創意に満ちたみごとな研究ではあったが(二つの鮮明な発見も伴っていた)、これだけではなお数学の世界そのものの創造者ではありえなかったであろう。やがて岡潔はハルトークスの逆問題へと向かい、この大きな跳躍を実践に移したが、道のりは平坦ではなく、先行して現れた試行錯誤の一時期は丸五年間に及んだのである。

値分布論、有理型関数の正規族、ハルトークスの集合

一九三〇年十月中ごろ、岡潔とみちさんはレゼジーを発ってパリ西方郊外のサン・ジェルマン・アン・レーに向かい、フォッシュ元帥大通り一〇六番地の下宿「菩提樹」に落ち着いた。ここでこの年の冬を過ごした。岡潔は週に四回、早起きしてソルボンヌ大学に通い、聴講を続けた。

イテレーション以降、初めに関心を寄せたのは、ジュリアの著作から出発したのであろうと思われるが、一変数関数論の値分布論であった。これは一九三〇年秋十一月ごろの出来事

と思われるが、岡潔は一変数関数論の、おそらく値分布論の研究でひとつの発見をして、(ジュリアが出張中だったので)ソルボンヌ大学のフレッシェに見てもらうためパリに出たことがある。フレッシェは功力金二郎《くぬぎきんじろう》(新設の北海道大学理学部の数学の教官要員として留学中であった)の先生であった人でもあり、親切なことで評判であった。

フレッシェは同僚のダンジョワを連れてきて紹介した。ダンジョワは岡潔のノートを一読すると隣室に行き、『コントランジュ』(科学学士院の報告集)の一冊をもってきて、だまってある部分を岡潔に示した。それはダンジョワ自身の論文で、標題と冒頭の数式を見ただけで、同じテーマをあつかいながら正反対の結論を出していることがわかった。岡潔は「耳まで真っ赤になり、テーブルに顔をふせたまま上げられなかった」(昭和三十七年四月十七日「春宵十話(三)数学の思い出」)。この苦い体験は岡潔の心によほど強い印象を刻んだようで、後年折に触れてはこの失敗談を話題にして、

「あのときほど恥ずかしかったことはなかった」
「これからは一番むずかしい問題しかやらないとかたく決意した」

と語ったという。

値分布論の次に岡潔が関心を寄せたのは、三たびジュリアの影響のもとに、多変数有理型関数の正規族の理論であった。この研究は一九三〇年十二月ころから翌年春先にかけてなさ

れた模様であり、仏文の論文草稿

「二複素変数の有理型関数の族について」

や、ジュリアに宛てて書かれた手紙の下書き（日付は一九三一年一月二十二日、一九三一年二月二十日など）が遺されている。岡潔はジュリアの定理の拡張をめざし、ひとつの定理に到達した。しかしそれは、同じ方向で研究を進めているスイスの数学者ザクセルの論文「多変数有理型関数の正規族について」（一九三一年）と重複する恐れがあった。そこで岡潔は、

扨テ以上ノ結果ハ正シク貴下ノ théorème fondamental［基本定理］ノ un complément［ひとつの補足］デアルカラ W. Saxer［ザクセル］氏ガモシ此ノ点ニ触レテ居ルナラバ貴下ニ抜キ摺リヲ送ツテ居ルト信ジル Alors［そこで］、彼ガ貴下ニ抜キ摺リヲ送ツテ居ルカ否カヲ知ラセテホシイト思フ

と、ジュリアに要請したのである。

この心配は杞憂には終らなかった。岡潔が得た定理はザクセルの定理と同じものであり、しかもそれは「正則関数族の正規域は擬凸状である」というジュリアの定理において「正則」を「有理型」に置き換えただけのものにすぎず、「真の発見とは云へない」（「春の回想」）。

そのためジュリアから、「若い人たちがさう云ふことをするやうでは全く見込みがない」という「雷霆の御叱責」（同上）を受けることになってしまった。こうして多変数有理型関数の正規族の理論への関心もほどなくして消失した。

続いて岡潔は「ハルトークスの集合」に着目した。ハルトークスの連続性定理により、多複素変数解析関数の特異点の作る集合は任意ではありえない。ハルトークスの集合というのは多変数解析関数の（本質的もしくは非本質的な）特異点の作る集合に備わっている二、三の特徴的な性質を抽出し、それらを定義として採用することにより規定される集合のことで、根底にあるのはハルトークスとE・E・レビの発見であった。

ハルトークスの連続性定理は、それ自身としては、多複素変数解析関数の特異点は孤立しないことを記述する命題にほかならないが、その「孤立しない」という幾何学的状勢の描写の様式に際立った特徴が見られる。岡潔はこの点に着目して、そこから「ハルトークスの集合」の概念を抽出したのである。この研究は帰国後も続き、学位請求論文にするつもりで昭和九年に至るまで足掛け四年間にわたったが、途中で放棄され、とうとう完成しなかった。研究は四たび大きな転換を迫られたのである。

ハルトークスの集合の外側に広がる領域の形状に着目すれば解析関数の正則領域もしくは有理型領域（「存在領域」と総称される）が目に映じる道理であり、その幾何学的形状は任意ではなく、ある種の凸性、すなわち擬凸性を備えていることが諒解される。この認識があれば、ハルトークスの逆問題への道のりはわずかに一歩の距離にすぎないが、思想的に見るとこの視点の変換は本質に触れる変更を内包し、やはり相当の難事だったように思う。新たに具体的な契機が必要であった。

レビの問題

一九三四年（昭和九年）、ドイツの数学者ベンケとトゥルレンの共著の著作

『多複素変数関数の理論』

が刊行された。岡潔はこの本を丸善で購入し、研究方針を立て直し（構想をたてるのに半年以上は要したであろう）、昭和十年の年明け早々から新たな研究を開始した。岡潔所蔵の一冊には多くの書き込みが見られるが、表紙には正岡子規『病牀六尺』から採られた言葉

「草花ヲ写生シテ居ルト造化ノ秘密ガワカッテ来ルヨウナ気ガスル　一九三五・二・五」

が書かれ、序文には一九三五年（昭和十年）一月二日という日付が記入されている。当初からハルトークスの逆問題を念頭に置いていたことはまちがいなく、レビの問題が提示された箇所（五十四頁）には下線が引かれ、欄外に、

「"ungelösten Hauptprobleme"!!　1935. 1. 16」（未解決の主問題　一九三五年一月十六日）

というメモが書き留められた。これは本文に出ている語句を写したのである。

イタリアの数学者レビは滑らかな超曲面 $\{\varphi=0\}$（φ は実数値を取る二階連続微分可能関数）で囲まれた領域 $\{\varphi<0\}$ に対して「ハルトークスの連続性定理」を適用し、そのような領域が解析関数の存在領域であるための必要条件として、「レビの形式 $L(\varphi)$ が非負」すなわち「（等号つきの）微分不等式 $L(\varphi)\geqq 0$ が成立すること」という条件をみいだした（レビの形式 $L(\varphi)$ は関数 φ の偏微分係数を用いて構成される）。そうしてレビはそのうえでなお一歩を進めて逆問題に移り、もし領域 $\varphi<0$ の各々の境界点（すなわち超曲面 $\{\varphi=0\}$ 上の点）において（等号の入らない）微分不等式 $L(\varphi)>0$ が成立するなら、領域 $\{\varphi<0\}$ は「局所的に見れば」存在領域になる、という数学的事実を確認した。そこでベンケ、トゥルレンの著作では、

　レビの条件 $L(\varphi)>0$ は「大域的に見ても」領域 $\{\varphi<0\}$ が存在領域であるための十分条件を与えているだろうか。

という問が問われたのである。これが「レビの問題」である。ただしベンケ、トゥルレンの本に「レビの問題」という言葉は見られない。

レビの条件 $L(\varphi)>0$ は領域 $\{\varphi<0\}$ に対してある種の凸性（「強擬凸性」と呼ばれることが

ある）を課していると考えられるから、一般的な視点に立てば、レビの問題は、

「擬凸状の領域は存在領域だろうか」

という問題の雛形と見ることも可能である。この一般問題が問題として成立するためには、「擬凸状の領域」という概念に明確な形を与えなければならないが、岡潔は「各々の境界点において連続性定理がみたされる領域」として擬凸状領域の概念を規定して、「一般的な意味におけるレビの問題」すなわち「擬凸状領域は存在領域だろうか」という問題の解決を構想した。これがハルトークスの逆問題である。

クザンの問題と展開の問題

多変数関数論の「クザンの第一問題」というのは、「指定された領域に（解析関数の）極の分布を局所的に与えて、それらの極を許容する大域的な（すなわち、指定された領域全体において解析的な）関数を作る問題」であり、一変数関数論の場合のミッタク＝レフラーの定理の類比をたどろうというのである。一変数の場合には、この問題はどのような領域においてもつねに解け、その数学的事実を主張するミッタク＝レフラーの定理が成立するが、多変数の場合には領域の形状が複雑になるため、いきなり一般化するのは困難である。そこでフランスの数学者ピエール・クザンは「柱状領域」と呼ばれる単純な形の領域（複素平面内の領

域の直積の形になっている領域）において、ミッタク＝レフラーの定理に対応する定理を証明することに成功した。これは一八九五年の論文「n個の複素変数の関数について」で公表された。

ベンケ、トゥルレンの著作で見ると、六十四頁の「定理三十二」がそれで、そこには「ミッタク＝レフラーの定理のクザンによる翻案」と銘打って、高次元の有限複素数空間の全域もしくは柱状領域におけるクザンの第一問題の解決を主張する定理が記述されている。「クザンの第一問題」というクザンの名を冠した呼称は、このクザンの貢献にちなんで発生したのである。ただし柱状領域よりいっそう一般的な領域に移ろうとする意図が示されているわけではなく、まして「クザンの第一問題」という名前の問題がこの時点で現れたわけでもない。この点はかえって注目に値すると思う。岡潔は一九三七年の第二論文「多変数解析関数についてⅡ　正則領域」において、「（有限単葉な）正則領域においてクザンの第一問題はつねに解ける」という数学的事実を確立したが、この事実を問う問題がベンケ、トゥルレンの本に出ていたのではない。岡潔はすでに提出されている問題を解いたのではなく、「正則領域においてクザンの第一問題は解けるだろうか」という問題を独自にたて、しかもその解決に成功したのである。

一変数関数論に「ヴァイエルシュトラスの積定理」と呼ばれる定理があるが、クザンの第二問題はその一般化である。ベンケ、トゥルレンの本の六十五頁に出ている定理三十三がそれで、高次元の有限複素数空間全域または単連結な柱状領域におけるヴァイエルシュトラスの積定理の一般化が記述されている。具体的な内容を見ると、零面（解析関数の零点の作る集合体）の局所的分布を与え、それらを許容する大域的な正則関数を作るという問題であり、やはりクザンの一八九五年の論文「n個の複素変数の関数について」を嚆矢《こうし》とする（ただしクザンは柱状領域の単連結性の認識が足りず、少しまちがっていた）。ただしベンケ、トゥルレンの本に「クザンの第二問題」という名前の問題が出ているわけではない。

クザンの第二問題と密接な関係で結ばれている問題に「ポアンカレの問題」がある（クザンの第二問題が解ければポアンカレの問題もまた解ける）。これは有理型関数を大域的に二つの正則関数の商として表示することを要請する問題で、ポアンカレが一八九三年の論文「二個の変数の関数について」において初めて取り上げたことにより、「ポアンカレの問題」という呼称が定着した。ポアンカレは二個の複素数の空間全域においてこの問題を解くことに成功した。ベンケ、トゥルレンの本で見ると、六十八頁の定理三十四がポアンカレの問題の解決に該当し、この問題は有限複素数空間全域または単連結な柱状領域において解けることが述べられている。ただしベンケ、トゥルレンの本に「ポアンカレの問題」という言葉が見られないのはクザンの二つの問題の場合と同様である。

クザンの第二問題に立ち返ると、ハルトークスやカルタンやグロンウォールが例示したように、この問題は任意の領域において解けるわけではなく、しかも解けない原因もまたさまざまである。ところがグロンウォールの例を別にすると、ここに挙げた例（ハルトークスとカルタンの例）では、考えられている領域はどれも正則領域ではない。そこでベンケ、トゥ

ルレンは、とりあえずの処置として、

定理三十三、したがって定理三十四が少なくとも単連結な正則領域に移されるかどうかということは完全に未解決である。

（ベンケ、トゥルレン『多複素変数関数の理論』六十八頁。グロンウォールの例では、単連結ではない領域において、解をもたないクザンの第二問題が与えられている）

という形に問題を提出した。クザンの問題に関連してベンケ、トゥルレンの本に出ている問題はこれだけである。「クザンの問題」という言葉はどこにも見られない。

昭和十二年六月十四日、岡潔は『ツェントラルブラット』（世界中の数学の論文を紹介するドイツの学術誌）の閲覧を続ける中でグロンウォールの論文「多複素変数一価関数の、二個の整関数の商としての表示の可能性について」に出会い、強い印象を受け、「完全な例が出て居る！」とノートに書き込んだ。この例に刺激されて思索を続けると、同年秋（十一月ころ）、岡潔は独自に同様の例を作ることに成功した。正則領域においてクザンの第二問題を考えるとき、解けるか解けないかを左右するのは、与えられた零面の位相的特性である。岡潔はこの重大な事実を洞察し、この年（昭和十二年）のうちに一篇の論文を書いた。連作「多変数解析関数について」の第三報

「多変数解析関数についてIII　クザンの第二問題」である。後年、岡潔の名を冠して「岡の原理」と呼ばれることになる多変数関数論の基本原理の原型が、こうして発見されたのである。

「近似の問題」はベンケ、トゥルレンの本の七十九頁に出ている。これは一複素変数関数論のルンゲの定理の一般化だが、ルンゲの定理というのは、「単葉な単連結有限領域における任意の正則関数は、その領域のいたるところで一様に収束する多項式級数に展開される」という定理である。多項式級数に展開されるのであれば、多項式により近似可能であることになるから、「近似の問題」は「展開の問題」と言っても同じことになる。高次元の複素数の空間に移ると、ルンゲの定理はもはや任意の単連結領域において成立するとは言えず、領域のタイプに制限がつく。そこで「そこにおいてルンゲの定理が成立する領域」をルンゲ領域と呼ぶことにして、ベンケ、トゥルレンは、

　少なくとも任意の単葉な単連結（有限）正則領域はルンゲ領域かどうかという問題は、依然として完全に未解決である。

と言明した。そうしてそのうえで、

ルンゲ領域であるための必要十分条件はどのようなものであろうか。という問題を提示した。これが「近似の問題」または「展開の問題」である。ただしベンケ、トゥルレンの本には問題の呼称は出ていない。

こうしてベンケ、トゥルレンの著作『多複素変数関数の理論』には、「レビの問題」「クザンの第二問題に関する問題」「近似の問題」と、都合三つの問題が現れている。「クザンの第一問題に関する問題」については明確な記述はないが、岡潔はベンケ、トゥルレンの著作に示唆を受け、「(高次元の複素数の空間全域や柱状領域よりも) いっそう一般的なタイプの領域においてクザンの第一問題を解く」という問題を手にしたと見てまちがいない。この問題を第二問題に関する問題と併せると、「クザンの問題」という総称が相応しい。

「レビの問題」「クザンの問題」「近似、の問題」。岡潔はこれらを「(未解決のままに残されている) 三つの中心的な問題」(『春宵十話』)、「三つの問題群の作る山嶽」(『昭和への遺書 敗るるもまたよき国へ』) と見て、踏破する決意を固め、実行に移した。それが昭和十年年初の状況であった。

ハルトークスの逆問題

三つの問題群の作る山嶽の中で、岡潔の目に中核と映じたのはレビの問題であった。ただしここでもまた留意しなければならないのは、岡潔はレビの問題それ自体を解こうとしたのではないという一事である。レビの問題の由来を求めるとハルトークスの連続性定理にさかのぼり、レビはハルトークスの連続性定理の観察の中から「レビの問題」を取り出した。そこで岡潔はレビがたどったのと同じ道筋を、レビよりも深くたどりなおすことにより、ハルトークスの逆問題を抽出することに成功したのである。それまで四年間（昭和六年から九年にかけて）にわたって打ち込んできた「ハルトークスの集合」の究明も、ハルトークスの逆問題を設定するうえで有効に作用したことであろう。レビの問題は特別の場合としてハルトークスの逆問題に包摂されている。

ベンケ、トゥルレンの本では三つの問題は個別に提示されているだけであり、そこに相互関連の認識を見るのは不可能である。ところが岡潔の目にはクザンの問題と近似の問題とハルトークスの逆問題の間の親密な有機的関連がありありと映じ、クザンの問題と近似の問題の解決とを組み合わせることにより、ハルトークスの逆問題が解けるのではないかという大掛かりな構想が心に描かれたように思う。昭和十一年（一九三六年）に公表された岡潔の第一論文

「多変数解析関数についてI　有理関数に関して凸状の領域」

（連作「多変数解析関数について」の第一報。広島大学理科紀要六、二四五～二五五頁。七月三十日発行の第三分冊に掲載された。受理されたのは昭和十一年五月一日）

の序文において、岡潔は、

多複素変数の解析関数の理論の近年の進展にもかかわらず、いくつもの重要な事柄が多かれ少なかれあいまいなままに残されている。（広島大学理科紀要六、二四五頁）

としたうえで、特に「ルンゲの定理やピエール・クザン氏の諸定理が成立する領域の型」と「フリードリッヒ・ハルトークス氏の凸性と、アンリ・カルタン氏とペーター・トゥルレン氏の凸性との関係」に言及し、そのうえで「これらの間には親密な関係が存在する」（同上）と語っている。ここに明記された「親密な関係」への着目こそ、三つの問題群がハルトークスの逆問題を中核としてひとつの大きな山嶽を形成しているという認識の表明にほかならない。

連作「多変数解析関数について」の初めの六篇の論文を見ても、そこで明らかにされているのは、

（A）単葉な正則領域ではクザンの第一問題はつねに解けること（第二報「正則領域」）

（B）単葉な擬凸状領域は正則領域であること（第六報「擬凸状領域」）

というめざましい数学的事実である。これらはともに「領域の理論」に所属する発見である。カルタンとトゥルレンの理論により、単葉な正則領域は正則凸状である。それゆえ事実（A）は、「クザンの定理が成立する領域の型」と「カルタンとトゥルレンの凸性」とは親密な関係で結ばれていることを示している。また事実（B）は、「ハルトークスの凸性」（すなわち擬凸性）と「カルタンとトゥルレンの凸性」（すなわち正則凸性）との関係を示している。すなわちこれらの二概念は論理的に見て同等なのである。

ハルトークスの逆問題はまず複素二変数の空間内の有限領域を対象にして、第六報「擬凸状領域」において解決された。この論文は昭和十六年十月二十五日付で『東北数学雑誌』（東北帝国大学教授林鶴一が創刊した数学誌）に受理された。岡潔の昭和十年初め以来の研究構想はこれで一段落したのである。第六論文の末尾にわざわざ「FIN」（「終」の意）と書き添えられたところには、当時の岡潔の心情が込められているように思う。ただし実際には数学研究はなお続いた。岡潔は新たに「内分岐領域の理論」の建設という目標をたて、前人未到の領域に向かって歩を踏み出していった。

昭和二十八年、第九番目の論文

「多変数解析関数についてⅨ　内分岐点をもたない有限領域」（『日本數學集報』二十三、九十七～百五十五頁。

（論文の末尾に附された日付は一九五三年十月十二日。十月二十日付で受理された）

が成立して、標題の「内分岐点をもたない有限領域」においてハルトークスの逆問題が解決された。昭和十年の年明けの時点から数えて、この間、実に十九年という長い歳月が流れ去ったのである。しかしこのみごとな成果が得られてもなお道のりは半ばにすぎなかった。岡潔の本来の意図は未完成のままに終わったのである。

幻の第十論文

第九論文は初め、「有限領域」という簡潔な標題で構想がたてられた論文であった。岡潔の本来のねらいは「一般に内分岐する領域においてハルトークスの逆問題を解くこと」にあり、その根幹をなすのは「基本的な補助的命題」の確立と「内分岐する擬凸状領域における境界問題の解決」であった。前者の命題は不定域イデアルの理論により第八論文（昭和二十六年）で確立された。境界問題のほうは極度にむずかしく、まるで〈北の涯の氷の山〉のような気がする（昭和二十六年七月二十二日の日記）と慨嘆しているほどである。岡潔はこれを問題（F）と呼んで多年にわたり苦心の日々を重ねた。この時期には解けたと考えていた模様だが、まだ確信が伴っていなかったのであろう。そこで第九論文を二分して、まず「IX 内分岐点をもたない有限領域」を出し、ついで境界問題の解決をまって、続報

「X　Domaines finis généraux」（一般の有限領域）を出すことにしたのである。この第十論文の標題は三高京大以来の友人、秋月康夫の命名による。

昭和二十八年五月二十六日といえば、ちょうど第九論文の日本文による執筆が完了した時期にあたるが、この日の日付でフランスの数学者ルロンに宛てて書かれた手紙の下書きが遺されている。

私が何故《Domaines finis》［有限領域］をⅨ、Ⅹの二つに分けたかと申しますと、それは lemme II（Mémoire IV［「Ⅵ」の誤記］で云へば p. 51 の $\varphi(x, y)=-\log d(x, y)$ の役割をする函数の存在が、分岐した擬凸状域に対しては極めて困難な問題になるのでして、それで私は其の前にⅨをおいて、充分それまでの所を整へることによつて一つには lemmes を準備し、二つには、困難の姿を出来るだけくつきり浮き出ささうとしたのです。

私はここ数年来（Mémoire VII 以来）殆んどこの困難の克服に力を注いで来ました。そして今はそれが出来たと考へてゐます。然し慥かにさうであるかどうかは、私の主観（idées）を展示して、検討した後でなければ云へません。

第十論文が書かれる日はついに訪れず、内分岐領域の基礎理論と多変数代数関数論の建設が未開拓の課題として後世に遺された。今もなお一筋の光も射さないまま放置されている。ただし本来予定されていた第十論文とは別に、昭和三十六年、公表された論文の順序から見て第十番目に数えられる論文

「多変数解析関数についてX　擬凸状領域を創り出すひとつの新しい方法」

が執筆された。これは第九論文の続きではない。

昭和三十年代に入ると、カール・ルートヴィヒ・ジーゲル（昭和三十年）、アンドレ・ヴェイユ（昭和三十年と三十六年の二度）、ピエール・セール（昭和三十年）、ハンス・グラウエルト（昭和三十六年）、アンリ・カルタン（昭和三十八年）と、世界の数学者たちが相次いで来日し、奈良に岡潔を訪問した。ジーゲルなどは「岡潔」を個人の名ではなく、「日本のブルバキ」すなわち日本の若い数学者の集団名と信じていたというほどで、彼らはみな岡潔の数学の力に驚嘆し、実在の岡潔を自分の目で見るために奈良に足を延ばしたのである。

没後二十年余という歳月が流れ、年々歳々名を知る人ももう少ないが、「岡　潔」の名はその分だけかえって伝説の度合いが高まっているように思う。生誕百年が過ぎ、没後で数えても二十年あまりの年月が経過した今日、ガウスやアーベルやリーマンのように、数学史に残る大数学者と見て、人生と学問の本質に向けて歴史の流れの中で考察を加えていくべき時期にさしかかったと言えるであろう。

トノンの秋と由布院の春

「治宇さん」の死

中谷宇吉郎先生の弟の「治宇《じう》さん」こと中谷治宇二郎《じうじろう》が、療養先の大分県由布院温泉岳本《たけもと》の、佐藤助三郎さん所有の土蔵で病没したのは、昭和十一年（一九三六年）の春がまだ浅いころ、三月二十二日の午後八時三十分のことであった。結核、カリエス、関節炎、胃潰瘍、心筋炎に苦しめられたあげくの出来事で、数えて三十五歳という若い死であった。

この年の三月に入ってまもないころ、治宇さんは突然、呼吸困難に陥り、苦しみ抜いて数日を送った。心臓の鼓動は二、三十から四、五十に低下し、強い気管支炎に伴って心筋炎が生じたために一睡もできない日もあった。主治医の岩男干城先生が夜中もつきっきりで酸素吸入を行い、二時間おきにコラニンの注射をしてくれたおかげでようやく峠を越した。か細い綱を渡って降りるいとまもないような危うい日々が続いたが、治宇さんは屈せず、札幌の兄、中谷宇吉郎先生への手紙の中で「姉上病気で御悲嘆の由、病気は生きている事を恐れなければ必ず癒ります」と書き留めて、かえって中谷静子さんを励ましている。この書簡の日付が三月九日である。静子さんは前年暮に腎臓炎になり、新年の一月十七日、腎臓結核と診断されて、三月八日入院という経過をたどっていた。三月十三日には腎臓を片方摘出という大手術を受けたのである。

三月二十日午後、金鱗湖畔で亀の井別荘を経営する伯父、中谷巳次郎（父、卯一の兄）が見舞いにいくと、治宇さんは「また会えるとき、会いましょう」と言ってうれしそうに笑った。これがこの世での笑い仕舞であった。巳次郎さんが大正初期に北陸加賀の片山津温泉郷から移り住んで以来、由布院は中谷一族の新たな故郷になっていたから、いとこの宇兵衛（巳次郎の長男）、妹の武子さん（宇兵衛さんの奥さんでもある）、甥の健太郎さんと次郎さん（宇兵衛さんの長男と次男）、いとこの寿子さん（父、卯一の弟の直吉の長女）など、治宇さんはたくさんの中谷さんに囲まれていた。奥さんの節子さんと、前年十二月八日に誕生したばかりの三女の恭子さんもいた。寿子さんは献身的に治宇さんの看護にあたっていたが、三月七日、寿子さんと大生寺（所在地は福岡県浮羽郡浮羽町で、臨済宗）の芝原行戒和尚との結婚式が盛大に行われた。治宇さんの見通しは明るいとは言えなかったが、今日明日のこととはだれも思わなかったであろう。亡くなる二日ほど前までは、苦しい息の中から上品な冗談を言って、岩男先生や中谷一族の人たちを喜ばせたり泣かせたりしたという。

治宇さんの名簿帳とこの年の年賀状を参考にして宛先が選定されて、三月二十三日の日付で約二百枚の逝去の通知書が出された。文面は、

中谷治宇二郎儀大分県由布院温泉にて病気療養中の処養生不叶三月二十二日午後八時三

十分死去……

というほどの簡潔なものであり、差出人として名を連ねているのは、長女の中谷桂子さんと兄の宇吉郎先生の二人である。桂子さんはこのときまだ数えて十歳にすぎず、母親、すなわち治宇さんの奥さんの節子さんの実家である岩手県和賀《わが》郡小山田村の菅原家で、妹の洋子さん（数えて九歳）ともども両親のいない日々を暮らしていた。

三月二十四日、葬儀が営まれた。盛大を避け、由布院でも一流のひとばかりが集まって、しめやかな、真実味のあるおとむらいだったと言われている。続いて火葬にふされ、翌二十五日がお骨拾いである。岡先生は治宇さん急逝の知らせを受けて、広島から単身、由布院に向かい、この日の朝、到着してお骨を拾った。宇兵衛さんは宇吉郎先生への手紙（日付は三月二十五日）の中でそのように報告し、「嬉しかつたでしやう」と書き添えている。岡みちさんがかけつけることができなかったのは、二月二十一日に長男の熙哉さんが生まれたばかりだったからであろう。札幌の宇吉郎先生はこれまでもなにかと由布院に足を運んだものだったが、このときは無理だった。静子さんの看病と幼い三人のお子さん（順に咲子さん、君二子さん、敬宇芙）の世話に追われていたためだが、加えて宇吉郎先生本人も、一月三十日ころから原因不明の胃の鈍痛に悩まされ続けていたのである。

宇吉郎先生に宛てて書かれた岡みちさんの四月二日付の手紙を見ると、

治宇さんも惜しい事でした。こんな事なら去年夏由布に行つてもう一度よく話して置けばよかつたとしよげ返つてゐる主人を見るのも可哀想です。私はフランスでの事を思ひ出しては毎日話してゐます。涙の種が私達には多うございます。

という痛切な言葉に出会い、ぼくらの感慨はまたしても新たである。治宇さんの死は岡先生とみちさんの心情に計り知れないほどの衝撃を与えたのである。

パリの友情

中谷治宇二郎は岡先生がパリで見つけた親友であった。親愛の気持ちを込めて「治宇さん」と呼びかけていたのも、岡先生そのひとにほかならない。昭和三十七年春四月、死に別れた年から二十六年という歳月が過ぎて、岡先生のエッセイ「春宵十話」が毎日新聞誌上に連載されたとき、数えて六十二歳の岡先生は往時を回想し、治宇さんと知り合ったことは「フランスでの私の最大の体験」だった、と語った。

フランスでの私の最大の体験は中谷宇吉郎さんの弟の中谷治宇二郎さんと知り合ったことだ。治宇二郎さんは当時自費で、シベリア経由で留学にきていた若い考古学者で、東北地方を歩き回って縄文土器を集め、長い論文を書いたあとだった。その論文をフランス語で三ページに要約したのがおもしろいので、感心したり、とにかくどこかひかれるところがあって親しく交わった。……何より才気の人で、識見ももっていた。それよりも、ともに学問に対して理想、抱負をもっており、それを語り合ってあきることがなかった。……私たちは音叉《おんさ》が共鳴し合うように語り合った。

(「春宵十話」第五話「フランス留学と親友」。毎日新聞、昭和三十七年四月十九日)

治宇さんは天賦の才能に恵まれた考古学者であった。宇吉郎先生よりも二つ、岡先生よりもひとつ年下で、宇吉郎先生と同じ石川県立小松中学校を卒業した。その後は上京して菊池寛の書生になったり、金沢新報社の記者になってシベリアにわたったり、東洋大学で印度哲学を勉強したりと曲折のある日々を送ったが、やがて鳥居龍蔵に師事して考古学の道を歩み始めたという。兄の宇吉郎先生のように高等学校から帝大へと進む道を歩まなかったのは、当時、中谷家の家運が衰退に向かっていたためであろう(父、卯一はすでに亡く、北大路魯山人のような偉大な道楽人だった伯父の巳次郎は莫大な財産を蕩尽して出奔し、別府を経て由布院の地にあった)。

大正十三年(一九二四年)四月、東京帝大理学部人類学科の選科生になり、いよいよ腰を据えて考古学に向かい合う構えになった。東大の人類学教室は本邦唯一の人類学教室だったが、所帯は小さく、助教授の鳥居龍蔵と講師の石田収蔵が講義を行っていた。学生は選科生のみで、本科生はいなかった。どこかで鳥居龍蔵と知り合う機会があって影響を受け、鳥居先生の指導を受けるつもりで東大入学を決意したのであろうと思われるが、このあたりの経緯は定かではない。治宇さんの入学直後、鳥居先生は人類学科嘱託の松村瞭の学位論文審査問題に巻き込まれ、東大を去り（六月二日付で辞職）、國學院に移ってしまった。

松村瞭が英文の学位請求論文「各県居住の日本人頭形及び身長の地理学分布」を人類学教室主任の鳥居龍蔵に提出したところ、鳥居は「人類学上なお一考ありたし」（鳥居のエッセイ「ある老学徒の手記」より）として書き直すよう指示した。ところが松村はこの手続きを諒承せず、論文の返却を要請し、鳥居の頭越しに後藤理学部長に宛てて学位申請の手続きを行った。それと平行して骨学（解剖学）の権威、小金井《こがねい》良精《よしきよ》に相談をもちかけた結果、小金井が主査となり、畑違いの植物学の藤井教授が審査員になるという態勢ができあがり、論文を審査したうえで鳥居に同意を求めてきた。このような経緯を鳥居が受け入れるはずはなく、激怒して、東大を辞職するという挙に出たのである。

鳥居龍蔵の辞職後、松村瞭が助教授になり、教室主任にもなった。治宇さんはもっぱら先史考古学を研究した。

東大に在学中、治宇さんは大正十四年、十五年としきりに東北方面に遺跡調査旅行に出て、三万枚の遺物カードを作成した。これに基づいて、昭和二年（一九二七年）三月、「注口土器ノ分類ト其ノ地理的分布」という力作を書き上げて卒業した。岡先生が「長い論文」と言っているのはこの大きな作品（実物は見たことがないが、築地書館の『日本考古学選集24　中谷治宇二郎集』では百五十八頁を占めている）のことで、十一月、岡書院を経営する岡茂雄の肝煎りで東大人類学教室研究報告第四編として刊行された。これを要約して得られた数頁の（フランス文ではなくて）英文の論文が、一九三〇年、留学先のパリで公表されたのである。先史考古学における様式論の先駆をなす研究報告であった。

一九四九年四月九日という日付をもつ岡先生の遺稿「春の回想」には、治宇さんの「三ページの要約」への言及が見られ、言わんとするところはよくわからないが、「月暈《げつうん》（月のかさ）を思はすやうな論文であります」と評されている。岡先生はこの論文の扉に、

この背後に身を以って拾ひ集めた三万枚のカードと三年の苦心のあることを忘れてはならぬ

と書きつけて治宇さんをしのぶよすがとし、「ほら、三万枚のカード位、私たちに使はせたら、一秒位しかかゝらない」と言って、いろいろな人に自慢した。

大学卒業後、治宇さんはやはり岡書院から『日本石器時代文献目録』（昭和五年十月刊行）と『日本石器時代提要』（昭和四年九月刊行）という二冊の著作の出版を企画し、その印税を手にして渡仏することにした（この治宇さんの計画は実際には頓挫した。『日本石器時代文献目録』のほうの印税は支払ってもらえないことになったため、急遽『日本石器時代提要』の原稿を書き始め、買い取ってもらったのである）。後者の作品の「自序」には「昭和四年七月仏国に発つ日」という日付が附されているが、治宇さんのフランス行は「七月二日午前九時四十六分、大阪発」から始まっているから、「仏国に発つ日」というのは七月一日あたりのことでもあ

ろうか。二週間のシベリア鉄道の汽車の旅を終え、パリのノール駅（ガール・ド・ノール＝北駅）に到着したのはパリ祭（革命記念日。七月十四日）の三日後の七月十七日、午前六時四十七分であった。宇吉郎先生が停車場に出迎えて、自動車でパリ南郊の国際大学都市の日本館に連れていった。

宇吉郎先生は昭和三年二月、岡先生と同じく文部省在外研究員としてイギリスに留学し、初めユニバーシティーカレッジ・ロンドンのポーター先生のもとで実験を手がけ、後、キングス・カレッジ・ロンドンのリチャードソン先生のもとでおよそ一年間エックス線の研究を重ねた（雪の研究が始まるのは、北大に赴任して三年目の昭和七年暮からである）。昭和四年帰国の途につき、帰路、フランスに滞在した。パリに到着したのは昭和四年四月二十六日だが、おりしも国際大学都市で日本館が開館（五月十日が開館式）したので、そこに移動した。日本館は別名「薩摩会館」とも呼ばれ、日本政府が薩摩《さつま》治郎《じろ》八《はち》という人物から三百五十万フラン（邦貨で二億円）という寄付を得て建設した建物である。

岡先生は昭和四年の四月十一日正午、日本郵船の北野丸で神戸を出航し、インド洋経由でヨーロッパに向かった。五月二十一日にはマルセーユで両親と祖母に宛てて「無事マルセーユニツキマシタ」という文面の絵はがきを出している。マルセーユに着いたのは朝で、おそらくこの日のうちに同行者三人（岡潔、鈴木弼、正木修）で汽車でパリに向かった（マルセーユで一泊したとも考えられるが、岡先生の回想にそれを示唆する言葉はない）。パリの最初の晩は諏訪旅館（諏訪さんという人が経営する旅館）に投宿し、ここで日本館開館のうわさを耳にした。翌朝、日本館で宇吉郎先生に出会い、二人はたちまち親友になったと言われている。岡先生は三階の宇吉郎先生の筋向かいの部屋に陣取ることになり、宇吉郎先生から毎晩のように寺田寅彦先生の実験物理学の話を聞いた。そこに治宇さんが顔を出し、数学者と実験物理学者と考古学者の作るパリの小さな友情の世界が出現したのである。

岡先生は京都時代と同様、パリでもよく徹夜で勉強を続けていたが、治宇さんがパリに着いた日の朝も明け方の五時まで起きていて、早起きして治宇さんを迎えに行かなければならない宇吉郎先生を起こしてやった。治宇さんの部屋も三階で、宇吉郎先生の部屋の隣りであった。

十月八日の夜、宇吉郎先生がパリを発ち、ベルリンに向かった。これに先立って宇吉郎先生は一週間ほどロンドンに行き、一年間（一九二八年四月から翌年三月まで）の滞英中に親しくなった人たちに別れを告げ、荷物をまとめて船便で故国に送った。それからパリにもどり、二、三日後にパリを発ったが、それまでの間、岡先生と治宇さんと宇吉郎先生は三人で日々を過ごした。食事をし、散歩をし、パリを見物した。ルクサンブルグ公園で半日ほど話し込んだりしたこともあった。いよいよ宇吉郎先生が発つ日には三人いっしょに駅前で食事をし、それから連れ立ってホームに向かうと、そこに四、五人の知人もやってきた。宇吉郎先生は、「こんなに多くの見送りを受けたのは、こちらへ来てから初めてです」と言って、ベルリンへと去っていった。この後、岡先生は治宇さんとほとんど離れず、絶えずいっしょにすごしたという。「春の回想」には、「私は幸にも、この時既に真の知己の一人を得たのでして、かやうなことは人の世に極めて希れにしか起らないのです」という感銘の深い言葉が書き留められている。

昭和四十七年（一九七二年）五月三日、数えて七十二歳の岡先生は東京九段会館で催された「憲法を考える青年・学生集会」（主催は日本学生同盟）において講演を行い、「真情」の話をした。情から表層のものを切り捨てると心の深層が顕わになる。なお仔細に見れば、知の色彩を帯びたもの、意の色彩を帯びたもの、さらに種々雑多の不純物がある。それらをみな除き去り、そのうえでさらに純化したものを真情と言いましょう、というふうに岡先生はこの言葉の内容を紹介した。どの人にも、その人に固有の真情が備わっている。真情は自分を自分であらしめている自分の本体であり、本来の自分である。真情の内容をなすものは「情緒」である。だから二人の人といえば、情緒を異にする二つの真情があることになる。

だが、二つの真情は実質を異にしたままの状態で、しかも融け合ってひとつになることがあると岡先生は言明し、「不思議だけれども、できるんだからしかたがない」と言い添えている。これが「友情」を語る言葉でなくてなんであろう。若い日の治宇さんとの友情はいつまでも岡先生を離れず、岡先生の人生に不易の色どりをもたらしたのである。

カルナックの海辺とレゼジーの川辺

年が明けて昭和五年（一九三〇年）になると、みちさんもパリにやってきた。日本郵船の伏見丸で一月二日正午に神戸を出航し、二月十日、マルセーユに到着した。二月八日、岡先

カルナックの遺跡（法安桂子さん提供）

生はマルセーユに向かい、ねむたそうな顔をして、それでもあまり不服そうな様子もみせずにみちさんを出迎えた。それからマルセーユで一泊後、しばらくニースに滞在した。この間、治宇さんには音信不通のままで、二月十九日になってようやくパリにもどってきた。

岡先生は日本館の部屋はそのままにしてみちさんともどもパリ大学のすぐ前のセレクトホテルに逗留し、連日、花札に興じた。一日おきくらいの割合で治宇さんが顔を出した。四月七日の時点で、滞在先は依然としてセレクトホテルである。それからしばらくしてパリ五区ソメラール通りの日本人村（日本人滞在者が多く、「日本人の巣のようなところ」と言われた）に引っ越して、五月も半ばにさしかかったころから大学の講義を聴き始めた。一日に一、二時間である。留学一年目は図書閲覧のみだったともいうが、聴講を可能にしてくれるフランス語の勉強にも相当の時間が費やされたことであろう。治宇さんは始終、岡先生を訪ね、麻雀に興じたりした。日曜ごとに郊外に散歩に出ることにしたのもこのころで、五月二十日付の治宇さんの節子さん宛の手紙には、「いつでも岡氏夫婦と一緒で草の中で一日寝てゐる。何もしない」などと記されている。

七月二十九日、岡先生とみちさんと治宇さんの三人にフランス語の家庭教師のフェロディ夫人を加えた一行四人は連れ立ってブルターニュ、ドルドーニュ方面に旅行にでかけた。フェロディ夫人はロシア人の未亡人で、ちょうど岡先生たちくらいの年齢の男の子がいた。この日の朝、みなでケイ・ド・オルセの駅を発ち、夕刻、まだ日の高いころ、サンタン・ドオレで降りて自動車に乗り継いでモルビアンのカルナックに向かい、古墳サンミシェルの中腹に位置する「古墳ホテル」に到着した。ブルターニュの海が一目で見わたせるホテルで、以後四十数日をここで過ごした。

カルナックはブルターニュ地方の海キブロン湾沿いの小さな町で、治宇さんの「ドルメンの思い出」（遺稿集『考古学研究の道』所収）によれば、「巨石遺跡の集団地として、考古学の聖都と呼ばれている所」である。治宇さんはここで磁石と巻尺と地図を手に、ドルメン（巨石墳）やメンヒル（立石）、アレニュマン（立石群）など、巨石遺跡の調査を行った。

岡先生は巨石によりかかって数学の本を読んだり、ホテルで論文「あるひとつの非一次有理関数と交換可能な代数関数」（フランス文。未発表）の訂正稿を書いたりした。この論文のテーマは留学前の京都時代から懸案のイテレーションで、宇吉郎先生に宛てた五月二日付の治宇さんの手紙に、「岡さん丈夫、論文も近く出来上がる由」とあるから、完成したのは五月ころと推定される。岡先生はこの論文のタイプ原稿を作成してジュリア先生に提出し、それから旅行に出たのである。留学して最初に得られたみごとな果実であった。しかしどこかしら意に染まないところがあったのであろう、わざわざ訂正稿なども書いたにもかかわらず、後日取り下げてしまい、とうとう終生未発表のままに終わった。

八月十七日、岡先生とみちさんと治宇さんは三人でチビエック島を訪問した。ある日の午後、キブロン岬沖のチビエック島で貝塚を発掘している人がいるという話を聞いて、三人連れ立って見学に行った(フェロディ夫人は一足先にパリにもどっていた)。この島に渡る唯一の場所であるポルト・ブランの漁村で漁船を探したが、海に降ろされている舟は見あたらなかった。あきらめて帰ろうとしたとき、ちょうどチビエック島にわたるという発動機船を見つけ、便乗を頼んだが、自分たちは島で泊まるし、風が出始めたので連れて帰ることもできないと言われた。この発動機船に乗っていたのはナンシーの考古学者サン・ジェス・ペカールの二人の子ども(兄と妹)であった。

数日後、中谷治宇二郎がバンヌの町の博物館に行き、副館長のル・グランに会ったおりにペカールのことが話題になり、いっさいの手筈を整えてくれた。三人でチビエック島を訪問したのは八月十七日のことで、カルナックの飛行祭の日であった。

八月二十日、札幌の宇吉郎先生に宛てて、三人で寄せ書きしてはがきを出した。治宇さんは

「毎日午後遺跡めぐり。起床七時。午前読書。夜は漫談で11時に寝ます。岡さんも同様。大分煙草が減りました」

と近況を報告し、「治」とサインした。岡先生は、

「暫ク御無沙汰シマシタ　丘ノ上ノ屋根裏ニ住ンデ居マスカラ雨風ガ大分激シク雷ヲ見タ事ヲ思ヒ出シマス」

と挨拶し、みちさんは、

「毎日牛を食べては寝て居ますから三人共大元気です」

と一同の無事の消息を伝えるとともに、「中谷さんは草原で一日三四度立小便をなさいます」とひとこと書き添えた。

カルナックの夏の朝夕はまるで（日本の）秋のようで、汗の出ることはめったにない。そのあたりの草原には、ちょうど日本の春に咲く小さな花が咲いていた。岡先生もみちさんもよく食べ、よく眠り、よく運動し、よく勉強した。二人ともみるみる健康な顔色になった。パンを食べるようになったおかげで岡先生の胃の調子も非常によく、コーヒーも煙草も本当に少なくなった。万事がこんなふうで、日々は順調に経過しているように思われた。

九月に入り、三人はカルナックからドルドーニュ地方のレゼジー・ド・タヤックに移動し

た。その正確な日時は不明だが、九月十三日の時点で、所在地はレゼジーのホテル、レビニュ・デュクロである。レゼジーはフランス南西部に位置するベゼール川やブーヌ川に沿う山《やま》峡《かい》の村であり、洞窟の壁画や彫刻など、先史時代の遺跡の宝庫である。治宇さんはここでも調査を続行した。岡先生とみちさんも治宇さんの助手になって、手を傷だらけにして熱心に旧石器の遺跡を掘り、石鏃などを採集した。発掘権は毎日五十フランであった。

治宇さんは定まった収入がなく、八月末の時点で一文なしになっていたから、遺跡の発掘権の料金など、種々の費用はすべて岡先生が負担した。岡先生はこのころすでにフランス滞在の一年延長を考えていたが、延長期間中は文部省からの給費が途絶えるため、紀州の父親から送金してもらわなければならないことになる。岡先生は節約を心掛け、衣服も買わず、日本で買った鳥打帽を阿弥陀にかぶって歩いていた。

後年のエッセイ「ラテン文化とともに」(『一葉舟』)を参照すると、延期の理由がこんなふうに説明されている。岡先生は治宇さんによって親友とはどういうものかを知った。なぜそんなに気が合ったのかというと、それは治宇さんは永遠の旅人という気がするし、岡先生はじっと突っ立っていて、決して動かないからである。こういう二つの個(「個人の中核」と註記されている)がひとつになると、どのひとつにもないものが出るのである。そこで岡先生は、みちさんもいることでもあるし、「もう一年この自由なラテン文化の中にいようと思った」というのである。

「春宵十話」の第五話「フランス留学と親友」でも、「私は治宇二郎さんといっしょにいたいばっかりに留学期間を一年延ばしてもらった」と語られていることでもあり、岡先生の言うことに別段、疑いをはさむ理由はない。だが、他方、治宇さんに寄せる岡先生の友情の厚いことは尋常ではない。岡先生たちはレゼジーに続いてサン・ジェルマン・アン・レーに移動するが、ここには国立古代博物館があり、フランスで出土した旧石器時代から中世までの考古学資料が収蔵されている。行く先はどこも治宇さんの勉強を配慮して選ばれて、治宇さんも治宇さんで、深い感謝の気持ちを心にしながら岡先生の厚意を受け入れていたように思う。そのうえ「友は絶えず病身だつたのです」(「春の回想」)とも言われている。岡先生は治宇さんの健康を思いやり、生活を支えて、自由に学問をしてほしかったのであろう。その並々ならぬ心情の根底にあるものは、友情を超越した友情、すなわち真実の友情ともいうべき親密な心の通い合いだったのではあるまいか。

サン・ジェルマン・アン・レーの冬

冷え冷えとした空気のせいでみちさんが発熱したため、レゼジー滞在は意外に長引いたが、十月半ば、岡先生とみちさんはパリ西方二十キロほどの郊外の街、サン・ジェルマン・アン・レー(ベルサイユ宮殿を造ったルイ十四世の生地でもある)のフォッシュ元帥大通り一〇六番地によい下宿を見つけ、移動した。「菩提樹」という名の、老夫婦が経営する賄《まかない》つきの下宿であった。サン・ジェルマン・アン・レーは美しい土地で、岡先生の「春の回想」にも、「春は、ここは高見になつてゐるのですが、低地や斜面にはリンゴの花がさいて、其の間を

サン・ジェルマン・アン・レーの下宿「菩提樹」(樋口敬二氏提供)

汽車がいもむしのやうにゆつくりゆつくり歩いて、実に綺麗でした」と春の風光が描かれている。治宇さんの健康状態が気にかかることでもあり、ここで静養して冬を越そうという考えだったのであろう。

下宿は大きな庭のある三階建ての家で、一日三十五フランである。治宇さんは十月十六日にいったんパリにもどり、十一月十七日ころ、岡先生とみちさんの待つサン・ジェルマン・アン・レーに向かい、合流した。

治宇さんは週三回パリに行き、講義を聴いたり学会に出たりした。岡先生は週に四回、早起きして大学に通い、聴講した。「春の回想」を見れば、「カルナックの夏を海に遊び、レゼイジーの秋を山に親しみました。そして Itérations［イテレーション］への愛着を洗ふことが出来ました。それからサンジヤルマン、アンレーに閉じ籠つたのです」という記述が目に留まる。岡先生の研究はいよいよ多変数解析関数論へと移行しつつあったのである。

サン・ジェルマン・アン・レーの下宿の冬は楽しか

った。岡先生とみちさんは三階に住み、治宇さんの部屋は二階だった。一階は食堂である。治宇さんはストーブを購入して冬に備えた。冬の夜、ストーブにつけた火が景気よく燃え出すと、どてら姿の治宇さんは棒でこつこつと天井を突いた。するとこの合図を心待ちにしていた岡先生とみちさんは三階から降りてくる。そこで三人でストーブを囲み、話をした。治宇さんはトロデカル土俗博物館の副館長リビエールの紹介により、美術書出版のバノエスト社と契約してアルス・アジアチカ（東洋美術叢書）の二冊（第一冊「土器並文様篇」、第二冊「土偶並其他」）を執筆することになっていた。原稿料は一冊一万フランである。治宇さんがそんなふうに考古学のあれこれの話をすると、みちさんはいつも聞き役に回るのを常とした。

だが、治宇さんは心の晴れない日もあった。昭和五年の暮から少しずつ元気を失っていたが、昭和六年の新年を迎えて間もないころ、一月十二日付の節子さん宛の手紙を見れば、「少し発熱、今日で三日床に着いてゐる。少時こんな事もなかつたのだが、一寸ノドを痛めたのと少々過労だつた。毎日新聞大の図版を二枚づつ自分で描いて英国で出版する本の準備をしてゐたので。然しこの仕事は尚三四箇月止める訳にはゆかない」というような悲惨なありさまである。このとき治宇さんは、「国を出でて三年、当才にて残し置きし子の　父の事なぞ求め聞くと云ふに」と前置きを置いて、

あはれこの子
片親の子の

子を真似て

と詠んだ。

治宇さんがパリに発ったとき、長女の桂子さんは一歳十一箇月、次女の洋子さんは九箇月だったから、当歳、すなわちその年に生まれたばかりの子どもといえば洋子さんを指すのであろう。また、

この男三十路に入りて家を成さず
空しく異域に日をすごせば
夢に見る
かるたの春や
旅に老ふ

とも詠われている。治宇さんは健康に不安があって将来に確信がもてず、やはりさびしかったのであろう。道を開く鍵をアルス・アジアチカの執筆に求め、岡先生の友情に支えられながら懸命に日々を過ごしている様子が目に見えるようである。

トノン・レ・バンの日々

サン・ジェルマン・アン・レーを去ってパリにもどったのは昭和六年三月二十五日のことであった。治宇さんは再び日本館に入り、岡先生とみちさんはパリ大学のそばのセレクトホテルに滞在した。治宇さんの健康状態は悪く、春になると一日二時間以上の仕事は不可能になった。ほとんど外出せず、生活を考えることもできなくなってしまった。少しやせて、少しずつ熱が続いたので、何もしないでぶらぶらして毎日寝ていた。生活費は七月初めで皆無になる。半年前からわかっていたことではあったが、いかんともしがたかったのである。

六月末、治宇さんは森本六爾《ろくじ》（奈良県桜井市出身の考古学者）といっしょに、友人の医師ゲーノーの診察を受けた。レントゲンを撮る相談をして、翌週（すでに七月に入っていた）、ひとりででかけると（森本六爾も健康が思わしくなく、レントゲン撮影をすすめられたが、病気が発見されることを恐れて同行をこばんだ）、肋膜炎と宣告され、転地を指示された。この日、治宇さんは銀行から最後の八百フラン（約六十五円）を受け取って日本館にもどった。

七月二十日、治宇さんはスイスのレマン湖畔の町ローザンヌのサナトリウム、シルバナ・クリニックに移り、療養生活に入った。贅沢なホテルのような療養所であった。ローザンヌはレマン湖のほとりの町で、レマン湖を隔ててアルプス連山モンブランに対している。高地だけに夏でも寒く、治宇さんは湯たんぽを入れて寝ていた。四日ごとに一回、結核の血清注射をした。七度一、二分ほどの熱が出ることもあり、何でもないこともあった。

たいていの人は六箇月か八箇月しなければ全癒しないと言われていたが、治宇さんにはそのような余裕はなかった。五等中の三等くらいの部屋とはいえ、部屋代が一日につき十六フラン（スイスフラン。六円五十銭くらい）かかり、生活費も八フランかかるからである。この費用を快く提供してくれたのはまたしても岡先生であった。治宇さんを援助するため、岡先生とみちさんはパリ六区ピエール・ニコル通りの最も小さなアパートに移り、みちさんは一日三十フラン（フランスフラン）以下で生活を賄い、岡先生は一日十フラン以下の小遣いで暮らし始めた。これはパリでは細民階級の生活であった。

岡先生の洋行は初め二年間と定められていたが、帰国の時期が近づいたころ、半年だけ延期することにした。治宇さんといっしょにいたかったから、と岡先生は後年回想した。ところが延期中は文部省の手当は途絶えるから、当《あ》てにできるのは故国の父からの仕送りのみであった。文部省からの手当は月々三百六十円ほどもあったから三人分でも十分だったが、そんなに多額の現金の仕送りは、父からはとても期待できなかったであろう（帰国後の岡先生の広島文理大学助教授の俸給は月額百七十円、昭和六年ころの北大助教授の宇吉郎先生の俸給は二百円である）。治宇さんの療養費を負担したうえで、みちさんと二人分の生活費を工面するには、パリの細民階級の生活に甘んじるほかに手はなかったのである。

八月七日、治宇さんは注射の副作用で四十度の高熱が出て、四、五日絶食という事態に陥った。治宇さんはパリの岡先生に手紙を書き、対岸のフランス領で一緒に自炊して暮してくれるよう、助けを求めるほかはなかった。病院を離れるのは危険ではあったが、経済上の負担が大きすぎるため、このまま滞在を続けることもまた不可能であった。岡先生たちと生活をともにして、せめて食事に気を遣うことで治療に代えたいという、苦肉の策であった。岡先生とみちさんはすぐに依頼に応じ、八月十五、六日ころパリを離れ、ローザンヌに向かった。岡先生は治宇さんのためになることならなんでもしてやろうという考えで、しかもそうすることを自分の喜びとしているかのようであった。みちさんもまた、少なくともこの一点に関しては岡先生と心をひとつにしているようであった。真に純粋な、友情というものの極致を示す美しい情景であり、ぼくらの住むこの世の中に本当にあったこととはとうてい思われないほどである。

ローザンヌのサナトリウムで、医者は治宇さんの胸にハンカチをあて、耳をつけよく聴いた。背中からもそのようにした。そうして岡先生をかたわらに呼び、「お国へ電報を打って、家族を呼んだほうがよい」と小声でいった。このとき、岡先生は芭蕉の句、

蛸壺やはかなき夢を夏の月

の心情がはっきりわかったという。

岡先生は共同生活のことを具体的に考えて、オートサヴォアのレマン湖畔の温泉町トノン・レ・バン（仏領）で、湖畔の高い切り岸に臨んだ貸し別荘を借りた。三階建てで、一階は食堂、二階は湖に面した隣り合った二部屋だけ戸を開いた。三階は閉め切りである。

八月十九日、治宇さんは岡先生と二人で故国の節子さんに宛てて寄せ書きして、絵はがき

トノンの貸別荘（法安桂子さん提供）

を出した。岡先生の言葉にはこんなときにも春風駘蕩とした気分がある。

トノンへ来テ寝室ダケデ八間モアル別荘ヲ借リマシタ　下宿デモ始メヨウカト思ヒマス　写真見セテモラヒマシタ　桂子サンハイツモ尻ヲカク癖ガアリマスネ　潔

今月七日に注射をしてその反応で熱四十度絶食四五日すつかりやつれて岡さんへおかゆと梅干を持つて来て呉れと云つてやつた。岡さんは早速奥さん同道やつて来て対岸のトノンででかい別荘をかりた。近・・・こへ行く。療養所はもう御免。今日岡さん色々・・・呉れた。幸ひ二三日前から元気になつたの・・・レマン湖へ船で遠足に来て半日遊・・・

（点の部分ははがきの欠損箇所である）

治宇さんは一度は危篤に陥ったが、岡先生とみちさんを迎えて立ち直り、熱も下がったからこの遠足に参加したのである。だが、やはり早まったようで、このとき以来七度二、三分から五分位の熱が出ておさまらなかった。それでも八月二十二日、岡先生とみちさんに来てもらって病床についたまま無理に病院を出て、トノンの別荘に移動した。

サナトリウムの生活費は一日八フランほどかかるが、貸別荘ならそれだけで三人が生活できた。もし医者が毎日カルシウム注射にでも来ると言い出したら、経済が破綻してしまうから、食事療法に徹する以外に道はない。みちさんは朝から晩まで治宇さんの食事の仕度にかかりきりで、食事もみんなで治宇さんの病室でした。治宇さんは毎日ぼんやり寝ころんで、漢詩や俳句の本を読んですごしていた。杜詩と陶淵明詩集が無二の友であった。この年のトノンはよく雨になったが、岡先生は天気がよくなっても終日家にいて、治宇さんと話をしたり、治宇さんと同じように寝たりした。治宇さんと岡先生は主に文藝の話をした。岡先生とみちさんの親切なことは想像できないくらいで、おかげで治宇さんの心はおだやかだった。霧が深く、銭葵《ぜにあおい》の紅が鮮やかで、花々がきれいに咲いていた。

八月二十日といえばレマン湖の遠足の直後で、サナトリウムからトノンの貸別荘に移る二日前のことになるが、この日、節子さんに宛てて書かれた手紙には、この時期の治宇さんの心情が透き通るように語られている。「若しここに私にこんなに親切な友人がなかつたら、私は巴里でどうしただらう」と治宇さんは自分に問い、こんなふうに岡先生を回想していくのである。

私は生れて三十年して初めて真の友情と云ふものを見た。岡さんは私がこちらで知合つただけの友人だが限なく私を愛し私の学問を愛して呉れてゐる。私は学問上でも一つ年上の数学者に多くのものを得た。さうして物質的にも多くの援助を得た。昨年夏丁度私は金が途切れた。その間二月私を田舎に伴ひ自由に考古学上の調査をさせて呉れた。今度も亦自ら進んで私の二ヶ月間の転地の費用を負担する事を申出られた。私はこうしてスイスの療養所へ発つた。

岡先生は治宇さんとの出会いを「フランスでの最大の体験」と見ていたが、治宇さんのほうでも、「私は生れて三十年して初めて真の友情と云ふものを見た」と言っている。二人の心情はここに共鳴し、ひとたび耳にした者の心にいつまでも響いてやまないであろう。「真の友情」はさながら糸車にかけられた無限の実質をもつ繭のようである。パリの日本館での出会いからカルナック、レゼジー、サン・ジェルマン・アン・レーを経てローザンヌ、トノンに至るまで、岡先生と治宇さんの間にはさまざまな出来事が打ち続いたが、それらはみな、「真の友情」のとりどりの変奏が紡ぎ出す美しい無限多面体の構成面の数々だったのではあるまいか。

治宇さんのトノンの日々は、由布院の中谷宇兵衛さんへの手紙にも生活の断片が現れている。日付は九月九日である。

トノンは千二三百尺の盆地だが、毎日雨続きで、日本の十一月末くらいの寒さである。もうストーブをたかなければ床を出られないほど冷えている。今日（九月九日）は珍しくいい天気になったので、庭の木蔭に出て半日を送った。それでもその日射しは日本の十一月初めくらいのものだ。

治宇さんはこんなふうに身辺の雑記を伝え、それから「つくづく北の国だと思ひます」と感慨を吐露した。

それから治宇さんはトノンで詠んだ句を披露した。

　巴里の旅会に病んで居を遠音《トノン》の山地に移せる夏　一九三一年

漣《さざなみ》の渡る湖明けきらぬ
白壁の半ばうすれて雨の脚
戸を開くわづかに花のありかまで
子等遊べ主なき庭のはだん杏

ぼくらの胸をしみじみと打つ句が並んでいるが、全体にさびしい気分に覆われていて、もはや留学生活も気持ちの上では終わっているように感じられることも否めない。フランスを去る日が次第に近づいていた。

由布院の春

岡先生たち三人のトノン滞在は「アルプス連峰が雪を頂くころまで」(「ラテン文化とともに」)続いたが、十月三十一日、トノンを去り、スイスを横断してパリに帰った。岡先生とみちさんはフイヤン通りのフイヤンホテルに滞在し、治宇さんは森本六爾が部屋を確保して待つ日本館に入り、帰国の準備に取り掛かった。岡先生は留学を半年延期して九月いっぱいまでということになったが、九月に入りまたも三箇月延長した。最初の延長は必ずしも治宇さんのためのみとは言えず、研究の都合もあったことと思われるが(岡先生は数学の研究課題の模索を続け、前年昭和五年の暮れあたりになってようやく多変数関数論に定めつつあったのである)、この二回目の延長は明らかに治宇さんが心配だったからであった。トノン滞在を十月十日ころまで続け、それから何とかしてパリにもどり、治宇さんの健康状態を見計らいつつ三人いっしょに帰国の途につこうという考えだったが、この計画ものびのびになり、結局トノン滞在は十月末日まで継続されたのである。

帰国を決意した治宇さんのために、森本六爾が主催して、日本人倶楽部(パリ十七区デパルカデール通り七。凱旋門に近い西北の、地下鉄ポルト・マイヨー駅を東によけた場所にあった)において送別会が催された。岡先生とみちさんも参加した。会場は一階のレストラン(日本料理を食べることができた)であろう。

十一月四日の時点では、十二月初めにパリを発ち、ロンドンで乗船する計画であった(十一月四日付の今井富士雄宛書簡)。実際には十二月十五日朝、イギリスを発つ予定になっていたが、直前の十二日、発熱した。

十二月十二日夜、治宇さんの肋膜炎が再発し、クリスマスの日の夜、サン・マルセル大通りに面したサン・フランソワ病院（パリ五区サン・マルセル大通り二十六）に入院した。岡先生とみちさんは毎日、お見舞いにでかけていった。治宇さんの帰国は延長を余儀なくされ、岡先生も治宇さんといっしょに帰るため、また留学を延長した。これで三度目の延長である。

新しい年の二月二十二日、治宇さんはフェロディィ夫人に付き添われて南仏の海岸アルプスが海にせまるコートダジュールの近郊の町シャトーヌフ・ド・グラースに転地した。滞在先はウルバン夫人の経営するペンション（下宿）「メイゾン・ブランシュ（白い家）」である。岡先生とみちさんも南下を始め、四月一日、マルセーユで治宇さんと合流し、この日の午後四時発の予定の日本郵船の筥崎丸で出航した（実際の出航は五時半）。神戸に到着したのは五月三日の朝であった。出迎えのなつかしい人々の中に、治宇さんの母てるさん、妹の芳子さん、それに中谷宇吉郎先生の姿があった。宇吉郎先生は治宇さんのいのちの恩人ともいうべき岡先生にお礼を言うために、わざわざ神戸に足を運んだのである。

岡先生は紀見峠の郷里にもどった後、広島文理科大学に赴任するため単身、広島に向かった。みちさんはお産のため、大阪帝塚山の叔父北村純一郎の家に滞在した（七月二十一日、長女すがねさんが生まれた）。治宇さんはいったん大阪の母てるさんのもとに落ち着いた後、妹の芳子さんに付き添われて由布院に向かい、六月二十四日、到着した。こうして足掛け五年間に及ぶ療養生活が始まった。

治宇さんの死後、日ならずして広島で不可解な事件が起こり、めまぐるしいほどの曲折を経たあげく、岡先生は帰郷するほかに道のない状勢に立ち至った。昭和十三年六月のことで、このとき岡先生は数えて三十八歳であった。すべては昭和十一年春、由布院で起こった治宇さんとの友情の断絶に起因するのであろう、とぼくは確信する。

岡先生は人生の半ばにさしかかった時点において生涯最大の困難に直面したと言わなければならないが、幸いにも岡先生にはパリで見つけたもうひとつの友情が残されていた。それは中谷宇吉郎先生との友情である。岡先生が治宇さんの人と学問に無限の愛情を注いで惜しまなかったように、宇吉郎先生は岡先生の人と学問を信頼し、何事が起ころうとも決して動揺せず、終始一貫して岡先生を支え続けた。パリの友情こそ、後に岡先生によって情緒と言われ、真情と言われたものの原型である。岡先生が創造した深遠な数学的世界は、情緒、すなわち真情の土壌に開花した美しい友情の花園だったのである。

由布院の夏の日々

広島赴任

足掛け四年にわたる洋行を終え、帰朝して単身広島文理科大学に助教授として赴任した岡潔は、京大同期の竹山説三の世話を受けて、大学の近くに家を借りた。竹山説三は広島高等師範学校から京大に進み、卒業後、広島文理大に勤務していた人で、専攻は物理学である。最初の住まいの所在地は広島市南竹屋町《みなみたけやちょう》六〇一である。昭和九年、この住所表記は広島市昭和町六〇一と変更された。月給は百七十円。広島文理大の内規には学位を取るまで教授にしないという方針があり、岡潔も初めはフランスから持ち帰った研究テーマを仕上げ、学位取得のための論文を執筆する考えであった。

岡みちさんはお産を間近に控えていたため、大阪帝塚山の北村純一郎の家に逗留した。七月二十一日、長女のすがねさんが生まれた。みちさんは大阪で静養と育児を続け、秋十月の声を聞いてからすがねさんを連れて広島に向かった。姪、すなわちみちさんの実の姉あいさんの長女、藤野俊子さんも同行した。

岡潔の初年度の担当講義は「複素変数函数論と同演習」で、講義を受けたのは数学科の学生十名と物理学科の学生四名であった（みな二年生だったと思われる）。講義のほかにゼミも担当したが、岡潔のゼミを選んだのは中村勇という名前の学生ひとりきりにすぎなかった。中村勇は昭和六年入学組の二年生で、数学科の同期生はたった十名である。数学科の講座数は三。教官の定員は八名である。広島文理科大学は昭和四年四月、広島高等師範学校の一部分が昇格して開学してようやく四年目に入ったばかりであり、まだ所帯も小さく、あらゆる面で普請中の学校であった。

講義をするのはあまり気が進まなかったらしく、学生ともうまくいかず、ボイコットされたこともあるなどという奇妙な逸話がさまざまに語り伝えられている。最初の授業の時間のことだが、単位「開」円板の写像について講義をしていたのが、いつのまにか「閉」円板の話にすりかわっていた。すかさず、竹野兵一郎という学生が指摘すると、岡潔はつかつかと教壇から降りてきて、竹野に向かい、「間違っていました。申し訳ありません」と詫びた。「あのときは本当にびっくりしましたよ。三尺下がって師の影を踏まず、といった時代でしょう。先生が学生に最敬礼してわびられるなんてね」と竹野は述懐したという。これは岡潔の広島時代の学生であった吉田紀雄の回想「広島時代の岡潔」（学習研究社『岡潔集』第二巻「月報」所収）に紹介されている話である。

竹野兵一郎は物理学科の学生で、後に広島文理大学に勤務して、研究室が岡潔と隣り合わせになった人物である。

講義の数は年々増していったようで、後に岡潔は、

「広島の大学は講義が多すぎる。フランスの大学では先生は週一回か二回の講義に出るだけなのに、日本では講義の日が多く、自分の研究がすすまない」

などと、同居人の姪の藤野俊子さんにこぼしたりした。しかし岡潔の自由な研究の妨げになったのは講義ばかりではなかった。帰国して間もないころすでに紀州の岡家の資産管理上の問題が浮上して、このころの岡潔の頭痛の種になっていたのである。

背景にあるのは日本全体を覆った経済不況であった。和歌山県では九つある銀行のうち八つまで破産して、金融はいっさい停止し、不動産は十分の一という大幅な値下がりに見舞われた。岡家には不動産を抵当にした借金があったから、資産整理を急がなければならなかった。そのため岡潔はわざわざ広島から紀州にもどったこともあった。早く借金も財産もなくしてしまい、両親と祖母を広島に引き取りたいなどと言い出して、由布院の中谷治宇二郎を困惑させたりした。

岡家の借金というのはおそらく岡潔とみちさんの洋行中の滞在費にあてられたお金のことで、留学期間を一年延長した分については文部省からの支給はなく、私費でまかなわなければならなかったのである。こんなふうで岡潔の身辺はあれこれと用事が山積みという事態になってしまい、いっこうにはきはきせず、広島に出向いて早々不眠症に悩まされる日々が続いた。中谷治宇二郎に会いたくて、夏休みが待ち遠しくてならなかった。

前年昭和六年九月十八日に起こった満洲事変に続いて昭和七年は年初から内外に事件が頻発し、騒然とした空気が日本社会に醸成されていた。一月二十八日には第一次上海事変が始まった。二月九日、東京本郷の駒込追分の駒本小学校裏門の辺で、大蔵大臣井上準之助が血盟団員小沼正の銃撃を受け、暗殺された。これが「血盟団事件」の皮切りで、続いて三月五日正午前、三越南側玄関の辺で三井合名理事長の団琢磨が血盟団員菱沼五郎に銃撃された。中谷治宇二郎は逗留先のシャトーヌフ・ド・グラースの新聞を読んで、この日本の暗殺事件を知った。三月一日には満洲国の建国宣言が出されたし、岡潔たちが帰国して間もない五月十五日は、昭和十一年の二・二六事件と並ぶ昭和初期の争乱事件「五・一五事件」の当日であった。

七月二十一日、大阪の病院で長女が生まれ、岡潔は「すがね」と命名した。出典は、齋藤茂吉の歌

　　菅の根の長き春日を書《ふみ》も読まず絵をかき居れば眠むけくもなし

である（「菅の根」は「長」にかかる枕詞）。後日、別府の観海寺温泉で中谷宇吉郎に宛てて書かれた絵はがき（八月二十五日付）を見ると、

「子供ニすがね（菅根）ト銘打ツテ置イテ九州ヘ逃ゲテ来タ」

と伝えられているから、岡潔が自分で名づけたのはまちがいないであろう。ところが他方、中谷治宇二郎の宇吉郎宛書簡（昭和七年八月八日付。由布院から札幌へ）を参照すると、「これは帝塚山のオツさん事北村学士の命名故　良寛和尚あたりから出た名でせう」などという言葉が見える。それならあるいは北村純一郎が名づけたのかもしれないとも思う。

岡潔は後年のエッセイで命名の典拠として茂吉の歌に言及したが、茂吉の初期の歌集『赤光《しゃっこう》』や『あらたま』にも未収録で、今日この歌を実際に見るのはなかなかむずかしい。この歌の初出は日本新聞社の新聞「日本」の明治四十年四月二十一日付の紙面であり、伊藤左千夫（歌人）の連載記事「勾玉《まがたま》日記」で取り上げられた。数行の詞書《ことばがき》に続き、「海棠《かいどう》を写す」と題されて茂吉の歌二首が紹介されたが、その第一番目が「萱の根の……」の歌で、第二歌は、

面白く思ひうつせど青さびの色六つかしく絵になりかねつ

というのである。これに、左千夫の「返し歌」二首

世の人の巧み何せん君が絵に春の光のたゝよふ見れば
天然に色は似ずとも君が絵は君が色にて似なくともよし

が続き、この日の「勾玉日記」が完結する。

伊藤左千夫の没後、『左千夫歌集』（春陽堂、大正九年）が編まれ、「勾玉日記」も収録された。次いで昭和六年一月十日付で増補版の『増訂左千夫歌集』（岩波書店）が刊行されたから、岡潔はそれを手にする機会があったのであろう。芭蕉への傾倒に先立つ時期のことで、岡潔は子規や左千夫や茂吉の愛読者だったのである。

みちさんの安産の報は治宇二郎から宇吉郎に伝えられた。お祝の品を見つくろって送ってくださいとも依頼があり、それを受けて宇吉郎からみちさんのもとに御祝いの着物が贈られてきた。御祝いの手紙も添えられた。

観海寺温泉（一度目の由布院）

やがて八月も半ばにさしかかり、お盆を少しすぎたころ、岡潔は北村みよしさんと甥の北村駿一と三人連れ立って由布院にでかけていった。みよしさんは北村純一郎の奥さんで、みちさんの姉でもある人である。北村駿一は戸籍の上では北村純一郎とみよしさんの次男だが、長男として生まれた正道が早世した（大正六年四月十五日没）直後に生まれたので、事実上北村家の長男である。大正七年六月三十日の生まれで、この昭和七年の時点で数えて十五歳（満十四歳）。大阪府今宮中学の一年生である。入学したのは前年だから、本来なら二年生の

由布院

はずだが、肋膜炎にかかったため一年級を繰り返すことになったのである。岡潔たち一行の由布院着の日時をもう少し詳しく観察すると、昭和七年八月二十四日付の治宇二郎の宇吉郎宛はがき（由布院から札幌へ）で、

一週間程前より岡さん　北村奥さん　その男の子供一人来て賑でしたが三日前小生急に発熱でお客は一時別府観海寺温泉へ避難中

と報告されているところから推して、おおよそ十七、八日ころ到着と見てまちがいないであろう。

中谷治宇二郎は由布院で初め伯父中谷巳次郎が経営する旅館「亀の井別荘」に滞在したが、七月十五日、津江（由布院温泉のある北由布村の字《あざ》名）の小塩さん方に間借りして転居した。岡潔の一行もその小塩さん家の離れの二階に仮住まいの居を定めた。ところが治宇二郎の急な発熱のため、岡潔たちは到着早々由布院を離れなければならない事態に陥った。結核性の発熱だったため、まだ子どもの北村駿一にうつらないようにするための措置であったであろう。

緊急避難先に選ばれたのは別府の観海寺温泉であった。治宇二郎の発熱は八月二十四日の「三日前」というのであるから、二十一日の出来事と推定される。岡潔たちは翌二十二日あたりに移動したのであろう。治宇二郎の熱は一日だけですみ、二十四日にはもう平熱になった。由布院は八月に入ってから連日降雨が続き、秋冷の気におおわれて悪い気候であった。畑の作物も次第に立腐れ、治宇二郎の身体にもだいぶこたえたようであった。

二十五日、岡潔は大阪のみちさんと札幌の宇吉郎に宛てて絵はがきを書いた。「菅根ハ眼ガ見エル様ニナツタカ」とみちさんに問いかけて、

「治宇ハ僕ガ行クトスグ病気ヲシタカラ二三日前カラ観海寺ニ来テ居ル」

と状況を報告した。そうして天気もようやく回復に向かったから、明日（八月二十六日）、由布岳に登り、由布院方面におりてもう一度、治宇二郎に会い、九月九日まで滞在するつもりという計画が伝えられた。この計画は実行に移され、由布岳に登るところまでは駿一もいっしょだった。それからみよしさんと駿一は観海寺から直接帰途につき、八月二十九日、帝塚山に帰った。岡潔は九日まで由布院に逗留する予定だったが、実際には九月六日に由布院を

発って再度別府に出て一泊し、翌七日、別府を離れて広島に向かった。この帰朝後一度目の由布院行はこれで終わった。観海寺温泉に出たことのほか、具体的に知られているエピソードなどはなにもない。

八月二十五日付の中谷宇吉郎宛の絵はがきで、岡潔はまず初めに七月二十六日の宇吉郎の手紙へのお礼を述べ、それからすぐに本題に入り、

「僕ハマダ其ノ時期デナイカラ今日断ハリマシタ」

と近況を伝えた。「僕ノ怠慢ヲ吉田サンニ詫テオイテ下サイ」とも言い添えられた。「吉田サン」というのは北大理学部の数学者、吉田洋一のことで、今も読み継がれているベストセラー『零の発見』（岩波新書）の作者である。昭和四年、岡潔がフランスに留学してパリの日本館に落ち着いて間もないころ、吉田洋一が同じ北大理学部の中谷宇吉郎を訪ねてきたことがある。そのときいかにも眠そうな顔つきで二階から降りてきたのが岡潔であった。同じ数学者であることもあり、それ以来、仲のよい友人になった。

その吉田に対し、岡潔は「まだその時期ではない」という理由をもって何事かを断ったという。それは岩波講座『数学』の執筆の件であった。

岩波講座

岩波書店の第八次岩波講座として企画されたのは「数学」であった。監修は東京大学の高木貞治とされたが、実際に編集作業を担当したのは吉田洋一であり、岩波書店の店主の岩波茂雄の依頼を受けて、科目選定、執筆者の選定、執筆者への科目振り当てなどの煩雑な仕事を一手に引き受ける恰好になった。全三十巻という長大な編成で、昭和七年十一月二十日刊行の第一回配本「代数学（1）」を皮切りに、三年後の昭和十年八月十五日、最終回配本「解析概論（8）」の刊行を見て完結した。「解析概論」は高木貞治の著作である。後に単行本として刊行され、今日もなお生命を保持するロングセラーになった。

吉田洋一の構想では、岡潔には「（一複素変数の）代数関数論」の巻を担当してもらいたいという考えで、執筆依頼の手紙が出された模様である。相次いで中谷宇吉郎からも七月二十六日付で来信があった。宛先は帝塚山の北村方である。「あれからもう二ヶ月以上も過ぎましたね」と宇吉郎はあいさつし、「もう御休みだから大阪へ帰つて居られると思いますが、別府行は如何なりましたか」と様子をうかがった。そうして「就いては吉田さんから手紙が行つた事と思いますが」と本題に入り、岩波講座編成の経緯が伝えられた。

今度岩波から数学講座を出すのでその人選の下相談にのつたらしいので、吉田さん流で何もかも第一義的のものにすると云ふ大変な意気込みで到底商売になり相もない大計画を立てた所、岩波のおやぢ〔岩波書店の店主、岩波茂雄〕が又例の変り者の性分を発揮して一も二もなく賛成、高木〔貞治〕さんが総大将になつて計画を進め、高木さん自身で微積分は自分でかくと云ふ意気込みなのです。それで代数函数論を是非岡さんに書かして見たいと云ふのでその様に頼んで見てくれと云ふ話でした。功力さんも大賛成、是非岡さんの代数函数論を見たいものだと云ふ事になつたわけです。

「功力さん」というのは功力金二郎《くぬぎきんじろう》のことで、やはりパリで岡潔と知り合った北大の数学者である。

中谷宇吉郎の言葉はなお続き、「それで是非それを承諾してやつて貰ひたいのですが如何ですか」と念を入れてきた。従来の講座とはだいぶ面目を異にして、どんなふうに書いてもいいのだそうだし、(京大の)園正造まで乗り気になって書くというのだからおもしろいと思う。いずれ岩波書店または吉田洋一から報告があると思うが、「君に断られると外に心当りがないと云つて居ますから是非承諾してやつて下さい」とだめ押しのお願いが付言された。原稿料は五百円である。悪い話ではなく、引き受けてしかるべきであったろうと思われるところだが、気持ちにゆとりがなかったのであろう、岡潔は観海寺温泉でこれを断ったのである。

八月十八日、中谷宇吉郎は由布院の治宇二郎に手紙を書き、岩波講座の件で岡潔への伝言を依頼した。別に急ぎの仕事なのではなく、来年末あたりまでに書けばいいのだから、とにかく承諾だけしておいてくれと伝えてほしいというのであった。治宇二郎はこの件をめぐって岡潔と語り合ったが、岡潔は首を縦に振ろうとしなかったようで、八月二十四日、「岡さん岩波講座中々承知せず。今一度云つて見ます」と宇吉郎にはがきで報告した。

そこへ今度は宇吉郎から直接岡潔のもとにたよりがあった。日付は八月二十九日であるから、岡潔はもう観海寺から由布院にもどっていた。宇吉郎は「由布院は御気に召しましたか」とあいさつし、近況を伝え、さてそれから本題に入り、「ついては例の岩波講座の件で吉田さんからやら僕からやらヤイノヤイノ云はれて閉口して居られる事と思ひますが、吉田さんから是非と頼まれて又催促します」と再考をうながした。

「僕自身の考へでも一ツ書いて見たらいいだらうと思ひますが如何ですか」と宇吉郎の言葉は続き、「それで大変いい考へがあるのですが如何ですか」と畳み込んできた。それは、札幌で原稿を書くというアイデアであった。

来年夏は治宇二郎が札幌に来ることになっているから、夏の間二箇月くらいの計画でみちさん、すがねさんみないっしょに札幌へ臨時移住をやって、その間に半分は北海道の見物、半分は代数関数論を書くというようにしたらどうだろうか。北海道の夏の生活は相当長期間滞在するとおもしろ味が出てくるのだし、その間に何か小さいまとまった仕事があるとかえって滞在の間の気分がおもしろくなってくると思う。したがってこれはたいへん名案と思う。新たに貸家を借りる考えだが、目下見当をつけている家は相当広くて、大家が隣りに住んでいて、その大家の家には広い座敷があいている。そこでそれを借りて夜、寝るのに使い、昼はみんなで宇吉郎の家に集って、パリの日本館の生活を再現するというのはどうだろうか。

「一寸楽しみでせう」。芝生に海水浴場で使う大きい日傘を立ててコーヒーを飲もうと思って楽しみにしている。それで来年の秋までという約束にして（原稿執筆を）承知してやってください。

宇吉郎はこんなふうに札幌逗留の生活模様を描き出し、「そして来年の夏は皆で北海道で過ごしませう」と言い添えた。岡潔には学位論文の執筆という懸案があったが、それは来年夏までに仕上げてしまい、それから札幌で遊びながら岩波講座の原稿を書けばよいのではないかというのであった。まことに懇切きわまりない着想というほかはなく、宇吉郎の目には、岩波講座に執筆するのは岡潔のためになると見えたのであろう。今度の岩波講座は高木貞治以下、学会を代表する数学者たちが結集して編纂する大掛かりな講座であり、仲間に加えられたならそれだけでも際立った出来事であったであろう。広島文理大で同僚たちが岡潔を見る目にも相応の敬意がにじんでくるのは必定で、そのあたりを見据えたうえでの配慮であったと見てまちがいないと思う。

実際には翌年夏の治宇二郎の札幌行は実現せず、岡潔の岩波講座執筆もついに日の目を見なかった。だが、岡潔の一家の札幌滞在は三年後の昭和十年夏に実行され、岩波講座の代わりに「上空移行の原理」の発見という大きな実りを結んだ。いくぶん変則ではあるが、この大発見の背景には宇吉郎の三年越しの親切があったわけである。

九月一日、重ねて中谷宇吉郎から来信があった。これは観海寺から出した八月二十五日付の絵はがきへの返信である。伯父の中谷巳次郎が別府に隠れていたころ（巳次郎は郷里の片山津を出奔して別府にたどりついた）、宇吉郎は治宇二郎と二人で訪ねて行ったことがあり、そのおり伯父さんに連れられて観海寺に足をのばしたという。そのとき直径一尺五寸くらいの巨大な西瓜《すいか》を治宇二郎と二人でまるまる食べた思い出があり、「一寸なつかしい」と宇吉郎は回想した。そうしてすぐに岩波講座に話を及ぼした。

今日、というのは九月一日のことであろう。吉田洋一が岡潔のはがきをもってきて、困った、困ったと言っていたという。吉田の話では、（岡潔が）なぜ断るのか理由がわからない。ただ今が非常に忙しいというのだったら、担当の巻の発行をずっと後に回してもかまわない。多分再来年の秋まででもいい。そうするとまだ二年半ある。その間にはひまもできるだろうから、ぜひ書いてもらいたい。

あるいは、もし書くならちゃんとしたものを書きたいが、今はまだその時期ではないというのかもしれない。しかしその点はあまりシリアスに（深刻に）考えなくてもよいと思う。もともと啓蒙的な事業なのだし、オリジナリティーのある本を書くというのとは少しちがうから、楽な気持ちで書いてもらいたい。それでもわざわざ岡潔に書いてもらいたいというのには相応のわけがあり、ただの「講座物」の原稿ではあっても、そこに岡潔の香りが少しはしみ出るだろうというもくろみだ。ごく気楽に書いてもらえれば、その目的はおのずと十分に達せられるだろう。代数専門の人に書いてもらう（これは代数関数論の代数的理論を念頭に置いた発言であろう）のでは、その点がちょっとおもしろくない。おおよそこんなふうなことが吉田の考えであった。

どうしてもいやだというならこの項目は削除してもよい。それでとりあえず交渉中ということにして発表してもいいかどうか（岡潔に）聞いてほしい。これは、吉田から宇吉郎への依頼である。

これを受けて宇吉郎もまた自分の考えを表明した。といっても骨子はすでに八月二十九日付の手紙で語られたとおりであり、来年夏二箇月ばかり北海道へ来てゆっくり遊んで、少しやってみてとても書く気がしなかったら取り止めにして講座の企画から削除することにする。もし気が向くようだったら、札幌滞在中の一仕事として一気に書き上げてしまえばいいのではないか。そこで、書くか書かないかは来年夏休みの気分の問題として、とにかくとりあえず交渉中ということにしておいたらどうだろうか、というのであった。きわめてねばり強いおすすめであった。

ここまで周到に配慮されると、岡潔もさすがに否という道は閉ざされてしまったのであろう。九月五日、由布院で宇吉郎に宛てて承諾の手紙を書いた。岡潔の言い分はこうである。打ち明けて言えば今度のことは気乗りはしないが、反対するほどの理由もない。五百円の愉快な使途がわかればたいへんおもしろいが、帰朝以来健康がすぐれなくてそこまで考えるひまがなかったから、せっかくだがお断りしようと思った。それが「観海寺頃ノ実相ダツタノデス」。ところが万事因縁のあることであり、宇吉郎がすべてを飲み込んで先達をやり、「治宇君ヤ僕」が何も知らずに歩き回るという分業が、パリ以来の行き掛かりのようだ（宇吉郎は岡潔や治宇二郎より一年早くイギリスに留学し、パリにも一足先に到着した。家長の風格があり、何かと岡潔や治宇二郎の世話をやいた)。一度始まったことは終わるものではない。このたびの手紙は少々心中を見すかされたようで口惜しいが、あまりだだをこねて「遊ンデヤラナイ」などと言われても途方に暮れてしまうから、「キッパリト御引キ受ケシマス」。

このように明言して岡潔は執筆を承諾したが、ただひとつだけ条件を申し出た。それは、「期限ハ来々年ノ二月一パイヨリ早クナラナイ事」というのであった。

岡潔がみずから設定した執筆期限は再来年の三月以降というのであるから、昭和九年三月より後のことになる。岡潔の言葉をもう少し続けると、そもそも代数関数論を書くということは中学校の先生たちなどに「数学ニ於ケル美シイ記念碑」を見せるということにほかならず、決して岡潔自身の知識欲や研究の対象になるものではない。おもしろい夏期休暇をそんなことに費やすのはまっぴらだし、夜を二箇月さいて「事務ノ稽古」(これはどういう意味であろうか)をするのも気がすすまない。そこで一度講義をして、それを元にして出すことにしたい。講義となれば第二学期だが、この秋は「洋行ノ後始末」(学位論文の執筆のことであろう)のため忙しくてだめだから、来年の秋になる。それで前述のような期限になるという次第であった。

ともあれこれで執筆を引き受けた恰好になった。吉田洋一にはあらためて連絡はしないからとのことで、中谷宇吉郎に伝言を依頼した。岩波書店には自分で承諾の返事を出したようで、岩波茂雄も大喜びしたという。やがて「岩波講座・数学」とロゴの入った原稿用紙も送付されてきた。

岡潔はリーマンの代数関数論を紹介する考えを抱いていたことであろう。日の目を見たなら、リーマンの独創に岡潔の創意が加味されて描写され、すばらしい作品が現れたことであろう。だが、岡潔がこの仕事に着手する日はとうとう訪れず、昭和十年の年初、断わりの電報が打たれて最終的に決着した。その後、岩波の原稿用紙はなにかにつけて利用されることとなり、連句や論文草稿などで埋められて今も大量に遺されている。

中谷治宇二郎は微熱が消えず、坐骨神経痛にも苦しめられていた。来夏の札幌行の件について、病気の経過を見て、もし治宇二郎が渡北できないようだったら自分も延期すると伝えた。九月六日、岡潔は由布院を発ち、別府に出て手紙を投函した。翌七日、広島に向かったが、到着の正確な日時は不明である。

由布院からのたより

やがて昭和七年も十一月の声を聞き、深まり行く秋のさなかに由布院の中谷治宇二郎から久方ぶりに便りがあった。治宇二郎はこの時期には小塩さん方から亀の井別荘に移っていて、近々別府に出てこの冬を越そうという構えであった。手紙の日付は十一月十二日、宛先は「広島市文理科大学数学教室」と明記された。四、五日前、由布岳に雪が降り、寒くなったと報告し、さながら「トノンの下半期」のようだと、岡潔とみちさんと三人いっしょにすごしたなつかしいトノンの日々が回想された。岡潔は「閣下」などと呼びかけられている。

如何御暮ですか。広島の家は閣下の気に入りましたか。菅根嬢は夜泣をやりませんか。御地は目下いい気候でせう。

当地四五日前山へ雪が来てトノンの下半期の如く寒くてこまりましたが、今は小春になりました。この月末には別府へ下り、明春三月一杯居る考。

目下非常にいい経過をとつてゐて少しづつ肥り出しました。食欲が出てよく食ひます。田中氏が帰国したので――やがて大阪へ行かれるのでせう――禁制品を何でも食つて薬は止めてゐます。これだけ物が食へれば別に製薬は要らぬと思ひます。セムシもこんな所で止まつてゐるでせう。

先日別刷一部送りましたが御覧下さいましたか。仕事の方向だけが漸く定つて長期休業で困つてゐますが仕方ありません。この頃は手紙も書かず本も読まず新聞を見て飯を食つて寝て、ただそれだけで日を暮してゐます。

閣下も子供が一人あると中々忙しい事と思ひます。手紙をくれる様御伝言頼ます。

治宇二郎

潔様

「田中氏」というのはだれのことかわからない。岡潔のもとに送付された別刷の行方も不明である。

手紙の末尾に句が三つ書き添えられた。

落葉して日毎に風の通ひけり
雪雲の危きかたや渡り鳥
幼子一人渡り鳥見る秋の原

中谷治宇二郎はなかなかの俳人であった。

十月にはみちさんがすがねさんを連れて広島に移ってきた。姪の藤野俊子さんも同行した。年末、岡家にお手伝いさんがきたので、俊子さんはいったん奈良の実家にもどったが、翌昭和八年、再び広島に移動して、岡家から洋裁学校に通った。和裁ではなくて洋裁にしたのは、俊子さんが和裁がきらいで習う気がなかったためで、母親の藤野あいさんと話し合って洋裁を習うことにしたのである。

由布院逗留（二度目の由布院）

昭和八年夏、岡潔はまた由布院に行った。年初から夏までの広島での生活の様子はよくわからないが、四月十三日付で書かれた中谷治宇二郎の宇吉郎宛書簡の中に、

「私が夏こちらに居れば多分岡さん夫婦はこちらへ見えるかと存じます」

という言葉が見えるところを見ると、夏の由布院行はだいぶ早い時期から計画されていたように思う。中谷治宇二郎は札幌行を念頭において心構えをしていたが、健康状態が思わしくなく、やはり無理だったようである。六月二十六日付宇吉郎宛書簡には、

「色々御心配おかけしましたがどうも私の回復はかばかしくなく旅行も一寸億くふですから尚一夏当地ですごす事にいたしました。腸の方は先づ全快ですが疲労が多少残つてゐまして微熱あり」

という言葉が見える。これで岡潔の由布院行が決まったことになる。岡潔は今度はみちさんとすがねさんの三人ででかける考えで、適当な家を借りて自炊しながら滞在し、治宇二郎はその家に居候に行くという計画であった。その通りに実現すれば、あのトノンの日々が由布院を舞台にして再現されるわけである。

岡潔の一行三人は七月二十日ころには由布院に到着する手はずになっていた。中谷治宇二郎は早めに貸家を一軒確保して、受け入れの準備を整えながら待ち構えていたが、すがねさんが急に病気になったため、なかなか広島を発つことができなかった。七月二十九日、広島から由布院に電報が届き、なるべく早く行くと伝えられた。治宇二郎のほうでもどうも体調がおもわしくなく、四月末日以来、腸の疾患（腸カタル）に苦しめられたのがこの月の十一日あたりにようやく治癒したと思ったとたん、今度は左脚部に筋肉リューマチが起こった。

膝蓋部の痛みのため起き上がることはもちろん、寝返りもうてないというありさまで、この間三回パビナール注射（痛み止めの鎮痛剤）でしのいだこともあった。シノメニン注射（漢方薬。薬草オオツヅラフジの根茎に含まれている。鎮痛作用がある）がよく効いたというが、それでも岡潔の電報が届いた二十九日ころからやっと寝返りができるようになった程度であった。

こんな状態のところに岡潔たちが到着したら、まるで看護のためだけに来てもらったみたいで気の毒だし、治宇二郎にしてみれば岡潔たちの到着が遅れているのはかえって好都合であった。動けるようになってから来てくれたなら、岡潔の住まいでいっしょに生活する約束ができていた。亀の井別荘も夏の間は宿泊客が多いので、治宇二郎に一室を占領されると困るという営業上の理由もあった。

それにしても治宇二郎の病気は次から次へと絶え間がなかった。ここいらへんで願い下げにして、明春までには元気を取りもどして上京、渡北を実現させたいと心から願う毎日が続いていた。

八月十一日、岡潔がみちさんとすがねさんとともに由布院に到着し、岳本の佐藤助三郎さん方の貸家に落ち着いた。中谷治宇二郎は身動きがとれないため、亀の井別荘の六畳間をひとつ占拠して寝ているよりほかはなかった。トノンの日々はついに再現されなかったのである。岡潔の一行は九月十日ころまで由布院に滞在する予定であった。

中谷治宇二郎の宇吉郎宛の病状報知（八月二十一日付書簡）によると、筋肉リューマチの手当を続けたものの、長引くので、種々病状を考察したあげく、股関節結核の初期との診断

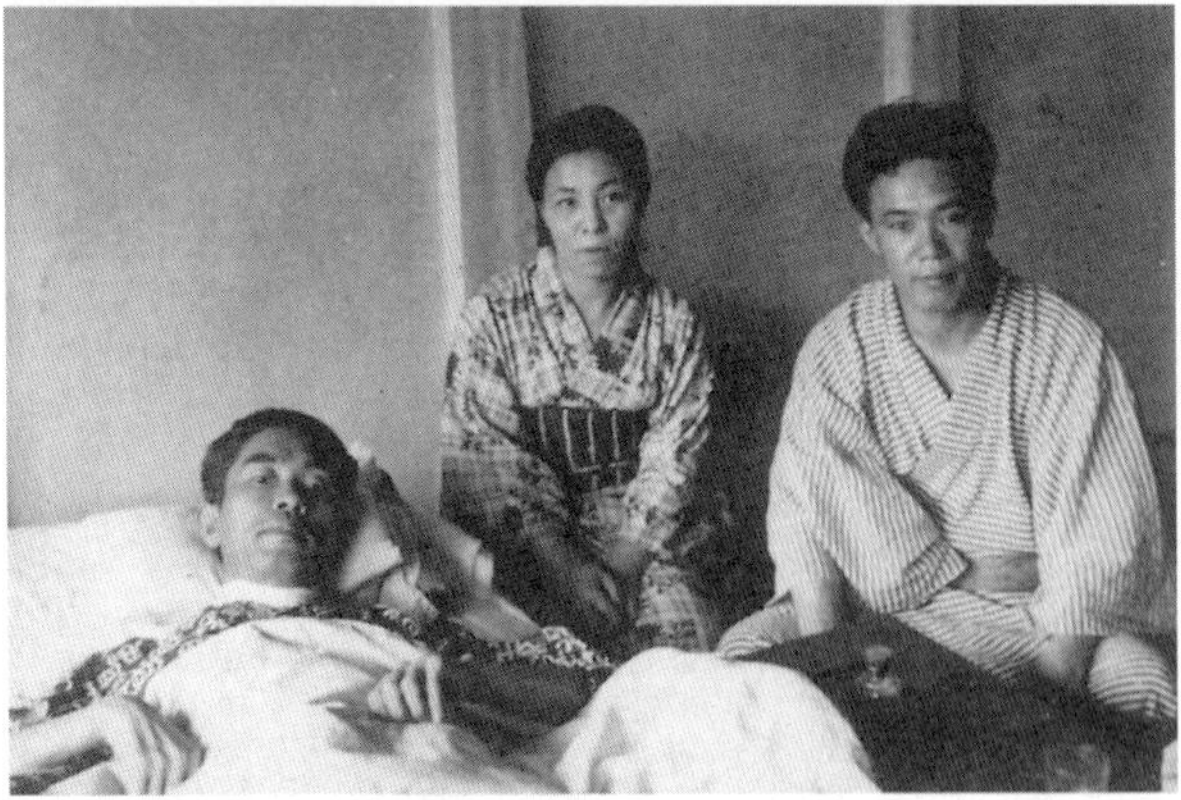

由布院にて：左から治宇二郎、節子、宇吉郎（中谷次郎氏提供）

が出たという。外科医の来信を乞い、ギプスと包帯で固定させるつもりだが、もし往診では不十分なようなら一時的にどこかへ入院することになる。ところが折悪しく脊椎カリエスの旧患部（第五胸椎）が再活動を初めたらしく、十日ほど前（ちょうど岡潔たちが到着したころのことに、なる）から第十胸椎の外側に膿《うみ》がたまり、二、三日前より直径二寸くらいにはれてきた。身体が全く動かせないため、明日、伯父の中谷巳次郎が別府に出て、整形外科医を探してくることになった。栄養状態は一般に良好で、食欲もあり、この面では心配は全くないが、股関節は四、五箇月はかかるだろうし、あるいはびっこになるかもしれない。カリエスのほうは膿が止まらなければ相当に日数を要することになると思う。

治宇二郎はこんなふうに自分の病状を観察した。上京や渡北はこのさい断念し、由布院に住まいを確保して定住の構えをとり、ゆっくりと、本格的に治療に専念したいという考えに次第に傾いていった。しかし独力をもってこの計画を実践に移すのはとうてい不可能で、札幌の兄、宇吉郎の力を借りなければならなかった。そこで治宇二郎は「休暇中に一度兄さんにこちらへ来て頂けぬでせうか」と懇願した。宇吉郎はこれを聞き届け、由布院に来て治宇二郎の療養場所を算段し、岳本の佐藤助三郎さんのお宅の土蔵を借りて手を加えて住むことになった。工事が終わって実際に転居したのは十月十七日のことであった。

中谷治宇二郎の奥さんの節子さんは岩手県盛岡市で幼いふたりの子ども（長女の桂子さんと次女の洋子さん）といっしょに暮らしていたが、治宇二郎が本格的な療養生活に入るということになったので、日々の看病のため由布院に移ることになった。そこで節子さんは子どもたちを岩手県和賀《わが》郡小山田村（現在は花巻市に編入されている）の実家にあずけ、単身、由布院に向かった。この段取りをつけたのも宇吉郎であった。

節子さんの所在地は九月末にはすでに由布院だが、到着の正確な日時は不明である。宇吉郎の由布院到着は八月末から九月初めにかけてのことと推定される。八月二十八日付で書かれたみちさんのはがき（宛名は宇吉郎、静子さん、芳子さんの三人連名になっている）があり、そこには「もうこの葉書の御手に入る頃はこちらへ御出かけになつた後と存じます。一年振にお目にかかれる事を楽しんで居ります」と記されているから、宇吉郎は岡潔たちに会えたと見てまちがいないと思う（岡潔たちの由布院滞在は九月十日ころまでの予定であった）。

亀の井別荘に連日中谷治宇二郎を見舞う岡潔の姿は、中谷武子さんの回想「由布院の岡先生」（『岡潔集』第三巻「月報」所収）に生き生きと描かれている。武子さんは中谷兄弟の妹で、いとこ、すなわち伯父巳次郎の長男の宇兵衛と結婚し、宇兵衛とともに亀の井別荘の経営に努力を重ねていた。

「夏休みをのんびりしたいと思ってね」と岡潔は言ったという。起きるのはたいがいお昼ころで、顔も洗わずに（と武子さんの目には映じた）すぐに亀の井別荘にでかけた。玄関からすーっと入っていき、武子さんの化粧部屋を通り抜けるおりにちょっと鏡で髪をなおしたりした。そんなときにどうかするると、声高々と「妻をめとらば才たけて」と與謝野鉄幹の「人を恋ふる歌」を突然歌いだすこともあった。すぐ隣の部屋では治宇二郎が待ち兼ねていて、「前も後もないお話の続きのような話」をしながら治宇二郎の部屋に向かった。枕もとにすわり込んだり、ときには病人と枕を並べて寝そべりながら語り合って尽きなかった。

三時ごろになると決まってコーヒーを飲みに出た。亀の井別荘の近くに「ちまき茶屋」というこぎれいなお店（今はもう存在しない）があって、女主人手製の「ちまき」と濃いコーヒーが評判をとっていた。ここで岡潔は「特別濃いのをダブルで」注文し、「ちまき」を一皿食べた。これで夕方近くなった。

みちさんは不便な農家の台所でときおり茗荷《みょうが》ご飯などを炊き、大家さんのお宅や亀の井別荘に配った。手の込んだ胡麻《ごま》豆腐の作り方を教えるために、わざわざ亀の井別荘に足をのばしたこともあった。このみちさん直伝の胡麻豆腐は今も亀の井別荘で作られている。

夜は勉強の時間であった。深夜、岡潔は寝転んだままの姿で自由に勉強を続け、ほのぼのと夜が明けかかるころやっと寝つくのが常であった。

こうして一日また一日と由布院の夏の日々が過ぎていった。やがて夏休みも終わり近くなり、いよいよ由布院を発つ日が迫ってきた。出発の日、ちょうど治宇二郎は化膿しかかったカリエスの周囲にお灸をすえていた。岡潔は「ぼくが火をつけてやろう」と言って大きな灸に向かった。みちさんは「熱いでしょう」と懸命に治宇二郎の手を握った。まるで自分が痛い思いをするかのような光景であった。やせ細った治宇二郎は熱さをこらえてがんばっていた。そうしてみんな線香の煙りにむせびながらお別れをした。

しかしこの別れの日はいつなのか、宇吉郎もまたこの場に居合わせたのかどうか、仔細を知る人はこの世にはもういない。

昭和三十七年に書かれた岡潔のエッセイ「春宵十話」第五話「フランス留学と親友」を見ると、岡潔が中谷治宇二郎に最後の別れを告げたのは「三年目の夏」、すなわち昭和九年の夏と明記され、そのうえ中谷治宇二郎の句まで紹介されている。

三年目の夏も、こうして見舞っているうち、私の娘が急病にかかったという知らせでやむなく滞在を切りあげたが、これが別れとなった。このとき治宇二郎さんが「サイレンの岡越えてゆく別れかな」の句を作ったことをあとで聞いた。

(毎日新聞、昭和三十七年四月十九日。「サイレンの岡」の「岡」は、単行本『春宵十話』では「丘」に直されている)

これによれば岡潔は昭和九年の夏も由布院に滞在したかのようであり、しかも単身であったように読み取れる。そこへ帝塚山あたりに逗留していたみちさんからすがねさんの急病の報があり、それを受けて急遽由布院を離れたという情景がさながら一枚の絵のように目に浮かぶ。

ところが他方、昭和四十七年に刊行された『日本考古学選集24　中谷治宇二郎集』（築地書館）についている「集報7」所収の岡潔の回想「中谷治宇二郎さんの思い出」を見ると、まったく異なる経緯が記されている。このエッセイでは「三年目」ではなくて「二年目」とされていて、

「そんなことが二年続いた」

「二年目に私の長女のすがねが、其の時数え年の二つだったのだが、腎盂炎になって高熱を出した。それで私達は、すがねを別府の病院に入れる為に急いで由布院を去った。これが治宇二郎さんとの別れになった」

というのである。このエッセイの手書きの原稿も残されているが、それを参照すると、初め「三」と書かれたところがことごとく「二」に直されているのがわかる。この記述ならみちさんとすがねさんもいっしょだし、「二年目」というなら昭和八年の夏の出来事であること

になる。ところが別れの情景は中谷武子さんの回想とまったく相容れるところがない。岡潔は何か勘違いをしたのであろう。

あれこれを勘案すると、昭和八年の夏の別れは武子さんの記述の通りで、夏の終わりに宇吉郎にも会ったが、すがねさんの病気もまた事実であり、別府の病院で診てもらうことにして由布院を離れたという事態はありえたと思う。すがねさんは由布院に来る前も病気だったし、由布院到着もそのために遅延したのである。病状が思わしくなかったとも推察されるが、八月二十八日付のみちさんのはがきに「すがねはお蔭様でここに来て熱が降りました」と記されているところを見れば、寸秒を争うというほどでもなく、治宇二郎と十分に別れを惜しんだ後、帰途、別府の病院に立ち寄ったのではあるまいか。

九月、十月ころの広島の様子はまったく不明だが、岡潔は姪の俊子さんと二人で暮らし（お手伝いさんもいたかもしれない）、みちさんとすがねさんは大阪帝塚山の北村家に逗留を続けていたのはまちがいない。十月二十八日付の治宇二郎の宇吉郎宛書簡に、「岡さん相不変［あいかわらず］音信なくて消息不明」などという言葉が見える。これは、「岡君もその頃由布へ行くと云ふ話だつたがどうか」という宇吉郎からの問い合わせ（十月十九日付の手紙）に対する返事である。宇吉郎は岡潔から由布院行の計画を聞かされていたわけで、おそらく夏の終わりに由布院で会ったとき、そんな話をしたのであろう。

秋十一月、中谷宇吉郎は札幌を発ち、由布院に向かった。七日または九日に由布院に着くように札幌を発つ計画をたて、由布院に直行し、四日もしくは五日間滞在する。帰途、東京で藤岡由夫（宇吉郎の友人で、物理学者）の結婚式に出席し、理化学研究所で講演し、十一月二十日の北大の総長選挙に間に合うように札幌にもどるという考えであった。この計画は腹案通り実行された。

由布院から東京に向かう途中、おそらく十一月十五日か十六日ころ、宇吉郎は大阪でみちさんに会い、話をした。みちさんの話によれば、すがねさんはようやく全治したので近く広島に行くという。すがねさんはやはり病気で、おそらく岡潔の言う通り腎盂炎だったのであろう。

宇吉郎に会った後、みちさんは治宇二郎にも久し振りに手紙を書いて、来年は早めに由布院に行くつもりだと伝えた。しかしこの三度目の由布院行は実現しなかったのではないかと思う。

昭和九年の夏の幻想

昭和八年秋、岡潔はおそらく懸案の学位論文を書き上げる構えになって、取り組み続けていたことと思われる。昭和九年の新年が明けてまもないころ、一月二日付で宇吉郎に宛てて書かれた中谷治宇二郎の年賀書簡の中に、「岡さんも明春には論文をまとめられる模様結構です」という言葉が見られるが、「明春」というのであるから、昭和九年いっぱいをかけて仕上げようという計画だったのであろう。岩波講座の執筆はそれから後の仕事である。

昭和九年一月二十日付で、論文「多価関数等々の族に関するノート」（フランス文）が広島

大学理科紀要に受理された。このノートは学位取得のために企画された論文

「解析的に創り出される四次元点集合について」（フランス文）

の要約であり、証明をつけずに結果だけが並べられた。わずかに六頁の短篇で、広島大学理科紀要四（第二分冊）に掲載された。脚注が附されていて、

『詳細は近々公表されるであろう」

と予告されたが、この計画は放棄され、とうとう日の目を見なかった。第二分冊の刊行は三月であった。

それからの岡潔の動向を伝える資料はほとんど何もなく、不明瞭な日々が流れていった。六月二十一日付の治宇二郎の手紙（宛先は札幌の宇吉郎のもとに移動した妹の中谷芳子さん）には、「この夏は岡さん達も一寸としか見えぬ様子です」とかすかな消息が出ているが、広島から何かそのような連絡があったのであろう。学位論文がつねに心にかかりながら、次第に関心が失われていきつつある様子も、どことなく感じ取れるように思う。七月に入り、五日夜の日付でみちさんから宇吉郎と静子さんに宛てて二枚の続きもののはがきが書かれ、近況が伝えられた。

六月の初め、宇吉郎は静子さんとふたりの子ども（長女の咲子さんと次女の芙二子さん）を連れて由布院を訪問した。行きがけか帰りがけに広島で岡潔とみちさんに会えればよかったが、これは見送られた。みちさんが言うには、お手伝いさんがいないうえにみちさんもちょっと調子が悪く、加えて岡潔は京都にでかけるかもしれなかったし、転宅も考えていた。それで「御立ち寄りを願はなかつた様な次第」だが、結局京都行も転居もしなかったのであるから、惜しいことをした。みちさんはこのところどうも疲労気味だったようである。

この夏の予定についても言及があり、今年は残念ながら由布院行は見合わせたと伝えられた。岡潔本人の理由として挙げられたのは、帰朝後、年老いた祖母のいる紀州にまだろくに帰っていないから帰省したいということと、図書館からあまり遠く離れたくないということのふたつであった。それでも治宇二郎に会いたいという気持ちは岡潔もみちさんも同じだったから、「労《つか》れが休まつて旅費の都合がつけばお邪魔するかも知れません」とみちさんは言い添えた。

八月九日、みちさんはまた中谷宇吉郎にはがきを書いた。それによると、岡潔たちは七月二十五日に広島を発ち、由布院ではなくて大阪方面に向かったという。岡潔は京都に直行したというから、さしずめ秋月康夫を訪ねたのであろう。みちさんとすがねさん（それに、おそらく俊子さんも）は大阪で下車して帝塚山の北村家に落ち着いた。七月二十七日には静岡から妹の泰子さんの一家が来て、翌二十八日、みないっしょに紀見峠に行った。みちさんとすがねさんは三十一日からまた大阪に出た。岡潔は二十九日に京都から紀見峠にもどり、まだそのまま紀州にいる。みちさんたちも二、三日のうちに再度紀見峠に行く予定であった。

中谷宇吉郎は大阪に来る予定があったようで（大阪在住の母てるさんに会うのであろう）、岡潔もみちさんもそれならぜひ大阪で会いたいと申し出た。しかしこの面会は実現したか否か不明である。

こうして八月半ばころまでは岡潔もみちさんも紀見峠にいたことはまちがいないが、その後の細かな事情を物語る資料は何もなく、岡潔の動向は不明というほかはない。夏の終わりがけにひとりで、あるいはみちさんもすがねさんもいっしょに紀見峠から由布院に出向いたと考えられないわけではない。しかし昭和九年の夏、岡潔は由布院には行かなかったであろうとぼくは思う。

昭和九年は岡潔の数学研究にとり転換期と見るべき節目の年であった。学位論文への取り組みを進めながら次第に関心が薄れていく気配が強まっていき、どうもあまり熱意が感じられないようなふうが見えた。

岡潔が遺した文書群から昭和九年の日付をもつものを拾うと、まずフランスの三人の数学者ジュリア、モンテル、ベルンシュタインの文献が書かれた一枚の紙片がある。ここには七月二十八日という日付が読み取れる。また、書名は不明だがフランス語の文法教科書の「序」の断片が一枚あり、九月二十七日と記入されている。同時に臼田《うすだ》亜浪《あろう》の句がひとつ、作者名とともに、

沼楓差し添ふ水の古りにけり

と書き込まれ、八月二十日という日付が附されている。これは紀見峠で書かれたメモであろう。臼田亜浪《うすだあろう》は長野県小諸出身の俳人で、虚子に学び、俳誌『石楠《しゃくなげ》』を主宰した。岡潔が書き留めた句は、「差し添ふ水」を「色さす水」として、

沼楓《かえで》色さす水の古りにけり

とするのが正確と思われるが、「差し添ふ水」は岡潔のアイデアによる改作なのかもしれない。

表紙に「詰将棋ヲ材料トセル一ツノ心理実験」と書かれた文書もある。これは詰将棋を書き並べたもので、二群に分かれている。第一群は七月十三日から同月十八日まで、第二群は十月十三日から同月十六日までの日付がついている。学位論文の一枚の断片もある。日付は九月十六日。ジュリアの講演記録（一九三二年の国際数学者会議での講演）「複素変数関数の理論の展開について」の手書きの筆写稿三枚もあり、各紙片には十一月二日という日付がある。

これらの紙片類は具体的な事柄は何も語らないが、もう一枚の紙片、すなわちアンリ・カルタンとペーター・トゥルレンの名前、それに岡潔の署名のみが記された紙片は注目に値する。これには「一九三四年十二月二十六、二十七日」という日付が記入されている。トゥル

レンはミュンスター大学の数学者ハインリッヒ・ベンケの弟子で、ミュンスターのベンケは、フランスのストラスブール大学のアンリ・カルタンとともに、この時期の世界の多変数関数論の研究現場で双璧をなすと見られる人物であった。カルタンとトゥルレンの名前が同時に出ているのにはわけがあり、この場面において岡潔の念頭にあったのは、この二人の共著の論文

「多複素変数関数の特異点の理論　正則域と収束域」（一九三二年）

であった。すでに（昭和九年の時点から見て）二年前にドイツの数学誌「数学年報」に掲載された論文で、「正則凸状な領域」という斬新な概念を土台に据え、「正則領域は正則凸状である」という基本定理に基づいて「ジュリアの問題」をあざやかに解決した作品である。「ジュリアの問題」というのは、ジュリアが論文「多変数解析関数の族について」（一九二六年）において提出した問題である。

このジュリアの論文は岡潔にとっても忘れることのできない論文で、岡潔はパリで（他の多くの論文といっしょに）ジュリアから手わたされ、熟読味読を重ねて多変数関数論研究の出発点にしたのである。しかし「ジュリアの問題」に関心を寄せた様子は見られない。岡潔はジュリアの論文を窓口にして多変数関数論の世界に入り、歴史を探索し、「ハルトークスの集合」の研究を心のキャンバスに思い描いた。ところがカルタンとトゥルレンもまた岡潔と

同じジュリアの論文に触発されながら、しかも目のつけどころが異なっていたのである。「一九三四年十二月二十六、二十七日」という日付には、岡潔がカルタンとトゥルレンの論文を読んだ時期が示唆されている。おそらく昭和九年後半あたりに読み、ノートを書いたのであろうと思われるが、学位論文の執筆が相当に進捗した段階でカルタン、トゥルレンの論文を読んだわけであり、何かしら大がかりな方向転換を暗示する出来事である。

岡潔の遺稿群の閲覧にもどると、「一九三四年十二月二十七日」、すなわちカルタン、トゥルレンの名前が書き留められた紙片と同じ日付をもつもう一枚の紙片があり、そこには、

・・・により生成される四次元空間内の特異点について

岡潔

第一部

新しい範疇のハルトークス型の特異点について

という言葉が（フランス語で）書かれている。学位論文執筆の企図は昭和九年末日までなお生きていたことがわかる貴重なメモだが、全体に線が引かれ、削除の意志が示されている。

翌十二月二十八日に書かれた一枚の研究記録は刮目に値する。それ自体としては高々断片的なメモにすぎないが、さながら新たな研究計画の設計図のように見える。「於　学校」という文字が読み取れるところを見れば、昭和九年の歳末、岡潔は広島文理科大学の研究室で

ひとりこのノートを書いていたのであろう。時間の記録はないが、おそらく深夜であったろうという感慨がある。冒頭に仏文で、

「序論および基本的諸概念」

という標題が附されていて、何かしら論文のためのメモのようでもある。

昭和九年は迷いと決断の年であった。この年、岡潔はフランスから持ち帰った懸案の学位論文執筆を断ち切って、まったく新たな領域へと歩みを進めていく決意をかためた。岡潔の手に決定的な契機をもたらした一冊の書物も存在する。それはベンケとトゥルレンの共著の著作『多複素変数関数の理論』である。

札幌の夏（一度目の札幌）

ベンケとトゥルレンの著作『多複素変数関数の理論』は一九三四年（昭和九年）、ドイツのシュプリンガー社から「数学とその境界領域の成果」という叢書の第三巻第三分冊として刊行された（この叢書は各巻がそれぞれ独立した五分冊で構成されている）。一九三四年の何月ころ刊行されたのかは不明だが、ベンケとトゥルレンの連名の序文がついていて、そこには「一九三三年十月」という日付が出ている点から推すと、春先あたりにはすでに刊行され、日本にも入ってきていたのではないかと思う。岡潔はこれを丸善から取り寄せたとエッセイ

に書いているが、当時はまだ広島に丸善の支店はなかったから、カタログで見つけて京都の丸善に注文を出したか、あるいは七月二十五日に広島から京都に出て二十九日まで滞在した時期に丸善で購入したのではあるまいか。

昭和三十七年のエッセイ「春宵十話」を見ると、ベンケ、トゥルレンの本への言及が目に留まる。

多変数函数論を専攻することに決めてから間もなく、一九三四年だったが、この分野での世界中の文献をあげた目録がドイツで出版された。これで自分の開拓すべき土地の現状が箱庭式に展望できることになったので、翌三五年正月からこれに取り組んだ。

（「春宵十話」第六話「発見の鋭い喜び」毎日新聞、昭和三十七年四月二十日）

ここで語られている「目録」というのがベンケとトゥルレンの著作『多複素変数関数の理論』のことで、岡潔はこの小さな本を通じて、「三つの中心的な問題」が未解決のまま残されていることを認識したのである。エッセイ「春宵十話」の連載の翌年、昭和三十八年二月になって第一エッセイ集『春宵十話』が毎日新聞社から刊行された。そのおり連載時の記述にだいぶ手が加えられ、ベンケ、トゥルレンの著作との出会いの回想も、

実はこのときは百五十ページほどの論文がほぼできあがっていたのだが、中心的な問題

を扱ったものではないとわかったので、これ以上続ける気がせず、要約だけを発表しておいて翌三五年〔一九三五年＝昭和十年〕正月から取り組み始めた。

と敷衍された。ベンケ、トゥルレンの本は百頁をわずかに超える程度の小冊子にすぎないが、「世界中の文献をあげた目録」と言われているところに特徴が認められ、巻末の文献目録には総数百五十一の文献が挙げられている。しかもそのうち一九二七年までの文献はわずかに五十三にとどまり、それ以降、すなわち一九二八年から一九三三年までの六年間に公表された文献は九十八に達している。多変数関数論という数学の一分野はにわかに発展しつつある新興領域であり、これからどのような道をたどっていくのか、海のものとも山のものともわからないというのが実状であった。ベンケとトゥルレンはその様子をありのままに報告し、言わば礎石を置いたのである。

未解決のまま放置されている「三つの中心的な問題」というのは「クザンの問題」「近似の問題」「レビの問題」を指すが、岡潔が根幹をなすと見たのはレビの問題である。ベンケ、トゥルレンの本ではこれらの問題は個別に提示されているにすぎないが、岡潔の目には有機的な内的関連の網の目が明瞭に映じ、レビの問題の解決の構想を思い描くことができたのであろう。しかもそれのみにとどまらない。岡潔が中核に据えた問題はレビの問題そのものではなく、「ハルトークスの逆問題」と呼ばれる問題であった。「ハルトークスの連続性定理」という泉を共有する同型の問題でありながら、深遠さにおいて隔絶し、ハルトークスの逆問題のほうがはるかに神秘的である。あるいはむしろ、ベンケ、トゥルレンの本を見た段階でハルトークスの逆問題を把握しえたこと、しかもクザンの問題と近似の問題とが相俟って織り成される数学的世界構築のありさまを洞察しえたという一事の中に、「数学者岡潔」の神秘的な構想力が看取されるように思う。

大東亜戦争（太平洋戦争）のさなか、昭和十九年十一月八日に書かれた岡潔の日記を見ると、「提案」「構想」「点検」についての思索をめぐらす中で、

「自分ノ数学ノ特長ハ矢張リ此ノ構想ニアル」

というめざましい言葉に出会い、射すくめられたような思いがする。岡潔は「数学者岡潔」の能力の根源をよく認識していたと言わなければならないであろう。

クザンはポアンカレに影響を受けたフランスの数学者、ハルトークスはドイツの数学者、レビはイタリアの数学者である。

単行本『春宵十話』に書き加えられた岡潔の言葉にもどると、ほぼできあがっていた「百五十ページほどの論文」というのは例の学位論文のことで、テーマは「ハルトークスの集合」である。研究ノートや論文草稿が大量に遺されているが、初期のものを参照すると、表紙に薄い字で、

「ハルトークスの集合2　一九三二年　岡潔」

と（フランス語で）書かれている一冊のノートがある。これはフランス留学を終えて、帰国後、書き始められたノートであろう。学位論文の日本文草稿もある。それは縦が少し短めの変型A4判ルーズリーフに書かれていて、表紙に、

「二個の複素変数の空間におけるある範疇の点集合について　I．ハルトークスの一定理の一般化」

と標題が記されている。本文は日本文だが、標題のみフランス文である。表紙の裏に、

「ハルトークス氏によって発見された二複素変数の空間におけるあるタイプの点集合について　I．ハルトークスの一定理の一般化」

とも（これもフランス語で）記されているが、これは標題の改訂の試みの痕跡であろう。原稿は表紙も含めて全部で四十二枚である。

仏文で書かれた論文草稿は三種類ある。第一群は、論文の標題と各章の標題が書かれた四枚の表紙と、百十一枚の本文から成るきれいに清書された原稿である。第二群は四枚の表紙

のほかに第四章、第五章、第六章の三つの章のみ存在する。六十九頁（第四章の最初の頁）から百四十一頁まで通し番号が記入されているが、さらに頁番号を欠く六枚の原稿が続いているから、本文の全体は百四十七頁になる。これが、岡潔の言う「百五十ページほどの論文」であろう。

第三群の草稿は表紙に「研究」と記入され、第二章の一部分、三十六頁から四十四頁までの九枚のみの断片である。

今も保存されている岡潔の自家用のベンケ、トゥルレンの著作『多複素変数関数の理論』には、簡単ではあるが要所要所に多くのメモが書き込まれている。まっ先にぼくらの胸を打つのは、

子規を思ふ

という鮮明な数語である。ある偉大な何事かが始まろうとしつつあるこのとき、岡潔はどうして子規を回想したのであろう。子規の句、

朝寒やたのもと響く内玄関

も同時に写された。これは子規の自選句集『獺祭書屋俳句帖抄《だっさいしょおくはいくちょうしょう》』におさめられている句であ

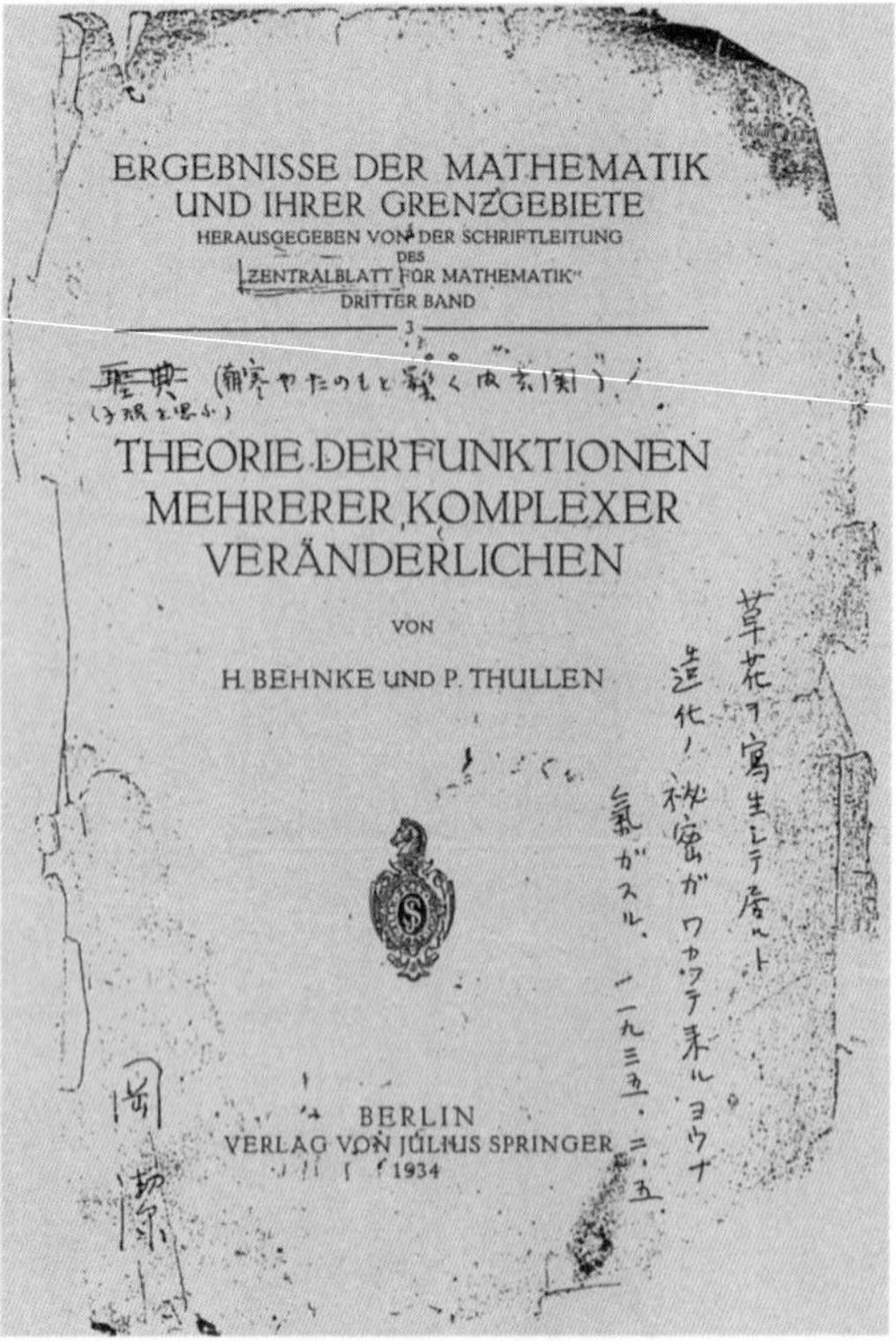

岡潔所蔵のベンケ，トゥルレン著
『多複素変数関数の理論』の表紙

る。これに加えて子規の言葉、

「草花ヲ写生シテ居ルト造化ノ秘密ガワカッテ来ルヨウナ気ガスル」

も書き留められた。典拠は『病牀六尺』である。「一九三五、二、五」という日付も添えられた。

昭和七年三月十二日、まだパリにいたころ、帰朝に先立って一足先に南下して南仏シャトーヌフ・ド・グラースに転地していた中谷治宇二郎に宛てた手紙を見ると、「子規居士ガ漫録ノ新聞へ出ルノヲ日々ニ楽シミニシテ居タ様ニ」云々と書き始められている。「漫録」は『仰臥漫録』で、子規の病床日記である。後年の岡潔はしきりに芭蕉を語ったが、この時期の岡潔は芭蕉よりもむしろ子規を愛読していたのかもしれない。

ベンケ、トゥルレンの序文の末尾を見ると「1935. 1. 2」という日付が目に留まる。岡潔は「要約だけを発表しておいて翌三五年正月から取り組み始めた」と当時の消息を伝えているが、「正月から」というのは「一月二日から」の意で、この日、あらためて序文を読み、数学的思索を開始したということであろう。

ほかにめぼしい日付を拾うと、五十四頁のレビの問題が提示された箇所に下線が引かれ、欄外に、

「未解決の主問題!!」

と（ドイツ語で）書かれ、「1935. 1. 16」（一九三五年一月十六日）と記入されている。この言葉自体は本文からの引用で、岡潔はここに主問題をみいだして、強い印象を心に刻んだのであろう。同じ五十四頁には「1935. 8. 13」（一九三五年八月十三日）とあり、六十四頁の「定理32」の箇所には「1935. 8. 14」（一九三五年八月十四日）という日付がある。「定理32」はクザンの定理である。この年の八月の日付はほかにも散見し、七十一頁に「1935. 8. 14」（一九三五年八月十四日）、七十九頁に「8. 16」（八月十六日）と出ている。巻末の索引の頁には「1935. 8-」（一九三五年八月ー）とあり、「於　札幌」と続いている。昭和十年八月の岡潔の所在地は札幌なのであった。

今も遺されている研究記録は昭和十年一月八、九日から始まり、初日のメモの表紙には「第一ノ試ミ」という標題が見える。本文は四枚である。これを皮切りに、以下、ほぼ毎日のように数枚ずつ記録が書き続けられた。一月は五十九枚、二月は四十二枚、三月は百十三枚、総計二百十四枚に達したが、このほかにも後年、他の記録用紙として流用された紙片も多く、失われたメモも多いと想像される。実に大量のメモが積み重ねられたが、三月三十日、表紙一枚、本文四枚、計五枚のメモを最後に三箇月に及ぶ研究が一段落した。四月から六月までの研究記録は一枚も見当たらない。あらゆる試みをやり尽くしてしまい、もう何も試みることができなくなってしまったのであろう。ちょうど春の学会の時期でもあり、岡潔はみちさんといっしょに大阪に出て学会に出席するつもりでいた。講演もする考えだったが、予報申し込みの締め切りにとうとう間に合わず、これは果たせなかった。

岩波書店に電報を打って、観海寺温泉のころから懸案の岩波講座の執筆を最終的に断わったのも、この新たな研究が始まって間もないころのことであった。みちさんが「天下晴れてせいせいしたでしょう」と言うと、「いや晴れがましくなった」と返してきた。緊張しているせいか健康状態も非常によく、一時は深夜十一時、十二時と学校でがんばり、さながら一人だけ別世界に生活しているような様子であった。学校でもうちでも怒らないよう練習をしているとみちさんに話し、「腹に白木綿を巻いた」などと言った。しかしみちさんの目から見るとこの白木綿はどうも巻き方が頼りなく、時々解けかけたりしたという。

この春の日本数学物理学会年会の会場は大阪帝大であった。大阪に出た日はおそらく、最後の研究記録が書かれた日の翌日、三月三十一日であったであろう。中谷宇吉郎も学会に出席する目的で三月二十九日に札幌を発ち、三十一日夜、大阪に到着した。岡潔にも会い、ここで夏の札幌行が具体的に話し合われたと見てよいであろう。宇吉郎の大阪逗留は四月五日まで続いた。それから別府、由布院方面に足をのばし、別府では野口病院に入院中の伯父の中谷巳次郎を見舞い、由布院で中谷治宇二郎を見舞った。札幌に帰着したのは四月も半ばすぎの十八日の夕方であった。

札幌では三月十七日に長男が生まれ、名前に宇宙の「宇」の一字をとるという中谷家の伝統にしたがって「敬宇《けいう》」と名づけた。これで札幌の中谷家の子共は三人になった。ところが由布院の中谷家では伯父の巳次郎が重い病《やまい》にかかり（直腸癌であった）、弟の治宇二郎もまた恢復の見通しのたたない病気に苦しめられていた。中谷一族は大きな転換期にさしかかっていたのである。

四月十二日の日付で兄に宛てて書かれた治宇二郎の手紙の文面もしみじみとぼくらの胸を打つ。「由布は今大変いい気候で毎朝目が覚めると障子の白みに小鳥の声が伝はつて参ります」と治宇二郎は、由布院を離れたばかりの旅の途中の兄に向かって由布院の日々の風光を報告した。一朝また一朝と新鮮な春の目覚めが感じられる。病気をしていると自然の恩寵というものがひとしおよく感じられてくる。ここ十年以上、二年おきくらいに生死の大病を繰り返しているので、そのたびごとに自然のめぐみを痛感し、今度こそは後悔のない生活を送ろうと思い立つが、病気がよくなるとまた以前の通りの俗世間へ帰り、うかうかと日を暮らすことになってしまう。こんなふうだから病気をしている間が本当の生活なのか、丈夫なときが本当の生活なのか、どちらかわからない。しかし、

「今度はいよいよ生涯の病人になりました故、或はほんたうの生活はこれから開かれて来るかと思はれます」

と治宇二郎はひそやかな期待を表明した。現実の悲惨の中に、かえって将来の希望をみいだそうとする誠実な省察のにじむ言葉であった。

由布院の静謐な病床から一冊の作品『日本先史学序史』が生まれ、昭和十年十二月二十五日、寺田寅彦の推薦を得て岩波書店から刊行された。「序」の末尾に、

「本書を世に送るに当り、多事なりし最近数カ年の生活を顧み、この間に於ける宇吉郎阿兄の深き愛顧と、巴里以来の岡潔氏御夫妻の真実なる友情を憶ふ念が切である」

と、岡潔の名が見える。一本の見開きに縦書きで、

謹呈
岡潔様御夫妻　治宇二郎

と明記され、岡潔とみちさんに贈呈された。それからほどなくして年が明け、昭和十一年三月二十二日夜、中谷治宇二郎はこの世にお別れした。同年七月十日、中谷巳次郎もまた病没した。それからまた六十四年という歳月が流れ、平成十二年(西暦二〇〇〇年)十一月八日、治宇二郎の遺作の第二版が岩波書店から刊行された。残されていた版下を流用したため、体裁も字体も初版本とそっくりそのままである。ただ、奥付に新たに書き込まれた「第二版」という語句が見る者の目を引きつけて、時の流れに架かる小さな橋のような役割を果たしている。

昭和十年春の学会が終了した後、岡潔はひとりで広島にもどった模様である。みちさんとすがねさんはそのまま帝塚山に滞在し、それからしばらくして紀見峠の岡家に移動した。五月三日、岡潔も帰郷し、五月十日のお昼前には三人でいっしょに広島にもどったということであるから、前夜大阪発の夜行に乗ったのであろう。このあたりの経緯はやや複雑だが、帰郷の理由などはよくわからない。紀見峠は冬が舞いもどったかのような冷たさで、霰《あられ》が降るほどであった。

五月十二日朝、中谷宇吉郎から広島に来信（はがき）があり、同時に別便で東京朝日新聞の切り抜きが届けられた。切り抜きは金子金五郎の将棋観戦記で、岡潔はこれに触発されて東京朝日新聞をとり始めた。牛田山の早稲田神社の近くに家を借りて転居したのもこのころである。

引っ越しの日付ははっきりしないが、六月二十一日付の岡潔の中谷宇吉郎宛書簡（広島から札幌へ）で、「二週間程前市ノ北東隅ノ山ニゴク近イ景色ノヨイ閑寂ナ土地」に転居したと伝えられたから、六月七日ころと見てよいと思う。住所は広島市牛田《うした》町早稲田区八八二で、小高い丘の上にある早稲田神社の参道に続く長い石段の麓《ふもと》のあたりである。家の前に小さな庭があり、庭を通って玄関に入るようになっていた。玄関の横が座敷で、縁側の前が庭である。その座敷から牛田の家々や、ゆるやかな丘陵の線が見えた。このあたりでは一番高い場所に建てられていたので眺めは最高で、静かな自然に囲まれた落ち着きのあるたたずまいであった。

牛田の家は二階建てで、岡潔は二階を占拠して勉強した。本やノートや紙などが雑然と広げられているので、みちさんや俊子さんは掃除をしたかったが、かってに整理整頓などを実行するとしかられた。散らかっているように見えても、それは岡潔なりの区別があってそうしているのであり、いたずらに位置が変わると困るというのである。お客があると二階にあげて話をした。俊子さんは、こんな雑然とした掃除もできていない部屋に学生さんを通すように言われ、いつも困惑したという。

学生が十人くらい、それに博物学の平岩馨邦《ひらいわよしくに》なども遊びにきて、みなで麻雀をやった。麻雀の卓がふたつあり、そばにふとんを敷いておいて、仮寝をしながら三日続けて麻雀を続けたこともあった。この牛田の家は今はもう存在しない。

昭和十年の転居から二十八年という歳月がすぎたころ、昭和三十八年、岡潔はこの時期の心情をこんなふうに回想した。


情意だけはやはりよく働いているのだが、知的には全くすることがない。私は仕方がないから転宅でもしようと思った。それまで学校の近くの、ごたごたした町の中に住んでいたのだが、町を北に出はなれたところに、やはり市内にはなっているが、牛田というところがある。ここは海から大分遠く、西は太田川で境せられ、他の三方は松山で囲まれた一区劃である。大体、田であって家は山ぞいにしか建っていない。その真東の一番高くなったところに一軒、家があいていた。それで早速そこへ移った。ここは実に眺めがよく牛田全体が一目に見渡せる。それに実に静かである。

私はここならばやれると思った。私はここから学校の部屋へ通いつづけた。だから何かしていたのだろうが、一体何をしていたのだろう。どうしても思い出せない。

（「紫の火花3　独創とは何か」。「紫の火花」は昭和三十八年九月号から翌昭和三十九年一月号まで、五回にわたって朝日新聞社の文芸誌『文芸朝日』に連載された。「独創とは何か」が掲載されたのは昭和三十八年十一月号。昭和三十九年六月、単行本『紫の火花』刊行。ここでは単行本から引用した）

この時期に何をしていたのか、「どうしても思い出せない」などと岡潔は書いているが、数学研究の行き詰まりを打開すべく、十分に準備を整えたうえで夏休みを期していたのであろう。六月二十一日付の中谷宇吉郎宛の手紙が、この間の消息をわずかに伝えている。岡潔は真剣に札幌行を考えていたのである。

夏休みに手がけるつもりの研究のためには二篇の論文が必要だ、と岡潔は宇吉郎に訴えた。それらは京大にはないし、阪大に頼むのはいやだ。北大にはあると思うからタイプライターに打ち出すか何かして至急送ってもらいたい。「非常ニ欲シイノデスカラ御面倒デセウガ御願ヒシマス」という切実な依頼であった。ここで語られている二篇の論文は不明だが、八月二十八日付の研究記録に挙げられている論文名から推して、おそらく一九三〇年のアンリ・カルタンの論文「二複素変数の関数について」と、同じカルタンの一九三一年の論文「ある整的関係で規定される多重形成体について」のことであろう。

この二つの論文さえあれば、夏休み中にやるはずの研究のための文献の準備が整うから、今年はぜひ十分に準備された夏休みを迎えたいと考えていると、岡潔はこの時期の心境を伝えた。ほかには涼しくて静かな土地と二箇月か一箇月半くらいの時間とがあればよい。したがってあながち北海道でなくとも、由布院でも紀見峠でも、この夏休みに関するかぎりはどちらでもかまわない。ではあるけれども、「貴兄ト一緒ノ方［ガ］張リ合モアレバゴマ化シモ利カナクテヨイカラ成ル可ク御邪魔シタイ」と思っていると伝えられ、これで札幌行が最終的に確定したのである。秋月康夫も同行したいという話もあったが、これは実現しなかった。

やがて夏休みに入り、いよいよ岡潔たち一行の札幌行が実行に移されることになった。七月二十日を少しすぎたころ、おそらく二十三日に岡潔はみちさん、すがねさんとともに広島を発ち、まず初めに大阪帝塚山の北村家に一泊した。ここで甥の北村駿一と合流し、それから七月二十四日朝十時大阪発の青森行き寝台急行列車に乗り、四人で陸路北海道に向かった。米原までは東海道本線、米原から北陸本線、すなわち琵琶湖の東側のわきを通って敦賀に出て、信越本線（直江津から新津まで）、羽越本線（新津から秋田まで）、奥羽本線（秋田から青森まで）とたどり、一夜明けて二十五日朝七時二十五分、青森に到着した。一時間ほど休憩してから青森発八時二十分の青函航路で北海道にわたった。函館着は午後十二時五十分であるから、船で四時間半もかかったのである。函館から、今度は午後一時二十分発の函館本線に乗り、五稜郭をすぎ、大沼の脇を通り、長万部《おしゃまんべ》、倶知安《くっちゃん》、小樽を経由して午後七時四十分、札幌に到着した。えんえん三十三時間四十分、千五百キロに及ぶ長旅であった（トワイライトエクスプレスは平成二十七年三月までで運行を終了した）。

今は青函トンネルができているので大阪からの裏日本沿いの陸路は札幌に直結し、所用時間も大幅に短縮された。大阪発昼十二時の寝台特急トワイライトエクスプレスに乗れば、札幌着は翌日の午前九時六分であるから、おおよそ二十一時間の快適な旅路である。

敦賀の杉津のあたりから見おろした日本海はすばらしくきれいだった。富山では鮎鮨が甘くておいしかった。まだ中学生の北村駿一にとっては寝台列車で一夜をすごすのも珍しい経験で、すっかり気に入った様子が見えた。青函航路では駿一と将棋ばかり指して船中をすごし、いよいよ北海道にわたってみると、木の色がまるで違い、五月の若葉のような色であった。すぐに大沼が眼前に広がり、内地ではとうてい見られない絶景だった。食堂車もついていた。

札幌の町は防空演習の燈火管制のため真っ暗で、十数分ほど迷っているところに、中谷宇吉郎が北大理学部共用の車で迎えにきて、「岡さん」と声をかけてくれた。そこでみなで車に乗り、「夕方の風の寒い、墨一色の無茶に広い道を乗心地よく進んで」（北村駿一追悼遺文集『錦鳥善語』）中谷家に向かった。中谷家でも明かりがもれないよう電燈におおいがしてあったが、大胆にあちこちのおおいをはずしてしまい、みないっしょに食卓を囲んでにぎやかな夕食になった。一夏の札幌の日々がこうして始まった。

将棋対局

札幌に居を構えた当初、中谷家の住所は札幌市南一條西二十丁目だったが、昭和七年十一月、北六條西十七丁目に転居した。岡潔たちは、その中谷家の背後の稲葉又助さんの家の六畳間を二室借りて滞在した。住所は北七條西十七丁目である。稲葉家は学生相手の半玄人下宿で、ちょうど夏休みで部屋があいていたのを幸いに間借りしたのである。庭には名もむつかしいいろいろの夏の草花が咲き乱れ、そこに空の青が映え、実にきれいな光景だった。

住まいは一応別々にしつらえたが、みちさんはすがねさんを連れて朝から中谷家に移動した。岡潔はここでも夜更かしの生活が続いたのであろう。でかけるのはいつも遅くなりがちだったが、正午までに下宿を出て北大に通った。北大では理学部の応接室として使われていた部屋を借りて研究を続けた。立派なソファーが置いてあり、それにもたれて寝ていることが多かったため、とうとう吉田勝江さん（吉田洋一の奥さんで、英文学者）に嗜眠性脳炎《しみんせいのうえん》というあだ名をつけられてしまったという。ただし吉田勝江さんがわざわざ大学に来て実際にそのような場面を目にする機会があったとは思われないから、何か別の話と混同されているのではないかと思う。

北村駿一はこの夏、今宮中学四年生であった。上の学校は四学年修了の時点で受験することができたから、真剣に進学を考えて、準備を進めなければならないころであり、慶應大学をめざしていたと言われている。ところがどうも病気がちで、この時期は関節炎に苦しめられて、足の親指の背に病症が認められた。中谷宇吉郎の知り合いの北大医学部附属病院の柳荘一先生の診察を受けにいったとき、宇吉郎が見ると、親指の背のところが赤く地ばれがしたようになっていて、そのまん中に小さな穴があいていた。柳先生がニッケルのぴかぴか光る針金を手に取り、その穴に差し込むと、驚いたことに何の抵抗もなくするすると入っていった。骨に届いたろうと思われるくらい深く入っても、駿一は全然痛がらなかった。これには宇吉郎も驚嘆し、この病気が案外根強いことを思わないわけにはいかなかった。駿一の札幌行は単純な物見遊山や受験勉強にあったのではなく、少し風土の変わった土地で気分を変えて、大学病院で念入りに診察をしてもらうというのが本当の目的であった。柳先生は、この病気にはX線深部療法がよく効くし、身体に悪いところはないからそう心配はいらないだろうという意見である。しかし結局のところ駿一の生きる力を奪ったのは、この時期に足の親指に発生した病気なのであった。

みちさんとすがねさんに続いて岡潔がでかけた後も、駿一はひとりで静かな下宿で勉強を続け、夕刻六時になると中谷家に夕飯を食べに行った。夕食後、宇吉郎と駿一は一番だけ将棋を指し、勝負が決してから岡潔が講評を加えた。平手相掛りの近代将棋である。駿一の将棋は少々変わっていて、勝敗を念頭におかず、一手一手をよく考えて、その「考える」ということそれ自体に興味があったように見えた。勢いいつも長期戦になった。一手に二時間かけることも珍しくなく、最長記録はといえば、一番の将棋に二晩、合計十四時間もかかったことがあった。食後のひとときを楽しむどころではなく、一局の将棋に六時間も七時間も費やすというありさまであった。岡潔は毎晩その様子を横で見ていた。

あるとき駿一があまり考え込んで夜がふけてしまったことがあった。岡潔が「いったい何を考えているのかね」と尋ねると、「あらゆる手を考えている」と返してきた。岡潔も考え込むのは平気な口だが、これにはさすがに毒気を抜かれた様子で、「あほやなあ」とあきれるばかりであった。「ええ手があるなあ」と突然言うこともあった。みなが驚くと、「向こうや」とすましている。勝敗が決したら棋譜をとり、かれこれ十数番に及んだという。

岡潔は将棋八段（後、九段）金子金五郎の著作（昭和五年に誠文堂から出たポケット版「十銭文庫」の一冊、『将棋初段になるまで』であろう）を買ってきて、それをテキストにして宇吉郎に将棋を教えた。しかし将棋なら宇吉郎も小学生のころから強かったから、一家言あったろうと思われるところである。駿一の父、北村純一郎は一説に五段と言われた強豪であり、駿一に幼いころから将棋を仕込んでいたおかげで、駿一もまた相当の腕前に達していた。金子八段は後に観戦記者に転じ、将棋指しの指し手の根底にある情操のひだに入り込むような、特異な心理的将棋評論に本領を発揮した人物である。岡潔とは言わば「棋風が合った」のであろう。

岡潔が言うには、なんでも将棋というものはほとんど無限の変化があり、しかもその中にちゃんと一筋の理法があるのであるから、とても現在の科学のような方法では研究することはできない。無限の変化の中の一筋の理法というようなものは言葉でしかとらえられないというふうで、一風変わった師匠であった。中谷宇吉郎との毎晩一局の長丁場の将棋対局は、病身の北村駿一にとり、無上の楽しみであったであろう。はかばかしい動きを見せない盤面を飽かず眺め続ける岡潔の姿もまたぼくらの感慨を誘う。三者三様の異なる心が重なり合って、さながら一体と化したかのような濃密な「真情の空間」が、こうして夜ごとに発生した。その空間こそ、「上空移行の原理」がそこから生まれ出ようとする場、「学問と芸術の場」、創造の原理が生生流転する詩的空間なのであった。

それから二年が過ぎて、北村駿一は昭和十二年の夏の盛りに病没した。その少し前、中谷宇吉郎が来阪し、帝塚山の北村家を訪ねたことがある。駿一はすでに廿山《つづやま》に移っていたため会えなかったが、宇吉郎の訪問を聞いた駿一はこのすれちがいを惜しみ、

「今一度中谷さんと将棋を指してみたいなあ」

と言った。宇吉郎にこの話を伝えたのは駿一の母みよしさんである。そのおりみよしさんは、

「どうせだめでしたようなら、あのときひとつお願いして将棋を指していただけばよかったですね」

と言い添えた。宇吉郎はその通りだと思い、心より同意した。

父、北村純一郎は駿一の死を追悼し、十九句から成る連作「錦鳥善語」を詠んだ。そのうちの一句。

一夏《いちげ》北海　棋理開けたり　空の青

上空移行の原理

由布院ばかりではなく、のんきで楽しそうに見える札幌の日々の中にも死の予感はただよっていた。しかもこのいかにもおだやかな毎日の繰り返しは、岡潔が後年のエッセイでぼくらに語り伝えてくれた生活の情景なのである。実際には、お客を迎える側の中谷家では子供たちの病気が絶えず、ゆとりがあるとはとても言えない状態であった。

観海寺のころ芽生えた約束がいよいよ日の目を見ることでもあり、岡潔たちの札幌到着を楽しみに待っていた宇吉郎だったが、中谷家の内情は思わしくなく、この年三月に生まれたばかりの男の子の世話に加えて女の子二人の病気が相次いだ。七月六日夜から咲子さんが急に熱を出した。下痢もあり、疫痢性消化不良と診断が出て入院したが、あやうく手おくれになりそうなところをやっと食い止めた。それから五日間、宇吉郎と静子さんは病床を一刻も離れられない事態におちいり、あまりのことに驚くばかりであった。一時は心臓もとまってしまうありさまで、もうだめかと思われたが、注射を二十本ほど立て続けに打ってやっと危機を脱した。それから二度三度の山を越して、やっと回復の見込みがたったのが十一日あたりの状勢である。宇吉郎は上京の予定があったが、ひとまずとりやめざるをえなかった。二十日すぎになってようやく咲子さんが退院の運びとなったところに岡潔たちが到着した。上京の予定はまた少しのび、八月半ばころ、宇吉郎は岡潔に留守をたのんで五日間ほど上京した。

このような命にかかわる大病のほかにかぜや腹下しも繰り返されて、七月中の入院退院は芙二子さんが二回、咲子さんが二回を数え、そのあとも病気が絶え間なかった。この夏の気候が特別に悪いせいもあったようである。七月初めの咲子さんの大病でこりたので、病気のたびに大騒ぎして対処したが、そのため夏休みの間は宇吉郎も静子さんも寧日なしという始末でほとほと閉口し、岡潔たちにも気の毒なくらいであった。もう早く秋になるのを待つより仕方がないというほどの心境で、宇吉郎は原稿を書くひまもなかった。それでも八月末の二十五日には芙二子さんが回復した。由布院の治宇二郎からもたよりがあり、元気そうであった。これならそのうち北海道に来ることもできるようになるだろうと、宇吉郎は岡潔と語り合った。

札幌で書かれた岡潔の研究記録はだいぶ散逸した模様であり、四十枚足らずの断片的な紙片が遺されているにすぎないが、それでも七月三十一日の記録には「第三日」と記されている。札幌に着いて五日目の七月二十九日を第一日として、本格的に研究に取り組み始めたということであろう。

札幌の八月の日々の終わりがけ、北村駿一は岡潔とみちさんの見送りを受けて一足先にひとりで札幌を発ち、陸路帝塚山の両親のもとに帰っていった。奥羽線も羽越線も不通になったため、帰りは東京経由になった。帰途についた日付ははっきりしないが、八月二十七日正午には大阪から無事帰着のたよりを投函しているから、それより前であることはまちがいない。このころ岡潔はカルタンの論文などを観察しながら思索にふけっていたが、ある日、大がかりな数学的発見を経験した。それは後に「上空移行の原理」と呼ばれることになる発見であり、多変数関数論の理論形成への道筋を照らす第一番目の道標《みちしるべ》であった。それから二十七年の後、「春宵十話」の第六話「発見の鋭い喜び」を語る機会が与えられたおりに、岡潔はこの第一発見の情景を「うれしさでいっぱいだった」と回想した。

ところが九月にはいってそろそろ帰らねばと思っていたとき、中谷さんの家で朝食をよばれたあと、応接室にすわって考えるともなく考えているうちに、だんだん考えが一つの方向に向いてきて、内容がはっきりしてきた。二時間半ほどこうしてすわっているうちに、どこをどうやればよいか、すっかりわかった。二時間半といっても、呼びさますのに時間がかかっただけで、対象がほうふつとなってからはごくわずかな時間だった。そのときはただうれしさでいっぱいで、発見の正しさには全く疑いをもたず、帰りの列車の中でも、数学のことなど何も考えずに、喜びにあふれた心で、車窓外に移り行く風景をながめているばかりだった。

（毎日新聞、昭和三十七年四月二十日）

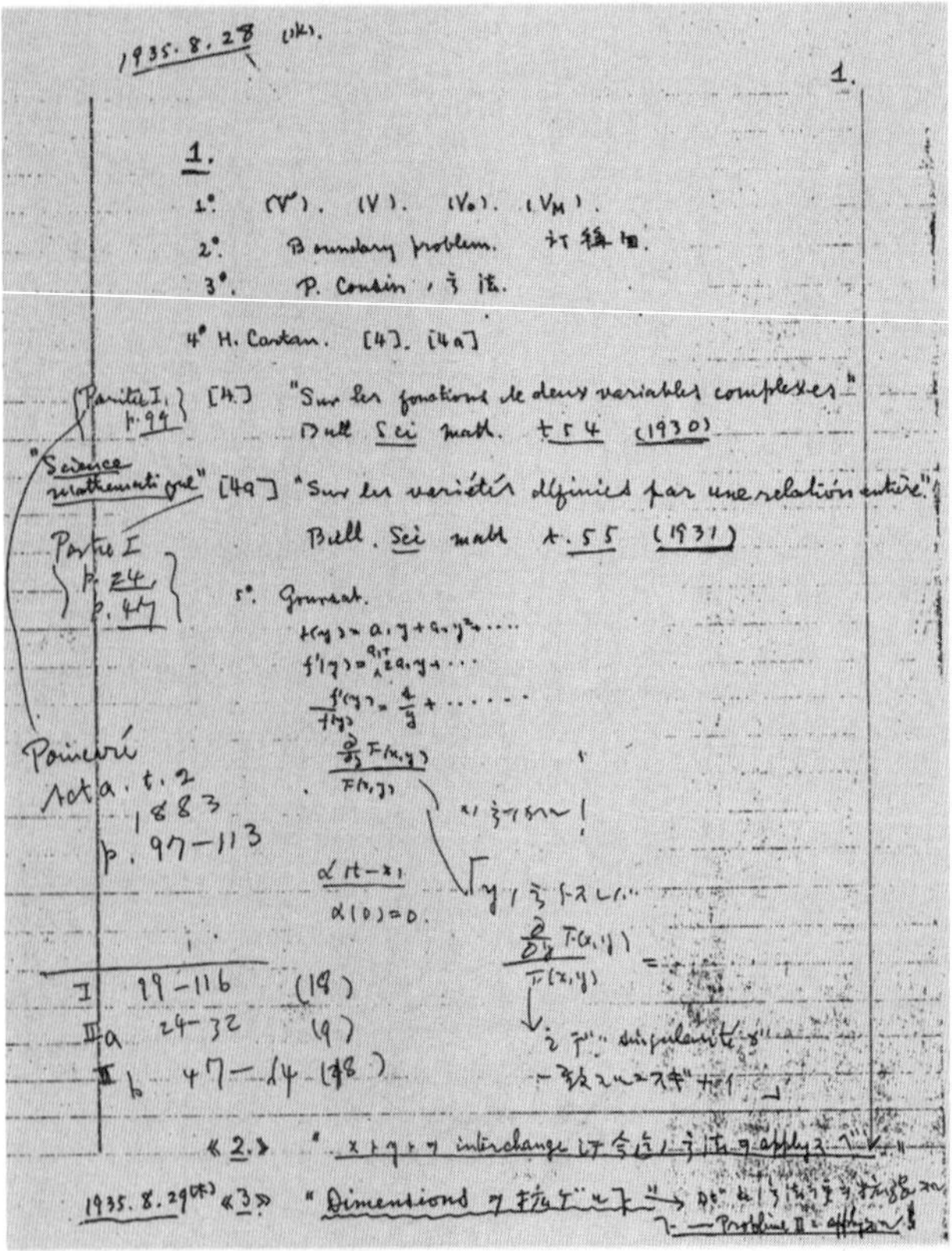
1935. 8. 28

1.

1°. (V'). (V). (V₀). (V_M).

2°. Boundary problem.

3°. P. Cousin ノ方法.

4° H. Cartan. [4]. [4a]

[4] "Sur les fonctions de deux variables complexes" Bull. Sci. math. t. 54 (1930)

[4a] "Sur les variétés définies par une relation entière." Bull. Sci. math. t. 55 (1931)

5°. Goursat.

Poincaré Acta. t. 2 1883 p. 97–113

研究記録：上空移行の原理の発見

この回想では発見が生起したのは九月に入ってからとされているが、『春宵十話』に続く第二エッセイ集『風蘭』（昭和三十九年）では「九月四日」とされているし、晩年の遺稿『春雨の曲』第七稿には「九月二日」と明記されている。細かな日付には岡潔も確信がもてなかったのであろう。だが、それはそれとして八月二十八日の日付をもつ一枚の研究記録を参照すると、カルタンの論文の表題などを写した二十八日の記事の下方に「1935. 8. 29（木）」という日付の一行のメモが書き込まれている。それは、

Dimensions ヲ拡ゲル事　［次元を広げること］

という文言であり、ここに表明されているのは明らかに上空移行の原理の根幹をなすアイデアである。発見の日にちは八月二十九日と見てよいであろう。

翌三十日は金曜日であった。この日の記録は二通り遺されている。ひとつは表紙のみにすぎないが、

「1935. 8. 30（金）
《Dimension ヲフヤス事》
参考」

と記入され、もうひとつの記録の表紙にも、

《Dimension ヲ拡ゲル事ニツイテ》

という語句が見える。二十九日にアイデアをつかみ、そのまま思索を続けて翌日に及び、目に映じたものの姿が次第に明瞭に顕われてきたということではあるまいか。

上空移行の原理はこれだけで完結する単独の発見ではなく、この上に理論的建設が重ねられていく土台の役割を果たす発見であったから、すぐに論文を書くというわけにはいかず、「その上に構築されるもの」の見通しがたつまで数学的思索を継続しなければならなかった。実際、九月一日の記録の表紙には「さまざまなタイプの問題」と出ているし、九月四日には「方針の確立」と明記されている。十月八日と九日の研究記録の表紙には、

「P. Cousin 氏ノ premier problème Dimensions ヲ拡張スル方法ヲ appliquer スル事」

［ピエール・クザン氏の第一問題　次元を拡張する方法を適用すること］

と書かれたが、この段階で岡潔が確信を抱いたのは、連作「多変数解析関数について」の第二論文「正則領域」の主命題、すなわち「単葉な正則領域においてクザンの第一問題はつねに解ける」という命題の正しさであったであろう。

ここまで思索を進めておいて、さてそれからようやく、十月九日から十日にかけて、二日間で第一論文の日本文草稿が執筆された。標題のみフランス語で、第一頁目の冒頭に、

「多変数解析関数について　I. 予備的諸命題」

と書かれているが、これは実際に公表された第一論文の標題「有理関数に関して凸状の領域」とは少し異なっている。本文は二十二頁だが、八〜十頁が欠けて、十九枚の原稿が今も遺されている。フランス語による清書稿執筆はなかなか始まらず、十一月七日付のみちさんから中谷宇吉郎と静子さんへの手紙（広島から札幌へ）でも、

主人は割合健康状態もよく調子よくはやつて居りますが相変らず書き上げようとはせずノロリノロリとやつて居ります

などと報告された。

第一論文は昭和十一年五月一日付で広島大学理科紀要に受理された。同年秋、伊豆伊東温泉で第二論文を仕上げ、十二月十日付で同じく広島大学理科紀要に受理された。岡潔の多変数関数論研究はこうして第一歩を踏み出していった。

九月に入っても岡潔たち三人はなかなか札幌を離れようとしなかった。夏休みいっぱいぎりぎりまで逗留を続け、いよいよ札幌に別れを告げたのは九月九日のことであった。帰り道も陸路をとり（また日本海を回って帰った）、大阪でみちさんとすがねさんと別れ、岡潔はひとりで広島に向かった。みちさんたちは九月末まで帝塚山に滞在した。

打ち続く数学的発見

昭和十二年の年初、将棋に関心を寄せる人々の耳目を集めたのは坂田三吉の「南禅寺の対局」と「天龍寺の対局」であった。いずれも読売新聞社の企画であり、坂田三吉は「南禅寺の対局」では二月五日から十一日まで木村義雄（将棋大成会八段）と対局し、「天龍寺の対局」では三月二十二日から二十八日まで花田長太郎（将棋大成会八段）と対局した。坂田三吉が初手で端歩をついたこれらの特異な棋譜は、菅谷《すがや》北斗星《ほくとせい》の観戦記を添えて読売新聞紙上に連載された。

坂田三吉は大正十一年、白内障を患い、翌大正十二年、手術した。その後は快方に向かったが、目を洗うため日本橋の北村眼科に通った。北村純一郎とも飛香落ほどの手合いでしばしば将棋を指したというから、北村五段は坂田三吉仕込みの腕前だったわけである。岡潔に将棋を教えたのはその北村純一郎であるから、岡潔と北村駿一は兄弟弟子になる道理である。二枚落ちあたりから始め、次第に腕を上げ、香落ちくらいまで上達した。

この年、北村駿一は広島の岡潔に宛ててひんぱんに手紙を書いた。追悼遺文集『錦鳥善語』には二月二十六日付、三月三日付、三月二十七日付、四月二日付、四月八日付、四月二十一日付、五月二日付の手紙が収録されている。三月二十七日付の手紙には天龍寺の対局への言及があり、わざわざ棋譜まで同封されていた。

昭和十一年秋、第二論文が完成し、岡潔は「(有限単葉な)正則領域においてクザンの第一問題はつねに解ける」というめざましい数学的事実の確立に成功した。それから数学研究は新たな段階にさしかかったが、当初より(というのは、昭和十年の年初より、という意味である)懸案の「ハルトークスの逆問題」の解決をめざして道筋を探っていたことはまちがいなく、第一着手を求めて「関数の積分表示」すなわち積分を用いて関数を表示する問題に取り組み始めた。それと、クザンの第一問題と対をなす「クザンの第二問題」のことも、絶えず念頭を離れなかったことであろう。

「関数の積分表示」の研究はわりと順調に運んだようで、表紙に「生活の記録Ⅱ」と書かれた数学日誌を参照すると、この年の三月二十八日(日)から四月九日(金)まで、およそ二週間ほどの研究の模様がうかがわれる。

昭和十二年三月三十日、岡潔は

「A. Weil-Math. Annalen の仮説は証明出来る」

というメモを書き留めた。「A. Weil」というのはアンドレ・ヴェイユのことで、一九〇六年生まれのフランスの数学者である。アンリ・カルタンの親しい友人で、カルタンとともにフランスの数学者集団「ブルバキ」の音頭取りをした人物であり、二十世紀を代表する大数学者である。「Math. Annalen」はドイツの数学誌『数学年報』を指し、その第百十一巻（一九三五年）には、ヴェイユの多変数関数論の論文「コーシーの積分と多変数関数」が掲載されていた。岡潔はこの論文に思索の手がかりを求めたのである。

コーシーは十九世紀前半のフランスの大数学者で、フランスの（多変数ではなくて）一複素変数関数論の伝統の泉であり、「コーシーの定理」や「コーシーの積分表示」等々、数学のこの分野の基本定理にはコーシーの名がつけられている。ヴェイユはこの伝統にならい、多変数関数の場合に「ヴェイユの積分表示」を考案した。その際、表示を可能にする条件が課されるが、岡潔はその条件は不要であることに気づいて、「仮説は証明出来る」とノートに書いたのである。

翌日三月三十一日は快晴になった。岡潔は（広島文理科大学の）図書室に足を運び、ヴェイユの論文が出ている『数学年報』第百十一巻を借り出した。何か確かめたいことが出てきたのに、ヴェイユの論文が手許になかったためであろう。それから喫茶店「プリンス」に行った。

四月一日のノートには、

僕の長所は非常に複雑な條件を取り扱ひ得る点にあるらしい（之は困ったことである）

などという記事が見られ、それから翌二日の数学ノートには早くも、

「積分表示は可能（新発見）」

「転換!!」

「之でⅢが論文の体裁を具備する」


と、躍るような言葉が書き留められた。究明の核心を把握して、第三論文の骨格が心に描き出されたのであろう。タイトルも決まり、翌三日のノートに記入された。それは、

Ⅲ. Domaines d'holomorphie（suite）［正則領域（続）］
A―展開　Développement des fonctions［関数の展開］
B―積分表示

というのであるから、明らかに第二論文「正則領域」の続きである。ただしこの論文は未完に終わった。曲折があったが、現実に起こった事象に着目すると、四月二日の新発見は第五論文

「コーシーの積分」の源泉になって日の目を見た。その第五論文が実際に執筆されたのは新発見の日から二年後の昭和十四年になってからで、翌昭和十五年、さらに改訂された後に、第四論文「正則領域と有理凸状領域」とともに、学術研究会議の数学部門の機関誌『日本数学輯報』第十七巻に掲載された。思索のうえに思索が重なり、苦心のうえに苦心が重なり、構想の立て直し、改訂改稿は引きも切らず、岡潔の数少ない論文はどのひとつを取っても彫心鏤骨《ちょうしんるこつ》という言葉がぴったりである。

昭和十二年四月二日の発見を受けて企画された第三論文が公表に至らなかったのは、この時期に数学上の発見を相次いで経験したためであった。思索を集中しなければならない数学上のあれこれが重なり、昭和十四年夏あたりまで多事多端な日々が連なって、結局二年あまりのうちに第三、四、五論文と、三つの論文ができたのである。

昭和十二年四月の時点に話をもどすと、第三論文の構想を心に抱きながら岡潔はしばしば『ツェントラルブラット』を見て文献を調査し、いろいろな記録を書き留めた。『ツェントラルブラット』というのは世界中の数学の論文を紹介するドイツの学術誌で、この作業は八月初めあたりまで続けられた。『ツェントラルブラット』にはベンケの手になる岡潔の第一論文の紹介記事もあった。岡潔はそれを四月十日に書き写した。

六月十四日（月）にはきわめて重大な文献に遭遇した。それはアメリカの数学者グロンウォールの論文「多複素変数一価関数の、二個の整関数の商としての表示の可能性について」（『アメリカ数学会議事記録』第十八巻）で、一九一七年（大正六年）に公表された論文であるから、昭和十二年（一九三七年）の時点から振り返って、きっかり二十年の歳月が流れたのである。この論文の概要はベンケ、トゥルレンの著作『多複素変数関数の理論』に紹介されているから、承知していたことはまちがいないが、実際に目を通したのはこのときが初めてであった。

この論文には「正則領域においてクザンの第二問題は必ずしも解けないことを示す具体例」が挙げられていた。岡潔はそれを見て、

「完全な例が出て居る！」

とノートに書きつけた。喜びがみちあふれ、驚きが飛び跳ねているような数語である。二十年という年月の間、この例の真の重要性に気づいた人はだれもなく、さながら岡潔の出現を俟って野にひそみ続けていたかのようであった。

グロンウォールの論文に刺激されて、この年の秋（十一月ころであろう）、岡潔は自分でも同様の例を作ることに成功した。その新たな例はグロンウォールの例に比べるとはるかに簡単に構成することができ、そのため「正則領域においてクザンの第二問題が解けないことが

ある」という数学的現象が起こる原因を生き生きと物語っていた。これを第一番目として、続いて第二の例も作ることができた。岡潔はこれらの例に基づいて思索を深め、「与えられた零面がバラヤーブルであること」という、「正則領域においてクザンの第二問題が解けるための条件」をみいだした。解析性とは無関係な、純粋に位相的な性格を備えた条件であり、ここから派生して、

「正則領域では、もしクザンの第二問題に連続な解が存在するなら、解析的な解もまた存在する」

という命題が導かれる。欲しいのは「解析的な解」だが、その存在を保証するのは「連続的な解」の存在だというのであるから、目を疑うような光景であった。後年フランスの数学者ジャン・ピエール・セール（ヴェイユやカルタンの次の世代の数学者）が「岡の原理」と名づけたものの原型が発見されたのである。

このめざましい情景をそのまま描写して、連作「多変数解析関数について」の第三論文

「クザンの第二問題」

ができあがった。四月二日の発見が論文の形になる前にもうひとつの発見が起こり、後の発

見が先に第三論文になったのである。これは昭和十二年内に書き上げられ、翌昭和十三年一月二十日付で広島大学理科紀要に受理されたが、岡潔の病気のために公表が遅延され、実際に紀要に掲載されたのはさらに一年後の昭和十四年になってからであった。

表紙に「古鏡」(『正法眼蔵』から採られたのであろう)と書かれた昭和十四年のノートの冒頭に、八枚にわたって日本文の論文

「多変数解析関数について　Ⅲ　いくつかの例」(この標題のみフランス語)

が書き込まれている。ノートの表紙に記入された日付は一九三九年(昭和十四年)十二月十五日だが、この論文の末尾に付された日付は一九三八年、すなわち昭和十三年の六月二十八日である。これとは別に、レポート用紙六枚に書かれた同じ標題の日本文の論文の原稿が遺されている。これはノート「古鏡」に出ている論文を書き直したもので、執筆時期は昭和十三年八月あたりと推定される。序文を見ると、この時期の岡潔の数学的思索の様相が簡明に語られていて、しみじみとぼくらの感慨を誘う。

「我々は単葉正則域を三つに区分して柱状域、有理函数に関して凸状なる領域、及び一般の領域の三種類とした。前二報告は此の分類法にもとづいてなされたものである」

「所で此の第三種類の領域が実在するか否かは全く疑問である。我々は何よりも先づ之を

解決することを試みなければならない」

岡潔はこのように問題を立て、グロンウォールの例を想起した。グロンウォールは二個の複素変数の空間内の柱状領域において、クザンの第二問題が必ずしも解けないことを述べているが、「彼の推論は二複素変数の代数関数論にもとづいた複雑なものである」。そこで、

「若し之を簡潔にすることによつてか様な現象の起る理由を明らかにすることが出来たならば　或は夫から出発して第三種類の領域の実例が得られるかも知れないと自分は考へた」

そうして「此の予想はたやすく実現せられ」、「第三種類の領域」すなわち「有理凸状ではない正則領域」の実例が獲得された。こうして第四論文

「正則領域と有理凸状領域」

の骨格ができあがった。

昭和十一年秋、伊豆伊東温泉で仕上げられた第二論文に続き、昭和十二年から昭和十三年にかけて岡潔の数学研究はさまざまな形で芽生え、第三論文から第五論文まで、三篇の論文

となって結実した。だが、その芽生えと実りの間にはさまれて、岡潔は中谷治宇二郎との別れに次ぐもうひとつの別れに立ち会わなければならなかった。それは北村駿一の病没である。

北村駿一との別れ

昭和六年九月の満洲事変に続き、昭和十二年もまた日本の近代史を画する年であった。岡潔と北村駿一との別れに先立って、七月七日、中国大陸北方の都市「北平《ほくへい》」西方の永定河《えいていが》にかかる盧溝橋《ろこうきょう》付近で盧溝橋事件（中国側の呼称は「七・七事変」）が発生した。この七夕《たなばた》の夜、日本の支那駐屯軍歩兵第一連隊の豊台《ほうだい》駐屯第三大隊が盧溝橋近辺で演習中、永定河の堤防上の龍王廟付近から突然二、三発の実弾を撃たれたのである。

盧溝橋は十三世紀にこの橋に到達したイタリアの旅行家マルコ・ポーロの名にちなみ、欧米人の間ではマルコ・ポーロ・ブリッジと呼ばれていた。「北平」は北京《ぺきん》の異称である。

翌八日朝午前五時半、日中両軍が盧溝橋付近で交戦状態に入った。九日、日本政府で「事件不拡大、現地解決」の方針が決定され、解決案も打ち出された。十一日になると現地で停戦協定が成立し、調印された。七日夜以来の一連の事件が「北支事変」と命名されたのもこの日である。だが、十一日以降も平穏な日々は訪れず、対峙する日中両軍の間で挑発策動が繰り返された。七月二十五日夜、北平南東の廊坊《ろうぼう》において、日中両軍の間で戦闘が起こり、二十六日夕刻にも北平の広安門で両軍が衝突した。

七月二十九日払暁、通州の冀東《きとう》防共自治政府保安隊が日本軍民を襲撃するという事件が起こり、数十名の通州守備隊と通州特務機関が全滅するとともに、日本人居留民三百八十名の過半が殺害された。これが「通州事件」である。八月九日には上海で海軍中尉大山勇夫《おおやまいさお》が中国保安隊に殺害されるという、「大山中尉殺害事件」が起こった。八月十三日、第二次上海事変が始まった。紛争地域が一挙に拡大し、もはや「北支事変」という呼称は実態から乖離したため、九月二日の閣議で「支那事変」と改称することが決定された。

次々と新たに展開されていく不安定な大陸状勢はそれはそれとして、それとは別に内地では内地の生活が営まれていた。昭和十二年度の日本数学物理学会年会は北大を会場にして、七月十八日から二十一日まで、夏の札幌で開催された。岡潔は春四月の発見を講演する考えで秋月康夫とふたりで札幌に行き、秋月の言葉をそのまま引用すると、「中谷さんの下宿に転がり込んだ」。「中谷さんの下宿」というのは「荻野」（荻野さんという人が経営する下宿）のことにほかならない。昭和十年の夏以来の二度目の札幌行であった。

七月十九日午後、岡潔は

「多変数解析函数の表現について」

という題目で講演を行った。『日本数学物理学会誌第十一巻第二号』に「雑録」として「昭和十二年度年会講演アブストラクト」が収録されているが、そこに、有界単葉な正則域に於ける展開及び積分表現について述べる。（之は私の此の方面の研究の第三報告である。之に先立つ二つは本学紀要で発表した－1936, 1937）

と記されていて、講演の要旨をうかがい知ることができる。このときはまだ秋の発見の前であったから、四月二日の新発見が第三報告と数えられたのである。予行演習では十五分くらいですんだが、本番では三十分かかっても終わらなかった。そこで座長の掛谷《かけや》宗一《そういち》（東京帝大教授）がやさしい言葉で「やめてくださいよ」と声をかけたところ、即座に終了した。

学会のエキスカーション（遠足）が実施され、みなでバスに乗って阿寒に行った。団長は

北村駿一
ストーブに手足投げ出して猫の新春《はる》ねまにさす自分はかりの冬陽かな（『錦鳥善語』より）

茅誠司、副団長は藤岡由夫で、ともに中谷宇吉郎の親しい友人である。岡潔も秋月も参加したが、岡潔はバスの中で寝てばかりいたという。それでも阿寒から紀見村の父に宛てて阿寒の写真集を郵送した。

札幌からの帰りも秋月康夫といっしょだったのかどうかは不明だが（たぶんいっしょだったろう）、七月二十六日夜、伊東の宇吉郎の滞在先に到着した。伊東の中谷家の所在地は江口別荘だったが、何かわけがあったのであろう、この時点では観月園であった。前年秋以来の伊東行で、伊東はこれで二度目である。宇吉郎は学会には出席せず、伊東に岡潔を迎え、

「潔君は無事北海道の学会及び遊覧を済まし昨夜元気で帰つて来られましたから御安を願ひます」

とみちさんにはがきで報告した。このはがきの日付は七月二十七日で、宛先は広島ではなく帝塚山になっていたが、この時期のみちさんの所在地はすでに富田林の廿山《つづやま》の尾崎家であった。「潔君は八月一日位に帰られると思ひます」とも伝えられたが、岡潔がもどっていく先もまた廿山であった。北村駿一の容態が思わしくなく、親戚たちがみな廿山に寄り合っていたのである。

昭和十一年、今宮中学第五学年に在学中の第一学期の初め（五月七日からのことである）、駿一は肺尖カタルのため臥床を余儀なくされる事態におちいった。今宮中学は退学するほか

に道はなく、以後、病床に伏す日々が続いた。昭和十二年六月九日（この日は大安であった）、富田林の廿山の尾崎家に転地した。尾崎家はみちさんの一番上の姉のみどりさんの嫁ぎ先で、昭和四年暮れ、みちさんたちの父、河内柏原の小山玄松《おやまくろまつ》が脳内出血を起こして急逝した場所も尾崎家であった。岡潔が伊東を離れた後、宇吉郎が来阪して帝塚山の北村家を訪問したが、駿一はすでに転地した後で、会うことはできなかった。みちさんが二人の子どもを連れて廿山に移動したのは七月十九日ころである。

八月三日、岡潔は阪大工学部で『ツェントラル・ブラット』を閲覧した。六日、九日、十日も阪大にでかけた。

第二次上海事変の始まりを翌日に控えた八月十二日の木曜日の午後四時十分、みなに見守られる中で北村駿一が息を引き取った。満十九歳と一箇月であった。死の直前の十分前ころ、駿一は特に岡潔を指名して、

ぼく死ぬのか。死ぬなら死ぬでよいから、本当のこと聞かしてくれ。よその人と違う。潔様、どうや。

と尋ねた。岡潔は駿一の目の前にすわり、

お前がだいぶ悪いから心配してみな寄ってきてはいるが、死ぬとか生きるとかはだれも

知らない。神様だけしか知らない。

と返した。駿一は「そうか」と諒解し、「ねむい、ねむい。ねむらしてくれ」と言った。これが、北村駿一がこの世に遺した最後の会話であった。

三十一年後の昭和四十三年六月、第九エッセイ集『昭和への遺書　敗るるもまたよき国へ』（月刊ペン社）が刊行されたとき、岡潔は北村駿一の死を回想した。

もう大分前のことであるが、私に可愛がっていた一人の甥がいた。駿一といった。それが中学四（五）年のとき肺結核で死んだ。その死の五分前のことである。駿一は突然枕元の私の目をじっと見つめて「潔さん、本当のことを言うて呉れ、僕は死ぬのか」私は答えようがなくて、黙って駿一の目をじっと見ていた。此の目の印象は今になっても少しも色褪せていない。

事実関係に若干の誤認があるが、岡潔は死んでいく北村駿一の目の底に、人生の神秘の淵をのぞき見たのであろう。

八月十三日午後、納棺。夜十二時、火葬。十四日になって収骨し、昼から両親がお骨をもって帝塚山に帰った。十五日、葬儀。十六日、大阪市上本町の正祐寺《しょうゆうじ》で告別式が行われた。お墓は初め正祐寺にあったと思われるが、はっきりしたことはわからない（現在は正祐寺には駿一のお墓はない)。昭和四十四年、三十三回忌のおりに紀見峠の北村家の墓地に新しいお墓が建てられた。法名は「正風院青山駿一居士」である。駿一が生まれる前に死んだ兄の正道と、満二歳に足らずに世を去った妹の千穂子(大正十年十一月八日没)のお墓は今も正祐寺にある。二人でひとつの小さなかわいらしいお墓である。

没後、追悼会が催された。出席者は北村純一郎(父)、北村みよし(母)、北村三保子(姉)、岡潔、岡みち、藤野俊子(いとこ)などであった。この場での岡潔の発言は『錦鳥善語』に記録されている。

駿一は気立てのごくすなおな子だった。ときどき気持ちのひどく澄むときがあって、そのときは万象人事を深く洞察していた。感情におぼれることがきらいだった。しかし感情を軽蔑することはしなかった。若竹のすなおを思い出すような子だった。努力はよくした。

駿一の将棋は非常に長くかかる将棋で、駿一四年の夏、北海道で中谷さんと指したのには二日にわたって二十時間近くかかったのがある。それは非常な苦境に立ってすばらしい妙手を考えたり、敵の側の妙手を考えたりしていたのだが、そのうちときどき駿一としては非常な妙手を指した。駿一には突然妙案が浮かぶようなところはあったようだ。

病床日誌の一節にいわく「自分の運命に対して血涙をのんで貴き清き孤独の姿を自分が

見つめる」という言葉は、もうそれが至境に達しているように思われた。そうして事実駿一が血涙を飲んでいても弱い様子を外に現さなかったように自分は思う。

駿一は「若竹のすなおを思い出すような子」だったという。岡潔は、親しい人の死の相を敏感に感受する、鋭敏な感受性の持ち主であった。

北村純一郎の追悼句「錦鳥善語」十九句のうちの最後の句

星の夜の
　松に吹かれて
　　ゆきにけり

紀見峠の北村駿一のお墓に、北村純一郎の字でこの句が刻まれている。

昭和十六年八月十日、北村駿一の追悼遺文集『錦鳥善語』が作られた。岡潔はこの本のために「駿一君の思ひ出」を書き、中谷宇吉郎も「駿一さん」という一文を寄せた。本を駿一と思いなし、いつも身につけていた着物をそのまま着せて（あの世に）送り出すという心情から形見の着物の切れ端を装幀に用い、みちさんの清水谷高等女学校時代からの親友の日本画家、四夷星乃《しいほしの》さんが一枚の絵を寄せて、美しい本ができあがった。岡潔にも中谷宇吉郎にも一本が送られた。

＊　＊　＊

岡潔は妹の泰子さんに「人の悲しみがわかる人になれ」と教えたが、中谷治宇二郎と北村駿一との別れの悲しみは、多くの別れが去来した岡潔の人生の中でも抜きん出ている。深まりゆく数学研究と人生の「悲」の諸相は錯綜をきわめながら相俟って進行し、さながら一曲のソナタのようであった。それならば岡潔の数学は人生の影にほかならず、逆に、ぼくらが日々を生きるこの人の世における岡潔の生涯は、岡潔が構築した数学理論の生きた映像と見なければならない。人の悲しみの織り成す影絵の世界。その世界の神秘こそ、岡潔の数学に遍在する深遠な神秘感の本源の光なのである。

金星の少女との会話（広島事件）

中谷治宇二郎との別れ

岡潔先生の生涯最大の親友「治宇《じう》さん」こと中谷治宇二郎が療養先の大分県由布院温泉で息を引き取ったのは、昭和十一年三月二十二日午後八時三十分のことであった。治宇さん逝去の報を受けて（電報が届いたのである）岡先生は急遽広島を発ち、由布院にかけつけた。三月二十四日のお葬式には間に合わなかったが、二十五日の朝には到着し、この日のお骨拾いに加わることができた。

三年前の昭和八年夏、岡先生はみちさんとすがねさんの三人で由布院に逗留し、連日治宇さんを見舞って夏休みの日々をすごしたが、由布院を離れる最後の日、岡先生はみずから申し出て、治宇さんの化膿しかかったカリエスの周囲にすえるお灸に火をつけてやった。みちさんは「熱いでしょう」と懸命に治宇さんの手を握り、やせ細った治宇さんは熱さをこらえてがんばった。そうしてみんな線香のけむりにむせながらお別れをした。振り返ってみると結局これが治宇さんとの永遠の別れなのであった。そののち治宇さんは、

サイレンの丘越えて行く別れかな

と一句詠み、後日岡先生に伝えたという。「丘」は岡先生の「岡」とのかけ言葉である。「サイレン」はお昼の時報のサイレンで、丘を越えて消えていくサイレンの響きの中を、岡先生たちは由布院を離れていったのである。ただしこの句が岡先生に伝えられた経路は不明である。

昭和六年六月、パリで発病した治宇さんの病状は慢性化して、劇的な恢復は望めない容態が続いたが、だからといって急に悪化するというふうも見られなかった。一進一退というか、結核、カリエス、関節炎に加えてさまざまな病状が出たりおさまったりを繰り返しながら歳月が流れていた。亡くなった年の二月初めには胃潰瘍に悩み、三月に入るとまもなく心筋炎に苦しめられたから、都合五通りの病名がついたことになる。どのひとつをとっても不治の病と見てしかるべき事態であった。それでも三月九日には札幌の兄、宇吉郎先生に手紙を書いて、胃潰瘍は完全に治ったことを報告するとともに、心筋炎についても、「何れ生涯の用心を必要とするでせうが癒るのは間もなく癒るでせう」とわりあいに楽観的な見通しを表明した。心配をかけまいとする配慮から出た言葉と思われるが、その二日前の三月七日、いとこの寿子さんの結婚式が盛大に行われ、その夜のお祝の席では治宇さんも大騒ぎしたというから、本人にもまだ気持ちに余裕があったのであろう。ところがそれから一週間ほどして宇吉郎先生に宛てて書かれた中谷節子さんの短い手紙の文面を見れば、

「只今岩男先生の御話に依れば一週間保つまひとの御話で御座います」

というのであるから、あるいは結婚式の日の大騒ぎがたたったのかもしれない。節子さんの手紙に日付はないが、三月十七日の消印が捺されている。

治宇さんの死が岡先生の心情にはかり知れないほどに深刻な衝撃を及ぼしたであろうことは想像に難くない。

五月一日、岡先生の連作「多変数解析関数について」の第一報告「有理関数に関して凸状の領域」が広島大学理科紀要に受理された。この論文は前年昭和十年夏、札幌で得られた「上空移行の原理」の発見を受けて書かれた作品で、岡先生が生涯の課題としてみずからに課した「ハルトークスの逆問題」の解決への道を具体的に開いていく傑作であった。実際に執筆がなされた正確な時期は不明だが、昭和十一年に入ってからのことであるのはまずまちがいなく、おそらく治宇さんの死の前後にも、急な由布院行をはさんで執筆が続けられたにちがいない。治宇さんは岡先生がなかなか論文を書かないのをいつも気にかけていたから、岡先生の会心の自信作を見ればわがことのように喜んで、第一報告完成の喜びを岡先生と分かち合ったことであろう。岡先生もまた治宇さんに見せるのが楽しみでもあったであろう。由布院の治宇さんの側に寝ころんで「上空移行の原理」の発見の鋭い喜びを語り続ける岡先生と、合の手を入れながらいつまでもやまない岡先生の話に耳を傾ける治宇さんの姿が目に見えるようである。

だが、執筆の喜びは途中で暗転した。岡先生の第一報告は、治宇さんとの別れの悲しみにすみずみまですきまなく満たされた作品であったろうとぼくは思う。近代数学史の地平において多変数関数論の荒野に力強く鍬《くわ》を打ち込んだこの偉大な作品は、岡先生の人生の最大の悲劇のさなかに誕生したのである。

五月下旬、中谷宇吉郎先生が札幌を発って上京し、古巣の理化学研究所で講演を行った。その後、由布院に向かったが、途中で広島に立ち寄って岡先生に会った。その日は五月二十三日と記録されているが、広島で奇妙な事件が発生したのはそれからちょうど一ヶ月後の六月二十三日の夜のことであった。

回想の紀見村の日々

岡潔先生の生涯を概観してもっとも不可解な印象を受けるのは、人生の旅路の半ばで勤務先の広島文理科大学を唐突に辞職して、帰郷したという一事であろう。岡先生は昭和七年五月初め、足掛け四年に及ぶフランス留学を終えて帰朝して、勤務先の広島文理大に赴任した。ところが昭和十二、三年ころ（岡先生のエッセイを参照するだけでは正確な日時は判然としない）突如広島を離れて家族とともに郷里の紀見峠にもどり、孤高の研究生活に身を投じた。この紀見村時代は非常に長く、大東亜戦争（太平洋戦争）をはさんで延々十年余りに及んだ。ただし途中、大東亜戦争が始まった昭和十六年十二月八日をはさんで一年間ほど紀見村を離れ、北海道帝大に勤務するため単身札幌に移り住んだ一時期がある。

広島を離れた理由について、岡先生自身は多くを語らず、ただ「研究に専念するため」という主旨の簡単な言葉を遺したにすぎない。大学での授業時間はわりと多かったようで、当時岡家に同居していた藤野俊子さん（岡先生の姪。みちさんの姉、藤野あいさんの子ども）の回想によれば、岡先生はよく、

「広島の大学は講義が多すぎる。フランスの大学では先生は週一回か二回の講義に出るだけなのに、日本では講義の日が多く、自分の研究がすすまない」

とこぼしていたというから、岡先生の言うことはあながちうそではないかもしれない。だが、それでもなお、勤務が始まって数年後に休職したり辞職したりするという事態（正確に言うと、広島に赴任した昭和七年の時点から数えて六年後の昭和十三年六月に休職となり、二年後の昭和十五年六月、正式に辞職した）はやはり突飛であり、不可解なイメージはなかなかぬぐいさることができなかった。岡先生はどうして広島を去ったのだろう。岡先生のエッセイの愛読者の間ではときおり思い出されたかのようにこの話題がもちだされ、いつも要領を得ないままに会話が途切れるのを常とした。ぼくも幾度かこの問いを投げかけられて返答に窮したことがある。

岡先生は夏のある日、気晴らしのつもりで京都の博物館にでかけ、嵯峨天皇の御宸筆《ごしんぴつ》

真智《しんち》無差別智《むさべつち》
妄智《もうち》分別智《ふんべつち》
邪知《じゃち》世間智《せけんち》

を見て「よい句だなあ」と感心し、紀見峠への帰りに大阪の行きつけの書店に寄って岩波文庫の『正法眼蔵』を買った。

また、ある日の新聞の広告で『武尊《ほたか》の麓《ふもと》』という歌集を見つけたことがある。著者はカルモチンという睡眠薬（と岡先生はエッセイに書いているが、実際には青酸カリ）を大量に飲んで自殺した無名の女流歌人（岡先生はそう書いているが、江口きちという人である）で、広告文には辞世の歌

大いなるこの寂《しず》けさや天地《あめつち》の
時刻《とき》あやまたず夜は明けにけり

が紹介されていた。岡先生は非常に感動し、「郷里から十里の道を遠しとせず大阪に出て」（『月影』）紫の布地で装幀されたきれいな歌集を購入した。岡先生のエッセイではこの話の

時期もまた「満洲事変が一応終わったのち、日支事変の始まるまでの間」（同上）とされているが、実際は昭和十四年の夏の出来事であるから、「支那事変が一応終わったのち、ノモンハン事件のさなか」と言うべきところであろう。

これらのほかにも、研究が行き詰まっていたころ、台風が大阪湾に向かったというニュースを聞き、鳴門海峡を船で乗り切ろうと決心してわざわざ淡路島の福良港まで足を運んだこと（昭和十四年秋十月）、子どもたちといっしょに蛍狩りを楽しみながら「関数の第二種融合法」と言われる数学的発見を経験したこと（昭和十五年初夏六月）などなど、岡先生の一群のエッセイが開示する世界には、読む者の心に強い印象を刻まずにはおかない数々のエピソードが散りばめられている。しかもそれらはことごとくみな紀見村時代の物語であり、それだけにいっそう、岡先生の紀見村の日々の始まりがあれこれと思いめぐらされるのである。十年余に及ぶ紀見村の日々こそ、「数学者岡潔」の創造の泉である。「ハルトークスの逆問題の解決」や「不定域イデアルの理論の創造」など、近代数学の根幹をつくる大きな出来事がこの孤高の生活の中から生まれ出た。今ではこの間の事情は相当に詳しく明らかになっているが、肝心の帰郷の原因をめぐって、かつては数学の関係者たちの間で明確な根拠を欠くうわさ話がそこはかとなく語られていたものであった。

もう二十年ほど前のことになるが、ぼくがたまたま耳にした話によれば、あるとき岡先生は広島市内を通行中の小学生たちに襲いかかり、背負っていた鞄《かばん》を奪ってノートなどを押収し、「このノートだ！」などと叫んだという。なんでもそのころ岡先生は数学の研究で外国の数学者たちに一足先を越されてしまう経験が相次いだので、これはてっきり身近にスパイのような人物がいて情報を流しているのではないかと疑ってこの挙に出た、というのであった。この「身近にスパイがいる」と疑っていたという話はまったく別の機会にもう一人、別の人物からも聞いたことがあるから、当時、広島で何かしら奇妙な事件が起こり、原因が探索されて、関係者の間でわりあい受け入れられやすい解釈が一応の定説になって飛び交ったのであろうと推察された。しかしこの話はただこれきりの孤立したエピソードにすぎず、これだけではまだ紀見村の日々への序章ではありえない。

あやふやな風説とは裏腹に、現実に生起した事の経緯は真に「人生」の名に相応しく、はるかに複雑な様相を呈していた。

第二論文

治宇さんの没後、五月一日付で広島大学理科紀要に第一報告を提出してからの岡先生の様子を語る資料はとぼしく、今も遺されている岡先生自筆の大量の数学研究記録を渉猟しても、この時期の日付が明記されたわずかに数枚の紙片がみいだされるにすぎない。詳しいことはほとんど何もわからないと言わなければならないが、第一報告の続きにあたる研究を続けていたことはまちがいなく、たった一枚ではあるが有力な証拠も存在する。それは「1936. 6. 2(火)」すなわち昭和十一年六月二日火曜日という日付の入った研究記録の断片で、頁番号「1」が記入されているところを見れば、一篇の論文が企画され、まとまりのある草稿がこ

の時期に書かれたのであろうという想像に誘われる。見れば、

「II．正則領域

A．諸準備」

というフランス語の語句が読み取れる。すなわちこの紙片は連作「多変数解析函数について」の第二報告「正則領域」の草稿の試みと見るのが至当であり、第二報告の成立過程を今日に伝えるかけがえのない資料と判断されるのである。

岡先生の第二報告「正則領域」は第一報告で表明された「上空移行の原理」を受けて書かれた論文である。ここで確立された主定理は

「単葉な正則領域においてクザンの第一問題はつねに解ける」

というもので、前世紀の末、一八九五年に公表されたピエール・クザン（フランスの数学者。ポアンカレの弟子）の定理を実に四十一年ぶりに凌駕した画期的な成果であった。これが、岡先生の数学上の業績のひとつとしてひんぱんに語られる「クザンの第一問題の解決」である。

岡先生がこのような大定理の成立に確信をもったのはいつごろなのかという点が気にかか

るところだが、晩年の未公刊の作品『春雨《はるさめ》の曲』第七稿を参照すると、第二報告のあらすじを一応書き上げたのは七月十日ころと明記されている。六月二日の時点で「A. 諸準備」と書き留められた後にも岡先生の数学的思索は続き、定理の証明を心のキャンバスに描き出すまでにおおよそ一ヶ月ほどの時間を要したということであろうと読み取れる記述である。ところが七月十日といえば後述する広島事件からようやく二週間ほどの日時が経過した時期であり、この前後、岡先生は広島脳病院に入院中なのであった。

秋十月に入るとフランス文清書稿を前提とした日本文草稿が執筆された模様である。岡先生はもう退院して牛田町の貸家にもどっていたが、大学には欠勤届を出して休養を続けていた。新たな原稿の第一頁目の冒頭に、今度は

「多変数解析関数について
　Ⅱ—正則領域（其ノ一）
《B—基本定理・・・》」

と記されている（フランス語で書かれているが、「其ノ一」のみ日本語）ところから見ても、明らかに前稿「A. 諸準備」の続きである。本文には頁番号が打たれているが、欠落があり、遺されている断片は一〜八頁、十一〜十五頁、十九頁の計十四枚のみである。記入されている日付を拾うと、十月七日に書かれた二枚（一頁と二頁）に始まって八日、九日、十日、十

五日にわたっている。そのほかに十月十五日の日付をもつ一枚の表紙があり、

「Ⅱ—正則領域

《B—基本定理・・・》」

というタイトルが（フランス語で）記入されている。これらのわずかな徴候から推して、第二論文の実体は完成したと見てまちがいなく、あとは仏文定稿を書き上げるのみであった。それが実行に移されたのは十一月に入ってからのことで、そのとき岡先生は中谷宇吉郎先生のいる伊豆伊東温泉に逗留中であった。

第一報告の完成から広島事件を経て脳病院への入院、退院、伊東温泉逗留と、治宇さんの没後の岡先生の日々の生活はめまぐるしい変転を繰り返した。第二報告はこの必ずしも正体のつかみがたい激しい変動のさなかに芽生え、生い立ったのである。獲得された果実の姿形はすばらしく、近代数学史において多変数関数論の行く手を長らくさえぎっていた濃霧を半世紀ぶりに打ち破る力が備わっていた。広島事件をめぐって生起したあれこれの異様な出来事を観察していくうえで、ぼくらはこのみごとな数学的情景をいつも心に留めておかなければならないであろう。

広島事件

広島で事件が起こった当日、六月二十三日の岡先生の様子を伝える記録はなきに等しいが、ただひとつだけ、フランス留学時代に師事したガストン・ジュリアの著作『一価関数論』の欄外に簡単なメモが書き留められている。この作品は黄色の封筒に入れられて保存されているが、欠損があり、表紙、序文に続いて第一頁から百四十四頁まで本文が続いている。内容を見ると第Ⅶ章の第三頁目までである。表紙に、岡先生の手で、

「聖典（芭蕉を思ふ）」

と書かれている。第Ⅰ章第一頁の欄外には、

「pp. 89–118
1936. 6. 23」

と記されているが、ここに見られる「1936. 6. 23」すなわち昭和十一年六月二十三日という日にちは広島事件の当日にほかならない。この日、八十九頁から百十八頁まで読み進んだということであろう。そこでさらに第八十九頁の欄外に目をやると、

広島文理科大学・高等師範学校

実に面白い
原評（はじめてよんだときの）
初覚
1927

という不思議な言葉に出会う。一九二七年すなわち昭和二年といえば岡先生が京都帝大を卒業して三年目にあたり、数学研究に本格的に打ち込み出したと回想されている年である。岡先生は初め、京大時代の恩師、河合十太《じゅうた》郎《ろう》先生に示唆を受け、ジュリアのイテレーションの論文に手がかりを求めて研究の道に踏み込んでいったのである。その当初を思い、ジュリアの著作に立ち返り、何かしら重大な一事を確認する作業を通じて、成否の関頭にあった第二論文の行く末に深い確信を抱くことができたのであろう。

　藤野俊子さんの回想によると、この日の岡先生は朝方からいくぶん興奮気味で、「私の言うことを信じなさい」というような言葉をしきりに口にしていたという。平岩馨邦《ひらいわよしくに》が札幌の中谷先生に事件の模様を報告した手紙を見ると、岡先生はこのころ神経衰弱が少しばかりひどくなっていたと書かれている。数学研究の現場で大きな創造をなしつつある岡先生の内面は著しく外面と乖離して、人の目にはさながら気がふれたかのように見えたのであろう。平岩は岡先生の大学の同僚で、普段から岡家と親しかった。所属は動物学教室である。

六月二十三日の夜は園正造《そのまさぞう》の歓迎会が催されることになっていた。園は京都帝大の数学教室の教授で、岡先生の京大時代の恩師のひとりである。この時期の数学教室の実力者であり、京大数学教室出身者の人事などにも強い影響力を手にしていた模様である。広島文理大にも森新治郎《もりしんじろう》のような、園の直系のお弟子筋の教官がいたし（園も森も専攻は同じ代数学である）、そもそも京大で講師をしていた岡先生が新設の広島文理大に移ることになったのも、園の発案による人事の一環であった。この時期に園が広島を訪れた理由は定かではないが、集中講義のためと見てまちがいはないであろう。広島で人手が足りなくなったときは京大から応援を出すという慣例は当初から確立されていたようで、後日岡先生が欠勤届を継続して提出して静岡で入院生活を送っていたときなども、岡先生の講義を代講する人を京大から派遣する件が持ち出され、実際に京大の和田健雄が代講をつとめたことがある。

園は歓迎会の翌日には京都にもどる予定になっていた。来広した母校の教授の帰京を控え、広島文理大に勤務する諸先生がみな集まって、一夜懇談のひとときをもったわけである。

岡先生はこの歓迎会に出席したが、途中で精神に変調をきたしたようで、中座して帰宅した。帰宅後も調子は悪く、極度に興奮して狂乱状態となり、みちさんの眼鏡や着衣を取り上げようとした。みちさんは動顛したのであろう、すきを見て逃げ出してタクシーで平岩馨邦の家に急行し、助けを求めた。

平岩がかけつけてみると、岡先生の凶暴状態は極限状態に達していて、手がつけられなかった。これはもう夜の十時半ころの話である。そこで平岩は広島脳病院に向かい、病院にあずかってもらう心づもりで看護卒二名を連れて取って返したが、岡先生の姿はもう見えなかった。岡先生は行方不明になったのである。状況から見て家の裏手の牛田山の山林に入ったのではないかと推測されたので、学生も動員されてみな徹夜で探したが見つからず、ついには生死のほどまで気づかわれるという事態に陥った。平岩もまんじりともせず夜を明かしたが、朝になり、警察から通報を受けてようやく所在が判明した。

岡先生は深夜、山林から市中に出てタクシーで広島駅に向かったが、はだしのままだったということでもあるし、タクシーの運転手の目にも少々風体が異様だったのであろう。お金ももっていなかったため無賃乗車のかどで警官にひきわたされてしまい、交番で再び乱暴を働いたりしたのでそのまま留置されて夜を明かしたのである。広島駅に行こうとしたのは園正造の見送りのためだったというが、時刻が時刻でもあり、これも不可解な行為である。

二十四日午後、警察から通知を受けて状況を把握した平岩が広島脳病院の看護人を伴って岡先生を受け取りに行き、そのまま病院に連れていって入院させた。これが岡先生の最初の入院である。広島脳病院は院長の天野先生の名を冠して地元では「天野脳病院」という通称で呼ばれていた。

たしかに凡庸な理解を超えるところの目立つ奇妙な出来事ではあったが、それでもこれだけならまだ事件というほどのことはない。新聞沙汰になる事件になったのは、岡先生が夜間中学生を相手に強盗めいたことをしたと見られ、当然のことながら被害者の家族が警察に訴え出たからであった。それはみちさんが平岩先生に助けを求めるため家を飛び出した間の出来事で、岡先生は家を出て、近所の二股川《ふたまたがわ》の土手を通行中の二人の中学生を襲い、ひとりの中学生の学帽、風呂敷包みの書籍、靴などを取りあげ、もうひとりの中学生からは学帽と自転車などを没収した。新聞報道によれば、襲われたのは修道中学の夜学に通う学生で、二年生の東栄一郎という人物である。学帽と書籍と靴を奪われたのはこの学生で、そのおり頭を一発殴りつけられた模様である。学帽と自転車を取られたもう一人の中学生のことは新聞には書かれていないが、東栄一郎の友人と見てよいであろう。しかし名前は今も不明である。

二股川は太田川の分流のひとつで、この時期、岡先生は二股川上流の早稲田神社のふもとのあたり（広島市郊外の牛田地区）に貸家を借りて住んでいた。

この強盗事件が同盟通信のアンテナにかかり、各地の地方新聞に配信されて全国的なニュースになって広がっていった。一番早い報道は二十四日の中國新聞夕刊と同日付の芸備日日新聞夕刊であった。翌二十五日には中國新聞朝刊に続報が出たのをはじめ、福岡日日新聞、北海タイムスなどでも報じられた。出所はひとつであるから記事の内容はどの新聞でも大同小異だが、取扱いは各紙の自由にまかされていたし、もともと事実関係に誤謬がめだったため、なかには荒唐無稽としか思われないまでにアレンジされた記事もある。それらが合わさって後年の「広島事件」のうわさ話の源泉になったのである。朝日、毎日、読売などの全国紙では報じられなかった。

六月二十四日の中國新聞夕刊に出ている該当記事の見出しは、

広島大学助教授
発狂して強盗働く
犯行後山中に潜伏中
東署三笠刑事に逮捕さる

というもので、わかりやすいというか、露骨というか、身も蓋《ふた》もない書きっぷりであった。記事の本文が伝える事実経過は次の通りである。

二十四日午前零時半ごろ、広島市牛田町、修道中学夜学二年生、東栄一郎君（一七）が、学校から帰途、牛田町土手を通行中、突如怪漢があらはれ、同君の頭部を殴打、ひるむすきに同君の学校帽子、風呂敷包みの書籍およびはいていた靴を強奪して逃走した。届出により東署から三笠刑事らが急行、被害者東君から事情を聴取した結果、牛田町広島文理科大学助教授岡潔氏（三六）の所為と判明、捜査のうへ同三時半ごろ附近の山中に潜伏中を発見、頑強に抵抗するのをやうやく逮捕、東署で極秘裡に取調べを行つてゐる。なほ同氏は前夜来突如精神に異状を起したものらしく、精神異常から右の兇行におよんだものとみられてゐるが、同氏は留置場内で同房囚に暴行を加へるやら、大声叱呼するなど係官を手古摺らしてゐる。

牛田山に潜伏中のところを発見して逮捕したというところは誤認である。記事はさらに続き、

「神経衰弱から発作的に精神異常」

という小見出しをつけて、

同助教授は、広島文理大創立と同時に京都帝大から転じて来任、数学担当で非常に熱心な勉強家として知られ、過度の勉強から神経衰弱が昂じた結果、発作的に精神異常を来したものといはれてゐる。牛田町字早稲田の同助教授宅には二十四日朝来平岩助教授ほか二、三の同僚が心配顔につめかけてゐた。家庭はミチ子夫人と二女があり、至極円満。

というふうに原因が分析された。「二女がある」と書かれているのはまちがいで、「一男一女」が正しい。

精神異常とか神経衰弱などに原因を求めようとしているのは、要するに「原因はだれもわからない」という、人々の狼狽した心情の表明にほかならない。他方、「過度の勉強から神経衰弱が昂じた」とあるのは人目を引くと思う。これは続報に詳しく書かれていることでもあるが、このころからすでに岡先生は文理大でも屈指の勉強家として評判だったのである。記事は続き、「平岩助教授は語る」として平岩先生の談話が書き留められている。

同君は非常な勉強家で、それが元でひどい神経衰弱にかかつてゐた。しかし学校もあたり前につとめ、家庭でも別に変つた様子はなかつた。きのふ（二十三日）同君の昔の恩師京大の園教授が広島へ来られたといふので、昨夜同教授を駅へ見送りに行くといつて、着のみ着のままで、家を飛び出して行つてあんなことになつたやうなわけらしいです。

「また牛田町田中タクシーでは語る」と前置きを置いて、牛田町の田中タクシーの運転手の談話も出ている。

岡先生はいつも私方の自動車で学校へ通はれるのですが、昨夜ふつとみると自動車のなかに人が乗つてをる気配がするので、よくみると岡先生だつたので「先生ではありませんか」と声をかけると、いきなりドアをあけて飛ぶやうにして逃げて行かれました。その直後「気狂ひが強盗をやつた」といふので、大騒ぎとなり、気狂ひといふのは先生だつたのでビックリしたやうなわけです……

平岩馨邦とタクシーの運転手の談話を合わせて読むと、みちさんが平岩に助けを求めるため家を飛び出した間に、岡先生は園先生を見送りに行くつもりでいったん馴染みの田中タクシーに乗ったことになる。それから二股の土手で事件が起こり、事件直後、岡先生が家にもどったところに平岩が（たぶん一人で）かけつけてきたが、岡先生は極度に興奮して手がつけられなかった。そこで看護人を連れてくるため平岩が現場を離れたところ、その間に行方不明になったという順序になる。別に初めからだれかを襲う考えでいたわけではなく、タクシーを降りて山に向かう途中、たまたま出くわしてしまったふたりの中学生が不運だったのである。明け方、岡先生を交番に連れていったというタクシーは、田中タクシーとはまた別のタクシーである。

一夜が明けて六月二十五日になると中國新聞朝刊に続報が掲載された。強盗事件の意外な犯人と見て奇異の目を向ける視点はだいぶ薄らいで、かえって岡先生に同情を寄せようとする論調に転換したように思う。見出しと小見出しは、

学位論文執筆中で
稀な篤学者
気の毒な岡助教授

友人らで病院へ収容

というものであった。記事の本文は次の通りである。

過度の勉強から発作的に精神異状を起し、深夜学校帰りの中学生を襲つた広島文理大助教授岡潔氏（三六）は、同氏の身の上を案じた同僚教授たちが種々考慮の結果、一まづ白島町天野病院へ収容、手当を加へることになり、二十四日正午すぎ、同僚教授らに護られ、自動車で天野病院へ入院した。

同助教授は非常な篤学家で数学においては稀にみる才能の持主だつたといはれ、目下博士論文執筆中で、先年も三箇年フランスに留学したほどで、その将来は非常に嘱目されていた。しかし平素からどちらかといへば一風変つた風格をもつてゐたといはれ、その言動にはとかく並みはづれたところもあつたといふ。

いづれにしても期待をかけられてゐた有為の学徒が、過度の研究から〝生ける屍〟にもひとしい身となつたことは全学内はもとより、一般からも深く惜しまれてをるとともに多大な同情が注がれてゐる。

岡先生は五月一日付で第一論文を広島文理科大学の紀要に提出し、受理されたばかりだったが、別に学位を取ろうと思っていたわけではないから、「学位論文執筆中」という記事は正しいとは言えない。しかし当時の広島文理大の内規では、洋行の成果を示す論文を公表して学位を取得しないうちは教授に昇進させないことになっていたという話もあり、もしそうなら、大学側では岡先生の第一報告を学位論文と見ていたのかもしれない。

六月二十五日には全国各地の地方新聞で広島事件が報じられたが、津々浦々くまなく出たというわけではなく、たとえば鹿児島の南日本新聞には見当たらない。広島市に隣接する呉市に本社のある芸備日日新聞には長文の記事が出た。見出しと小見出しを拾うと、

深夜中学生を襲ひ
　所持品を強奪、殴打
　　意外捕はれた犯人は
　　　広島某最高学府助教授
研究に没頭の余り
　発作的精神異常か
　　　常軌を逸した怪行動
稀に見る篤学
　論文を起草中
　　　学内切つての才腕
よく協議の上で

学校当局極度に狼狽

というような調子である。「稀有の篤学の学者が研究に没頭するあまり発作的に常軌を逸する行動に出た」という、中國新聞と同一の主旨であり、後日の「広島事件」のイメージを尽くしている。

北海道の新聞「北海タイムス」になると、何分にも遠方のことでもあるし、さほどの関心も寄せられなかったのであろう。見出しと小見出しは、

狂へる助教授
　広島市内で辻強盗

となっているのみで、興味本位の、簡単な取り上げ方である。記事の本文も同様で、

二十四日午前零時三十分頃広島市内田町［ママ］修道中学校夜間部二年生東栄太［ママ］郎君（一七）が学校の帰途自宅附近で怪漢の為頭部を乱打されひるむ隙に制帽風呂敷包みの書籍穿いていた靴まで強奪された怪事件あり。届出により東署にて取調べの結果同町広島文理科大学助教授岡潔氏（三六）の仕業と判明。午前三時半頃山中に潜伏中を発見。頑強に抵抗するのを漸く逮捕したが、同氏は前夜来突如精神に異状を来し発作的に兇行に及

んだものらしく、留置場内でも同囚に暴行を加へるなぞ散々にあばれ散らし係官を手古摺らせて居る。

というふうに書かれているにすぎない。六月二十五日朝、中谷宇吉郎先生は札幌でこの記事を読み、広島事件を知ったのである。

中谷先生は平岩馨邦とも旧知であり、五月末に広島で会ったばかりであった。北海タイムスの記事を一読してすぐに問い合わせの電報を打ったところ、平岩先生のほうでもまた中谷先生に宛てて事件の顚末を報告しようとしていた矢先であったから、その日の夕方には一通の返信を書き上げて投函した。それは、「岡君の事件、遺憾ながら事実です」という言葉に始まる長文の書簡であった。

平岩馨邦の手紙（平岩馨邦から中谷宇吉郎へ　広島から札幌へ　昭和十一年六月二十五日夕）

中谷宇吉郎様

お手紙を出さうと思つて居る所へ、お問ひ合はせの電報に接しました。

岡君の事件、遺憾ながら事実です。

近来、神経衰弱が少しばかりひどくなつて居たのでしたが、二十三日夜、京大の園教授の歓迎宴に出席した頃より気が変になり、中途退席して帰宅後俄然発狂状態となり、奥さんの眼鏡着衣等を取り上げにかかつたので、奥さんがあわててすきを見て戸外に出てタクシーで小生の宅に呼びに出掛けたのでした。

その留守に門外に進出し、門前を通行中の中学生を拖し、その帽子、書籍、鞄等をまき上げ、他の一名からは帽子、自転車等を没収したのです。小生のかけつけた時（午後十時半頃）には狂暴状態が極度に達したので手がつけられず、いそいで脳病院に赴いて看護卒二名を伴つて帰つた時には裏の山林中に逃げこんでしまつたのでした。それよりハダシのまま市中に出てタクシーで駅に出た所（園さんを見送りのためらしいです）金を持つて居なかつたため無賃乗車のかどで警官に引きわたされ、又乱暴を働いたのでその儘警察の豕箱にたたきこまれて了つたのです。

（昨日）翌朝通知により、それを知り、午後、小生が看護人を伴つて受け取りにゆき、その儘、市中の脳病院に入院させました。

今は大分平静になつた様ですが、奥さんも、小生も面会を許されません。

警察からの通知に接するまでは、生死の程まで気づかはれたのでしたが、豕箱中に健在なる事を知り、一安心しました。

被害者たる中学生の家族が事情を知らず、警察へ強盗の訴をしたため、それが新聞社のアンテナにかかり、事件が拡大して、ニュースが全国的になつたのです。

別封をもつて当地の新聞をお送り致します。大分与太が多いのですが、少しは御参考になると思ひます。

事件後、第一夜はマンジリともせず、昨夜もろくろく安眠しませんし、色々の仕事が次々と生じて来て、多忙ですので、今日はこれで失礼致します。

少し落ちついたらその後の経過を御報告致しませう。

幸な事には奥さんが非常に落［ちつ］いて居て、少しも乱れを見せませんから心丈夫です。

六月二十五日夕

平岩馨邦

日本の近代科学史上に長く記録されるべき重要な手紙である。六十七年後の今日（平成十五年）、ぼくらが根拠のないうわさ話をはねのけて広島事件の真相を垣間見ることができるのは、事件の現場に終始立ち会った人の手で書かれたこの一通の手紙のおかげなのである。

金星の少女との会話

広島での事件は紀州の父、岡寛治のもとにも急報された模様である。六月二十七日の時点ですでに寛治は広島にいて、この日、みちさんの名前で中谷先生に宛ててはがきを書いて状況を報告した。天野院長の話では、原因はやはり睡眠不足のうえに過度の勉強を重ねたためであるから、十分に睡眠を取りさえすれば問題はないというのであった。寛治さんは二十六日あたりに早くも紀州を発ち、その日の夜行で広島に向かったのであろうと思われる。

岡先生は初めは個室に入ったが、経過は良好で、六月三十日から普通室（大部屋）に移動した。

七月に入って四日付でみちさん自身が中谷先生にはがきを書いた。入院後の経過はたいへん良好で、院長の話でも四、五日もすれば退院できそうだ。面会はまだ許されないが、院長の許可を得たうえで差し入れをしている。本人がおめかしがしたいというのでジレット（ひげ剃り）や櫛などを届けた。それと寺田寅彦のエッセイ集『物質と言葉』『触媒』『蒸発皿』（三冊とも岩波書店）と高木貞治の著作『過渡期ノ数学』（高木貞治述、大阪帝国大学数学講演集、大阪大学数学談話会編、岩波書店）を届けた。退院後は一度京都に出てもらい、京大病院の精神科で診察を受け、しばらく静養することにしたい考えだ。みちさんはこんなふうに語り伝えたうえで、「こんなに早くケロリとするにはあまりに世間様を騒がせ過ぎました」と書き添えた。見た目にはもうどこにもおかしなところはなく、あの事件は何かのまちがいとしか思われないほどであった。

七月五日、みちさんはまた病院にでかけた。まだ本人への面会は許されなかったが、看護人に会って様子を尋ねたところ、病院の規則的な生活をたいへん喜んで、「食事も家ではこんなにおいしくいただけなかった」と言っているということであった。学校が夏休みに入るのに学生に休み中に読む本を伝えてこなかったのが気がかりなようで、「いつになれば退院できるのか」とも言っているという。院長の話でも、もうたいていだいじょうぶだろうとのことだが、先日届けた本のうち、『過渡期ノ数学』だけは院長の判断で本人の手にわたらなかった。ところが岡先生が「ちっとも頭のいるようなのではないほど簡単な本だから今読みたい」と申し出ると、すぐに許可が出た。

事件が事件なのでみな周章狼狽して入院させるほかはなかったが、実際には入院してもとりたててなすべき治療があるわけではない。院長の見立ても「脳の使いすぎ」程度のことで、だからこそ数学から少しでも遠ざけようというほどの配慮に出て、『過渡期ノ数学』を禁止したりしたのである。看護人の話でも、ちっともおかしいような様子はなく、何かしてあげてもいちいちお礼を言ってていねいなのでかえってこちらが恐縮してしまうというくらいであった。岡先生は入院患者や看護人たちと碁を打ったり将棋を指したりして遊んでいた。

それでも一度はその筋の権威に診察してもらったほうがよいと、みちさんも考えたのであろう。京都在住の岡先生の友人、秋月康夫と河田末吉（二人とも大正八年に岡先生といっしょに三高に入学した仲間である）の紹介を得て、京大医学部精神科の三浦百重《ももしげ》先生に診てもらい、その結果をまって、三浦先生の指示にしたがって郷里で静養するという方針が立てられた。岡寛治も同じ考えで、牛田の家も早急に整理して、人間も荷物もみないっしょに早く紀州に引き上げて静養しようというほどの算段であった。

七月九日、みちさんが天野院長に面会した。院長は、「もうすっかりよいと思うが、気候が一定すれば大丈夫と思うから、あと一週間か十日ほどで退院できるだろう」と言った。岡先生は他の患者たちと夜遅くまで麻雀をやって看護人を困らせているので、院長が注意したなどという話もあった。

七月十二日、広島文理大数学科の学生で二年生の長谷部勲《はせべいさお》が岡先生と面会した。岡先生は学生の休暇中の読み物を気にかけていて、寺田寅彦の『蒸発皿』とジュリアの講演集を紹介した。そうして『蒸発皿』はひとりで読んでいても何にもならないから、自分といっしょに読んで勉強しようと言った。長谷部君の計画もあることだろうが、ぜひ変更して、いっしょに勉強しようというのであった。学問の本など読んでも何のためにもならないとも言い添えたが、これはどのような意味なのであろうか。

岡先生と同じ病室に上領（「かみりょう」と読むのであろう）というちょっと変わった名前の十九歳の患者がいた。中学を中途で退学し、不良になりかけてヘロイン中毒になったため、治療のために入院している青年であった。その上領青年は家からバイオリンをもってきてほしいと希望しているが、院長は言を左右にして埒《らち》があかない。そこでうちでも十円くらいはどうにか都合がつくだろうから、みちさんに話して十円もらってバイオリンを買い、それから楽譜を二つ三つ買ってきてくれと岡先生は長谷部勲に依頼した。こんな話を別にすると、長谷部勲の目に映じた岡先生は前と同じで、すっかりもとどおりになっていた。

翌七月十三日、今度はみちさんが岡先生に面会した。みちさんの目にも岡先生は快復したように見え、少なくとも発作以前の通りにはなっていた。岡先生はみちさんに、明日もう一度長谷部勲に来てもらいたい、と依頼した。夏期休暇中に学校の本は四、五冊借り出せるのに一冊しか言わなかったから、残りの書名を伝えたいというのがその理由であった。それから上領青年の話が出た。みちさんは以前少しバイオリンを習ったことがある。そこでバイオリンを買ってやるから、しばらくそれを上領青年に貸してもいいかと岡先生は言い、院長にも尋ねて許可をもらってほしいと付言した。これだけなら別段、たいしたことではないが、その次に岡先生が持ち出した提案は少々突飛で、みちさんも困惑した模様である。この夏は上領青年と長谷部勲の三人で共同生活をするつもりだから、みちさんは子どもを連れて帝塚山に行けというのであった。

この夏休みは上領君と長谷部君と三人でどこか家を借りてと思うが、できなかったら牛田の家で自炊する。女子供がいてはめんどうだから帝塚山と紀州へ帰る（みちさんと二人の子どもは大阪帝塚山の北村家に移動し、岡寛治は紀州に帰宅するという意味）のがよくなかろうかと思う。自分は長くて一日四時間勉強する。考えを具体化する（これは第二報告を実際に清書するという意味である。後年の『春雨の曲』によれば第二報告のあらすじを一応書き上げたのは七月十日ころということである。入院中、心の中で完成させた論文を紙上に実現させてみたいというのが、この時期の岡先生の念願であった）。規則的に生活して体を作る。もちろん上領君のことは父親にお聞きしないとわからないが、いけないと言われれば長谷部君と二人で暮らす。この青年は芸術家だ。音楽家というよりむしろ画家で、それも日本画家だろう。ぼくの手から放すのでは、野に放たれた馬と同じことだ。どうにかして一人前にしたい。治宇とぼくらの友情は最後まで変わらなかった。こんな機会がぜひ必要なのだ。

岡先生は夢かまぼろしのような共同生活の計画を、こんなふうにみちさんに開陳した。末尾に唐突に治宇さんが登場し、「治宇とぼくらの友情は最後まで変わらなかった」と語られているところがぼくらの目を引くが、この文脈で見ると、「ぼくら」という一語の指しているのは岡先生とみちさんの二人である。昭和五年（一九三〇年）秋から翌年春にかけて、みちさんと治宇さんの三人でパリ郊外のサン・ジェルマン・アン・レーの下宿「菩提樹」に逗留したおりの生活を回想し、今度は上領青年と長谷部勲という組み合わせで再現をはかり、そのあわあわと過ぎて行く日々の中で第二報告を書き上げようというのであった。それゆえこの計画の背景には治宇さんとの友情が控えていると見るべきであろう。実行するのはやはり無理でうやむやに終わってしまったが、十一月になると岡先生は伊豆伊東温泉の中谷宇吉郎先生のもとに逗留し、中谷先生の友情に包まれながら第二報告のフランス文原稿の完成に成功した。治宇さんとの友情は兄の宇吉郎先生に引き継がれ、岡先生の当初の計画はいくぶん異なった形で日の目をみたわけである。

みちさんは岡先生が申し出た計画を「純情より出た夢の計画」と見て同情を示したが、大学側などの理解を得るのはむずかしく、問題にもされず捨てられる運命にあることもまた必至であり、どこかで静養するという程度にしてこの一件を落着させるのがおおかたの目にも常識的な措置であった。実際、文理大数学教室の主任の岩付寅之助などは、学生の指導のために随筆を選んだことや、夏休み中三人で籠城する考えなどを聞いて、まだ病気はなおっていないと判断したりしたのであるから、岡先生に寄せるみちさんの同情には具体的な裏づけ

があったのである。そこでみちさんが「紀州へ帰って静養しませんか」と誘っても、

国へは帰りたくない。胸に物のある間は休養にならない。すっかり出してしまってから行く。京都もちょっとなら行ってもいいが、あまり行きたくない。ここでも考えている。勉強だけしていれば決してこうはならなかった。俗事が三つ四つ入ったからね。

と言って、話に乗ってこようとはしなかった。それでもとにかく国に帰って十分静養することを納得させたうえでなければ退院できないということになり、院長に説得を依頼した。京大の三浦先生に診てもらう計画は天野院長には内緒にしておいて、退院の後、秋月、河田両先生に広島に来てもらい、「この人たちの顔を立てる意味でも一度京都で診てもらえ」と話し、この二人と岡寛治との三人で岡先生を京都に連れて行ってもらうという段取りが決定された。おおむねこの線に沿って事が運ばれて、七月十九日、岡先生はみちさんと平岩馨邦に付き添われて広島脳病院を退院した。

平岩は七月十七日から尾道の広島文理科大学附属臨海実験所に出張中で、学生を相手に実習を続けていたが、十八日になってみちさんから電報があり、岡先生は翌十九日に退院すると伝えられた。それを受けて即刻広島にもどり、十九日、みちさんのおともをして天野脳病院に出向き、岡先生を引き取って牛田の家に連れ帰ったのである。岡先生のお宅で、平岩は約三時間半ほど岡先生と語り合ったが、岡先生の話の調子にはまだときおり変調を呈するよ

うに感じられるところがあったという。この日の夜、平岩はまた尾道にもどっていった。

翌二十日、岡先生は長谷部勲を家に招んだ。長谷部勲は広島文理大の学生のうち岡先生の一番のお気に入りで、

「エルミートの目、これは長谷部君の目だ。これを見ているとうれしくなるだろう」

などと藤野俊子さんに言ったりしたほどの熱の入れようだったから、弟子にしたくてたまらず、説得を試みたのである。唐突に「エルミートの目」が出てくるのは奇異な感じがするが、まだ京大の学生だったころ、岡先生は秋月康夫と連れ立って丸善に行き、十九世紀のフランスの大数学者、エルミートの全集（全四巻）を購入したことがある。第三巻までの各巻の巻頭にエルミートの肖像が添えられていて、第一巻の肖像は若い日のエルミート、第二巻の肖像は中年のエルミート、第三巻の肖像は晩年のエルミートであった。秋月康夫は片手に本をもって読みふけっている中年のエルミートが気に入って、切り抜いて額に入れ、机上に飾った。岡先生は岡先生で、詩人の目をしているという、若い日のエルミートがお気に入りであった。そのエルミートの「詩人の目」を、昭和十一年の時点において長谷部学生の目にみいだしたというのであるから、たいへんな思い入れというほかはない。

しかし長谷部勲には父がなく、どうしても母が第一、数学は第二だと言い続け、夏休みに信州に一緒に行こうという岡先生の誘いにも乗らず、あくまで断った。岡先生はひどく落胆

したが、それでよいのだと自分に言い聞かせて諦めたようであった。上領青年も信州へ一緒に連れていくつもりだったが、長谷部勲の拒絶の姿勢をくずすことができず、この夢の計画は完全に破綻したのである。みちさんの目にも、岡先生は本当にまじめな気持ちで若い友人を求めていたように見えた。治宇さんが亡くなったことも、こんなに友だちを欲しがるひとつの原因ではなかろうかと、みちさんには思われた。

この後しばらく長谷部勲の消息は途絶えるが、広島事件から四年後の昭和十五年ころは富山市の神通中学校に勤務していた。この昭和十五年の秋十月、その長谷部勲から、すでに広島を去り、郷里の紀見村で研究三昧の日々を送っていた岡先生のもとに来信があった。それは十月十八日の消印を捺された一枚の絵はがきで、簡単ではあるが、岡先生の学位取得を祝う文面であった。

拝啓　先日新聞で御名前を拝見致し大変嬉しく思ひました。猶御仕事の進んで行くことを祈念致して居ります。こちら暗い北陸の空らしくなつて来ました。北陸へも一度遊びに来られることをお待ち致して居ります。

岡先生は昭和十五年十月十日付で京都帝国大学から理学博士の学位を授与された。当時の学位は値打ちがあり、新聞でも報道された。それを長谷部勲は富山で見て祝意を寄せてきたのである。

七月二十日、いったん紀州にもどっていた岡寛治が再度広島にやってきた。二十一日には京都から秋月康夫と河田末吉が来て、寛治と秋月、河田の三人が岡先生に付き添って京都に向かうという手筈になっていた。これは岡先生も承諾ずみの計画だったが、おそらく寛治さんの考え（友人にあまり迷惑をかけたくないという配慮であろう）が通ったのであろう、秋月と河田の来広を待たずに京都行が決行された。岡先生は父ひとりを同伴者にして二十一日午後一時の汽車で広島を発った。寛治は大阪まで同行し、京都では秋月康夫の出迎えを受けるはずであった。

☆　☆　☆

岡先生の晩年の作品『春雨の曲』第七稿には、広島脳病院を退院するときの情景がわずかに描かれている。帰途、祝詞《のりと》をあげていたある老人が岡先生の姿を見て「ににぎの尊さま」だと言ったという。

夜太田川の一つの分流［二股川］を、まだ広島市内ではあるがもう人家のまばらになっているあたりを、上流に向って歩いていた。家に帰ろうとしているのであって、一九三六年の七月下旬［七月十九日］のことである。

道に面した一軒家にさしかかると、のりとを上げている声がしていたが、それがやんだかと思うと一人の老人がいきなり窓の障子を開けて首を出してわたしの方を見て、「ににぎの尊さまや」と云った。わたしはこんなことを云われたのは始［ママ］めてのことなので、何だか気味がわるかった。

それで少し元気を付けようと思って人家のない所へ来ると大声で、「響きを上げよ」と云った。そうすると川縁の草叢に眠ていた大きな犬が急に起き上がって川の中に飛びこんでバシャバシャと大きな水音を立てながら向う岸へ渡って夜の闇に消えた。

このエピソードはただこれだけのことで、「ににぎの尊」や「大きな犬」の意味するものは必ずしも分明とは言えないし、全体にどことなく無気味な雰囲気のただよう記述である。他方、同じ『春雨の曲』には、広島事件の際に行方不明と見られた一夜の回想が現われている。あの空白の数時間は岡先生自身の手で埋められて、岡先生の動向が明らかにされたことになる。あの夜、岡先生は牛田山の斜面の笹原に寝そべって、「星の一群を率いる宵の明星」と語り合っていたというのである。

一九三六年の七月にわたしは一晩中、わたしの家はその頃広島の牛田と云う、八幡神宮を祭ってある小高い丘の麓にあったのであるが、その丘の、家と反対の側、と云うと北西の方になるのだが、その丘の北西の斜面の笹原に寝て、星の一群を率いる宵の明星と話をした。

「七月」は「六月」のまちがいで（ただし意図して「七月」とされた可能性はある）、正確には昭和十一年六月二十三日の夜更けから翌朝にかけての出来事である。これは『春雨の曲』第三稿に見られる記述だが、第四稿と第五稿にも同文の記述がある。第三稿が完成したのは昭和五十年であるから、実に三十九年という歳月を隔てての回想である。昭和四十六年に書かれた第一稿にも同趣旨の回想が出ている可能性もあるが、もしそうなら、三十五年後の回想であることになる。しかし第一稿は失われたため、真相は不明である。

八幡神宮というのは早稲田神社のことで、小高い古墳の丘の上にあり、全体として見ると牛田山の一部分になっている。境内に出るにはわりと長い石段をのぼりつめなければならない。岡先生の家はその石段のふもとのあたりに位置していた。牛田山には今も大量の笹の葉の群生が目につくが、かつて散策したおりに土地の人に聞いた話では、昭和の初めころは一面の笹原に覆われていたということである。

『春雨の曲』第七稿に移ると「宵の明星」は「金星から来た娘」へと変容し、しかも今度は語り合ったというのではなく、ただ金星の少女が説明する岡先生の越し方行く末の物語に耳を傾けるばかりであったという。

それから一、二日たったよく晴れた夜、わたしは家の後ろの小高い丘の斜面に、北西の方を向いて、笹原に脊［背］をもたせかけたまゝ、金星から来た娘の話を聞いていた。娘はわたしの今生の越し方行く末を詳しく説明してくれたのであるが、わたしには夢の中の話のようであった。満天の星斗も水上に乱れ飛ぶ蛍のように見えた。

神秘的な隠喩にみたされた美しい詩的イメージである。ただしこの時期のこの日時には実際には満天の星々の間に金星の姿は見られなかったであろうから、宵の明星は岡先生の心の世界に広がる夜空にまたたいて、金星の少女は岡先生の心情に直接語りかけてきたのであろう。

上空移行の原理の延長線上につかむことのできた第二報告の主定理（クザンの第一問題の解決）の織り成す物語を聞いてくれる人は、この地上にはもういなかった。これからさらに歩みを進めていくべき途方もなく困難な道、どれほど峻険な山嶽なのか見当もつかないほどの道なき道をともに歩いてくれる人もまたいなかった。ところが金星の少女は岡先生の今《こん》生《じょう》の来し方と行く末を詳しく説明してくれたという。それならば「金星から来た娘」は治宇さんとの友情の化身にほかならず、治宇さんに代わる永遠の同伴者だったと言えるのではあるまいか。

もし治宇さんがこの世のどこかに生きていたなら、とぼくは思う。広島事件は金星の少女を呼び出すために設置された詩的装置である。治宇さんがいれば金星の少女は現われる余地はなかったのであり、広島事件もまた起こらずにすんだであろう。だが現実には広島事件は起こってしまい、人々は岡先生に奇異の目を注ぎ、広島を去る遠因をなすに至った（広島文理大を休職して帰郷したのは二年後の昭和十三年六月である）。地上の果実はみな捨て去らなければならなかったが、その代わり岡先生は、真情の世界において、永遠に腐食することのない純粋な友情という宝物を手にすることができた。昭和十三年六月から始まる十年余の紀見村の孤高の日々を支え続けてくれたのも、真情の世界に生い立ったこの友情の働きのおかげだったのである。

伊豆伊東温泉（一）

七月二十一日、岡先生は岡寛治に伴われて京都まででかけたが、予定されていた京大病院の診察は受けないまま、二十三日から帝塚山の北村純一郎の家に逗留を始めた。京都では岡崎の秋月家で二泊したのであろう。寛治さんも北村家に泊まっていたが、二十五日、紀州にもどっていった。それからほどなく岡先生は単身、また広島にもどったが、この間、北村家にはひんぱんに客が訪れ、電報や速達などが次々と舞い込んだという。

続いて日をおかずに今度は北村純一郎が広島を訪れて、みちさんと善後策を話し合った。そうこうするうちに岡先生が中谷先生に会いたいという気持ちを口にしたため、みちさんは中谷先生に電報を打ったりした。岡先生は周囲の人々の言動に過敏に反応するようになり、すっかり懐疑的になって何を言っても受け入れないというふうで（入院させようとするからであろう）、親しいはずの平岩馨邦などは岡先生にもっとも警戒された口であった。そこでみちさんが「文理大の関係者はなるべく近寄らないほうがよい」と申し入れるという事態になり、みなすすべもなく遠巻きにして待機するという状況になった。その岡先生がただひとり信頼を置いているのが中谷先生だったから、みちさんは中谷先生に広島に来てもらいたかったのである。ところが中谷先生もまた病身であり、この時期の所在地は札幌ではなく、登《のぼり》別《べつ》温泉北大病院分院に入院中であったため広島行はとうてい無理で、手紙を書くことくらいしかできなかった。

このあたりの経緯は錯綜としているが、岡先生の甥の北村駿一（北村純一郎の子ども）の七月三十日の日記に、

「父午後七時半広島より帰阪せらる、元気なり」

と出ているところから見ると、二十一日から三十日まで、高々十日ほどの間のひと続きの出来事である。偶然にも中谷先生の入院も同じく二十一日から三十日までであった。病名は初め十二指腸潰瘍、後に胃潰瘍と診断された。八月は静養してすごしたが、その後も思わしくなく、結局札幌の気候が悪いのであろうという判断に傾いて、秋十月二十六日、一家をあげて伊東温泉に引っ越すことになったのである。

伊東温泉という具体案が芽生えたのはこの夏の静養中の模様である。中谷家の移転の決意の背景には、これに加えてもうひとつ、奥さんの静子さんの大病という事件が控えていた。静子さんはこの年の初め（一月十七日）腎臓結核初期と診断され、北大病院で左の腎臓を摘出するという大手術を受けた（三月十三日）のである。手術は成功したが、北大病院の諸先

生の説によると、手術後一年くらい暖かいところで静養させる必要があるという。中谷先生が転地を考え始めたのはこれが直接のきっかけで、初めは鎌倉あたりを考えていた。そこに自分自身の不明朗な病気が重なって、ついに伊東温泉行が決行されたのである。

この年、昭和十一年の中谷一族はさんざんであった。静子さんの手術、治宇さんの死去に加え、七月十日には由布院で亀の井別荘を経営する伯父、中谷巳次郎が世を去った。三人の子供も病気がちで、何よりも中谷先生本人の病状が思わしくなかった。危うく滅亡しかかったと言っても決して過言ではなかったであろう。

八月に入り、岡先生は異様に精神が高揚し、また広島脳病院に入院した。これが二度目の入院である。みちさんは広島を離れて静養するという考えで、静養先を思案していたが、涼しくもあるし一番よいと思われる紀州の紀見峠は、いくらすすめても岡先生はどうしてもいやだと言うばかりであった。帝塚山の北村家は手狭《てぜま》だし、そのうえ北村駿一が長くわずらって寝込んでいた。残された候補地はみちさんの里の河内の柏原で、先日も北村純一郎と話し合って一応そのように方針を定めたところである。しかしその後また案ずるに柏原で新たに刺激を受けて興奮するようなことがあっても困るし、それに煙草はどうしてもいつものようにふかすに決まっている。食事も不規則になることだろうし、それならいっそのこと八月末くらいまでこのまま入院させておくほうがよくはないかとも考えたりした。その一方では事件を起こした広島をとにかく一日も早く立ち退いたほうがよいのではないかとも思い、考えが堂々巡りになって定まらず、みちさんは途方に暮れるばかりであった。

天野院長の話では、

だいぶん静まって、二度目の入院のときの興奮状態を自覚しだしてきたようだからよかろうとは思うが、ノートと鉛筆をくれと言って、何か日記のようなものを書いている。発揚状態と思うから、まあもう少し静まるまで様子を見よう。

ということであった。なすべき治療はなく、ただ沈静するのを待つというだけの状勢である。それでもとにかく病院では煙草も制限されているし、食事も三度三度規則正しくいただくわけであるから、衛生的生活ができていることはまちがいない。みちさんもそのあたりにかすかな希望をみいだしていた。岡先生がノートと鉛筆を欲しがったのは、心の世界に成立した第二論文の本文を、早く実際に書き下してみたかったからであろう。

岡先生本人はこの八月中に退院して信州へ避暑に行きたいという意向であった。紀州の岡寛治に自分で手紙を書いて広島に来てくれるよう依頼したりもしたが、みちさんたちの目には、早く退院させてもらえるよう、お願いするためと映じたようである。しかし寛治から届いた返事は「少々気分がすぐれないのでいけない」というものであった。それでも父の手紙は効果を発揮したようで、それまで「どこも悪くないから薬も注射もいらない」と主張して、退院退院とやかましく言っていたのが影をひそめ、心境が清明な方向に変化したという。注文に応じて、みちさんは万年筆と大型封筒などを届けたりした。

広島文理大の塚原政次学長は前職が静岡高等学校の校長で、静岡には岡先生の妹の泰子さんの家族が住んでいた。泰子さんのご主人の岡田弘は静高でフランス語を教えていたから学長をよく知っていた。しかもこの夏、学長は御殿場の避暑地で過ごしていた。そこで岡田弘は一日御殿場に学長を訪問し、面会した。学長は深い同情を寄せ、たいへん好意的で、

「研究のために起こったことだから仕方がない。できるだけよいように取り計らいたい」

という態度であったから、勤務上の問題は当分はだいじょうぶであろうと思われた。学長は専攻が心理学で、数学者の心理に理解のある口吻を洩らしたりした。

こうして当面の問題は、これからどうするか、という一点にしぼられていった。信州での避暑（なぜ信州だったのであろう）は論外として、柏原（みちさんの実家の所在地）や紀州で静養するとしても、その後の処置に名案が浮かばなかった。本人が納得しない以上、無理矢理に京大病院に入院させることはできないから、退院したいとやかましく言わなくなったのを幸いにそのまま入院生活を続けているという状勢であった。新学期が始まる前にしかるべき医師の診察を受けさせ、その結果を基礎にして元通りの生活を回復したいとみちさんは望んでいた。その「しかるべき医師」の候補としてこの時期に浮上してきたのは東京帝大の精神科医、内村祐之《うちむらゆうし》であった。

内村祐之は明治のキリスト者、内村鑑三の長男である。明治三十年、東京に生まれ、第一

高等学校から東京帝大に進んだ。一高時代は野球部員で、一高野球部の黄金時代を開いた名投手として知られていた。東大卒業後、大正十四年、ドイツに留学し、ミュンヘンでスピール・マイヤーに師事した。昭和二年、帰朝して赴任した先が北海道帝大で、設置されたばかりの医学部精神科の草分けになった。中谷先生との交友も北大で生まれたのであろう。昭和十一年に東大に移ったばかりであった。

中谷先生の病状が快方に向かい、東京に出てこられるようになったなら、それに合わせて岡先生を東京に連れていき、内村先生の診察を受けさせたいとみちさんは希望して、そのように岡先生を説得する気構えであった。これは岡田弘も同じ意見で、御殿場で塚原学長に会ったときも、北海道の親友の紹介で東京の医師に診てもらいたい気持ちがつのった事情を話して諒解を求めておいたという。中谷先生の上京が無理なら、紹介状だけでもいただいて診察を受けさせるほうがよいか、あるいは新学期が始まってしまっても仕方がないとしてやはり中谷先生の全快を待ったほうがよいのか、みちさんの方針も定まらず、不安定な心境をそのまま中谷先生に申し伝えるばかりであった。すると中谷先生は岡先生の静養先として伊豆伊東温泉を提案した。中谷家の現状を思うならとうてい引き受ける余裕はないが、それでも中谷先生は岡先生のためを思い、声をかけたのである。神秘的としかいえない友情の発露であった。

九月十三日午後五時、岡先生は広島脳病院を退院した。退院にあたりみちさんが京都の友人、秋月康夫と河田末吉に相談をもちかけたところ、二人とも、退院させるとまた非衛生的な気ままな生活にもどってしまう恐れがあるから、引き続き入院させておくほうがよくはないか、という意見であった。穏当ではあるが、そうかといってこのまま入院していても将来に道が開かれるわけでもない。簡明に伊東温泉に誘いをかけた中谷先生の捨て身の提案に比べるとどうも迫力に欠け、同じ親友とは言いながら、このあたりが友情の深さの分かれ道であった。天野院長はといえば、今度はだいじょうぶと思う、気にかかるものを持ちながらこのままここにいるのはかえってよくないと思うという考えであった。このまま入院を続けても、病院側としては取り立ててするべきことは何もなかったのである。みちさんは初め秋月と河田の意見に傾きかけたが、後、院長の話に励まされて退院を受け入れた。

岡先生はだいぶ落ち着いた様子で、伊東温泉に行けるとはまことにけっこうだ、と大喜びであった。三高時代、岡先生は一高対三高の野球の定期対抗戦の応援に血道を上げていた口であるから、元一高野球部の名投手、内村祐之のことは岡先生もよく知っていて、みちさんが説明する前から「あれなら名ピッチャーなんだよ」と言ってご機嫌がよかった。退院にあたり、岡先生はいくつかの守るべき条件をみちさんと約束した。それは煙草とコーヒーを制限すること、規則的生活を心がけること、毎朝一、二時間、書斎の整理をすること等々で、これに加えて、これらの約束が守れなくなった場合、今度は東大病院に入院することも岡先生は約束した。

岡先生が心から欲していたのは第二論文を書き上げるのに適した場所と、十分な時間であった。退院したら自分で欠勤届を提出し、伊東温泉あたりで静かに休養することを願っていた。同じ病院でも広島の病院には人手もなく、それにここはもっと理性を失った人のための病院で、自分のような患者のためには何も設備がない。東大の病院ならきっと一日のうち朝のうちの一、二時間くらいは勉強を許してもらえるだろうと思う。岡先生はそんなふうに考えて、調子が悪いと見られた場合、東大病院への入院を約束したのである。

五月一日付で広島大学理科紀要に受理された第一論文は、岡先生本人に代わって森新治郎たちの校正を経て、すでに広島大学理科紀要6、第三分冊（七月三十日刊行）に掲載されていたが、九月に入るとその別刷ができあがってきた。それを急いで外国に発送しなければならない、と岡先生は考えていた。第一論文が公表されると外国人に研究の鍵を与えるようなものだからとも言い、この際大学を辞職して二年くらい研究に専念したい考えのようであった。クザンの第一問題の解決に続き、当初より懸案のハルトークスの逆問題に取り組みたかったのであろう。ただし第一論文が世に出ても、これをクザンの第一問題の鍵として受け取る数学者は、日本にはもとより外国にも皆無だったであろう。「正則領域においてクザンの第一問題が解ける」という命題それ自体がすでに奇想天外というか、そんなことが言えるとはあらゆる想像を越えた事態というほかはない。この命題の正しさを確信することだけでも常軌を逸した出来事であるし、まして上空移行の原理と組み合わせて証明を構成するなどという離れ業は、だれにも真似のできない岡先生に独自の雄大な構想力の所産なのであった。

九月十日、退院を間近に控えた岡先生は去来の句を紙片に書き留めた。

秋風ヤ白木ノ弓ニ弦張ラン

秋風やしらきの弓に弦《つる》はらん。この句は「芭蕉七部集」の「阿羅野《あらの》」巻の四におさめられている。白木《しらき》の弓といえば塗り弓ではない弓の意で、削ったり細工を施したりするだけの素朴な造作をもつ弓である。秋の訪れとともに、岡先生は第二論文の執筆の好機をとらえようと心待ちにしていたのに相違なく、この時期の張り詰めた心情にぴったりの一句と思う。

寺田寅彦のエッセイ「夏目漱石先生の追憶」によれば、熊本の五高に通うまだ十代の寅彦は、夏目漱石にこの去来の句を示されたという。ある日、寅彦は漱石先生を訪ね、「俳句とはいったいどんなものですか」と「世にも愚劣なる質問」(これは寅彦の言葉である)を持ち出した。漱石はこれに答え、

「俳句はレトリックの煎じ詰めたものである」

「扇のかなめのような集注点を指摘し描写して、それから放散する連想の世界を暗示するものである」

「花が散って雪のようだといったような常套な描写を月並みという」

という話をして、それから、

「秋風や白木の弓につる張らんといったような句は佳い句である」

と言った。寅彦はそんな話を聞かされて、急に俳句がやってみたくなったというのである。この寅彦のエッセイはエッセイ集『蒸発皿』に収録されていて、この夏、岡先生はみちさんに差し入れてもらって病院で読んだばかりであった。

欠勤届は小切りにしたほうがよい（これはなぜであろうか）という数学教室のアドバイスを受けて、まず二週間と方針を立てたが、せめて三箇月にできないものかと岡先生は大学当局と交渉した。こういう事務上の手続きになると広島文理大はことのほか細かく、うるさいところであった。欠勤を続けて牛田の家で静養を重ね、中谷家の伊東への移動を待って岡先生も伊東に移るという考えで、みちさんも二人の子どもを連れて同行するつもりであった。前年昭和十年の札幌と同じく、今度は伊東温泉で岡、中谷両家の共同合宿めいた生活が実現される運びになるはずだったが、直前になってみちさんが行く気持ちを失ったため、実際には岡先生が単身でおもむくことになった。

九月十六日、岡先生は文理大数学教室の森新治郎と岩付寅之助にお願いして牛田の家に来てもらい、欠勤と欠勤届の件について相談した。焦点は欠勤日数をどの程度確保できるかの駆け引きであった。届けは小出しをよしとするという、確固とした理由の不明な方針（だれかが言い出して、そういう習慣が確立しつつあったのであろう）を尊重し、ともあれまず九月十一日（学期始めの日）から十月八日までの四週間と決まり、天野院長の診断書を添えて提出した。有効期間が切れたらまたあらためて四週間分の届けを出すというふうにして、実質的に三箇月間に及ぶ休養期間を確保するつもりであった。
この相談のおり、岡先生は中谷先生に伊東に誘われていることも少し話した。

ちょうど病気静養に暖かいところに行くので来ないかということなので行こうかと思っている。そのとき一度東京の内村さんに精神鑑定をしてもらおうかと考えている。この種の鑑定は少し長い日数をかけて様子を見ないと、たぶん医者にしてもわからないのでなかろうかと思う。そのため少し長く欠勤させてほしい。

岡先生はおおよそこんなふうに申し出た。しかしもう少し様子を見ないと欠勤日数は決定しかねるということで、この点ははっきりしなかった。みちさんは、中谷先生のことや京大で受診を試みて頓挫したことなど、こちらの大学には言わないほうがよいのかもしれないと感じ、いよいよ退院がきまりつつあったころからずっと思案を続けていた。別段、話してもさしつかえがあるようには思われないし、むしろ率直に報告するほうがよさそうな気がするが、事が大仰になって病気が悪いという印象をもたれたらまずかろうとの配慮である。広島ではそんなことがいちいち問題になるような雰囲気があったわけである。
中谷先生に手紙で問い合わせる余裕がなかったので秋月康夫と河田末吉におうかがいをたてたところ、

「中谷さんという親友があって、病気静養するから一緒に来ないかと言ってくださっている。それにしても一度念入りに京大で診てもらっておこうと思う」

「そのうち東大で診てもらって、よければ中谷さんの保養地で一緒にご厄介になるし、悪ければ入院ということにする」

というくらいのことでいいのではないか、と返事があった。これはみちさんが大学側に申し述べるはずの口上である。ところが退院が予測を越えて急になったため、みちさんの口からは言わずにすんでしまった。その代わり岡先生が森新治郎と岩付寅之助に会うことになったので、会談の予備知識としてあれこれ伝えておいたところ、東大での診察と伊東静養の考えを岡先生みずから開陳してしまったという次第であった。その後、中谷先生は「大阪で静養してみたが思わしくないので東大で受診した」ということにしたらどうか、と提案した。しかし岡先生本人が「十月末まで（つまり伊東に行くまで）はどこへも行きたくない。牛田にいる」と言うので、この中谷案は提出不能になった。大学側に言ってよいこととよくないことの区分けが細かすぎるし、言ったことについては全体として整合性が保たれるようにしておかなければならなかった。これにはみちさんもほとほと困惑し、くたびれるばかりであった。

十月末に伊東にでかけるとき、牛田の家をどう処置するかという問題も悩みの種になった。岡先生は、家をすっかりたたんでしまうのは穏当でないから、このままにしておくという意見であった。みちさんも同じ考えで、来学期（三学期）から学校に出るようなら家もこのままのほうがいいし、それに二箇月くらいのことなら（伊東についていくのは止めて）子どもといっしょにここにいようかなどと考えたりもした。帝塚山に長逗留するのは気詰まりだし、寒い紀州では、風邪を引きやすい子供（この年二月に生まれたばかりの長男の熙哉さん）のためにも絶対にいけないように思ったのである。長く汽車に乗るのも、弱い子供が風邪をひくのではないかと憂慮された。これに加えてみちさんに対する岡先生の態度もみちさんを苦しめて、一家をあげて伊東に移るという構想にかすかに翳りが見え始め、しだいに濃度を増していった。だが、それでも岡先生の伊東行の気持ちは揺るがなかった。

三高の同期生に小川鼎三《ていぞう》という人がいた。小川鼎三は大分県杵築中学から三高（理科甲類）を経て東大医学部に進み、卒業後、東北帝大に勤務した。昭和十四年、東大に移ったが、広島事件のころはまだ東北大に所属していて、隔週に上京し、東大医学部附属脳研究所に詰めていた。専門は脳解剖学である。小川鼎三は岡先生と親しくなかったわけではないが、だれよりも河田末吉の親友で、広島事件とその後の状勢も河田末吉から伝えられた。その小川鼎三が河田末吉に宛てて、

「岡君の事は初耳だ。内村さんとはこのごろたいへん親しくしているから、だれの紹介もなくても付き添いの人だけついていてくればぼくひとりで手続き等できると思う」

「上京しない日に受診する場合の用意に、前もって内村さんに頼んでおく」

と親切に申し出て、十月から十二月にかけての上京の日程表を報告した。この意向は岡先生の耳にも届いた。岡先生は、

「中谷さんにお願いできればどんな場合でも心丈夫だが、小川さんからも頼んでおいてくれればよい」

「中谷さんの都合が悪くなければなるべく小川さんの上京の日に自分も上京して小川さんに会いたい」

と言った。河田末吉は近日中に台北帝大に赴任することになっていた。

十月五日、岡先生がゼミで指導している学生が二人（ひとりは長谷部勲であろう。もうひとりは不明）、岡家を訪問した。卒業論文を書くための参考書を教えたりしたいからというので、岡先生が招いたのである。この日、岡先生は数学の話のほかに囲碁将棋のこと、寺田寅彦の随筆の話等々、三時間か三時間半ほどしゃべり続け、夜、さすがに少し疲れたと弱音をはいていた。

伊豆伊東温泉（二）

伊東行を末に控え、波乱の種を内に含みながら十月の日々が過ぎていった。岡先生は機嫌

のよいときは非常によかったが、何かひとつ気に入らないことがあると、そのつどみちさんに当たり、憎みきっているかのような言葉つきで滅茶苦茶なことを言ってしつこくしかりつけ、あげくにヒステリー呼ばわりするありさまであった。病院に長くおいたことをうらみに思っている様子が見えたが、みちさんにしてみれば、あの事件の日からこのかたどんなに心を痛めたかを思わず、よくなったことを感謝しないという態度であるから、情けなかった。状況は悪化の一途をたどり、みちさんは心身の疲労のあまりとうとう、たとえ二箇月でも岡先生の顔を見ないで暮らせると思うと少し肩が軽くなるような気がするというところにまで追い込まれていった。すると岡先生は単独で伊東におもむくことになり、全面的に中谷家のお世話を受けて生活するのである。それではあまりにもすまないとみちさん自身も思わないではなかったが、よほど苦しかったのであろう、

「大変な人間を預け込んでしまつて誠に誠に御迷惑でございませうがどうかよろしく願ひ上げます」

と中谷先生に依頼した。十月二十九日午後、いよいよ岡先生が広島を発つと、そのとたんに気持ちがとても楽になったというようなありさまであった。

岡先生の友人のひとりに竹山説三《せつぞう》という人がいた。広島高師から京大理学部に進んで岡先生と同期になった人物で、物理学者である。京大卒業後、初め広島文理大に勤務して、少し

遅れて岡先生が広島に赴任してきたとき、住まいなどの面でお世話をしてくれた。その翌年、阪大工学部に転勤し、広島事件の当時は大阪に住んでいたが、つい先日、講演か何かの用事で来広したおりに事件を聞いてたいへん心配して、塚原学長や岩付寅之助に会って大学側の意向をうかがった。それから牛田の岡家を訪ねて報告したのが十月十一日の出来事である。竹山説三が収集した情報によると、学長は心配しないでゆっくり静養してほしいと言っていたという。岩付は一度はっきりとよい医者に診てもらいたいと希望して、東京で診てもらうまでは欠勤届を（旅行届も）きちきちと出し、受診して医者が治っていると言えば、その後は無届けで休んでよい、別に困ることもないからというような話をしたということであった。数学教室主任の岩付は事務上の手続きに瑕疵がないようにすることに細かく気を使い、しかるべき医者の診断書の入手というような形式の整備を極度に重視したのであろう。

翌十月十二日、竹山説三はまた学校に行って岩付に面会した。岩付の話を聞くと、数学教室の希望としてはなるべく三箇月欠勤の切れ目に一度学校へ顔を出してほしい、その後は無届欠勤で旅行届だけにしておけばよいと考えているらしかった。竹山も、そのときは一度学校に出て、学長にも挨拶しておくほうがよかろうと、みちさんにアドバイスした。学校側との関係が円滑に保たれるよう、気を配ったわけである。ところが肝心の岡先生はといえば、十二月末までぶっ通して伊東にいたいなどとのんきに（みちさんはそう思ったであろう）話しているのであった。

状勢は次第に成熟し、問題の姿形はゆるやかに明るさを増していった。鍵を握っているのは内村祐之の診断書であった。みちさんは岡先生の容態を純粋に心配し、よい医者に診てもらい、病気と決まれば入院でもなんでもしてなおしたいというひたむきな気持ちをもっていた。大学当局は事務手続きの途切れることを恐れ、権威ある医師の診断書そのものを求めていた。岡先生本人は事務には関心がなかったし、そもそも初めから自分を病気とは思っていなかった。内村先生に診てもらうのも治療のためという考えは全然なく、「思い切ったことをするためには立派な保証人が必要だから、まあ精神鑑定をしてもらう」という程度の考えであった。岡先生はただ、第二論文を書き上げるのに必要な、たっぷりとした時間を確保したかったのであろう。三者三様というか、思わくはてんでんばらばらであった。

中谷先生からみちさんのもとにひんぱんに手紙が届き、みちさんもまた何度も手紙を書いて緊密に連絡を取り合った。いよいよ出発が近づくと、こまめに電報をやりとりするという急迫した場面も現われた。中谷先生がもうたしかに伊東に来ているかどうか尋ねてほしい、と岡先生がみちさんに要請し、みちさんが電報を打ち、中谷先生も即座に応じて電報を打ち返すという具合であった。間際になってようやく伊東行の日程が決まり、岡先生はみずから中谷先生に報告の手紙を出した。十月二十九日のお昼過ぎに広島を発ち、その夜は帝塚山の北村家に泊まる。紀州の人たち（父のことであろう）にも会う。翌三十日は京都の秋月家で一泊する。三十一日夜、京都出発。十一月一日、伊東着という計画で、「時間の詳細は京都から電報でお知らせします」というのであった。

学校にはすでに二度目の欠勤届を提出ずみであり、十月九日から四週間の延長で十一月五日までとなっていたので、中谷先生方を所在地にしてその時点までの転地療養願も併せて提出した。この手続きは岡先生が自分でしたのである。十一月五日以降についても引き続き伊東から欠勤届を差し出して延長するつもりだったから、九月十一日（一度目の欠勤届の初日）から数えると十二月十日でちょうど三箇月になる勘定である。数学教室としてはなるべくそれくらいにしてほしいような口振りであったという。十月二十九日午後一時、岡先生は日程の通り広島を発った。「午後一時」というのは牛田の家を出た時刻で、岡先生はおそらく例の田中タクシーで広島駅に向かい、午後一時三十五分広島発の東京行急行に乗ったのであろう。午後七時五十五分、大阪着。所持金は二十円。最初の立ち寄り先は帝塚山の北村家であった。

帝塚山では父、岡寛治が待っていた。三十日は京都に出る予定だったが、これは実現せず、もう一晩北村家に泊まった。所持金がとぼしかったので北村家でお金を借りるつもりでいたところ、北村純一郎が難色を示し、口論めいた議論が起こって長引いたためであった。これは北村純一郎の奥さんのみよしさん（みちさんの姉）がみちさんに伝えた証言だが、北村家に到着するとすぐ、岡先生は「二十円もってきただけで心細いから少し貸してくれ」と申し出た。至極上機嫌で、だれの目にももうすっかり元通りと見えたという。

夜になって少し議論が始まった。岡先生は「叔父さん（北村純一郎のこと）は自分の意志通りに人を制しようとする」とか、「みちが自分を長く入院させておいたのだが、叔父さんが後押しをしていた」などと主張した。みちさんが案ずるに、岡先生の入院中、もう退院させようか、させるとすればどのように処置しようかと北村純一郎に相談したことがある。その返書は岡先生には見せないはずだったのを、他の手紙に混じっていて岡先生が見てしまい、それで北村純一郎がみちさんといっしょになって自分をいつまでも入院させていると考えたのではないか、と思われた。岡先生はまた「借りた入院費は払わない」とか、「叔父さんは信頼できない人だ」とか侮辱めいた言葉を散々並べ立て、あげくに、

「お金を貸してくれと言ったがお断りする。貸してくれなくていい。自分にお金は貸したくはなかろう」

と言って、とうとう借りなかった。

岡寛治は早くから二階で寝ていてこの間のやりとりは何も知らなかったが、翌三十一日朝、紀州にもどるおり、岡先生が「お金ないか」と言ったところ、十円くれた。これで所持金は三十円になった。岡先生はまた「後の養生費を紀州でできる見込みはないか」と寛治に尋ねた。寛治は「そんな見込みはないが、静岡（の岡田家）へでも言ってやろうか」と答え、岡先生は「それには及びません」と返した。これが父とお別れするときの問答であった。

寛治にしてみると、家を出るとき岡先生に二十円しかもたせなかったことが不満だったようで、「それは無茶だ。たった二十円もたせて」と怒っていたという。もっともではあるが、岡先生もみちさんもどうにもできなくて、帝塚山で借りることにしてとにもかくにも出発し

たのである。

どうもいつも財政困難で手もとが不如意なのがみよしさんの目にも不審だったようで、

「どうしてでしょう。（月給が）五十円の巡査でも立派に子供を中学にも入れているのに」

と尋ねれば、岡先生は岡先生で、

「自分は近頃は煙草代も十八円しか使わない。食べ物も二食までは漬物でもよいのだし、それに甘んじている。よい材料を使ったものがはたして美味しいとも限らない」

と答え、みちさんの家政が悪いのだと主張した。しかしこれについてはみちさんにも言い分があった。みちさんにしてみれば子どものもの、自分の着物などはめったに買ったことがなく、今月は少し残ったと思っても、本屋が思いがけなく取りにきたり、タクシーの払いが多かったりするというふうで、みちさんの目から見るととにかくむだと思うようなところへ岡先生はたくさんお金を使っていた。それを言わないで、みな自分のせいにしてしまうのがみちさんの不満であった。

この時期の岡先生の給料明細はよくわからないが、昭和七年赴任当時の月給は百七十円であったから、その後もそれ以下ということはなく、みよしさんが不審を抱くのももっともである。しかしお金の使い方については岡先生には岡先生なりの流儀があったのであり、学校へ出るのに毎日タクシーに乗ったのも時間の節約のつもりだったであろう。本をたくさん買うのにも道理があり、読みたいと思った本を即座に自由に買えるならそれにこしたことはない。岡先生にしてみれば、何ものにもとらわれず、完全に自由な精神をもって数学の研究に打ち込んでいたかったのにちがいない。だが、打ち込めば打ち込むほどに岡先生の人生はこの世の実相から離れてしまい、さまざまな齟齬《そご》が生じ、理解者を失っていった。数学に寄せる岡先生の悲願を理解する人はなく、北村の叔父さんと口論になり、みよしさんの不審を招き、みちさんも途方に暮れるばかりであった。真に人生の矛盾と言わなければならない場面だが、治宇さんが生きていれば、とぼくはまた思う。治宇さんなら岡先生の悲願を感受して、語り合い、論じ合い、小さな美しい精神の共同体を形成し、岡先生のどれほど振幅の大きな精神の高揚もたやすく吸収してしまったことであろう。だが、治宇さん亡き今、岡先生の心はこの地上を離れ、「金星から来た娘」を夜空に描き、ひそやかに迎え入れるほかにすべはなかった。ただひとり治宇さんの兄、中谷宇吉郎先生の友情だけが、岡先生をかろうじてこの世につなぎとめておく繋留地になったのである。

帝塚山でこんないきさつがあってから、予定に一日遅れて京都に出て、三十一日の夜は秋月家で一泊した。一夜明ければもう十一月であった。

十一月一日、岡先生は京都から静岡に移動し、この日は静岡市内の岡田家で一泊した。静岡での途中下車は当初の予定には入っていなかったが、懐中がとぼしかったため、急遽変更したのであろう（つまり、岡田家でいくらか拝借したのであろう）。十一月二日、伊東の中谷宇吉郎のもとに、岡先生が特急「さくら」で熱海に着くことを報じる電報が届けられた。「さくら」は午後一時五十分、静岡発、午後三時一分、熱海着と予定されていたが、一分遅れて午後三時二分、熱海に到着した。一時五十分のバスで伊東を発ち、熱海まで迎えに出た中谷先生の前に、岡田弘に付き添われた岡先生の姿が現われた。しかしこの日はまだ伊東へは行かなかった。

　岡先生の住まいはまだ確保されていなかったから、取りあえず中谷家にお世話になるほかはなかったが、中谷家はといえば十月二十五日に札幌を発ち、翌二十六日、伊東に到着したばかりであった。引っ越して一週間にもならないことでもあり、すぐに岡先生を受け入れるのでは静子さんにかかる負担が大きすぎた。中谷先生もやはり無理と思い、初めから二、三日外泊する考えで家を出てきたのである。そこで急に思い立ったふりをして箱根に行こうと提案し、岡田先生とはこの場で別れ、岡先生と二人で十国峠にドライブに行った。

　草原の高地を走るバスのドライブは申し分なく快適であった。バスの料金は一円で、およそ一時間で元箱根に到着した。元箱根からタクシーで芦の湯に行き、この夜は紀伊国屋旅館に泊まることにした。宿賃は五円。きれいな庭があり、紅葉の山に向かい、静かな極《ごく》上等の宿であった。中谷先生の目には岡先生の様子は昨夏とほとんど変わらないように見えた。強いて言えば、少し気持ちの変わり方が急なところがあるという程度のことであった。

　夜、白髪童顔の老人が碁を打とうと乗り込んできた。中谷先生が挑戦に応じて三番打ったところで午前零時になった。

翌三日、宿で広島のみちさん、すがねさん、それに藤野俊子さんの三人に宛ててふたりで絵はがきに寄せ書きした。


昨日熱海で静岡の兄さんと元気に潔さんに会ひ、急に思い立つて十国峠のドライブをして箱根へ来て一泊　芦の湯と云ふ処です　小学校で習つた事があるでせう　紅葉も綺麗だし宿屋も仲々上等だし良い御気［機］嫌です　之から東京へ出ます　宇生

帝塚山（レモン）カラモ云ツテ行クダラウガアトシバラクオ姉サンニ居テ貰ツテ二人トモヨク寝ナサイ　霊気モ掛ケテ貰ヒナサイ　十国峠ノドライブハ天下ノ絶景デシタヨ　潔

「帝塚山（レモン）」というのは北村みよしさんの愛称であり、「オ姉サン」は藤野俊子さんのことである。「霊気もかけてもらいなさい」などとも書かれているが、この「霊気」というのは何のことかよくわからない。

お昼ころ宿を出て、またしても申し分のない秋色の道をぶらぶらと小涌谷まで歩いた。岡先生は連句に凝り、さかんに芭蕉を論じた。小涌谷から登山電車に乗り、宮の下で途中下車。富士屋ホテルで思い切って豪勢な昼食を食べた。中谷先生は静子さんのためにお土産の箱根

細工を買い、それから連れ立って東京に出た。

東京に着いたころはもう夕方で、午後五時になっていた。黒瀬亭（中谷先生の妹、芳子さんのご主人）が経営する安全自動車を訪問したが、到着した後になってから、この日は休みだったことに気がついた。しかし親類の中谷保（山王ホテルの主人）がいたので会って話をした。翌日、東大の内村先生の診察を受けようという考えであったから、この日は赤門前の大和館に泊まった。二円五十銭の部屋に通されたが、このくらいのほうが気楽でもあった。夜、東京人を見たいという岡先生の注文を受けて銀座に銀ブラに出て、コロンバン（フランス菓子で有名な喫茶コーナーつきの洋菓子店）などに入ってみたりした。岡先生は、銀座の人はずいぶん低級だ、と驚いたふうを見せた。中谷先生は胃が悪いので牛乳ばかり飲んだ。そして伊東の子どもたちのためにお土産の人形を買った。

四日、午前九時半から内村先生の診察が始まった。二時間にわたりいろいろ事件当時の事情をていねいに尋ねてくる様子を目の当たりにして、この調子では精神科医の仕事はなかなかたいへんだと、同席した中谷先生は思った。話が広島の大学のことに及ぶと岡先生は妙に興奮したが、中谷先生の見るところ、これは強迫観念、すなわち打ち消しても打ち消しても浮かんでやまない不快感の一種のようでもあった。広島はよほど岡先生のはだに合わなかったのであろう。午後、丸善をちょっと見て、三時十分の汽車に乗った。準急であった。熱海で下車。バスで伊東に向かった。このバス道路の景色は岡先生の気に入った模様であった。

夕食は静子さんの手料理の御馳走で、伊勢海老のおさしみが出た。岡先生はすっかり御機嫌が回復したが、中谷先生はさすがに少々つかれを感じたようであった。岡先生の伊東滞在はこうして始まった。六月二十三日の広島事件の当日からこのかた、もう四ヶ月を越える月日が流れ去っていた。一日一日が緊張の連続で、岡先生本人はもとよりだれもが疲労と困惑の渦中になげこまれた毎日であった。ようやく伊東の岸辺にたどり着いた岡先生は中谷先生の友情に包まれて、これから丸一箇月ほどの間、念願の研究三昧の日々を送ることができるようになったのである。

芭蕉研究

中谷家の所在地は伊豆伊東町岡広野芹田四六二番地の江口別荘であった。「岡」は大字《おおあざ》名。「広野」は通称名。「芹田」は小字《こあざ》の名称である。江口さんという人が所有する家屋であることから「江口別荘」と呼ばれた。八畳間と六畳間、四畳半の茶の間、それに二畳の玄関という間取りで、台所の横には専用の温泉がついていた。

十一月五日、岡先生は中谷先生といっしょに伊東町を散策しながら貸間を探したが、結局「岡角屋」という商人宿に一間を借りることに決まった。いっそ旅館のほうが一番気楽だろうとの判断が働いたのである。ここでは朝食だけ出してくれるので、お昼ご飯と夕食は中谷家でいっしょに食べることになった。

六日、中谷先生は胃の具合が少し悪かったが、昼食をパンにしたらいくぶん回復した。午後、岡先生と中谷先生は海岸まで散歩に出た。夜、静子さんも加えて三人で街を歩くと、温泉街らしいけばけばしい感じがあった。前の日に見て来たから、と静子さんが先に立って案内した。

七日は朝から雨になった。時々豪雨。午前中、中谷先生は、寺田寅彦先生の北大での地球物理の講義の整理をした。これは、編纂が始まった『寺田寅彦全集』に載せるための作業である。それから岡先生とふたりして芭蕉連句「猿蓑」巻の五の「鳶《とび》の羽」と「灰汁桶《あくおけ》」を読んだところ、たいへんおもしろく進んだ。岩波文庫『芭蕉七部集』(伊藤松宇校訂、昭和二年)が手元にあったのであろう。あるいは岡先生が後年のエッセイ「情緒」(『紫の火花』の一篇)の中に書き留めているように、幸田露伴の七部集の評釈書があったのかもしれない。「鳶の羽」は芭蕉と去来、凡兆、史邦という蕉門の三人による合作で、発句の冒頭の五文字が「鳶の羽」である。発句の全体に脇句も添えると、

鳶の羽も　刷《かいつくろひ》ぬはつしぐれ　　去来
一ふき風の木の葉しづまる　　芭蕉

というふうにつながっている。「刷」とはむずかしい言葉だが、乱れたものをなおし整えることを意味するという。「灰汁桶」は芭蕉、凡兆、野水、去来による合作で、凡兆の発句

灰汁桶の雫やみけりきりぎりす　凡兆

に、芭蕉の脇句

あぶらかすりて宵寝する秋　　芭蕉

が添えられている。

八日は薄寒い曇り日。中谷先生はエッセイ「線香花火の火花」を書き始めた。夜、岡先生と芭蕉連句の続きを読んだ。この日は「市中《いちなか》」と「梅が香」。ますますおもしろくなったが、なかなかの勉強でもあった。「市中」というのは「猿蓑」巻の五に収録されている連句で、発句と脇句を挙げると、

市中は物のにほひや夏の月　凡兆
あつしあつしと門々《かどかど》の声　芭蕉

というふうである。「梅が香」は「俳諧炭俵集」上巻におさめられていて、

むめが香にのつと日の出る山路かな　芭蕉
所々に雉子の啼きたつ　野坡

という発句と脇句とともに巻き始められている。

岡先生と中谷先生はまず初めに各々の句を読み、字句を解釈した。次に句と句の間のつながりを心理的な面から考察して、連想の模様を見る。それからゆるゆる読み進め、付き方を味わう。さらに進んで寺田寅彦の説に基づいて音楽と比較して、響《ひびき》を味わう。だいたいこのような方法を採用して勉強を進めたが、実際にはなかなか思うようには運ばなかった。

俳諧連句を論じる寅彦の文章はいろいろ残されているが、岡先生と中谷先生が参照した寺田連句理論というのはおそらく松根東洋城が主宰する俳誌『渋柿』に連載された「連句雑俎」のことで、連載完結後、エッセイ集『蒸発皿』に収録されたから、岡先生は広島で入院中に親しんだのであろう。熱海に到着した岡先生はますます連句に凝り、箱根で中谷先生を相手にさかんに芭蕉を論じたが、ここにも『蒸発皿』の影響が大きく尾を引いていたのである。

岡先生はこのころひどく連想的になっていて、中谷先生も教わることが多かった。

九日はいいお天気になった。中谷先生の妹の黒瀬芳子さんがコロムビアのポータブル・プレーヤーをもって伊東にやってきた。昼十二時二十三分、網代《あじろ》に着くというので、岡先生が迎えに行った。中谷先生のエッセイ「線香花火の火花」もこの日、完成したが、なかなかおもしろいとみなの評判であった。夜、中谷先生は小宮豊隆に手紙を書き、連句作法をおもしろおかしく問い合わせた。芭蕉連句の勉強を踏まえ、作法のだいたいを把握したうえでいよいよ実践に踏み切ろうという構えであった。
十日、中谷先生が一句詠んだ。

此の池に毒魚棲むなり柿落葉

夜はまたふたりで連句を研究した。この日は『続猿蓑集』上巻から「猿蓑にもれたる」ひとつだけ。だいぶ上達して、中谷先生はぴったりわかるような気がしたという。

猿蓑にもれたる霜の松露哉　沾圃
日は寒けれど静なる岡　芭蕉

床の中で中谷先生はまた一句詠んだ。

高畑に煙動かぬ伊豆の秋

十二日は快晴になった。中谷先生はさらに二句詠んだ。

秋晴れに竝んで乾く鯵と烏賊《いか》

むろあじや秋風光る鮓《すし》の台

中谷先生は「先生を囲《めぐ》る話」を書く考えで日記を読み返した。「先生」とは寺田寅彦のことで、「先生を囲る話」という通し標題のもとで寺田寅彦全集の月報に連作を掲載するつもりなのであった。第一回目は「其の頃の応接間」であった。午後、初めて魚釣りに行った。鯔《ぼら》を釣るつもりだったが、他の人はよく釣れるのに、中谷先生は勝手がわからず一匹も釣れなかった。岡先生もこの釣りに同行したのかどうか、定かではない。

この日、岡先生は広島のみちさん、すがねさん、藤野俊子さんの三人に宛てて絵はがきを書いた。図柄は伊東名所「亭石島」である。岡先生の自作の句も三つ書き留められている。

其の後ずつと風が強く天気が悪かつたが　此の間に仕事も順調にはかどり　特に中谷さんとの連句研究は恐るべき進展を見せて　此の上はいよいよ実行に移すべく小宮豊隆さんに面白をかしく問ひ合せてもらつた　これこそ日本文化を開く鍵　帰広の上は大々的にはやらせる心　但何しろ二十三日を始め今年は僕にとつて実行の年　句作も日々欠かさずやつて居る

秒針や戸に荒れまさる風の秋　海牛

海牛は云ふ迄もなく僕の雅号　今日は久しぶりに天気がよい　中谷さんは虚雷（去来）

ここまで書いたところで、岡先生は自作の句をひとつ書き添えた。

　秋の蠅胸もふくらむ日射しかな

続いて「スガネ始め皆よい子でせうね」とふたりの子どもに話しかけ、さらにもう一句、

　丘沿ひにいてふ葉拾へ子守うた

と詠んだ。岡先生が生涯にわたって試みた句作は相当の数にのぼるが、確認できる範囲内で見ると「秋の蠅」と「丘沿ひに」の二句は先頭に位置していて、これ以前と推定される岡先生の句は見当たらない。「秋の蠅」には俳味がある。「丘沿ひに」のほうは、子どもを思い、子どものために銀杏《いちょう》の葉を拾いながら子守唄を口ずさんでいるというのであろうか、情景が明瞭ではなく、意味もよくわからないが、品のいい情感がにじんでいるように思う。

はがきの文面に「二十三日を始め今年は僕にとつて実行の年」などという語句が見えてぼくらの目を引くが、「二十三日」は「六月二十三日」で、広島事件の当日を指していると思われる。しかし特にこの日を明記して「今年は実行の年」などと書いているあたりの心事は

よくわからない。このころまでには俳号も決まったようで、岡先生は「海牛《かいぎゅう》」、中谷先生は芭蕉の十弟子の一人、去来をもじって「虚雷《きょらい》」である。「虚雷」と言えば「うつろなかみなり」であるから、こわくない雷である。後年のことになるが、中谷先生には『雷』という著作もある。

俳号「海牛」のほうは少々不思議な響きがあるが、海牛というのは実在する海の動物ジュゴンやマナティーのことで、体長はおよそ三メートル、体重三百キロ、体形は紡錘形で皮膚は硬く、剛毛を粗生、体色は黄色ないし青灰色、頭は丸く、吻は鈍く、前肢は長い櫂状という具合である。この奇妙な生き物の名を岡先生の俳号に決めたのはほかならぬ中谷先生で、岡先生が丑年であることも加味されている。後年、中谷門下生の一人、関戸弥太郎が「虚雷と海牛」というエッセイの中で披露しているところによると、中谷先生は、「海牛という動物は、ちっとも悪いことはしないのに、人からは何となく気味悪がられるね」と言っていたというから、得意の命名だったのであろう。同じく中谷門下の樋口敬二先生は「春宵一会」というエッセイの中で、中谷先生は、

「(海牛は) ヌーボーとしている所が (岡先生に) 似ているからね。海牛というのは、何も悪いことはしないのに、皆が気味悪がる。そんな号をつけて悠然としているんだから、岡君も大したものだよ」

と言っておられた、と書いている。確かにおもしろい俳号ではあるが、岡先生は岡先生で別に悠然としていたわけではなく、「あまりよい名ではないな」と思った。しかしそんなことをうっかり口に出して、「では自分でつけなさい」と言われては困ると思い返し、「まあ無害ならばよかろうと思って黙認することにした」という。それでもやはりもうひとつ気に染まなかったとみえて、岡先生は後にみずから「石風」という、あまり俳味のない俳号を考案した。

十三日、中谷先生は知人の島田さんを訪ねた。鯔《ぼら》釣りの秘けつを車屋に教わり、午後再び試みたがまたも一匹も釣れなかった。

いな釣りや籠に泣んだいなの顔

これはこの日の中谷先生の句である。

十四日は風のない暑い一日になった。この日はどうも静子さんのご機嫌がおもわしくなく、そのためであろう、中谷先生も不機嫌だった。夜、岡先生とふたりで「蝿ならぶ」を勉強したが、感興がのらず、ちっともおもしろくなかったという。それでも「先生を囲る話」の第一回分が完成したので、送稿した。この夜は中谷先生はよく眠れず、翌朝も不快だった。

十五日、中谷先生はまた一句詠んだ。

雲畳む山際光る壌葉嵐

「壌葉嵐」というのは何だろうか。

お昼前、岡田弘が伊東に来たのでみなで昼食に海老のお刺身を食べた。中谷先生は岡田弘を相手に盛んに連句を談じ、おおいに吹聴した。午後になると今度は中谷先生の知人の金原さんと川野さんが来た。川野さんは中谷先生が早いうちに札幌に帰ると思い、三十八度の熱を押して会いに来たのである。一同そろって釣りを見にでかけると、海は静かで、水は透明であった。桟橋でりっぱな黒鯛が釣れた。生きている黒鯛のひれがピンと張った姿は実にきれいだった。静子さんのご機嫌もなおり、なごやかな家庭の雰囲気に包まれて連句の勉強もはかどった。この日は「続猿蓑集」巻の下から「いざよひは」を取り上げた。

十六夜《いざよい》はわづかに闇の初哉《はじめ》　　　　芭蕉
いざよひは闇の間もなしそばの花　　　　猿雖

それから二人で将棋を指した。中谷先生が先手、岡先生が後手で、八十七手までで中谷先生の勝ちに終わった。

［棋譜］

7六歩－3四歩。2六歩－8四歩。2五歩－8五歩。7八金－3二金。2四歩－同歩。同飛－8六歩。同歩－同飛。8七歩打－8四飛（ニヤリトスル）。2八飛－2三歩打。4八銀－6二銀。5六歩－5四歩。6九玉－4一玉。5七銀－5二金。5八金－7四歩。3六歩－5三銀。9六歩－9四歩。1六歩－1四歩。4六銀－7三桂。3五歩－同歩。同銀－8八角ナル（又ニヤリトスル）。同銀－2二銀。6六角打－7五歩。同角－7四飛（緊張）。5三角ナル－同金。7五銀打－3九角打。7四銀－2八角ナル。7一飛打－5一角アイ。3七歩打（ニヤリ）－3九飛打。6八玉－2九飛ナル。7三銀ナラズ－5二金引。7四桂（緊）－6五桂打（狼狽）。6六歩－1九龍。6二桂ナル－5七香打。6五歩－5八香ナル。同玉－3七馬。5三香打（ホットスル）－5九龍。6七玉－6九龍。7七玉－3一玉。5二香ナル－3三銀。5一飛ナル－2二玉。4二成香ヨル（安堵）－同銀。3四桂打－1二玉。2二金－1三玉。3二金迄ニテ後手投了。（87手）

この勝利には中谷先生も悪い気はしなかったのであろう。帝塚山で病気で寝ている北村駿一に宛てて棋譜を送付した。北村駿一も父の純一郎も将棋が強く、ふたりとも喜んで棋譜を何度も並べ、おもしろく議論をたたかわせた模様である。十二月二十六日付で、「駿一と合作にて高慢なる意見を申述べる」などと前置きして講評が届けられた。

6六角と打ったとき、7五歩とせずに8五飛とするべきではないか。なお後手方7五歩同角のとき、7四飛は大悪手。これで勝敗が見えた。7五銀打、3九角打のとき、3八飛と寄れば十分だった。そうすると7五角は同歩、同飛のとき、8六角打の手があって後手方は潰滅する。たとえ7五角、同歩のとき8四飛とされても6二角打がある。3七歩打、名手。なお先手7四桂打は好手。これで策なしとなった。ただ、寄せの場合、後手5七香打のとき、すでに後手の方に詰《つみ》がある。すなわち5二成桂、同王、5三金打として、同王ならば5一飛成までで角の手駒にて詰む。4一王と逃げれば5一飛成、同玉、6二銀成、4一王、5二成銀、3一玉、4二角打までにてやはり詰がある。……ざっとこんなふうで、北村父子の棋力を如実に示すなかなか深い読みの入った講評であった。

十六日、中谷先生のエッセイ「先生を囲る話」の第二回「フランス語の話」が完成した。中谷先生に見せると、岡先生は「よいできだ」とほめ、会話がなかなかうまいと言った。中谷先生も、寺田寅彦の話のところを寅彦の口吻通りに書く場面になると急に筆が軽くなってどんどん書けるような気がしていたので、あるいは本当にうまいのかと思った。岡先生の言うことによれば、寺田寅彦に会ったことはないからこの会話の調子が本当なのか嘘《うそ》なのかはわからないが、とにかくひとりの「先生」の話であることはわかるというのであった。

この日、小宮豊隆から中谷先生に来信があり、連句実行上の心得があれこれと伝授された。十一月十三日付の手紙であった。『俳諧研究』も送られてきた。これは小宮が阿部次郎や山田孝雄、村岡典嗣などと協力して刊行した共著の作品『芭蕉俳諧研究』(岩波書店)のことと思われるが、この書物には昭和四年に刊行されたものの後、続編(昭和五年刊行)、続々編(昭和六年刊行)、新続編(昭和八年刊行)と、さまざまな版があり、そのうちのどれが送られ

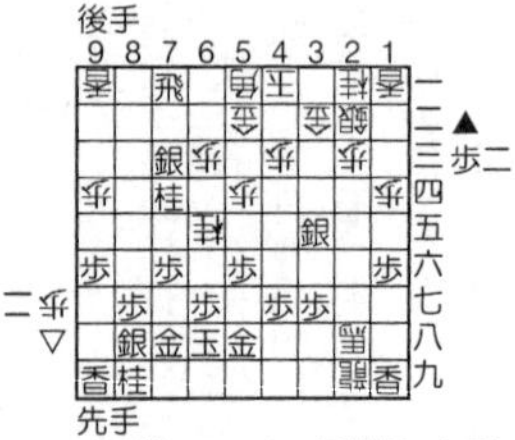

【手数＝62　△６五桂打　まで】

狼狽

【手数＝16　△８四飛　まで】

ニヤリトスル

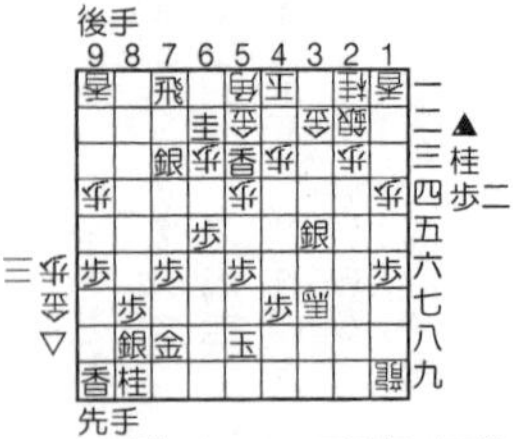

【手数＝71　▲５三香打　まで】

ホットスル

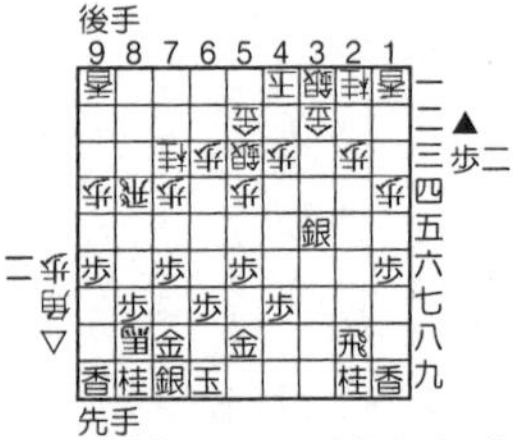

【手数＝40　△８八角成　まで】

又ニヤリトスル

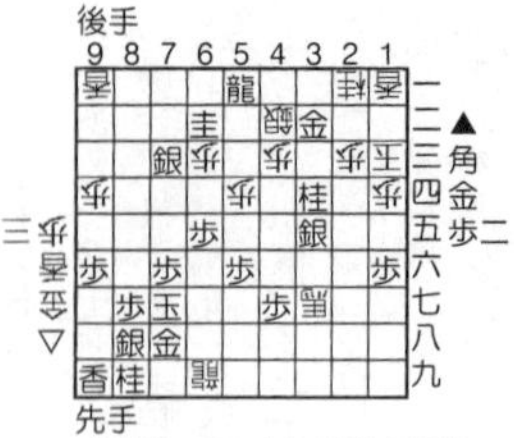

【手数＝87　▲３二金　まで】

投了図

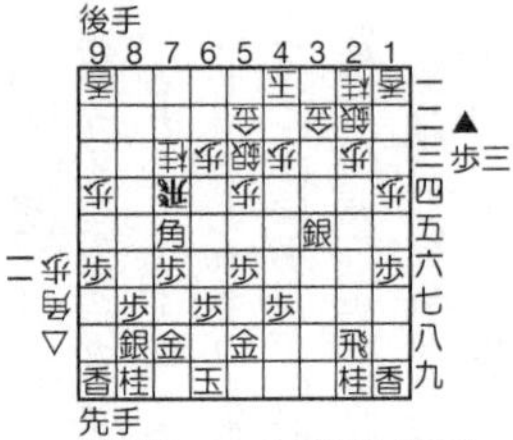

【手数＝46　△７四飛　まで】

緊張

てきたのかはわからない。『俳諧研究』シリーズの前に同じく小宮の仲間の共著作品『芭蕉俳句研究』シリーズ（岩波書店）が出ていたから、送られてきたのはあるいはこちらだったのかもしれない。いずれにしてもこれで雰囲気は一挙に盛り上がり、いよいよ実際に三十六句から成る歌仙形式で連句を巻いてみることになった。

「伊豆伊東温泉即興」

十一月十七日、岡先生は小宮豊隆の手紙を拝借してノートに書き写した。小宮の解説によると、歌仙というものは初めの六句を「表《おもて》」と名づけ、次の十二句を「裏《うら》」、その次の十二句を「二の表」または「名残りの表」、最後の六句を「名残りの裏」と唱えるのだという。表六句は神祇《じんぎ》釈教《しゃっきょう》恋《こい》無常《むじょう》述懐《じゅっかい》などを避けることになっている。これはなるべく調子を押さえて、序破急の序に次いでやって来るエネルギーを出し惜しんで、あとでそれを十分に発揮させようとする計画らしいということのようだ。裏にくると、もうそろそろそのエネルギーを発散してもいいが、その頂点はむしろ二の表にある。名残りの裏になると、一度力強く発散したエネルギーをそろそろ納めにかかり、最後の揚句《あげく》（連句の最後尾の句）ではだいたいにおいてめでたく祝い鎮めるという習慣になっているから、表六句ほどではないが、それと似た意味で注意を要するものとされている。

月の座は表の五句目、花の座は裏の十一句目、二の表の十一句目は月の座、名残りの裏の五句目は花の座というふうになっている。これは必ずしも守らなければならないことでもないらしい。しかしもし月の句を詠んだり花の句を詠んだりする場合には、花の座なり、月の座なり、定められている座より後に詠んではいけない。それより前ならばいくら前でもかまわない。「猿蓑」の「市中」の巻などでは、

市中は物のにほひや夏の月

と、発句で月を詠んでいる。

月の座までのうちに月が出ないときには、月をこぼすと言う。花をこぼすということは聞かないようだから、花は必ず花の座までに出さなければいけないのかもしれない。

それから秋三句、春三句と言って、秋または春の句が一句出ると、あと二句は必ず秋または春の句をつけなければならない規則になっている。夏の句と冬の句は一句で捨ててさしつかえない。季のない句、すなわち雑の句についても同断だが、脇句《わきく》（歌仙の第二句）の場合には、発句《ほっく》（歌仙の第一句）が冬の句または夏の句でも、冬の句または夏の句で受けるのが習慣になっているようだ。これは、脇は発句に添うものとされているせいと思う。

脇は発句に添えて詠むものだが、第三句はぐっと離れよと言われている。第三句は後の三十三句を呼び出す役目をもっているから、自由でないと困るからだろうと思う。だから第三句の語尾には「に」「にて」「らん」「て」などという、言い残した語尾が要求されているのだろうとも思う。第四句はさらさらと作れと言われているが、これも流通をよくするためで

あろう。

裏から表、表から裏などというふうに面《おもて》が変わるたびに、その第一に来る句は多少あらたまった心持ちで作られている。少なくともある心構えをもって作られているように思う。これも面が代わるたびに局面が変わるせいだろうと思う。そのほか語尾に関する注意（「に」と「に」の間は何句あけなければならないというようなこと）、材料に関する注意（植物の次に動物なら動物が来て、そのあとに植物が来たりするのは観音開きと言って嫌うというようなこと）など、いろいろあるが、これは実際にやっているうちに自然に重複感があったりして、言われなくても気づくのであるから、申し上げないでおく。要するに俳諧というものは前句はねばりつかずに、しかも一句一句と、どしどし前進すればよい。

恋の句はどこで出してもいいらしい。ただし裏の初めのほうでは出さないことになっている。これは、表で恋が禁じられているのを裏の初めにきてすぐ出そうとするのは、いかにも恋を出したくてうずうずしていたようでみっともないという理由から来ているらしい。これを「待兼ねの恋」と言っている。それと、恋は一句で捨ててもいいが、二句続けるのが普通で、三句続けてもいいことになっている。芭蕉は恋の句をたいせつにしたから、二句続けよとか、三句続けよとか規定しておくと、とかく粗末になりやすい。それだから一句で捨ててもいいということにしたのだと言われている。

小宮はおおよそこんなふうに歌仙の作法を説明した。

十七日は無風の快晴であった。岡先生は中谷先生、黒瀬芳子さんといっしょに、中谷先生のふたりの子ども（数えて五歳の長女の咲子さんと、数えて四歳の次女の芙二子さん）も連れてみなで海岸に行った。水は透明で、波もなかったが、黒鯛は釣れなかった。この日、中谷先生は

行く春を旅には薄き衣かな

と一句詠んだ。これを連句の発句にする考えだったが、力が強すぎてだめと見て断念し、結局、前に作った句から拾って、

伊豆伊東即興

秋晴れに竝んで乾く鰺と烏賊　　虚雷

輪音も軽き舗石の道　　海牛

但し季ナシ

という調子で始めることにした。ところが脇句はたちまち訂正することに決まった。標題にもちょっと手を入れて「伊豆伊東温泉即興」と形が整えられた。

十八日も快晴で、やはり無風だった。中谷先生は終日連句に凝り、一句付くと岡先生の宿までぶらぶら歩いて、連句を書いた紙片をもっていった。岡先生は岡先生で第二論文のフラ

ンス文原稿を書きながら、一句付いたら江口別荘に届けに行った。この日は早くも表六句、裏三句まで進んだ。中谷先生は「実に面白きもの也」と日記に書き留めた。

伊豆伊東温泉即興

［表六句］

秋晴れに並んで乾く鯵と烏賊　虚雷
蓼も色づく溝のせせらぎ　海牛
夜毎引く間取りおかしく秋更けて　同
さて目覚むれば煙草値上る　雷
そつと出て障子に蒼き冬の月　同
湯殿は映る影のくろ猫　牛

［裏三句まで］

花片も八幡宮の常夜燈　同
衣《きぬ》ひるがへし油さす人　雷
何事ぞ春雨つとふ轡《くつわ》音　牛

三句目の岡先生の句「夜毎引く間取りおかしく秋更けて」について、後年、岡先生は連載

エッセイ「紫の火花」の一篇「情緒」の中で、

「私は構想を建直し建直しして数学の研究をして、とうとう疲れてしまったのであって、その努力感の記憶をそのまま三句目に型にとって一巻の趣向を決めた」

と回想した。第二論文の全体を書き上げようと苦心に苦心を重ねていた岡先生の伊東の日々が目に見えるような一句である。ところが「伊豆伊東温泉即興」の完成後に届けられた小宮豊隆の講評によると、この句は「猿蓑」巻の五の第七句

かきなぐる墨絵おかしく秋暮て　史邦

の奪胎と思うが、少し前句に付かないような心地がするとして、「離れようとして離れ過ぎたるかと存候」と指摘された。岡先生はこれが不満で、「内容が全く違っていることはお気付きにならないとみえる」と言い返したが、両者はたしかに姿形がそっくりであることでもあるし、本人は別にして他の人に、ここに数学研究の努力感を感受せよというのはやはり無理難題の部類と見るべきであろう。

中谷先生は岡先生の日ごろの苦心をよく知っていて、「この句は岡さんでなければ詠めない句だ」と言った。ところが口ではそんなことを言いながら、四句目に「さて目覚むれば煙

草値上る」と付けて肩すかしをしてしまった。岡先生はすっかりとまどってしまい、次の句が付けられなくて苦心惨憺したという。結局、五句目も中谷先生が自分で「そつと出て障子に蒼き冬の月」と付けるはめになったが、小宮によれば、打越《うちこし》すなわち一句おいて隣りに「夜毎」とあり、「障子に蒼き冬の月」と同じく夜である。これを輪廻《りんね》とか観音開きとか言い、何かあとにもどるような感じがあるために嫌うのだという。それと、三句目から八句目まで、夜がこんなに続くのはいけないという評もあった。

十九日は雨になった。この日、岡先生は中谷先生と連れ立って上京した。朝七時五十分のバスで熱海に出て、熱海から汽車で東京に向かう途次、車中で連句の続きをやっているとまたたく間に東京に到着した。大和館に落ちつき、まず初めに小川鼎三を訪ねて東大医学部附属脳研究所に行った。小川鼎三は、ゴリラの脳は千二百円するが、人間は全体で二十円ほどしかしないという話をした。それから中谷先生は理化学研究所に向かい、岡先生は活動写真(映画)を見に行った。

二十日は一転して秋晴れになった。中谷先生は理研で「雪の結晶の人工製作」という講演をした。二十一日も晴れ。午後三時十分の汽車でふたりいっしょに伊東にもどった。岡先生はお土産をもってひとりで山王ホテルに行き、中谷保が経営する山王ホテルの客になった。夜、黒瀬亨が江口別荘にやって来た。

二十二日の午前中は快晴だった。山王ホテルの裏山で中谷先生、中谷保、植原悦二郎(衆議院副議長)という面々といっしょに蜜柑を食べたり散歩をしたりしてのびやかな気分ですごした。午後は天気が悪くなった。

二十三日は月曜日だが、祭日である。この日も快晴。朝から中谷先生、静子さん、中谷家の三人の子供（順に咲子さん、芙二子さん、長男の敬宇君）、黒瀬夫妻とともに潮吹岩に行き、釣り堀で鳥賊といなだを釣り、料理してもらって食べた。夕方、黒瀬夫妻はバスで東京に帰っていった。夜、静子さんの手ほどきを受けながらベートーベンのバイオリンソナタ「スプリング・ソナタ」を聞き、連句を続けた。芳子さんがもってきたコロムビアのポータブル・プレーヤーで聴いたのであろう。レコードは、静子さんが結婚のときたいせつにもってきた表裏五枚のSPレコードである。これでアレグロ（「スプリング・ソナタ」の第一楽章）、アダージョ（ゆっくり。第二楽章）、スケルツォ（第三楽章）、ロンド（第四楽章）という音楽の言葉を勉強した。

二十四日午後、強い西風の中を中谷先生と連れ立って連句の付け句を考えながら散歩した。名残りの表でスケルツォ調（明朗で軽快な調子）を出そうと二人で苦しんだ末、夜までかかってやっと一句できた。ところがその苦心の作はといえば、

いづれも兀（「禿＝はげ」の簡略）る頭なるらん　海牛（第二十六句目）

というのであったから、さすがにおかしかったのであろう、ふたりで大笑いした。小宮の講評は「是もつきすぎます」というただ一行にすぎなかったが、こういうところに当事者だけ

が分かち合うことのできる世界が現出したわけであり、連句の醍醐味と言うべきであろう。

伊豆伊東温泉即興

［裏（続）］

別れを送る白檀の香　雷
潮させば潮にまかせる藻の動き　牛
人多けれど街の気安さ　雷
傘張るも老はどこやら尊くて　牛
何おもひねに廻る矢車　雷
雷鳴りて桜とり落すむすめたち　牛
蜘蛛のふるいに露のかかれる　雷
七つ塚磯べは荒れて石蕗《つわ》の花　牛
羅漢をおもふゆふあかりして　雷

［二の表、名残りの表］

高空は粉雪なるらん北颪《おろし》　同
孫の馳走にふろふきをたく　静女
学なりて雄図は高し朧月　雷

街の日永く行く人もよし　牛
我が恋はピアノに暮るる春の曲　雷
その儘帰る露路の沓音　牛
短夜や金借る男貸す男　雷
いづれも禿《はげ》る頭なるらん　牛

「名残りの表」の二句目「孫の馳走にふろふきをたく」の作者「静女」とは静子さんのことである。この付け句に対し小宮豊隆は、北おろしの吹きすさんでいる景色だったら好い付け句と思うが、「高空は粉雪なるらん」と観察する人物の人柄を考えると何かそぐわない感じがする、と講評を加えた。

ともあれ歌仙はこれで二十六句まで進んだ。いよいよあと十句で完成というところにこぎつけたが、ここで中谷先生の身に異変が起こり、連句は一時中断を余儀なくされた。

二十五日、大阪に住む中谷先生の母てるさんから来信があり、子宮癌の手術を受けることになったとの知らせがもたらされた。初期だからだいじょうぶと医者は言っているという。これを受けて中谷先生はすぐ行くか、十二月に入ってから行くか少し迷ったが、手術の前までに行くことに決めた。手術は二十七日の予定であった。

二十六日、中谷先生は『科学知識』のための原稿「自然の雪、人工の雪」を十六枚書き、夕方送稿した。それから夜七時、伊東を発って熱海に出たが、十一時五分発の二等寝台がひとつあるきりだったので、それまで待つほかはなかった。二十七日朝七時五十五分、大阪着。タクシーで執刀医の勝矢博士の自宅に向かった。勝矢博士は長崎医大出身で、学位問題で辞職した後、開業したという経歴の人物である。てるさんは見たところ元気そうで、死相の痕跡もなかったからだいじょうぶと、中谷先生はちょっと安心した。勝矢医院は病室が未完成だったため、よその病院の手術室を借りて、午後三時より手術が始まった。一時間くらいの予定だったが、六時半までかかった。中谷先生は恐ろしい不安感を抱きながら待ち続けた。

二十八日は一日中、術後の様子を見守り続けた。輸血のため血液型を調べるとてるさんも中谷先生もO型だった。そこでてるさんのベッドの下で左腕から採血し、直接輸血した。二十九日になると次々と見舞客がやって来た。そのつど待合室で中谷先生が応対した。てるさんは安静を保ち、順調に回復している様子だった。中谷先生は午後から頭痛が出たが、これは貧血のためらしかった。三十日、てるさんの容態はますます好調で、よほど楽になったようだった。元気も出て、苦痛もなくなった。中谷先生は『アサヒグラフ』の原稿「雪の結晶の話」を書き始めた。これは翌日完成した。

十二月一日、てるさんの様子はますますよく、勝矢先生ももうだいじょうぶと言ったので、中谷先生は伊東に帰ることにした。夜九時半の寝台夜行列車で大阪を発ち、二日朝六時、熱海に着いた。バスは六時四十五分までなかったが、ちょうど伊東に帰るタクシーがあった。七時、伊東着。タクシー料金は一円五十銭だった。帰宅後、岡先生と連句の続きに取りかかり、調子よく進んで、この日、完成した。静子さんは非常にうまくできたからピアノ曲に作曲すると言ったが、これは実現しなかったようである。

伊豆伊東温泉即興

［二の表、名残りの表（続）］

鯔《ぼら》つれば籠に竝んだ鯔の顔　雷

親子さまざま芋の豊年　牛

青空を不二つき抜けて今朝の秋　雷

日数も夢の命嬉しく　牛

［名残りの裏］

絵巻物みとりの人も描かばや　同

綿入羽織縫ひ返す夜　雷

だいじそに手に受けて見る初霰《あられ》　牛

昆布うるませて汁の実とする　雷

水ぬるむ芹田を庵の花盛り　牛

うぐひすかよふ柴の枝折戸　雷

十二月三日は晴れてはいたが、風の強い一日だった。この日、中谷先生が筆と墨で歌仙

「伊豆伊東温泉即興」を清書した。久し振りで筆で習字をしておもしろかったようで、翌四日も終日清書を続けたところ全部で六枚になり、小宮豊隆、小熊三千子さんの父、茅誠司、吉田洋一、川野さんに宛ててそれぞれ一枚ずつ発送した。残る一枚は岡先生の分で、そのほかにもう一枚、中谷家に保存用の清書稿があった。四日も風が強く、だいぶ寒くなった。連句に明け暮れた伊豆伊東温泉の秋の日々はそろそろ終わり、冬の到来にともなって岡先生が広島にもどる日が近づいていた。

五日、広島のみちさんから来信があった。三日、広島文理大数学教室の森新治郎から手紙が届き、この十日で欠勤三ヶ月になるからぜひそれまでに広島にもどり、一度出校してほしい。これは数学教室のみならず、学長の意見でもある。それから来学期から授業を始めてもらいたいと書かれていたという。みちさんは伊東に出発前の様子を思い返し、一学期間くらいの休養だけで十分なのだろうか、休職して一年二年と静養しなくてもいいのだろうか、とずいぶん案じたが、岡先生のほうではこれを潮時に翌六日、いよいよ伊東を離れることになった。歌仙も仕上がったことでもあるし、何よりも第二論文が完成した。中谷先生のお宅も多事のようでもあり、岡先生もころあいと思ったのであろう。昼は子どもたちともども中谷家のみなと連れ立って町に散策に出た。夕食は、岡先生の出立を明日に控えていたので、伊東滞在の初日と同じく御馳走が出された。それから夜十二時まで中谷先生と語り合った。岡先生は、みちさんがぐちを言うので困るなどとこぼしたりした。

六日、中谷先生に広島までの旅程表を作ってもらい、それを手に広島に向かった。経路は不明だが、この日の朝七時十分のバスで伊東を発ち、広島着は八日の夜九時前で、大阪から広島に向かったということであるから、静岡の岡田先生のお宅で一泊し（六日）、帝塚山の北村家でもう一泊（七日）したのであろう。旅程表の最後の大阪出発が十分ほど遅れたため、「終りをまっとうできなかった」などと岡先生はみちさんに話したりした。翌九日、学校に出て学長をはじめ、大学のみなに挨拶した。十日もお昼前からしばらく学校に出た。伊東の日々から生まれた第二論文

「多変数解析関数についてⅡ　正則領域」

が広島大学理科紀要に受理されたのもこの日である。十一日は三年生の講義を一日で片づけてしまう考えであった。伊東からもどってからは万事うまく運んだが、欠勤が半年近くに及んでこの冬のボーナスはもらえなかったため、みちさんにバイオリンを買ってやる案は延期のやむなきに立ちいたってしまった。それでも夜もぐっすりとよく眠り、機嫌もよく、すっかり元気になってもどってきた岡先生を見て、みちさんもまた上機嫌であった。

やがて中谷先生のもとに小宮豊隆から封書がとどき、歌仙「伊豆伊東温泉即興」の講評が開陳された。この手紙の日付は十二月十八日であるから、到着したのは二十日ころであろう。各々の句の脇に講評が書きつけられて返されてきたが、それとは別に全体批評もあり、「全体の感じからいふと、初めてなさつた仕事として、あれだけともかく纏まりあがつているの

だから、えらいと思ひます」と好意的な感想が述べられた。ただしどうも付け味が露骨すぎておもしろくないし、一方ではどういうふうに付くのか、どうもよくわからないものもある。この点については芭蕉よりも寺田寅彦のものをよく読んで、あのふわりとした付け味を味わうと啓発されるところがたくさんあると思う、というのが小宮のおすすめであった。

小宮豊隆の手紙は広島の岡先生に回送され、みちさんが書き写した後、中谷先生に返送された。もう年の暮れであった。多事だった昭和十一年もまもなく終わり、岡先生もみちさんも中谷先生も静子さんも、それぞれの家の子どもたちも、みなそれぞれに新しい年を迎えるであろう。だが、新年もまた別れの年であった。昭和十二年夏、前年春先の治宇さんに次いで、岡先生は今度は甥の北村駿一に別れを告げなければならなかったのである。

金星の少女との再会

昭和四十八年（一九七三年）といえば広島事件からこのかた三十七年という歳月が流れ去った後のことで、事件の実相を知る人ももう少なく、うわさを耳にしたほどのわずかな人々の間でも、すでに半ば伝説と化していた。明治三十四年（一九〇一年）生まれの岡先生は数えて七十三歳という高齢に達していたが、この年の秋十月、岡先生は三十七年前に牛田山の笹原で出会ったあの「金星の娘」にゆくりなく再会した。

きっかけは同志社女子大学日本文化研究会からの一通の手紙であった。十月二十五日付の速達で、封筒の表の消印は十月二十七日、奈良の郵便局の消印の日付は十月二十八日（日）

であるから、岡先生のもとには二十八日の日曜日のうちに届いたと見てよいであろう。日本文化研究会は「生長の家」の学生たちの作るサークルであり、封筒の裏面に記された差出人は「同志社女子大学　日本文化研究会一同」となっていたが、文面の末尾には研究会代表として二名、芦田孝子さんと中尾理恵子さんの名前が列記されていた。実際に本文を書いたのは芦田さんで、芦田さんはそれを毛筆で清書してくれるよう、字の上手な先輩に依頼した。十二月に「学内文化講演会」を予定しているので、岡潔先生に出講してほしいという依頼状であった。ただし開催したいのは単なる学内講演会ではない。「岡潔先生の講演会」を開催したいのだとはっきりと語られた。文面にも行間にも、満面に気迫のあふれる懇切な書簡であった。

芦田孝子さんはこのとき同志社女子大の二年生であった。

昭和四十四年、岡先生は京都産業大学の荒木俊馬総長の要請を受けて京産大教授に就任した。所属は理学部だったが、数学の講義はせず、教養課目「日本民族」の講義を担当した。毎年、同じ題目で講義を繰り返して最晩年に及んだが、昭和四十八年度は五年目に入っていた。開講日は毎週火曜日であったから、芦田さんと中尾さんの手紙には、十月三十日（火）の講義の終了後、お目にかかりたい、ついては前日すなわち二十九日の夜八時ころ、お電話させていただきたく思う、そのときに「どうか岡先生の御返事を頂きたいと切に御願いする次第で御座居ます」と明記されたのである。この申し出は実行され、同志社女子大での岡先生の講演会も日の目を見た。十一月後半の学園祭の終了後、十二月に食い込んでまもない五日午後（三時半から）の出来事で、会場は同志社女子大の栄光館である。岡先生は「吾が人生観」という演題で講演した。立ち見の聴衆も出て、二階までいっぱいに埋めつくされたという。

芦田さんは岡先生に手紙を書く前から（同志社女子大の講義には出ないで）京産大に通い、最前列に坐り、岡先生の講義を熱心に聴講していたが、講演会の直後の十二月十一日の講義にはだいぶ遅れて出席した。講義の後、岡先生は荒木総長差し回しの車に芦田さんを乗せて奈良まで連れていった。途中、病気で入院中の荒木総長を見舞い、ブランデー「ナポレオン」をもらったりした。

岡先生は晩年、大量の未定稿を遺したが、その中に四百字詰原稿用紙一枚きりの断片があり、「宿命」というタイトルが記入されている。大きな作品の素材集らしく、日付の入ったメモめいた記事が並んでいるが、そのひとつ、一九七三年十二月十日（月）の記事は、

孝子さん遅れて出席。自動車で連れて帰る。荒木さんを見舞つて長く待たせる。荒木さんに火酒「ナポレオン」を貰つて帰る。客間に二人で座布団もなく長く捨て置かれる。「三十八年前に貴女が云つたようになつた」と云う。

というのである。「十二月十日（月）」は「十二月十一日（火）」が正しく、「三十八年前」とあるのは「三十七年前」のまちがいである。この記事の元になったと見られる十二月十一日

（火）付のほぼ同文の日記もあるが、そこには「四十七年前」などと記されている。それはともかく、芦田孝子さんはあの「金星から来た娘」にほかならず、三十七年前の一夜、牛田山の笹原で寝そべっている岡先生に向かい、岡先生の今生の越し方行く末を詳しく説明してくれたのは、七十三歳の岡先生の前に現れた芦田さんその人だと岡先生は言うのであった。「三十八年前に貴女が云つたようになつた」という岡先生の言葉の響きはいかにも謎めいていてぼくらの耳朶《じだ》を打つ。昭和十一年六月二十三日の夜、金星の少女は解けるとも解けないともつかない神秘的な難問「ハルトークスの逆問題」の解決を、岡先生に約束してくれたのであろう。

二年前の昭和四十六年、岡先生は晩年のエッセイ『春雨の曲』を書き始め、一度は完成したが、気に入らず、反故にしてしまった。これを第一稿として、翌昭和四十七年、第二稿を書き上げて毎日新聞社に出版を依頼するところまできたものの、やはり気に入らず、後日みずから依頼を取り下げてしまった。『春雨の曲』の執筆は頓挫して、その後しばらく放置されたままになっていたが、「三十八年前に貴女が云つたようになつた」と芦田さんに話しかけたその日から第三稿の執筆が開始された。芦田さんには、岡先生を励まして何事かをなさしめる天性の力が備わっていたのである。

☆　☆　☆

治宇さんとの別れに引き金を引かれて誘発された広島事件の後、岡先生の人生には大小さまざまな無数の苦難が押し寄せて、一日も寧日のない多事多端の日々が続いた。事件の二年後には郷里紀見村への帰郷を余儀なくされる事態に立ち至り、岡先生はこの世でただひとり、孤高の数学研究に心身を打ち込んでいった。この間、ともすれば平衡を失いがちな岡先生の心を一貫して支え続けたのは、昭和十一年六月二十三日の夜、牛田山の笹原で聴いた金星の少女の声であったであろう。

昭和四十八年秋、京都産業大学に現われた芦田孝子さんの姿は久しく隠れていた金星の少女の再来と岡先生の目に映じ、岡先生の心に細やかな波紋を描き、『春雨の曲』という晩年の作品にめざましい結晶作用を促した。「悲願と感受」、すなわち悲願を抱いて生きる者と、悲願を抱く者のその悲願を感受することを喜んで生きる者という、『春雨の曲』の根幹をなす美しい思想の根源を、ぼくらもまた岡先生とともに、あの「金星から来た娘」の声の響きの中に聞き分けることができるであろう。今生今世を孤高に生きた岡先生は、同時に豊饒な、深遠な美と愛がともに遍在する心の世界を生きた人であった。

福良の海と数学の誕生

福良の海へ

岡潔先生がだれにも行方を告げずに単身郷里を発って淡路島の福良《ふくら》港にでかけたのは、親友の「雪の博士」こと中谷宇吉郎先生の母てるさんが大阪で亡くなったころと言われているから、昭和十四年の秋、十月八日の前後のことと推定される。岡先生の郷里というのは大阪から紀州高野山へと向かう高野街道の和歌山県側の山村、和歌山県伊都郡紀見村（現在、橋本市）で、かつてはちょうど国境《くにざかい》に位置する紀見峠の頂上に岡家があった。今はその跡地のそばに「岡潔生誕の地」と刻まれた石碑が建てられている。

岡先生は和歌山県立粉河中学を経て、京都の第三高等学校、京都帝国大学を卒業し、そのまま京大講師になって五年目の年の春から三年間、フランスに留学した。留学中に広島高等師範学校から昇格して間もない広島文理科大学の助教授任官の辞令がおり、帰国後、赴任した。それが昭和七年の五月ころの状勢である。ところがその岡先生は昭和十四年の秋には故郷紀見村に家族（奥さんのみちさんとふたりのお子さんと祖母と母）とともに滞在し、研究一途の日々を送っていたのである。紀見峠の岡家は道路（富田林・橋本線）の拡幅工事に引っかかったため取り壊されてしまい、この年の夏、峠の麓の紀見村慶賀野地区の貸家に引っ越したばかりであった。岡先生は明治三十四年（一九〇一年）の生まれであるから、このとき数えて三十九歳である。広島文理科大学は前年昭和十三年六月以来、休職中で、しかも復職への明確な見通しは立っていなかった。

ある日、岡先生は、京都へ行って二、三日で帰ると言い残して紀見村の家を出たが、それから何日くらい過ぎたのであろう、なかなか帰ってこないというので大騒ぎになった。みちさんが京大、阪大の諸先生に問い合わせると、鳴門海峡を見に行きたいと語っていたことがわかった。それならあるいは淡路島にいるのではと見当をつけていたところに、淡路島の福良署から橋本署（紀見村に隣接する橋本町の警察署）に照会があり、さらに紀見村役場から留守宅のみちさんに電話で連絡があってようやくおおよその事情が判明した。福良港は鳴門海峡を越えて四国にわたるときの淡路島側の出発点である。

なんでも道連れになったお遍路さんといっしょに宿屋に泊まったが、取り合わせが妙だというので不審をもたれ、警察に通報されたというのであった。巡査が来て、「お金をもっているか」と尋問したところ、「もっていようともっていまいと、君のかまうことではない」と言って乱暴を働いたため連行された。所持金は一円あまりで、ハンカチには古い鼻紙を丸めたのと、石ころと、キャラメルの空き箱が包んであった。どうも様子が普通ではないというので保護されたのである。いとこで紀見村の村長をしている北村俊平（岡先生の母の八重さんの兄、北村長治の長男）と、大阪帝塚山に住む叔父の北村純一郎（八重さんの弟）が連れ立って迎えに行って、事件はひとまず落着した。岡先生は帝塚山で北村純一郎から種々訓戒を加えられ、「社会通念にさからわぬこと」を約束してようやく帰宅した。岡先生の不可解な淡路福良行のうち、表だって知られている事柄はこれで全部である。

学位論文

当時、岡先生の身の上に二つの不愉快な出来事が相次いでふりかかり、そのために福良事件が誘発されたと身近の人たちには理解されたようである。ひとつは学位取得問題である。この年のいつごろのことであろうか、京都帝国大学理学部数学教室の松本敏三、和田健雄両教授から岡先生のもとに学位取得を勧める通知がもたらされた。この時点までに公表された岡先生の論文は（証明抜きで結果のみを書き並べた短いノートは別にすると）三篇しかなかったが、それらを揃えて提出するようにというのであった。これは別段、岡先生自身が希望したことではなく、秋月康夫（三高入学以来の岡先生の友人で、数学者。当時、三高教授。後、京大教授）の推測によれば、広島文理科大学の数学教室主任森新治郎が、学位もあったほうが復職のためには都合がよいと考えて、松本、和田両先生に論文審査をお願いしたのではないかということである。

少々よけいなお世話のような感じもないでもないが、親切な話であることはまちがいなく、これだけならまだしも問題はなかったであろう。だが、九月の初めころ追い打ちをかけるように、「君の論文の仏文はどうもわかりにくいから、和訳して出すように」という松本、和田両教授からの伝言が秋月康夫を通じて伝えられた。岡先生はこれには激怒したと言われている。単刀直入というか、非常にぶしつけな要請で、確かに礼を失していると言わなければならないが、これは要するに両先生は岡先生の論文を理解したり評価したりする力をもっていなかったのである。

岡先生の論文はみな「多変数解析関数について」という通しの表題をもち、順に第一報、第二報……というふうに積み重ねられていきながら、全体としてひとつのまとまりのある数学的世界を構築するという気宇の大きな構えになっていた（生涯を通じて第十報まで書かれた）。第一報が広島大学理科紀要に掲載されたのは昭和十一年のことで、翌年、第二報が公表され、さらにその翌年の昭和十三年一月二十日には第三報が受理されている。このような状勢のもとで、昭和十三年四月ころ、友人の竹山説三が松本敏三の所見をみちさんに伝えたことがある。それは正直といえば正直な発言で、

森［新治郎］さんのような専門違いの素人［森新治郎の専門は代数である］なら「立派な論文だ」と言えばそれでよいのだが、専門家から言わせると、日本にはもちろん、おそらく世界にもあれがよいかわるいか、正しいか正しくないかをわかる人はなかろう。あれが大きいものに、また役立つものに進むか、そうならずに途中で折れてしまうかまったく見当がつかないだろう。清水［辰次郎。大阪帝大教授］さんは、一箇月か二箇月、暇をもらってゆっくり読めば、正しいか正しくないかくらいはわかるだろうと言っていた。仕事とし

ては堂々たるもので、あれをこつこつやっていればまちがいなしなんだ。なにもあせることはない。ただ学問としては自分にはわからない。

という調子である。

「仕事としては堂々たるもの」とあるが、これは「学位を取るための論文とすれば」というほどの意味の言葉のようで、学問としての値打ちはわからないが、学位は出してもよいということである。これを言い換えれば学位論文は学問としての値打ちとは無関係ということであり、まことにあけすけというほかはない。学位というものは、何かしら真面目に仕事に取り組んでいることに対する御褒美《ごほうび》のようなものと考えられていたのであろう。

ところが岡先生の論文はどのひとつにも、際立った値打ちが備わっていた。初めの二つの論文は「上空移行の原理」という大発見を受けて「クザンの第一問題」を解決した作品であり、第三論文では、今日、岡先生の名を冠して「岡の原理」と呼ばれている深遠な数学的真理の洞察が示されている。たった三篇ではあるが、岡先生の名を永遠に数学史上にとどめるであろう粒揃いの傑作ばかりである。数学的創造の現場は孤独の極致であり、千里四方を見渡してなお孤立無援の境涯と言わなければならなかった。

だが世界はやはり広く、ドイツやフランスからときたま便りがあった。昭和十四年七月にもフランスの数学者アンリ・カルタンの手紙が届いた（一九三九年六月十八日付。ストラスブールから広島へ。紀見村に転送された）。それは岡先生が送付した第三論文

「多変数解析関数についてⅢ　クザンの第二問題」に対する礼状で、「私たちはあなたの諸結果の美しさを目にして感嘆しています」「多変数解析関数の困難な理論に対し、これからも決定的な進歩を為し続けてくださるよう、望んでいます」と書かれていた。この論文が載っている広島大学理科紀要、第九巻第一分冊はこの年二月に発行されたが、岡先生はこれはと思うところに別刷（掲載誌のうち該当論文の部分のみを印刷して表紙をつけた冊子で、学術誌に執筆した著者は自分の論文の別刷を五十部とか百部とか、相当の部数をもらうのが通例である）を送付した。カルタンのほか、ドイツのミュンスター大学のハインリッヒ・ベンケにも送られた。

カルタンたちフランスの数学者はみんなで「岡の原理」を見て、あまりのみごとさに嘆声をあげたのであろう。岡先生は岡先生でやはりうれしかったとみえ、札幌の中谷先生への手紙（昭和十四年七月二十一日付）の中で佐藤春夫の詩篇に事寄せて、カルタンの手紙を「唯一滴の露」と受け止めて「遠くて近いという気がする」と語っている。孤高の紀見村の日々の中で、岡先生も時には人を求める心情に襲われたのであろう。「御近況を御知らせ下さい」と中谷先生に語りかけ、それからカルタンの手紙をこんなふうに紹介した。

人にもよりものにもよりませうが、僕の場合には話し相手がなければとても書く気がしないものです。之は若し貴兄に分らなければ夫は貴兄がこの意味でアトモスフェアー〔雰囲気、周囲の状況〕にめぐまれ過ぎて居たからだとしか思へません。

そんな風な手紙はこの七月に入つてからストラスブールの H. Cartan〔アンリ・カルタン〕から只一本来た限りです。遠くて近いと云ふ気がします　之は全く僕にとつて此の方向〔多変数関数論の研究を指す〕では唯一滴の露でした（春夫詩鈔〔岩波〕第百三十二頁御参照）

岡先生と同じ紀州出身の詩人、佐藤春夫の詩集『春夫詩鈔』は岩波文庫の一冊で、昭和十一年三月三十日付で発行されている。岡先生の指摘にしたがって第百三十二頁を参照すると、前頁からこの頁まで、二頁にわたり「金髪のひとよ」という詩が記載されている。アイルランドの詩人ジェームズ・ジョイスの詩を佐藤春夫が翻訳したのである。

金髪のひとよ

窓にからだをよせかけて
　金髪のひとよ
うつとりと君の歌ふのが
　わたしに聞こえる

わたしは本は閉ぢる
　もう読まない
ストォブの床に躍る炎を
　わたしは視つめる

本はなげ出した
　部屋は出て来た
夕闇をとほして君が歌声の
　聞こえくるものを

歌ひつつかつ歌ひつつ
　うつとりと
窓にからだをよせかけて
　金髪のひとよ

『春夫詩鈔』の第百二十二頁を占めるのは「ストォブの床に躍る炎を」以下の部分である。

昭和七年五月、みちさんと二人で病身の治宇さん（中谷治宇二郎）を励ましながらフランスから帰国して以来、もう七年という歳月が流れていた。治宇さんはとうに世を去り、岡先生もまた広島を離れることを余儀なくされて、郷里の紀見村でひとり数学研究に心身を傾けて日々をすごしていた。故国に「数学者 岡潔」の真価を知る人はなく、岡先生は孤独だった。ところが異国の数学者アンリ・カルタンは岡先生を理解したかのようであり、讃嘆し、励ましの言葉を遠く投げかけてくれた。「金髪のひと」はカルタンの寓意である。カルタンの一通の短い手紙は、さながら「夕闇を通して聞こえてくる歌声」のように、岡先生の耳朶を打ったのである。

九月中ころ、広島でもうひとつの不快な出来事が起こった。岡先生はこの夏に書き上げた二つの論文、「多変数解析関数について」の第四報「ひとつの判定例など」と第五報「正則領域と関数（終）」を広島文理科大学の紀要（広島大学理科紀要）に掲載してもらうため、締め切り（九月二十日であった）に間に合うように広島にでかけて交渉したが、拒否されたのである。この少し前に数学教室の主任が変わったことも原因のひとつであった。前の主任の森新治郎は親切な人で、岡先生のためになにくれとなく便宜をはかってくれたが、新主任（名前はわからない）は岡先生の人と学問に理解を示さなかった。具体的な拒否の理由は不明だが、休職中の教官の論文は受理できないという類《たぐい》の形式的な措置を取ったのではないかと思われる。

第四報と第五報は初め日本語で書かれ、七月五日になって完成した。どちらもきっかり十六頁であった。岡先生はこの二論文をきれいに清書して、札幌の中谷先生のもとに送付した。それからフランス語に書き改めて広島にもっていったのである。

第五報「正則領域と関数（終）」の末尾にわざわざ「終」（原語はフランス語の「FIN」）と書かれているのが人目を引くが、七月二十一日付の中谷先生への手紙には「何しろ続きものにピリオドをうとうと云ふのですから……」と明記されているのであるから、相当の決意をもってなされたことと見てまちがいない。ハルトークスの逆問題の解決を断念したとは思われないから、あるいは方針をまったく改めて、第一歩からやりなおすつもりだったのかもしれない。昭和十六年、二個の複素変数の空間においてハルトークスの逆問題の解決に成功した岡先生は第六報を執筆し、その末尾に再びFINと記入した。

昭和十四年秋九月の広島行は、前年三月半ばころ広島を離れて以来、おおよそ一年半ぶりの再訪であった。この間、研究室は扉が閉められたままの状態で放置され、郵便物が無造作に投げ込まれてさながら屑籠のようであった。紙屑の山の中に、岡先生は一年四箇月前の「16–5–38」（一九三八年五月十六日）という日付をもつ、アンリ・カルタン、ベンケ、ペシュル、スタインの四人連名のはがきを発見した。彼らは岡先生と同じ多変数解析関数論を専門とする独仏の数学者で、ドイツのミュンスターで研究集会が催されたおりにみなで日本の岡先生に宛てて一枚の絵はがきを書いたのである。そこには、

「クザンの問題に関するあなたのすばらしいお仕事の中に、はっきりしない点がひとつ残

されていることにわたしたちは気づきました。それは、Okaというお名前はイギリス風とフランス風のどちらの流儀で発音するべきなのだろうかということなのです」

という文言が読みとれた。クザンの問題に関する岡先生の仕事というのが第一報と第二報を指しているのは明白である。岡先生はこれらの二論文を通じて、あの「上空移行の原理」の土台の上に、

「(有限単葉な) 正則領域においてクザンの第一問題はつねに解ける」

という、だれも想像しえなかっためざましい数学的事実を構築し、証明することに成功したのである。これが、岡先生のいわゆる「クザンの第一問題の解決」である。

岡先生が広島文理科大学を休職したのは昭和十三年(一九三八年)六月二十日(発令日)と記録されている。一九三八年五月十六日の日付のベンケたちからの絵はがきが広島に届いた時点では、岡先生の休職はまだ発令されていなかったから、研究室に投げ込まれたのである(岡先生は静岡市の病院に入院中で、広島にはいなかった)。翌一九三九年六月十八日付のカルタンの手紙は広島から紀見村に転送された。

極東の小さな大学の紀要に掲載された論文にも世界の目は注がれていた。同じころ、松本

敏三は「おそらく世界にもあれがよいかわるいか、正しいか正しくないかをわかる人はなかろう」と評したが、まことに際立った対照をなしていると言わなければならなかった。

太古のふるさと

広島からの帰途、岡先生は加古川で下車し、ここで二泊した。このとき岡先生は何だか大昔のふるさとへ帰ったような、分析も名状もできない不思議な「懐しさ」を感じたという。岡先生は中谷先生宛てのはがき（九月二十四日付）の中でそんなふうに報告した。

よい気候になりましたね。但し御地はどうか知ら。此の間一寸広島へ遊びに行つて来ました。帰りに加古川で二泊しました。姫路と神戸との間にある小さな田舎まちです。其の時僕には何だか大昔しのふるさとへ帰つた様な気がしました。此の不思議な「懐しさ」は分析も名状も出来ません。こんな御経験は貴兄にも豊かにちがひないと思ひます。

休職と帰郷を余儀なくされたばかりではなく、研究成果を公表する場をも奪われてしまったとき、この世での孤立無援の境涯のただなかにあって岡先生の心は古い日本の面影へと向かい、しかも名状しがたいなつかしさを感じたというのである。後年の岡先生は「純粋な日本人」ということをしきりに口にして、自分自身をも「純粋な日本人」の一員と見る認識を表明して人を驚かせたが、このような強固な自覚が岡先生の心に真に胚胎したのは昭和十四年九月二十日ころ、加古川においての出来事と見てよいであろう。

同じ昭和十四年の「十月二、三日」という不思議な日付で中谷先生に宛てて書かれた岡先生の手紙があり、「人ノ世」と題して長文の「一日一文」がつづられている。このころ中谷先生はいろいろな新聞に「一日一文」と称してしばしば短い文章を書いていたが、岡先生も中谷先生にならって「一日一文」を試みて、「零モ数字ノ中」「法」「暗合」「刻下ノ急務」「夢幻観」などを書き、そのつど中谷先生に宛てて送付した。「人ノ世」もそのひとつである。封筒の裏に記されている日付は十月三日になっていることや、文面の冒頭に、

「ゆふべは奇麗な月夜でした。今朝あたりからしばらく朝日が楽しめます」

などと書かれているところから推すと、岡先生は十月二日の夜、徹夜して「人ノ世」を書き続け、そのまま朝を迎えたのであろう。

人ノ世(一日一文)

数学はその歴史の順に教へるのがよいと云ふ声があります。さうかも知れない。個体の発生が系統を繰り返すのならば心についても似た様なことが云へるかも知れない。

試みに記憶を逆に辿つて行くと色々種類の異つた「懐しさ」を通つて聞いた様な聞かなかつた様な子守唄になつてそれがふつと消えて了ふ。その先が心のふるさとであらう。

国史を遡るときにもやや之に似た感じが伴ふ。両方とも一番知りたい所に到つて全く分らなくなつて了ふのである。変に淋しい気がするのは私だけではないでせう。

然し正法が天衆によつて護持しつづけられて居ると云ふのが本当ならば神代の姿も八百万の神々によつて守りつづけられて居るに違ひない。さう云へば何だか幼な児の瞳をのぞくことが出来れば私達の悠遠のふるさとが見えるだらうと云ふ気がする。又日常見る表情の閃きや俚謡の一節や色彩の片隅やに神代の物象をちらつちらつと見せて貰ふ様な気のすることがときどきある。

ともかく私達の太古のふるさとは非常に簡単で淡素で夫でゐて奇妙に光彩陸離としたものの様に思はれます。其の全貌を覗ふことは所詮出来相もないのだから私達は之を人々によつて出来るだけ具象化することにつとめる外ないでせう。これが人の世の掟でせう。

夫にしても一番むつかしいのは人［の］日常の表情や姿態かと考へられます。何よりも先づ道具ですが、後世功利化し粒が粗くなりしかも関節がさびついて了つた道徳律では駄目にきまつて居ます。善悪批判の水準はづつと［ずっと］引き上げなければなるまいと考へられます。

或はたやすいものから始めるのがむしろ順序かも知れない。夫ならば音律でせう。此の為にはギリシヤの神々の助けも借りた方［が］よいかも知れない。実際ギリシヤの神々といへども皆まで岩山から岩山へ羽音も荒々しく飛び廻つて居たわけでは何《ママ》さ相です。寧ろ反対に其の大多数はジュピターの電撃が恐ろしくて心ならずも服従して居たのでせう。

かうした神々は今でも生き残つて居ます。夫でなければたとへばトスカニニ「イタリアの作曲家」のあのタイミングの巧さの出て来るわけがありません。

山桃に夕日深まる黄ばみかな

夫にしてもあのけしからぬジュピターですがキリストの誕生と共にその支配権を失つて了つたのは単に天上だけについてだつたのでせうか。

人の世や下座に直る去年のひな

後半の文意はもうひとつ、つかみ難いが、前半部の帰結を見ると、「太古のふるさと」の具象化につとめることが「人の世の掟」だというのであるから、「人ノ世（一日一文）」の主題は九月二十四日付の中谷先生宛のはがきに通じているように思う。岡先生は多種多様な「懐しさ」の通路をくぐって日本の「太古のふるさと」をいわば発見し、その具象化につとめようという決意を新たにした。この「懐しさ」こそ、岡先生の数学研究に匂う日本の草花の香りの源である。

「山桃に」「人の世や」の二句は岡先生の句である。「ギリシヤの神々といへども皆が皆まで岩山から岩山へ羽音も荒々しく飛び廻つて居たわけでは何さ相です」という言葉の背景には、中谷治宇二郎の言葉が控えている。かつて治宇さんは、

「ギリシャの神々は岩山から岩山へと羽音も荒々しく飛び回っていた。しかし、日本の神々は天《あま》の玉藻《も》の舞といったふうだった」

（「春宵十話」第八話「学を楽しむ」より。毎日新聞、昭和三十七年四月二十四日）

という話を岡先生にしてくれたことがあり、岡先生は「人ノ世」を書き進めながらそれを回想したのである。

十一月七日、広島文理科大学で掲載を拒否された二論文を『日本数学輯報』（学術研究会議の数学部門の機関誌）に投稿するため、岡先生はみちさんとともに大阪に行き、編集委員の阪大教授清水辰次郎のもとに持参した。約束の日の三、四日ほど前から精神に変調をきたした様子が見られたので、みちさんは心配になってついていったのである。帰りの電車の中では、どうか無事に着くよう、何事もないよう、祈り続けたという。この日の夜あたりから少しおかしくなり、変なことを言い始めたが、まもなく立ち直り、学位論文のための翻訳に取り掛かった。十二月十四日には日本文で書かれた第一報が送付された（送付先は松本敏三である）。翌昭和十五年三月三日、まだ公表されていない第四報と第五報も含めて、すべての論文の送付が完了し、四月末、京大の教授会で受理された。全体は五つの章に分かれている。

Ⅰ．有理函数族ニ関シテ凸状ナ領域（第一報）

Ⅱ. 自然凸状域（第二報）
Ⅲ. Cousin ノ第二問題」（第三報。「Cousin」は「クザン」で、フランスの数学者）
Ⅳ. Cauchy ノ積分（この時点では未公表の第五報を日本文で書いたもの。「Cauchy」は「コーシー」で、フランスの数学者）
Ⅴ. 領域ノ分類（「領域の分類に関する問題」が取り上げられて、この時点では未公表の第四報が日本文で叙述されるとともに、今後の研究課題が提示されている）

どの一つを見ても傑作というほかはない作品群であり、これだけの積み重ねの上に新たに現われうるものはといえば、もはや「ハルトークスの逆問題」の解決があるのみというほどの段階に達していた（実際、学位論文の送付が完了してまもない蛍のころ、岡先生は「関数の第二種融合法」という大発見を経験し、ハルトークスの逆問題の解決に成功した）。だが、広島文理科大学への復職は果たされなかった。岡先生は「一身上の都合」を理由に休職のまま退職願を提出しなければならない状況に追い込まれ、六月十七日付で依願免本官となった。学位取得の手続きのほうはそれはそれで進行し、岡先生に理学博士の学位が授与されたのは十月十日のことであった。

夢幻観

学位取得問題や論文の受け取り拒否の一件は確かに悲惨で、これらが直接のきっかけになって岡先生を奇行に走らせたと見るのも、いくぶん陳腐な印象が伴うのは否めないにしても全然説得力がないとは言えないと思う。だが、本当は、岡先生の淡路福良行はまったく異質の理由に基づいて遂行されたのである。

岡先生は連作「多変数解析関数について」の第四報や第五報の執筆を手掛けて広島や大阪にもっていくなど、公表するための努力も重ねていたが、そのようないわば後始末のような作業とは別に、この当時の岡先生の心をいっぱいに占めていたのは第六番目の論文の核心を把握することであった。何をすればよいのかはわかっても、どうしたらできるのかと考えると糸口はまったく見えなかった。「情」と「意」は間断なく働くが、「知」は出る幕がない。岡先生は今の数学の水準をもってするのではとても乗り越えられそうにない難所にさしかかって行き詰まり、「これくらい貧弱な準備の数学が僕にこの問題をやれというのは、まるで海を歩いて渡れというようなもの、キリストの真似をせよというのかと思った」(エッセイ集『日本のこころ』所収の「春宵十話」より)というのであった。

昭和十四年六月の中ごろ、まだ岡家が紀見峠にあったとき(この年の夏、七、八月ごろ、紀見峠の麓の紀見村慶賀野地区に転居した)、岡先生は食器をぶつける程度の興奮状態に陥ったと言われている。その一週間ほど前から、いらいらした変な様子が見えていた。みちさんは気分を変えさせようとして、近くの温泉に連れていったりしたが効果はなく、親戚たちの間では、もう入院させるしかないという判断が優勢になっていた。ところがまさしくその時期に、岡先生は第六論文の骨格を作るのに夢中になっていたのである。

十月に入り、十月十二日の大阪朝日新聞に「台風　紀州沖へ迫る　大阪湾にも高潮の懸念」という台風情報が出た。京都か大阪でこの記事を見て台風が大阪湾に向かったことを知った岡先生は、「引きしぼった弓のような気持でいたらしく、その時すぐに荒れ狂う鳴門海峡を船で乗り切ろうと決心し、大阪から福良の方へ向かう小さい船に乗った」(「春宵十話」第七話「宗教と数学」)のである。ひとまず福良に行き、福良からさらに鳴門海峡を乗り切って四国に向かおうとしたのかもしれないが、これ以上の詳細は不明である。船で福良に行ったのなら神戸から乗船したのかもしれず、大阪からならまず洲本あたりに行き、洲本から陸路、福良に向かったとも考えられる。お遍路さんと道連れになったという話から推すと、あるいは後者かもしれないと思う。実際には「台風はそれてしまったので荒れ狂う海は経験できず、油を流したような水面をながめながら帰ってきた」(同上)。というよりもむしろ「台風が来ないと見きわめがついたからこそ船が出航したのに違いないのだが、そんなことはいなかの山の中から出て来てあたふたと乗りこんだ私にはわかりっこなかった。ともかく張りつめた気持が行為に現われたわけである」(同上)。岡先生がみずから描写する淡路福良行の情景はこんなふうであった。事実経過の報告というよりも、やはり一幅の心象風景と見なければならないであろう。

学位取得問題が起こったのはこのような心的状況のまっただなかにおいてのことであった。岡先生は別段、学位には執着がなかったようで、昭和二十四年一月に書かれた「ポアンカレの問題について　素材其の一」という書き物の中で「あんな吹けば飛ぶような意味もないかみぎれ」(「かみぎれ」というのは学位記のことであろう)などと言っている。岡先生にしてみれば、越えがたい困難に直面して、絶えず関心を寄せ続けていなければならない正念場であった。そのような時期に過去の論文に手をもどして、岡先生の言葉によれば「念入りにあともどる」ような「生命の方〔法〕則に合はない」作業にかかるのは「原則として非常に禁物」なのであった。「白根は切つてはなりません。まして焼き切つてはなりません」。ただでさえそうなのに、このときは第六論文だけがたえず気になっていたときだからたまらない。「すべてを托した矢が既に弦をはなれてゐた」のである。それをじっと辛抱したのはなぜかといえば、

それは既にひどく老衰の見えて居た父母(や祖母)の心を汲んだからこそでした。私、あまり親不孝でございましたから。

というのであった。正確な事実関係は岡先生の言うところと多少食い違うが、この昭和十四年の四月一日には父、寛治が六十八歳(数え年。満年齢は六十七歳)で亡くなっている。翌昭和十五年五月十九日に祖母つるのさんが九十二歳で亡くなり(父は祖母に先立って亡くなったのである)、さらにその四年後の昭和十九年七月十二日には母、八重さんが八十一歳で亡くなった。八重さんの実家である北村家(岡家と同じく紀見峠の頂上に本家があった)でも、昭和十五年の暮れにいとこの北村俊平の父、北村長治が世を去り、昭和十七年四月には俊平の

母親のますのさん（岡先生の祖父岡文一郎の弟の岡貫一郎の次女）が亡くなった。米英両国を初め世界の諸国を相手にする大戦争が今しも始まろうとするころから終わりがけにかけて、明治維新以来の日本の近代史が終焉の日を迎えつつあるのと符節を合わせるように、岡先生の一族は大幅な世代交代の時期を迎えていたのである。

中谷宇吉郎先生に宛てて書かれた昭和十四年十月二十日付の岡先生の手紙には、「僕一寸京阪淡路あたりを旅行して来ました。予期以上に色々面白うございました」などというのんびりとした報告が書き留められている。周囲の人々の目に映じた姿と照らし合わせて、著しい対照をなしていると言わなければならないが、それでも叔父の北村純一郎に社会通念を説教されたことに対してはいくばくかの感慨があったのであろう、岡先生は同じく十月二十日の日付で「夢幻観」という標題の文章を書き遺している。これも「一日一文」である。

「社会通念」と云ふものがある。自家撞着と無秩序の秩序とを併せ備へた複雑極まる半流動体である。

自然的又は作為的社会組織も、書かれたり書かれなかつたりした小説も大体この上に載つて居る様に見える。つまり実生活は大体ここにある。

所でこの社会通念はこれは物と云ふよりはむしろ影であらう。成る程「人生夢幻泡沫の如し」。古人の達見がやつと少し分りかけて来た様な気がする。

既に始なく終りもない夢だとすれば先づ問題になるものは善悪よりは寧ろ便不便かも知

れない。余り不便な点は成るだけ速く変へた方がよさ相に一寸思はれる。

然し私の貧弱な歴史の知識に照し合せて再思して見ると、この社会通念を余り急に変へようとすればたいていい失敗に終るらしい。但しこれは結論ではない。そんなものを置く勇気はとてもない。

ただかう云ふことは云へる。「既に夢だと知ればすでに腹は立たない」夫でここはそつとそのまま置いておいて夢でない部分をより出すことから始めたい様な気がする。

社会通念というものに実体はなく、物というよりも影であり、夢や幻のようであり、また泡沫のようであると言われている。社会通念は「自家撞着と無秩序の秩序」を兼ね備えた半流動体である。だが、他方、世界には「夢でない部分」もまた確かに存在する。岡先生が後に提案した言葉を用いるならば、それは「情緒の世界」であろう。岡先生は行住坐臥たえず情緒の世界に沈潜し、現実にそこから数学が生まれたのである。それならば岡先生にとって、ぼくらが日々を生きているこの現実の世界に比して、情緒の世界にははるかに絶対的な実在感が備わっていたと言えるのではあるまいか。

情緒の世界

「関数の第二種融合法」が発見されて懸案の難所が突破され、第六報の骨格にいのちが通い始めたのは、淡路福良行の翌年、昭和十五年六月の蛍のころであった。それからまた二十二年という歳月が流れた後、昭和三十七年四月、岡先生は毎日新聞紙上の連載「春宵十話」（翌年、単行本として刊行された）の中で当時を振り返り、

このあと［福良行の後］翌年［昭和十五年］六月ごろ、昼間は地面に石や棒で書いて考え、夜は子供をつれて谷間でホタルをとっていた。殺すのはかわいそうなので、ホタルをとっては放し、とっては放ししていた。そんな暮らしをしているうちに突然解けてしまった。

（「春宵十話」第七話「宗教と数学」より。毎日新聞、昭和三十七年四月二十二日）

と語っている。

蛍狩りの場所は家の近くの麦畑であった。麦畑の麦を刈った後、まもなく牛が入って田植えが始まろうとする前のたんぼに、二人の子ども（長女のすがねさんと長男の熙哉。この年の翌年、次女さおりさんが生まれた）を連れ、近所の子どもたち四、五人を誘い合わせてでかけていった。子どもたちのひとりだった井之上俊夫さん（今も慶賀野在住である）の話によると、今日も行こうといって、毎晩のように誘いにきたという。刈り取った菜種の実を出した殻《から》を竹の先にくくってほうきのようにして、振り回しながら走って蛍を捕った。ひとしきり興じると、岡先生は「光の風情を充分楽しんだのだから、みんな逃がそう」と言った。井之上さんは、せっかく捕ったのにもったいない、残念だと思ったが、言われるままにみな放してやったということである。

こんなふうに日々をすごしながら解析学において物を作り出す様式をもう一度、きちきちと調べなおした。そうすると段々と要求されている作り方の性格がわかってきたところに、あるとき何とはなしにふっと、フレドホルム型積分方程式のことが頭に浮かんだ。何だか使えるかもしれないと思ったのである。そこで実際にやってみるとはたしてうまく使うことができ、「関数の第二種融合法」が見つかった。フレドホルム型積分方程式の理論は京大の学生のころ、河合十太郎先生の講義で聴いたのが初めで、河合先生はドイツに留学したときフレドホルムの新しい積分方程式論にいち早く着目し、帰国後、日本で最初にこの理論を講義した人であった。後年のことになるが、岡先生は河合十太郎先生を祖父にもつ河合良一郎先生(京都大学の数学者)と話をしたおり、

私の6番目の論文に積分方程式の考え方が使ってあるが、あれは君のお祖父さんに早くから積分方程式の話を聴いていたお蔭だった。

(『大学への数学』一九八四年五月号、「数学シンポジウム　最初の頃の岡潔先生」)

と語りかけ、そのうえで「私は微力で何もできないが」と幾度も断わりながら、「この分だけは、君に返したいと思っている」と言ったという。

蛍狩りの話にもどると、岡先生は昭和十三年六月二十日以来、広島文理科大学を休職していたが、蛍狩りに打ち興じていたころにはすでに休職の期限切れの日(それは六月十九日で

あった）が迫っていた。森新治郎先生からも督促されて、岡先生は自然退職を免れるために多少の努力を試みたようである。しかし状況は悪く、結局、六月十七日付で正式に退職することになった。この間の詳しい事情は不明だが、なかなかむつかしいことがあったと言われている。収入の道は絶たれたが、当面、三高時代の同期生谷口豐三郎（当時、東洋紡績取締役）の援助を受けて糊口をしのぐことになった（八月ころから、谷口豐三郎が創設した財団法人谷口工業奨励会から毎月百円の援助を受け始めた）。

関数の第二種融合法は岡先生の研究史上、上空移行の原理に続く第二の大発見だったが、この発見には同時に、一連の研究構想にひとつの終結をもたらすという性格が備わっていた。これにより当初より懸案の「ハルトークスの逆問題」の解決に目処《めど》がついたのである。岡先生自身、札幌の中谷宇吉郎先生に宛てて書かれた昭和十五年八月十三日付の手紙の中で、

僕の多変数函数論に一つだけ問題が残つて居たのです。大変な問題の様に思はれましたから、御説の通り一つ腰を据ゑて三年程かゝる積りで始めてみようかと思つて色々計画を立てて居る内に簡単に解決されて了ひました。一九〇六年頃始まつた多変数函数論の deuxième époque［第二期］は之で完全に point［ピリオドが打たれた、の意］です。僕の此の研究も之を以て大成功裏に幕と云ふことにする積りです。

というふうに語っている。「簡単に解決され」たなどと言われているが、これはやはり言葉の綾と見るべきであり、このときの発見のあざやかさには、目にする者の心に神秘的な感慨を引き起こすほどの魅力が備わっている。むずかしさはなみたいていではない。あの淡路福良行を敢行するだけの潜勢力がなければとうてい達成されなかったであろう。

第六報の草稿を書き始めたのは七月の十日すぎころで、十月中旬の時点でなお、仕上げにかかりきりの状態が続いている。翌昭和十六年一月十三日には、第六報の概要を叙述したノート「擬凸状領域について」が、帝国学士院記事（帝国学士院の機関誌）に受理されているから、このころまでにはおおよそ完成の域に達していたと考えられるように思う。それでも執筆には苦心に苦心を重ね、論文の標題も変遷した。初め「擬凸状領域と自然領域」という標題がつけられて書き継がれ、これはこれでひとまず完成した。ところがおおよそ一年がすぎたころ、昭和十六年六月以降のことになるが、岡先生は書き直しを決意して、新たに「擬凸状領域」という標題を設定した。しかも二度にわたって稿をあらためて、ようやく完成したのである。これで昭和十年初め以来の懸案だった「ハルトークスの逆問題」が解けて、「（二個の複素変数の空間内の）単葉な擬凸状領域は正則領域である」ことが明らかになった。空間の次元が複素二次元に限定されてはいるが、この制限を取り去るのに本質的な困難はなく、岡先生自身、第六論文の末尾で複素変数の個数が何個になっても同じ命題が成立するであろうという見通しを書き留めている。

書き上げられた第六報「擬凸状領域」が『東北数学雑誌』（東北帝国大学教授林鶴一が創刊

した数学誌）に受理されたのは昭和十六年十月二十五日のことであった。

こうして岡先生の研究は昭和十五年六月の蛍のころに大団円を迎えた。岡先生自身の言葉を用いるならば「大成功裏に幕」ということになるはずで、第六論文の末尾にはわざわざ「FIN（終）」と明記されたのである。だが、実際にはそうはならなかった。一九四七年（昭和二十二年）四月十八日付の高木貞治への手紙（実物は見たことがないが、下書きが遺されている）を見ると、当時の心情がこんなふうに回想され、吐露されている。

［ベンケとトゥルレンの著書に挙げられている諸問題の］其の本質的な部分は解いて了つたと思つた（今でもさう信じて居ますが）其の瞬間に、正確には翌朝目が覚めました時、何だか自分の一部分が死んで了つたやうな気がして、洞然として秋を感じました。それが其の延長の重要部分が、上に申しました様に、まだ解決されて居ず容易には解けさうもない、と云ふことが分つて来ますと、何だか死んだ児が生き返つて呉れた様な気がして参りました。本当に情緒の世界と云ふものは分け入れば分け入る程不思議なものであつて……

（カタカナをひらがなに直して引用した）

「ベンケとトゥルレンの著書」というのは昭和九年にドイツで刊行された多変数解析関数論の教科書『多複素変数関数の理論』のことで、岡先生はこの書物に具体的な手掛かりを求めて研究の構想をたて、昭和十年の新春早々から（一月二日からと言われている）本格的に着手したのである。その時点から数えても五年半ほどが過ぎて構想が成就したとき、岡先生の心を襲ったのは喜びの伴う満ち足りた感情ではなく、訪れたのはかえって木枯らしが胸中を吹き抜けていくような寂しさだったのである。

「何だか自分の一部分が死んで了つたやうな気がして、洞然として秋を感じました」と岡先生は言っている。日本の近代科学の歴史の流れの中でも屈指の発言であり、これほど人の心を打つ言葉もまれであろう。しかも事態はもう一度変遷する。完成した研究の延長線上になお未解決の難問が存在することに気づいたとき、岡先生は「何だか死んだ児が生き返つて呉れた様な気がして参りました」というのである。この言葉ひとつを遺しただけでも、岡先生は優に日本の近代数学史上最高の数学者の名に値するであろう。

昭和十六年の二月初めころといえば第六報の概要が『帝国学士院記事』に受理されて、第六報に見通しがついたころであろうから、なんだか自分の一部分が死んでしまったような気がして、洞然として秋を感じたと言われている時期に合致しているように思う。ちょうどそのころ、岡先生は精神の平衡を失い、周囲の目には病的に見える状態が長く続き、七月初めに及んだ。新たな困難をみいだして、死んだ児が生き返ってくれたような気がするまでに、それだけの日時を要したということであろう。

そのころ大阪を訪れた中谷宇吉郎先生と会う機会があった。中谷先生が北海道大学理学部の研究補助員として就職したらどうかと打診したところ、岡先生は前向きの姿勢を示したという。この話は順調に進展し、十月三十一日付で就任することに決まり、岡先生は九月末から十月初めころ、すでに紀見村を発って単身、札幌に向かう構えを見せている。福良の海の時代は日に日に遠ざかり、日本と世界の近代数学史に新しい時代を開く新たな日々の訪れ、大戦下の札幌で「不定域イデアル」の理論が人知れず芽生え、広々と繰り広げられる日々の訪れが目前に控えていたのである。

岡　潔　著作目録

エッセイ集

《第一エッセイ集》
1. 『春宵十話』、毎日新聞社、昭和三十八年二月十日
2. 『春宵十話』、角川文庫、昭和四十四年十一月十日
3. 『春宵十話』改訂新版、毎日新聞社、昭和四十七年
単行本の『春宵十話』には昭和三十七年四月、毎日新聞に連載されたエッセイ「春宵十話」のほか、いくつかのエッセイが収録されている。単行本の刊行にあたり、「春宵十話」には細かく手が加えられ、相当数の異同が発生した。

《第二エッセイ集》
4. 『風蘭』、講談社現代新書、昭和三十九年五月十六日
《第三エッセイ集》
5. 『紫の火花』、朝日新聞社、昭和三十九年六月五日
《第四エッセイ集》
6. 『春風夏雨』、毎日新聞社、昭和四十年六月三十日
7. 『春風夏雨』角川文庫、昭和四十五年九月十日
単行本に附されていた「あとがき」は削除された。
8. 『春風夏雨』改訂新版、毎日新聞社、昭和四十七年五月三十日
《第五エッセイ集》
9. 『月影』、講談社現代新書、昭和四十一年四月十六日
《第六エッセイ集》
10. 『春の草　私の生い立ち』、日本経済新聞社、昭和四十一年十月五日
《第七エッセイ集》
11. 『春の雲』（講談社現代新書）昭和四十二年三月十六日
《第八エッセイ集》
12. 『一葉舟』、読売新聞社、昭和四十三年三月三十日
13. 『一葉舟』、角川文庫。昭和四十六年七月三十一日
《第九エッセイ集》
14. 『昭和への遺書　敗るるもまたよき国へ』、月刊ペン社、昭和四十三年六月二十日
15. 『昭和への遺書　敗るるもまたよき国へ』新装版、昭和五十年七月十日
《第十エッセイ集》
16. 『日本民族』、月刊ペン社、昭和四十三年十二月

十日

17.『日本民族』新装版、昭和五十年七月十日

《第十一エッセイ集》

18.『曙』、講談社現代新書、昭和四十四年六月一日

九つの章から成り、各章の表紙に熊谷守一の絵「朝のはじまり」「地蔵菩薩」「宵月」「唯我独尊」「蝸牛」「普賢菩薩」「蒲公英に蝦」「河童」「猫」が掲げられている。最終章（第9章）の標題は「熊谷さんの画は何故見ていると楽しくなって来るか」。

《第十二エッセイ集》

19.『神々の花園』、講談社現代新書、昭和四十四年十月十六日

著作集

『岡潔集』全五巻、学習研究社

全巻解題保田與重郎　昭和四十四年　第一巻二月一日刊。第二巻三月一日刊。第三巻四月十日刊。第四巻五月十日刊。第五巻六月十日刊。

［第一巻］

『春宵十話』と『春の草　私の生い立ち』から成る。

『春宵十話』には三つのテキスト（毎日新聞に連載されたもの、毎日新聞社から単行本として刊行されたもの、アンソロジー『日本のこころ』に収録されたもの）が存在するが、毎日新聞社発行の単行本が底本として採用された。

巻末に石原慎太郎との対話「全か無か」が収録された。また、年譜が附された。

［第二巻］

『春風夏雨』全篇と、『月影』『春の雲』の抜粋、エッセイ「女性と数学」から成る。『月影』からは「若いおかあさまへのお願い」「春の日、冬の日」「二つのお願い」「伊勢神宮参拝の感想」「ある日の授業の回想」が採られ、『春の雲』からは「ふるさとを行く」「夜明けを待つ」「科学と人間」が採られた。

巻末に松下幸之助との対話「昭和維新」が収録された。

［第三巻］

『紫の火花』と四つのエッセイ「おかあさんがたに語る」（「ひろば」17号所載）「人間のいのち」（「ひろば」18号所載）「幼児と脳のはなし」（「母の友」130号所載）「生命の芽」（「川島」5号所載）から成る。

巻末に司馬遼太郎との対話「萌え騰るもの（もえあがるもの）」が収録された。

［第四巻］

『一葉舟』から成る。巻末に小林茂との対話「人にほれる」が収録された。

［第五巻］

講演と短文が集められた。

講演集
「こころと国語」「私のみた『正法眼蔵』」「教育論序説」「二十世紀の奇蹟」「義務教育について」「小我を越える」「「情」というものについて」「日本の教育への提言」「日本民族のこころ」
短文集
「日本人は自己を見失っている」「自己とは何かを『正法眼蔵』にきく」「愛国」「産業界に訴える」「こころの世界」「中谷治宇二郎君の思い出」
巻末に井上靖との対話「美へのいざない」が収録された。

講演集

［第一講演集］

1.『葦牙よ萌えあがれ』心情圏、昭和四十四年五月一日
五つの講演記録と特別論文「教育の原理」から成る。

［第二講演集］

2.『岡潔講演集』、市民大学講座出版局、昭和五十三年十月七日

アンソロジー

［第一アンソロジー］

1.『日本のこころ』、講談社、昭和四十二年七月二十四日
思想との対話シリーズ第二巻。「春宵十話」も収録されたが、加筆と改訂が行われた。『日本のこころ』所収の「春宵十話」のテキストは第三番目に数えられる。第一番目のテキストは毎日新聞に掲載されたもの、第二番目のテキストは単行本『春宵十話』に収録されたものである。他のエッセイも語句の訂正が散見される。

2.『日本のこころ』、講談社、昭和四十三年九月二十八日
講談社名著シリーズの一冊として刊行された。

3.『日本のこころ』、講談社文庫、昭和四十六年七月一日
岡潔没後、昭和五十三年五月二十日発行の第十版から、巻末に「年譜」（三上昭洋編。日付は「一九七八年三月十四日」）が附された。

4.『岡潔　日本の心』（人間の記録54）日本図書センター、平成九年十二月二十五日
昭和四十六年に刊行された講談社文庫版『日本のこころ』の再刊。巻末に附された年譜もそのまま復刻されている。

［第二アンソロジー］

5.『心といのち』、大和書房、昭和四十三年十一月三十日
叢書「わが人生観」の第一巻。

6.『心といのち』新装第一版、大和出版販売、昭和四十七年十一月二十五日
　叢書「わが人生観」の第一巻。大和出版販売は大和出版の前身で、大和書房とは別の会社である。『心といのち』は昭和四十三年に大和書房から刊行されたが、大和出版販売が出版権を譲り受けて、同じ本を刊行した。
7.『心といのち』新装版、大和出版、昭和五十九年六月三十日
　叢書「わが人生観」第一巻。大和出版は大和出版販売の後継出版社である。

対談

［第一対談］
1.『対話　人間の建設』、新潮社、昭和四十年十月二十日
　小林秀雄との対談。
2.『人間の建設』新装版、昭和五十三年三月二十日
　『人間の建設』は『小林秀雄全集』（新潮社）にも収録されている。一番新しい『小林秀雄全集』では、第十三巻「人間の建設」（平成十三年十一月）所収。

［第二対談］
3.『心の対話』、日本ソノサービスセンター、昭和四十三年三月二十九日
　林房雄との対談。

岡潔のエッセイ、対談が収録された本

1.『十人百話　第4』、毎日新聞社、昭和三十八年十一月十五日
　「春宵十話」が収録された。
2.『私の履歴書　第30集』、日本経済新聞社編、昭和四十二年七月二十日
　昭和四十年十二月、日本経済新聞に連載された「私の履歴書」が収録された。いっしょに収録されているのは、井上五郎、桐竹紋十郎、土屋喬雄の「私の履歴書」。
3.『日本のふるさと伊勢』、広済堂出版、昭和四十三年一月十日
　中山伊知郎ほかと共著。神宮司庁教導部「瑞垣」昭和四十一年一月号に掲載された「伊勢神宮参拝の感想」が、「大いなる安らぎ」という標題で再録された。
4.『戦後思想大系7　保守の思想』、筑摩書房、一九六八年十一月二十五日
　第九エッセイ集『昭和への遺書　敗るるもまたよき国へ』から「終戦後二十二年の世相」が採られ、収録された。
5.『愛と死　人生の根本問題』、大和書房、昭和四

十三年九月二十日

叢書「青春の書」第一巻。いろいろな人のエッセイが集められている。岡潔のエッセイ「人の世」が収録された。

6.『芭蕉の本　第四巻　発想と表現』、角川書店、昭和四十五年六月十日

エッセイ「無私の心」が収録された。「私の愛する芭蕉句」の欄で、「秋深き隣は何をする人ぞ」を取り上げて論じた。この欄への他の寄稿者は手塚富雄（ドイツ文学者）と保田與重郎である。保田與重郎は「亡き人の小袖も今や土用干」を取り上げて「亡き人の小袖も」という一文を寄せた。

7.『芭蕉の本　第五巻　歌仙の世界』、角川書店、昭和四十五年十一月十日

山本健吉との対談「連句芸術」が収録された。

8.『酒盃と真剣　石原慎太郎対話集』、参玄社、昭和四十八年一月二十五日

石原慎太郎との対談「きみは国を愛しているか」（「月刊ペン」昭和45年11月号）と「全か無か」（『岡潔集　第一巻』学習研究社）が収録された。

9.『父ありき』、創元社、昭和四十九年十二月二十日

「朝日新聞こころのページ」編。朝日新聞に七十回にわたって連載されたいろいろな人のエッセイを集めた。岡潔のエッセイ「父ありき「物欲離れ心豊かに」ひたすら学者への教育」（朝日新聞、昭和四十九年二月二日）が収録された。

10.『数の直観にはじまる』、工作舎、昭和五十二年八月

エッセイ「独創とは何か」が収録された。撰集「日本の科学精神」（全五巻）の第一巻。岡潔のエッセイのほかに高木貞治「数学の自由性」、小平邦彦「数学の印象」など。

11.『私の履歴書　文化人16』、日本経済新聞社、昭和五十九年五月二日

いっしょに収録されているのは、三島徳七、徳川義親、大浜信泉、諸橋轍次、高橋誠一郎、太田哲三。

12.『「待った」をした頃　将棋八十一話』文春文庫、昭和六十三年七月十日

エッセイ「考えるとはどうすることか」（「将棋世界」昭和四十七年七月号）が収録された。

13.『エッセイの贈りもの2　『図書』1938-1998』、岩波書店編集部編、一九九九年四月二十三日

エッセイ「中谷さんと物理学と吉川さん」（「図書」一九六四年八月号）が収録された。

数学論文集

1.「Sur les fonctions analytiques de plusieurs variables」、岩波書店、昭和三十六年二月二十五日

論文I～IX

2. 数学論文集の増補版、岩波書店、昭和五十八年六月十七日

論文I～X

3. 数学論文集の英訳書、シュプリンガー社（西ドイツ）、昭和五十九年

英訳者はナラシムハン。緒言（レンメルト。ドイツ文。日付は「一九八三年九月十八日」）、「岡潔作品集について」（アンリ・カルタン。フランス文。日付は「一九八二年八月」）、「岡の用語法に関する注釈」（ナラシムハン。英文）、論文I～Xの英訳、連作以前の研究のノート「多価関数の族などに関するノート」の英訳、速報「擬凸状領域について」の英訳、略歴、附記から成る。各論文ごとにカルタンによる解説が附されている。第7報の概要「多変数解析関数ノート」は訳出されなかった。

岡潔　略年譜

明治三十四年（一九〇一年）
○四月十九日、坂本潔（後の岡潔）が大阪市東区島町二丁目二十番屋敷に生まれた。父は寛治、母は八重。【生地と故郷】

明治三十七年（一九〇四年）
○二月六日、日露戦争始まる。父が日露戦争に出征することになったため、母とともに父祖の地に帰郷する。郷里は和歌山県伊都郡紀見村の紀見峠の頂上附近の集落である。

明治三十八年（一九〇五年）
○九月九日、妹、泰子生まれる。
△九月五日、日露講和条約調印。十月十四日、条約批准。日露戦争終結。

明治三十九年（一九〇六年）
○春、父、坂本寛治が帰郷する。
○六月、長雨で山がくずれ、柱本九二九番地の岡家の勝手元が押しつぶされたため、同じ紀見峠の頂上の柱本九三五番地に転居した。【生地と故郷】【心情の美と数学の変容】

明治四十年（一九〇七年）
○四月、柱本尋常小学校に入学した。

明治四十一年（一九〇八年）
○夏、大阪市北区壺屋町に転居。二年二学期より大阪の菅南尋常小学校に転校する。【魔法の森】

明治四十三年（一九一〇年）
○壺屋町内で、露地の奥の六畳三間の平屋に転居した。

明治四十四年（一九一一年）
○四月、菅南尋常小学校五年生に進級した。【魔法の森】
○五年生の初めころ、阪神電鉄沿線の海浜の地、宮川流域の兵庫県武庫郡精道村大字打出の海の手に転居した。

明治四十五年・大正元年（一九一二年）
○春、帰郷。前年の暮、祖父が中風で倒れ、父が岡家を継ぐことになり、一家四人（父母と岡潔と妹）で帰郷する。これに伴って姓が「坂本」から「岡」に変わり、以後「岡潔」となる。小学校六年生の初めから柱本尋常小学校にもどった。【生地と故郷】

大正二年（一九一三年）
○三月二十五日、柱本尋常小学校卒業。
○三月、和歌山県粉河中学校の入学試験に失敗した。
○四月、紀見尋常高等小学校高等科に進学した。【生地と故郷】

大正三年（一九一四年）
○四月、粉河中学校入学【與八とんとん（粉河中学）】

大正四年（一九一五年）
○三月、橋本町庚申山の西南に祖父、文一郎の旌徳碑が建てられた。
○四月、粉河中学校二年生。
○九月、岡文一郎が紀見村役場に隠居届を提出し、岡寛治に戸主を譲渡した。　【生地と故郷】

大正五年（一九一六年）
○三月、妹の泰子が柱本尋常小学校を卒業した。大阪府立堺高等女学校に進学。
○四月、粉河中学校三年生（丙組）。
○二学期、脚気にかかり、帰郷して静養する。倉の二階の書庫でクリフォードの著作『數理釋義』（菊池大麓訳）を見つけた。　【與八とんとん（粉河中学）】

大正六年（一九一七年）
○四月、粉河中学校四年生。四年乙組の級長。
○二学期、再び脚気にかかった。大阪日本橋で眼科医を開業していた叔父（母、八重の弟）北村純一郎宅に一箇月半ほど滞在し、お灸に通った。

大正七年（一九一八年）
○三月十五日、祖父、文一郎没（数え七十四歳）。
○四月、粉河中学校五年生。

大正八年（一九一九年）
○三月十二日、五年生の成績が発表された。卒業生写真撮影。卒業生茶話会。
○三月十四日、粉河中学校で第十四回卒業式が挙行された。　【與八とんとん（粉河中学）】
○七月七〜十四日、第三高等学校の入学試験を受験した。七月二十九日、合格。九月一日、第三高等学校理科甲類入学。九月十二日、三高始業式。　【松原隆一との別れ（三高と京大）】

大正十年（一九二一年）
○四月、三高三年生。
○四月十三日、三高始業式（学制が改革され、大正九年度は一学期と二学期のみで、三月に進級試験が行われた。以後、今日と同様の学期制になった）。岡潔は理科甲類一組。クラスの首席であった。
○三高三年生のとき、ポアンカレのエッセイ『科学の価値』（翻訳者は田辺元）を読む。　【松原隆一との別れ（三高と京大）】

大正十一年（一九二二年）
○三月二十五日、三高で高等科各科卒業生に卒業証書が授与された。
○四月、京都帝国大学理学部入学。一年目は物理志望で、「主トシテ物理学ヲ学修スルモノ」として登録された。　【松原隆一との別れ（三高と京大）】

大正十二年（一九二三年）
○四月、京大二年生に進級した。

大正十三年（一九二四年）
○四月、京大三年生に進級した。この年度から登録が変更され、「主トシテ数学ヲ学修スルモノ」に移行した。　【松原隆一との別れ（三高と京大）】

大正十四年（一九二五年）

○三月二十五日、京都帝国大学理学部卒業。

○四月一日、この日の日付で京都帝国大学講師を嘱託される。第一年目には「立体解析幾何学演習」を受けもった。同日、河内柏原の小山玄松（おやま・くろまつ）の四女みちと結婚。

昭和二年（一九二七年）

○植物園前の下鴨半木町七七の貸家に転居する。

昭和三年（一九二八年）

○この年、三高入学以来の友人、京大理学部学生松原隆一（主として数学を学んだ）が昭和二年度終了までに京大を去った。

【松原隆一との別れ（三高と京大）】

△六月四日、満洲某重大事件（張作霖爆殺事件）。

昭和四年（一九二九年）

○四月十日、この日の日付で京都帝国大学助教授に就任した。

【心情の美と数学の変容】

○四〜五月、文部省在外研究員としてフランスに留学する。四月十一日正午、日本郵船の北野丸で神戸から出発する。五月二十一日朝、マルセーユ着。

【心情の美と数学の変容】

○七月十七日（水）晴、中谷治宇二郎がパリのノール駅（ガール・ド・ノール＝北駅）に到着した。

【トノンの秋と由布院の春】

昭和五年（一九三〇年）

○二月、岡みちがパリに到着した。

【トノンの秋と由布院の春】

○二月八日、岡みちを出迎えるためマルセーユに向かう。岡潔とみちはマルセーユで一泊後、ニースに滞在し、二月十九日、パリにもどった。岡みちとともにパリ大学の近くのセレクトホテルに逗留する。

○七月、ブルターニュ、ドルドーニュ行。七月三十日、古墳サンミシェルの中腹の「古墳ホテル」に入る。九月半ばころレゼジーに向かう。十月十五日、サン・ジェルマン・アン・レーに移動した。

【トノンの秋と由布院の春】

昭和六年（一九三一年）

○三月二十五日、このころ中谷治宇二郎がサン・ジェルマン・アン・レーを去り、パリにもどり、再び日本館に入った。岡潔と岡みちは中谷治宇二郎が去った後もサン・ジェルマン・アン・レーに滞在した。

○五月以降、パリにもどり、パリ五区ソルボンヌ広場のセレクト・ホテルに滞在した。留学期間を延長することに決めた。

○六月末、中谷治宇二郎の肋膜炎が発見され、医師に転地を指示された。

【トノンの秋と由布院の春】

○七月二十日、中谷治宇二郎はこの日からローザンヌのサナトリウム「シルバナ・クリニック」で療養生活に入った。岡潔とみちはパリ六区ピエール・ニコル通りの小さなアパートに移った。

○八月、中谷治宇二郎の容体が悪化した。岡潔とみちは中谷治宇二郎の依頼に応じ、パリを離れ、ローザンヌに向かった。オートサヴォアのレマン湖畔の温泉町トノン・レ・バン（仏領）で貸し別荘を借り、三人で共同生活を始めた。【トノンの秋と由布院の春】

○十月三十一日、トノンを去り、スイスを横断してパリに帰った。【トノンの秋と由布院の春】

○十二月二十四日、中谷治宇二郎がサン・フランソワ病院に入院した。【トノンの秋と由布院の春】

昭和七年（一九三二年）

○三月二十四日、この日の日付で広島文理科大学助教授の辞令がおりた。

○五月、フランス留学を終え、日本郵船の筥崎丸で帰国した。四月一日午後五時半マルセーユ出航。同行者は岡みちと中谷治宇二郎。五月三日、神戸着。【由布院の夏の日々】

△五月十五日、五・一五事件。

○七月二十一日、長女すがね誕生。

○八月、由布院行。【由布院の夏の日々】

昭和八年（一九三三年）

○八月十一日、由布院行。この日、到着した。【由布院の夏の日々】

昭和九年（一九三四年）

○一月二十日、論文「多価関数等々の族に関するノート」が広島大学理科紀要に受理された。第四巻（第二分冊）、九三―九八頁に掲載された。第二分冊は三月刊行。学位取得のために企画された論文「解析的に創り出される四次元点集合について」の要約である。

○七月二十五日、広島発。岡潔、岡みち、岡すがねの三人で広島を発ち、京阪神方面に向かった。【由布院の夏の日々】

○暮、ドイツのシュプリンガー社（ベルリン）から刊行されたベンケとトゥルレンの著作『多複素変数関数の理論』（一九三四年）を入手した。

昭和十年（一九三五年）

○一月二日、この日より、ベンケとトゥルレンの著作に挙げられている諸文献を手がかりにして、新しい構想のもとに研究を始めた。【由布院の夏の日々】

○六月初め、広島市牛田の早稲田神社の近くに家を借り、転居した。

○夏（七月末～九月初め）、札幌行。中谷宇吉郎の招きに応じる。【由布院の夏の日々】

○八月二十九～三十日、「上空移行の原理」を発見した（多変数解析関数論研究における三大発見のうちの第一発見）。【由布院の夏の日々】

○九月九日、札幌を発つ。

昭和十一年（一九三六年）

○二月二十一日、長男、熙哉（ひろや）誕生。

△二月二十六日、二・二六事件。

○三月二十二日、中谷治宇二郎没。【由布院の夏の日々】

【金星の少女との会話（広島事件）】

○五月一日、連作「多変数解析関数について」の第一報「多変数解析関数について　I　有理関数に関して凸状の領域」が広島大学理科紀要に受理された。第六巻（昭和十一年刊行）に掲載された。

○六月二十三日、広島事件。広島脳病院に入院する。

【金星の少女との会話（広島事件）】

△夏、ベルリンオリンピック。

○十月末―十二月初め、伊豆伊東温泉行（初めての伊東）。【金星の少女との会話（広島事件）】

○十二月十日、第二報「多変数解析関数について　II　正則領域」が広島大学理科紀要に受理された。第七巻（昭和十二年刊行）に掲載された。

昭和十二年（一九三七年）

○七月十九日、北海道大学において開催された日本数学物理学会で講演（二度目の札幌行）。七月二十六日夜、伊東にもどった（二度目の伊東）。

【由布院の夏の日々】

○八月十二日、北村駿一没。【由布院の夏の日々】

○十二月二十九日、帝塚山の北村家に移る。広島での講義はこのまま中断され、広島文理科大学での勤務は事実上、この年までで終了した。

昭和十三年（一九三八年）

○一月十一日、北村家を発ち、広島に向かう。

○一月十六日、「文献を調べるため、京都に行く」との言葉を残し、広島を発つ。実際には東京に出て、それから静岡市の岡田弘の家に移動した。二月一日、いったん広島にもどった。二月二日（水）、広島で最後の講義と演習を行った。

○一月二十日、第三報「多変数解析関数について　III　クザンの第二問題」が広島大学理科紀要に受理された。翌昭和十四年刊行の第九巻に掲載された。

○二月十二日、広島脳病院に入院。一ヶ月ほど入院し、それから三月二十日までに伊豆伊東温泉の中谷宇吉郎のもとに移動した（三度目の伊東）。

○三月二十四日、静岡市の岡田弘の家に移る。

○三月二十五日、静岡市内の静岡脳病院に入院した。

○六月十五日、退院。

○六月三日、広島文理科大学の教授会で岡潔の休職が決定された。復職の保証のない休職の手続きがとられた。六月十七日、裁可。十八日、施行。二十日付で発令。

○六月十八日、帰郷。迎えにきた父、寛治とともに静岡を発ち、郷里に向かった。午後七時すぎ、紀見峠に到着した。

昭和十四年（一九三九年）

○三月中旬、このころまでに、岡みちたちにすすめられて、みちの姉、藤野あいが信仰する光明主義のお念仏を始めた。光明主義を提唱したのは浄土宗門の山崎弁栄（べんねい）上人である。

○四月一日、京都大学において開催された日本数学物理学会（一～三日）で講演。同日、父、寛治没。

数え六十八歳。この日の日付で家督を相続した。父の死を境目にして、急にお念仏をしなくなった。
○七〜九月、夏、紀見峠の頂上の家から、峠の麓の慶賀野に家を借りて転居した。富田林・橋本線の拡幅工事が行われることに決まり、家屋の敷地のおよそ半分が削り取られることになったためである。
○九月、このころ学位申請の話が持ち上がった。【福良の海と数学の誕生】
○九月中ごろ、広島行。第四論文と第五論文を広島文理科大学の紀要（締め切りは九月二十日）に掲載するために交渉したが、拒否された。【福良の海と数学の誕生】
○十月中旬、淡路福良行。【福良の海と数学の誕生】
○十一月七日、広島文理科大学で掲載を拒否された第四論文と第五論文を、『日本数学輯報』に投稿するため、岡みちとともに大阪に行き、大阪帝大の清水辰次郎のもとに持参した。【福良の海と数学の誕生】
○十二月十四日、学位申請のための論文「多変数解析関数ノ研究」の送付がこの日から始まった。論文送付は翌年三月三日まで続けられて完結した。【福良の海と数学の誕生】

昭和十五年（一九四〇年）

○三月二十七日、第四論文「多変数解析関数について Ⅳ　正則領域と有理凸状領域」と第五論文「多変数解析関数について Ⅴ　コーシーの積分」が日本數學輯報に受理された。ともに第十七巻（昭和十五年刊行）に掲載された。
○五月十九日、祖母つるの没。数え九十二歳（戸籍上は九十六歳）。
○六月十七日、この日の日付で依願免本官の辞令が出て、広島文理科大学の辞職が確定した。
○六月、蛍のころ、「関数の第二種融合法」を発見した（多変数解析関数論研究における三大発見のうちの第二発見）。【福良の海と数学の誕生】
○八月、このころから三高の同期生谷口豊三郎の経済援助を受け始める。月々百円。
○十月十日、この日の日付で京都帝国大学から理学博士の学位を授与された。

昭和十六年（一九四一年）

○一月十三日、第六論文の概要「擬凸状領域について」が帝国学士院記事に受理された。第十七巻第一号（昭和十六年刊行）に掲載された。
○四月四日、広島文理科大学において開催された日本数学物理学会（四月二―五日）で講演。
○七月初め、中谷宇吉郎来阪。大阪に出て中谷宇吉郎に会い、北海道大学での勤務について打診を受けた。【福良の海と数学の誕生】
○八月十三日、次女さおり誕生。
○十月二十五日、第六論文「多変数解析関数について Ⅵ　擬凸状領域」が東北數學雑誌に受理された。

第四十九巻（昭和十七年刊行）に掲載された。
○十月末、北海道大学に勤務（理学部嘱託）するため単身札幌に行く（三度目の札幌）。
△十二月八日、ハワイ海戦。大東亜戦争（太平洋戦争）始まる。

昭和十七年（一九四二年）

○札幌で不定域イデアルの研究を始める。
○九月十九日、中谷宇吉郎の見送りを受けて札幌を発つ。九月二十五日、夜、紀見村に帰郷した。
○十月十七日、上京。東京大学において開催された日本数学物理学会で講演。
○十月二十二日、小峰病院（東京府瀧野川区瀧野川町西ヶ原の脳病院）に入院。その後、帰郷した。
○十一月二日、この日の日付で北海道大学を依願退職した。その後、風樹会（岩波書店）の奨学金を受け始める（昭和二十四年まで）。

昭和十八年（一九四三年）

○郷里の和歌山県紀見村で研究と農耕の日々を送る。

昭和十九年（一九四四年）

○前年に続き、研究と農耕の日々を送る。
○七月十二日、午前八時半、母、八重没。数え八十一歳。岡潔ひとりが最期をみとった。【生地と故郷】

昭和二十年（一九四五年）

○五、六月ごろ、兵庫県の但馬竹田町の公会堂の和室で集団疎開生活をする三高の学生たちの前で、秋月康夫が「岡の解と秋月の解」を紹介した。

【松原隆一との別れ（三高と京大）】

○故郷の和歌山県紀見村で終戦を迎える。八月十五日正午、終戦詔書玉音放送。岡潔は日記に「御聖音ヲ拝聴シ奉ル」と書き留めた。
○十一月二十五日、河内柏原の小山家において田中木叉上人に会い、光明主義のお念仏の指導を受け、お念仏を再開した。

昭和二十一年（一九四六年）

○各地の光明会別時念仏会に参加する。
○夏、お念仏のさなかに「第三の発見」（多変数解析関数論研究における三大発見のうちの第三発見）が生起し、不定域イデアルの理論が完成した。

昭和二十二年（一九四七年）

○前年に続き、各地の光明会のお別時に参加する。

昭和二十三年（一九四八年）

○春、同じ紀見村慶賀野地区内で転居する。転居先は農作物を集積し、処理する場所で、「処理所」と呼ばれていた。
○光明会のお別時への参加を続ける。
○七月、第七報「多変数解析関数について Ⅶ 二、三のアリトメティカ的概念について」の仏文原稿を作成した。第七論文は渡米する湯川秀樹に託されて海をわたった。
○九月一日、湯川秀樹が岡潔の第七論文の原稿をもち、プリンストン高等研究所客員教授に就任するためにアメリカに出張した。この論文は角谷静夫、アンドレ・ヴェイユを経てパリのアンリ・カルタンのもとに届けられた。
○十月十五日、第七報「多変数解析関数についてⅦ　二、三のアリトメティカ的概念について」がフランス数学会の会誌に受理された。第七十八巻（一九五〇年＝昭和二十五年刊行）に掲載された。

昭和二十四年（一九四九年）

○七月十三日、奈良女子大学教授（理家政学部。後、理学部）に就任する。
○九月十九日、奈良女子大で初めての講義を行う。講義は毎週一回、月曜日。三、四時限の二時間で、集合論を講義した。
○十月二十五日、京都大学において開催された日本数学会で特別講演「複素n変数の解析関数のイデアルについて」を行う。
○十二月十九日、第七報の概要「多変数解析関数ノート」が「工大数学セミナー速報」に受理された。第一巻（昭和二十四年発行）に掲載された。

昭和二十五年（一九五〇年）

○仲秋のころ、胡蘭成が密航船で来日した。

昭和二十六年（一九五一年）

○三月十五日、第八報「多変数解析関数についてⅧ　基本的な補助的命題」が日本数学会の欧文誌に受理された。第三巻（昭和二十六年刊行）に掲載された。
○四月、奈良市法蓮佐保田町六八六番地の一に転居した。
○五月十五日、「多変数解析函数に関する研究」に対して第四十一回（昭和二十五年度）日本学士院賞が授与された。東京上野の日本学士院で授賞式が挙行されたが、病気のため（この時期は精神の昂揚状態が続いた）欠席した。

昭和二十八年（一九五三年）

○十月二十日、第九報「多変数解析関数についてⅨ　内分岐点をもたない有限領域」が日本數學集報に受理された。第二十三巻（昭和二十八年刊行）に掲載された。

【伝説の詩人数学者「岡潔」】

昭和二十九年（一九五四年）

○四月一日、この日の日付で京都大学理学部非常勤講師に就任する。週に一度、京大でセミナーを開いた。

昭和三十年（一九五五年）

○八～九月、フランスの数学者ジャン＝ピエール・セールが代数的整数論に関する国際会議（九月八日－十三日）に出席のため来日し、会議の前のある日、奈良に岡潔を訪問した（正確な日にちは不明）。
○八～九月、フランスの数学者アンドレ・ヴェイユが代数的整数論に関する国際会議に出席のため来日し、奈良に岡潔を訪問した（第一回目の訪問。正確な日にちは不明）。

昭和三十三年（一九五八年）

○春、ドイツの数学者カール・ルートヴィッヒ・ジーゲルが来日し、奈良に岡潔を訪問した。

昭和三十五年（一九六〇年）

○十月七日、文化勲章の受章が内定した。月末、文化勲章授章式に出席するために上京。千駄木の岡田家に滞在した。

○十一月三日、第二十回文化勲章受章。この日、皇居で授賞式が行われた。五日、東京風猛会主催の文化勲章受賞祝賀会に出席。八日、岡みちとともに甲府に内田與八先生を訪問した。十二日の朝、奈良に帰宅。【與八とんとん（粉河中学）】

○十二月二十四日、橋本市の十二月定例市会において最初の名誉市民に推挙された。

昭和三十六年（一九六一年）

○二月二十五日、数学の論文集「Sur les fonctions analytiques de plusieurs variables（多変数解析関数について）」（岩波書店）が刊行された。

○四月十四～十五日、アンドレ・ヴェイユの訪問を受ける（二回目の訪問）。

○三～五月、ハンス・グラウエルトの訪問を受ける（日にち不明）。

○十一月一日、園遊会に参加するため岡みちとともに上京し、この日、慶應大学病院に入院中の吉川英治を見舞った。

○十一月四日、岡みちとともに甲府に内田與八先生を訪問する。五日、帰京。【與八とんとん（粉河中学）】

○この年、岡潔をモデルにして松竹映画「好人好日」が製作された。

昭和三十七年（一九六二年）

○四月十一日、中谷宇吉郎没。

○四月十五日、毎日新聞紙上で「春宵十話」の連載が始まる。

○五月十二日、阪和銀行四階大会議室において開かれた和歌山県師友協会第五回総会で講演。総会終了後、新和歌浦のホテル岡徳楼で二次会があり、安岡正篤との交友が始まった。

○八月十四日、東京武蔵野市小金井の浴恩館で開かれた第五回全国師道研修大会（十三―十六日）に参加した。漢字教育の石井勲の講演「漢字教育の一私案」を聴く。

○九月二十日、第十報「多変数解析関数について X　擬凸状領域を創り出すひとつの新しい方法」が日本数学集報に受理された。第三十二巻（昭和三十七年刊行）に掲載された。この論文は第九報の続篇ではなく、連作以前に手掛けられて放棄された研究の再生である。

昭和三十八年（一九六三年）

○二月十日、第一エッセイ集『春宵十話』（毎日新聞社）が出版された。

○四月十一日、高輪プリンスホテルで開かれた中谷宇吉郎を偲ぶ会（一周忌）に出席した。この日は雪になった。

○七月九日、保田與重郎と初めて会う。奈良市の料亭「月日亭」において一夕を過ごした。
○十一月二日、昭和三十八年度「第十七回毎日出版文化賞」受賞。対象は『春宵十話』。
○十一月初め、アンリ・カルタンの訪問を受ける。

昭和三十九年（一九六四年）

○三月十八日、満六十三歳の誕生日（戸籍上の誕生日）を翌日に控え、この日、奈良女子大学を定年退官した。同時に京都大学の非常勤講師も退職する。
○六月五日、『紫の火花』（朝日新聞社）刊行。

昭和四十年（一九六五年）

○四月十一日、北陸行。中谷宇吉郎の故郷、石川県動橋（いぶりばし）の中島町共同墓地の一画に中谷宇吉郎の墓碑が完成し、この日（中谷宇吉郎の三回忌）、除幕の供養が行われた。
○四月二十四日、桜井市大神神社貴賓館において開催された保田與重郎の著作『現代畸人傳』の出版記念祝賀会に、特別来賓として出席し、挨拶した。
○六月三十日、『春風夏雨』（毎日新聞社）刊行。
○八月十六日、新潮社の企画により、京都の料亭で小林秀雄と対談。対談の記録「人間の建設」が「新潮」十月号に掲載された。
○八月二十一日、九州行。この日、岡みちとともに出発。大分県別府市城島高原の「ホテルきじま」で開催された国民文化研究会の第十回合宿教室において、講話「日本的情緒について」を行った。
○十月二十日、『対話　人間の建設』（新潮社）刊行。
○十一月六日、第七回国語問題講演会で講演「日本語の読めない日本人」。
○十一月七日、東京のホテルで鈴木大拙と会談。
○十一月二十六日、午前十一時すぎ、吐血。胃潰瘍（第二回目）。二十九日、堺市長曽根町の大阪労災病院に入院。十一月三十日、手術決行。胃の五分の四を切除した。

昭和四十一年（一九六六年）

○三月十五日、この日の日付で退院のあいさつ状を送付した。三月十七日、奈良に帰宅。
○四月十六日、『月影』（講談社現代新書）刊行。
○八月末、新築の家が完成し、奈良市高畑町四三六の一に転居した。
○十月五日、『春の草　私の生い立ち』（日本経済新聞社）刊行。
○十月二十四日、筑後柳川の料亭「お花」において坂本繁二郎と対談。

昭和四十二年（一九六七年）

○三月十六日、『春の雲』（講談社現代新書）刊行。
○四月五日、胡蘭成の著作『心経随喜』（発行所は筑波山、梅田開拓筵）刊行。この著作は胡蘭成の依頼により、保田與重郎から岡潔のもとに送付された。手紙（五月九日付）も添えられた。これを機に、岡潔と胡蘭成の交流が始まった。
○七月二十四日、アンソロジー『日本のこころ』

（講談社）刊行。

昭和四十三年（一九六八年）

△一月、東大紛争始まる。

○三月二十九日、林房雄との対談『心の対話』（日本ソノサービスセンター）刊行。

○三月三十日、『一葉舟《ひとはぶね》』（読売新聞社）刊行。

○五月四日、胡蘭成、梅田美保が奈良に岡潔を訪問する。岡潔と胡蘭成はこの日が初対面である。

○六月二十日、『昭和への遺書　敗るるもまたよき国へ』（月刊ペン社）刊行。

△六月、大学紛争が拡大する。全国の大学で学生によるバリケード封鎖が相次いだ。

○九月、岡潔の提唱を受けて、「市民大学講座」が発足した。

○十月二十二～二十四日、新和歌浦・龍神温泉・高野山行。保田與重郎、胡蘭成とともに新和歌浦、龍神温泉、高野山に遊ぶ。

○十二月十日、『日本民族』（月刊ペン社）刊行。

昭和四十四年（一九六九年）

△一月十八～十九日、東大安田講堂事件。

○二～六月、『岡潔集』（全五巻。学習研究社）刊行。

○四月、京都産業大学総長荒木俊馬の要請を受け、理学部教授に就任した。所属は理学部だが、教養課目「日本民族」を担当した。

○五月一日、『葦牙よ萌えあがれ』（講演集。心情圏）刊行。

○六月一日、『曙』（講談社現代新書）刊行。

○八月、熊本県阿蘇内牧温泉の「ホテル大観」で開催された国民文化研究会の第十四回合宿教室において、講義「欧米は間違っている」を行った。

○十月十六日、『神々の花園』（講談社現代新書）刊行。

昭和四十五年（一九七〇年）

○一月二十日、未刊の著作『流露』の「まえがき」が書かれた。この著作は『曙』『神々の花園』の続篇として書かれ、講談社現代新書に入る予定で講談社に送られたが、刊行されないまま放置された。

○六月七日、和歌山県かつらぎ町笠田公民館で開催されたかつらぎ風猛会年次総会において記念講演を行う。【生地と故郷】

○十一月七日、岡みちとともに筑波山とおかみ社梅田開拓筵を訪問した。八日、講演を行う。

△十一月二十五日、三島由紀夫事件。

昭和四十六年（一九七一年）

○二月二十八日、奈良文化会館で行われた三島由紀夫の百日祭に参加し、講演を行った。

○六月、このころより、著作『春雨の曲』の執筆を始める。以後、改稿が繰り返され、第八稿に及んだ。

昭和五十年（一九七五年）

○一月、紀見峠の旧岡家のそばに「岡潔生誕の地」の石碑が建てられた。

昭和五十二年（一九七七年）

○四月十三日、「春雨の曲」第七稿巻の一「旅路」の清書稿が完成した。
○十二月二十三日、胡蘭成に手紙を書く。生涯最後の書簡になった。

昭和五十三年（一九七八年）

○一月二日、夜、風呂場で軽い心不全を起こし、意識不明の状態に陥った。
○一月十三日、「春雨の曲」第八稿起筆。
○三月一日、未明（午前三時三十三分）、死去。数え七十八歳。満年齢は七十六歳と十箇月。
○三月二日、夜、午後七時から通夜。遺稿は「春雨の曲」（第八稿）の「巻の一　人類の自覚」。これが絶筆となった。三月三日、奈良市の上三条町の浄教寺において午後一時より葬儀。
○五月二十六日、岡みち没。数え七十六歳。
○七月三十一日、未完の遺稿『春雨の曲　第八稿』が私家版の形で刊行された。
○九月三十日、旧稿『春雨の曲　第七稿』が私家版の形で刊行された。
○十月七日、『岡潔講演集』（市民大学講座出版局）刊行。

昭和五十四年（一九七九年）

○二月、紀見峠の岡家先祖代々の墓地に岡潔とみちの夫婦墓が建てられた。

あとがき

「数学者 岡潔」の名は今日の若い世代に浸透しているとは言えないが、毎日新聞社から刊行された作品『春宵十話』を初めとする多くのエッセイ集が広く世に歓迎された一時期もあり（昭和三十八年から昭和四十四年にかけてのことである）、五十代を少し越えたあたりより上の世代には、「岡潔」の名がなつかしい響きを伴って耳朶《じだ》を打つこともあろう。エッセイ集ばかりではなく、文芸批評の小林秀雄や九州八女の画家、坂本繁二郎など、各界の著名な人たちとさかんに対談を繰り返し、そのたびに一風変わった発言が飛び出してさまざまに話題を提供した。奇抜な言動が物議をかもす場面もしばしば見られたが、「数学は生命の燃焼」「数学は情緒の表現」というふうな神秘的な雰囲気に包まれた岡潔の言葉の数々には、見聞きする人の心をとらえて離さない力があり、教育問題や国語・国字問題をめぐって日本の文化の伝統を保守しようとする積極的な提言も相次いで、人々に深い感銘を与えたのである。文化勲章や日本学士院賞、朝日文化賞など、日本の学者として最高の栄誉を受けたが、単に篤実な数学者というだけでは足らず、どこかしら全容のつかみがたいところのある不思議な雰囲気をかもす人物であり、魅力があった。明治三十四年（一九〇一年）に生まれ、昭和五十三年（一九七八年）に亡くなった人であるから、本年（平成十五年）はちょうど没後二十五年目にあたり、小さな節目の年である。

フランス語で書かれた数学の論文を集めた小さな書物（岩波書店）のほか、昭和三十八年から四十四年にかけ、高々七年ほどの間に十二冊のエッセイ集、全五巻の著作集『岡潔集』（学習研究社）、二冊の講演集、二冊のアンソロジー（いろいろな文章を集めて編んだ本）、二冊の対談集が次々と世に出たが、今ではことごとく絶版になり、岡潔が生きた日々の痕跡はこの地上からことごとく地を掃ってしまったかのようである。それでもインターネットで全国の古書店を検索すれば出物は今もあり、わりあいに安い価格ですべての本を入手することができる。学習研究社から出た全五巻の『岡潔集』だけは相当の値段（二、三万円程度）がついているが、あとはどの本もおおよそ千円前後である。それと、第一アンソロジー『日本のこころ』は復刻版が市販されていて、書店で購入可能である。この作品は初め昭和四十二年に講談社から刊行され、文庫に入った後に絶版になって久しいが、平成九年末、日本図書センターから復刻版が出版された。「人間の記録」というシリーズの第五十四巻で、『岡潔　日本の心』という本である。「岡潔の世界」の概要をつかむにはこの本が一番よいと思う。

ぼくが初めて「岡　潔」の名を知ったのは昭和四十一年秋十月のある日のことで、この月の初めに刊行されたばかりの岡潔の小さな自伝風エッセイ『春の草　私の生い立ち』（日本経済新聞社）を書店（群馬県桐生市の「ミスズヤ書店」）の新刊書コーナーで見つけ、購入したのが始まりであった。山村の中学を卒業し、高校（桐生高校）に進んでまもないころであった。素朴ではあるが意味合いをつかみがたい話が多く、随所で困惑を感じたものの、一読して岡潔という人物に興味をかきたてられて、他のエッセイを次々と見つけだして読み進めていった。後年、数学を専攻するようになり、心の赴くところおのずと多変数関数論に近づいたのも、数学という抽象的な学問に神秘的なイメージをもつようになったのも、明白に岡潔のエッセイ群の影響というほかはない。

東京のある出版社から急ぎの連絡があり、岡潔の評伝の執筆の話が具体的に持ち込まれたのは平成七年（一九九五年）の晩秋十一月のことであった。（四百字詰原稿用紙で）三百五十枚程度の分量で、岡潔の人生と数学の大要を紹介してほしいという依頼だったが、ぼくは即答することができなかった。ぼくはそれまでも日本評論社の数学誌『数学セミナー』などに、岡潔について機会のあるたびにさまざまに書き綴ってきたが、まとまった伝記もしくは評伝を著すためにはなお大きな留保が必要であり、広範囲にわたるフィールドワークが不可欠だったからである。数学を離れ、岡潔をエッセイストもしくは思想家として観察すると、この大数学者は自己を語ることにおいてきわめて饒舌で、幼児の回想から始めて人生の諸段階を繰り返し語り続けた。それらをつなぎあわせればおのずと伝記風の作品が仕上がるが、問題なのは、岡潔自身が物語る「岡潔の生涯」の事実認識に大小さまざまな誤りや矛盾が目立ち、ときには理解の困難な事柄も散見することであった。

生地と故郷について顧みても、故郷は和歌山県紀見村でいいとして、岡潔のエッセイ集に出ている生地は大阪市東区の「田島町」であったり「島町」であったりする(「島町」が正しい)。父は軍人であったように描かれているが、予備役または後備役の将校だったのが日露開戦に応じて召集を受けたという記述もあり、それなら職業軍人ではない可能性もある(日露開戦当時、岡潔の父は「一年志願兵」出身の後備役歩兵少尉であった)。また、岡潔の父は岡家に生まれながら姓は「岡」ではなく「坂本」である。岡潔も「坂本潔」として生まれ、「岡潔」になったのはだいぶ後になってからのことだが、これはなぜだろうか。これらのひとつひとつはそれ自体としてはささやかな事柄ではあっても、評伝を書くためには諸事実の実否を精密に突き止めていかなければならず、そのためには岡潔にゆかりの土地に足を運んだり、ゆかりの人々を訪ねて話をうかがったりする作業を大量に積み重ねていかなければならない。すなわち広範なフィールドワークが不可欠であった。それに、岡潔のエッセイに基づいて年譜の作成を試みると、語られない空白の時期もところどころに存在するし、そのうえしばしば矛盾に逢着する。そこで諸事実の確認のほか、空白を埋め、矛盾の解消をめざすのがフィールドワークの課題として課せられることになる。

文学や思想の世界と違い、自然科学の領域では科学者の生涯と学問上の事績は一般に無関係で、両者の間に親密な相関関係は認められないのが普通だが、岡潔の場合はそうではなく、岡潔の数学研究が生い立っていく様相を理解するには数学の諸論文を精読するだけでは足らず、人生それ自体の変遷を丹念に追っていかなければならない。人生が研究を育み、研究が人生の相を規定する。生活の中で研究するのではなく、研究の中で日々の生活が通りすぎていく。真に稀有の例外と見なければならず、自然諸科学の領域で、その人の学問を理解するのに人生の観察が不可欠という点において類例を求めるなら、わずかに岡潔の親友だった実験物理の中谷宇吉郎と、その宇吉郎の人生すべての師であった寺田寅彦があるのみであろう。

平成七年秋の最初の評伝執筆の誘いに対し、ぼくは「フィールドワークの後でなければ書けない」と返答し、出版社もそれを諒承した。執筆と出版の契約が結ばれたとは言えず、それから数年の間に結局立ち消えになってしまったが、これを機にフィールドワークの計画を立て、実行に移す決意を固めるという成り行きになった。以前から念頭にあったものの、非常に複雑で大掛かりな作業になることが予想されて、なかなか第一歩を踏み出すことができなかったのである。やがて年が明けて平成の御代が八年目を迎えた年の二月初旬、ぼくはフィールドワークの手始めに岡潔の父祖の地である和歌山県紀見峠にでかけ、古い岡家の跡地とおぼしい場所を探索したり、かつて岡家の一区画を構成した名残りの倉を見たり、岡家の先祖代々の墓地にお参りしたりした。それから今日に至るまでフィールドワークを続け、古い文献を発掘するなどして過ごすうちに、すでに七年余りの歳月が流れ去った。発見に発見が続き、岡潔の学問と人生の全容の輪郭が明るさを増し、評伝執筆に向けて次第に具体的な気運が高まっていった。

平成八年秋には、光明修養会の機関誌『ひかり』に岡潔の伝記の連載を書き始めた。光明修養会というのは明治、大正期の浄土宗門の僧侶、山崎弁栄上人が提唱した光明主義を信奉する人々の集う親睦団体（財団法人）である。岡潔は光明主義のお念仏に熱心に打ち込んでいた一時期があり、いろいろなエッセイを通じて繰り返し光明主義を語り続けた。ぼくはそれらを読んで光明主義と光明会を認識し、二十年ほど前に光明修養会の本部を訪ねたことがある（当時は大阪にあった）。そのとき紹介を得て河波昌先生にお目にかかり、おつきあいが続いたが、河波先生の推輓により「ひかり」誌上での連載が実現したのである。この連載は「数学者・岡潔先生の生涯」という標題で、平成十四年まで五十一回にわたって継続し、完結した。河波先生は現在、光明修養会の上首上人である。

フィールドワークが二年目に入り、平成九年が明けてまもない一月十九日の午後、滋賀県大津の木曽義仲ゆかりの義仲寺《ぎちゅうじ》で歌誌「風日《ふうじつ》」の新年の歌会が開催された。「風日」は岡潔の晩年最大の友、保田與重郎《やすだよじゅうろう》（文学者）が主催した月例歌会で、普段の会場は西洛太秦《うずまさ》の身余堂こと保田與重郎の私邸だが、新年歌会のみ義仲寺で開かれる慣わしである。保田與重郎が世を去った後は奥様の保田典子さんが主催して、平成十五年の今も変わらずに続いている。保田與重郎が亡くなったのは岡潔の没後三年目の昭和五十六年十月であるから、毎年十月の歌会は特に「かぎろひ忌」と呼ばれている。ぼくは平成八年秋十月の「かぎろひ忌」に初めて参加して、保田與重郎を囲む人々に会い、挨拶の言葉を交わした。岡潔をよく知る人がたくさんいた。

平成九年一月の義仲寺で、ぼくは雑誌『日本及日本人』の編集長の田邊宏さんにお目にかかった。初対面ではあったが話は尽きず、歌会からの帰りがけに大津から京都三条まで同行し、同じホテルに宿泊して夜の十時すぎまで語り合った。田邊さんは和算の関孝和を引き合いに出して、日本人にも数学の方面で独自の学問を作る力はあると信じるが、明治以降、すっかり影をひそめてしまったようで残念だ、そんなはずはないんだが、という所見を披瀝した。ぼくは、「それなら岡潔先生がいます」と間髪を入れずに申し出た。そうして「岡先生こそ、日本の近代史における関孝和です」と言い添えて、しばらく岡潔をめぐってあれこれの話をした。田邊さんは晩年の岡潔の政治思想方面の発言にあまり高い評価を与えていない様子だったが、ともあれそれなら「日本の数学」について、何事かを書くようにとの依頼を受けることになった。

だが、堂々巡りのようになってしまうが、「日本の数学」ということであれば、やはり岡潔のことを書くほかはない。岡潔は「生活の中で研究するのではなく、研究の中で生活する」という姿勢を一貫して保持し続け、困難な人生を生きた人である。生活と研究はしばしばいがみあい、摩擦を生じ、身近な人々の（それに、岡潔の人と学問に心を寄せるぼくのような後輩の）理解を超える変わった行動が随所に現れた。しかし実はそのような行為のさなかにおいてこそ、岡潔の数学的思索がいよいよ結実しようとする瞬間の、強い緊張感のみなぎる場が開かれているのである。岡潔がそこから数学の果実を摘んだという「情緒の世界」も、そのような場に向けられた丹念な観察の目の働きの中に、本然の姿を初めてくっきりと顕わにするのである。

ともあれこうして原稿執筆の約束が交わされて、『日本及日本人』に（四百字詰原稿用紙で）二十枚から三十枚程度の原稿を書くことになった。次々と未見の新資料が集まりつつあったころであった。構想の立て直しを繰り返しながら想を練り、やがて四月も末に向かったころ田邊さんに連絡をとると、電話に出た編集部の人に、つい先日交通事故で急逝したという意外な事実を教えられた。田邊さんに「日本の数学」の一端を報告するつもりで思案していたので残念ではあったが、新編集長にも話は通じていて、原稿執筆は当初の企画の通りに進められることになった。こうしてできたのが「福良の海と数学の誕生」で、『日本及日本人』の平成九年盛夏号（『日本及日本人』は季刊誌である）に掲載された。これが案外おもしろいという評を得て、続編を書くことになり、「心情の美と数学の変容」（『日本及日本人』平成九年爽秋号）「トノンの秋と由布院の春」（『日本及日本人』平成十年新春号）と、立て続けになお二つの作品が完成した。そうしてこの経験を通じ、評伝全体の組み立てについて新たに一つの着想が得られた。それは、このような完結した文章を適切な仕方で配列し、ひとつひとつはそれ自体として独立でありながら、しかも全体として見ると生涯のすべての時期が覆われるように構成するというアイデアである。寄せ集めの雑文集になってしまう恐れがないとは言えないが、首尾よくいけば、評伝の様式としてはこのほうが編年体より適切なのではないかと思う。人生の出来事はどれもが必ずしも時の流れに沿って整然と進行するわけではないから、編年体の叙述様式はかえって伝記には不向きなのではないかと考えられるからである。

評伝は「星の章」と「花の章」の二部構成にして、まず初めに本書すなわち「星の章」を刊行する。「花の章」は「星の章」の続篇というよりむしろ姉妹篇である。「星の章」の守備範囲は岡潔の年代でいえば幼年期から三十代の終わりがけあたりまでであり、生涯の変遷という観点から見れば、洋行からもどり、勤務先の広島文理科大学を休職して帰郷し、紀見村の日々をすごしつつあるころまでになる。

「星の章」を構成する十篇の各々につき、成立までの経緯を摘記したいと思う。

「生地と故郷」

岡潔の生地に岡潔の痕跡はもう何も見あたらないが、父祖の地である和歌山県紀見峠には今も岡家と岡潔の色彩がここかしこに遺されている。かつて存在した岡家の面影を知る古老も多く、紀見村で研究三昧の日々を送っていたころの岡潔の姿を見て育った当時の少年たちの心には、今も岡潔の記憶が生き生きと息づいている。昔の紀見村は現在は橋本市の一区域に組み込まれているが、その橋本市の郷土資料館には「岡潔コーナー」が設置されていて、粉河中学時代の文稿帳、洋行の途次、カイロから郷里の両親と祖父母に宛てて書かれた絵はがき、研究ノートの断片、叔父（父の弟）の齋藤寛平の所持品であった『新編水滸伝全』などが展示されている。

ぼくはかつて紀見村と呼ばれた土地を訪ねて多くの人に出会い、紀見峠に存在した古い二つの岡家のこと、岡潔の祖父母や父の三人の兄弟のことなど岡家の人々についてあれこれと教えられた。郷土資料館の館長の瀬崎浩孝先生、橋本市の市役所にお勤めの北川久さん、一《いち》ノ《の》瀬《せ》哲和《のりかず》さん（昭和十四年夏、岡家は紀見峠を離れて麓の慶賀野地区に転居したが、その転居先の家の現在の住人）、井之上俊夫さん（昭和十五年夏、少年のころ、岡潔たちといっしょにほたる狩りをして遊んだ人）をはじめ、お目にかかった紀見村の方々に心から感謝したいと思う。

岡潔の父、坂本寛治の若いころの消息を調べるのはむずかしかったが、明治大学歴史編纂事務室の鈴木秀幸先生のおかげで『明治法律学校　校友規則並表　附報告』『明治法律学校校友名簿』『明治法律学校交友会員名簿　附校友会規則』などを参照することができて、明治法律学校を出た後の所在地についておおよその見当がつくようになった。在学中は東京市神田区今川小路二丁目四番地の松原さんという人の家に下宿していたことまで判明した。日露開戦で召集を受けてからの足取りについては、陸軍省が編纂した「明治三十七年七月一日調陸軍予備役後備役将校同相当官服役停年名簿」という書類が参考になった。この名簿は防衛庁の防衛研修所図書館に保管されているが、そこに坂本寛治の名前が記載されていて、坂本寛治の所属部隊は第四師団所管の後備歩兵第三十七連隊であることが明らかになった。この名簿は防衛庁にお勤めの山根清さんに調べていただいた。

「魔法の森」

光明修養会の機関誌『ひかり』に連載した「数学者・岡潔先生の生涯」の一部を初稿とし、

大幅に補筆して本稿ができあがった。

小学校時代の岡潔は、入学と卒業は紀見村の柱本尋常小学校だが、途中二学年の二学期から五学年までは大阪の菅南尋常小学校に通学した。ここで藤岡英信先生と木村ひで先生に出会い、喜びに満たされた少年の日々を送った。調査するべき事柄は多かったが、岡潔は木村先生の名前を忘れてしまったようで、「女の唱歌の先生」と書くのみにすぎない。そこでこの唱歌の先生の名前や年齢などを知りたいと思い、平成九年（一九九七年）八月八日、大阪市北区の西天満小学校を訪問した。菅南尋常小学校は昭和二十年八月十五日をもって廃校になった後、西天満小学校に統合されたため、菅南尋常小学校に関する基礎資料はすべて西天満小学校に移されたのである。校長の播本先生の計らいで、岡潔が在籍した当時の菅南尋常小学校の歴史を物語る古い書類を閲覧することができ、藤岡先生の経歴とともに、「女の唱歌の先生」は木村ひで先生であることが明らかになった。

木村先生は、少年の日の岡潔の心情に神秘的な刻印を刻んだ童話集『お伽花籠』を潔少年に貸した人だが、少時探索の結果、この本の実物が大阪の万博公園内の国際児童文学館に保管されていることが判明した。そこで幾度か万博公園に足を運び、『お伽花籠』の本体と、収録作品「魔法の森」の口絵の写真を撮影することに成功した。七年余に及ぶフィールドワークの中でも出色の出来事であった。菅南尋常小学校時代の岡潔は『日本少年』の定期購読を続けたが、この雑誌を最初に貸してくれたのはやはり木村先生であった。『日本少年』と『少年世界』を保管する図書館はいくつかあり、ぼくは日本近代文学館と神奈川近代文学館が所蔵するバックナンバーを閲覧した。岡潔が紹介した「鶸《ひわ》の行方」という物語は『日本少年』の明治四十三年十一月号に載っている。中学入試に失敗したころは購読誌は『少年世界』に移っていたが、その四月号に「千金の子と春の宵」と題されたとびら絵があり、暈《かさ》のついた春の月を背景にして、初めて制服を着たとおぼしい中学生の姿が描かれていた。この情景が岡潔の目にきらびやかに映じ、自分もこんな中学生になれたらどんなによいだろうとあこがれたり、はたしてそんな日が来るのだろうかと危ぶまれたりした。後年、毎日新聞社のリレーエッセイの企画「十話シリーズ」の執筆を依頼されたとき、少年の目に映じたとびら絵が心に浮かび、即座に「春宵十話」とタイトルを決めたというほどであるから、よほど強い印象が刻まれたことと思う。しかしこのとびら絵はとうとう見つからなかった。

このような例はほかにもある。エッセイ集『風蘭』の序文の末尾に「萌えよ萌えよ春の草」というフレーズを含む詩が引用されていて、出典は少年期に読んだ雑誌という。自伝風回想記『春の草　私の生い立ち』のタイトルはこの言葉を借りたと思われるが、この詩は少なくとも『日本少年』と『少年世界』には見あたらない。

藤岡先生に関連することでは、藤岡先生に引率されて参加した「枚方の写生会」の模様を伝える当時の新聞記事が見つかったのは大きな収穫だった。木村先生に教わった「騎馬旅行」という唱歌の全歌詞が(楽譜もいっしょに)判明したのもうれしかった。

岡潔が好んで語った言葉のひとつに「発見の鋭い喜び」というのがあるが、岡潔はこれを寺田寅彦に借りたという。ぼくはこの典拠の探索に手間どったが、やがて寅彦のエッセイ

「花物語」の第七話「常山の花」であることが判明した。これは埼玉県北本市在住の小石沢源秋さんに教えていただいた。

「與八とんとん（粉河中学）」

粉河中学時代の岡潔の日々を知る手がかりの筆頭は内田與八先生である。内田先生は粉中の英語の教師であるとともに、舎監長でもあった人だが、よほど岡潔の琴線に触れるところのある先生だったようで、岡潔のエッセイにひんぱんに登場する。昭和三十五年秋十一月、文化勲章の授賞式で上京したおり、甲府まで足をのばして半日語り合ったほか、翌昭和三十六年秋、園遊会に出席した際に再訪し、このときは内田家のお茶室「久遠荘」に一泊した。縁側で内田先生と碁盤を囲んだのも、この二度目の訪問のときのことであろう。

平成九年十月二日、ぼくは西武池袋線の小手指《こてさし》駅で橋本正臣さん、さよさん御夫妻と待ち合わせ、車で甲府に案内していただいた。奥様のさよさんは内田先生のお子さんである。内田先生の旧宅も久遠荘も甲府市内の美咲に今もあるが、内田先生御夫妻が世を去った後は住む人もないまま放置されている。久遠荘の棚に岡潔の数冊のエッセイ集が並び、押し入れの片隅には、粉中時代の内田先生を囲む生徒たちの集合写真が何枚もあった。中学の制服姿の岡潔がいる写真もあり、卒業写真であろうと思われたが、落書きがひどく、残念なことにその写真の内田先生は顔が見えなかった。

和歌山県かつらぎ町にお住まいの草田源兵衛さんをお訪ねして、昭和初期の粉河中学の話をあれこれとうかがったのも、今ではなつかしい思い出である。昔の粉中の跡地には今は新学制のもとでの粉河中学が存在する。岡潔や草田さんが通学した粉中とは無縁だが、草田さんは先頭に立って敷地内を案内し、かつてこの場所に存在した粉中の見取図を再現し、このあたりに寄宿舎があった、などと教えてくれた。平成九年一月二十七日のことである。それから草田さんの俳句のお弟子という平野鋭さんの運転する車に同乗し、現在の粉河高校を訪問して校長先生に挨拶した。帰途は粉河見物になり、華岡青洲のお墓を見たり、江戸時代の建物という「名手本陣」を見たりした。有名な粉河寺にもお参りした。粉河寺の本堂の背後に控える山が風猛山《かざらしやま》で、これが寺の山号「風猛山《ふうもうざん》」の由来だが、同時に粉中の校友会誌『かざらし』の誌名の出所でもある。もっとも「風猛」は本当は「かざらぎ」と読むという説も有力である。

　境内を草田さんと並んで歩きながら、俳諧と連句のこと、歌と句の違いのことなどをお尋ねすると、そのつど親切に話をしてくれた。最後にかつらぎ町のレストラン「野半《のはん》の里」で、三人でいっしょに地ビールを飲んでお別れした。

　翌平成十年一月十九日、ぼくは再度かつらぎ町を訪問した。草田さんと平野さんに再会し、三人でまた「野半の里」に行き、前年と同様に地ビールを飲みながらよもやまの話をした。これが草田さんとの最後の別れになった。草田さんは平成十四年八月二十四日、満九十二歳を一期にこの世にお別れしたのである。俳号「塀《へい》」を名乗る俳人で、粉河中学に在学中から作句を始め、生涯にわたり八万首を超える作品を遺したという。

鯛はにぎにぎ人は契りてけふの凍《し》み　塀

岡潔の講演会のおりに聴衆の面前で叱られた経験をもつ草田さんという人がいると教えてくれたのは、橋本市在住の北川久さんである。粉中の校友会誌「かざらし」のコピーを入手して見せてくれたのも同じ北川さんであった。

「松原隆一との別れ（三高と京大）」

京都市四条寺町の菊水ビル六階の三高同窓会本部に海堀《かいほり》袒《とおる》さんを訪ねたのは、フィールドワークが二年目に入ってまもない平成九年一月七日のことであった。海堀さんは同窓会の事務局長である。ちょうど新年会の日で、すっかり年輩になった往年の三高生たちが広間に集い、羽織や学生帽を身につけてくつろいだ姿でよもやま話を楽しんでいた。ぼくは事務室にあてられている奥の一室で海堀さんと三輪佳之さんにお目にかかり、初対面の挨拶を交わした。

三輪さんにうかがった三高受験のエピソードは本文に紹介した通りだが、秋月康夫の家で岡潔に会った話もおもしろかった。三輪さんは秋月先生に深く親しみ、戦後まもないころのこと、岡崎東天王町の秋月家に毎日のように遊びにでかけたそうである。するとなぜかしらこれもまた毎日毎夜のように、秋月家にはいつも岡潔がいた。岡潔はまるで秋月家に住みついているかのようで、ときどき二階から下りてきて三輪さんたちとの会話に加わった。秋月家のお子さんたちは「岡のおじちゃま」と呼んでなついていたというほどであるから、よほどひんぱんに秋月家に逗留を重ねたのであろう。

海堀さんはただ一度だけ岡潔に会ったことがある。それは昭和二十三年の正月のことで、海堀さんは紀見村に岡潔を訪問したのである。この時期の岡潔の所在地は慶賀野の処理所だが、一人で海堀さんを迎えたということであるから、みちさんは三人の子どもを連れて郷里の河内柏原の実家に帰省中だったのであろう。後年、岡潔は毎日新聞社の週刊誌『サンデー毎日』に連載したエッセイ「春風夏雨」でこのときの訪問を回想した。

終戦後しばらくたったころ、私の家を尋ねて橋本市の相当深い山の中までわざわざ来た足の不自由な若い男があった。海堀君といって、三高の卒業生であって、高等学校が廃止になるという噂を聞いて、三高の卒業生の反対の署名を取って回っていたのである。私はいった。軍部なんかのような馬鹿には本当の責任がない。責任は当然三高とか一高とかいった学校の卒業生が持たなければならない。止めれば止められたのを、まさかと思って黙って見ていたのがいけないからである。だからその責任を負って一度は廃校にするのがよいだろう。やがて復活させるから。すると彼は大変感激してそのまま帰って行った。

（「春風夏雨」（38）「湖底の故郷（その十三）」、『サンデー毎日』十二月二十日号）

わざわざ紀州の山に訪ねてきたとはいっても、海堀さんは紀見村と同じ和歌山県伊都郡の九度山町の出身で、伊都中学から三高理科甲類に進んだ人であるから、岡潔とはほぼ同郷である。しかも九度山町は紀見村よりもいっそう高野山に近い山奥である。昭和二十二年、三高を卒業し、岡潔を訪ねたときは京大工学部の一年生であった。ぼくは海堀さんのお名前は岡潔のエッセイを通じて知っていたが（フルネームは知らなかった）、三高京大方面のフィールドワークのつもりで初めて三高同窓会に連絡したときのこと、電話に出た人が海堀さんと名乗ったのに意表をつかれ、おもわず「あの海堀さんですか」と聞き返したりした。岡潔が書いていることの正否をお尋ねしたところ、「岡先生はああいうふうに受け取ったのでしょう」という返答をいただいた。当時、旧制高校廃止の動きとともに、それに対抗する反対運動があり、署名活動が行われていた。それを話題に出したので、そのためにきた、と勘違いされたというのであった。

こんな話の数々をうかがった後、海堀さんにお別れして広間を通りかかったとき、だれからともなく歌が起こり、みな唱和して静かなゆったりとした合唱になった。それは「琵琶湖就航の歌」であった。

（作詞・小口太郎　作曲・吉田ちあき）

琵琶湖就航の歌

我は湖《うみ》の子　放浪《さすらい》の

旅にしあれば　しみじみと

昇る狭霧《さぎり》や　さざなみの
滋賀《しが》の都《みやこ》よ　いざさらば　（以下、六番まで続く）

松原隆一のことを調べるのは少しむずかしく、岡潔が「松原は漁師の息子」などと書いているのにミスリードされてだいぶ遠回りした後に、松山中学の出身であることが判明し、松原史枝さんと知り合うことができた。史枝さんは松原隆一の甥（長兄の英郷のお子さん）の幸一の奥さんである。三高の同窓会名簿にも松原隆一の生死や住所の記載はないから、一人の同窓生の消息が判明したことになり、うれしかった。昭和三十八年、岡潔の第一エッセイ集『春宵十話』（毎日新聞社）が刊行されたとき、「日本的情緒」というエッセイが収録されて、松原隆一の思い出が語られた。少し前に亡くなった松原はこれを見ることはできなかったが、もし間に合ったなら、再会もありえたことであろう。岡潔の念頭には、消息の不明な友人へのメッセージというほどの意図が込められていたのではないかと思う。

以前の三高は新制京都大学の教養部になり、その時代が長く続いたが、少し前にまた制度があらたまり、総合人間学部へと変容した。その図書館の地下の一室が三高資料室にあてられていて、三高の古い資料が丹念に集積されている。大正八年度の入学者の受験票の束もあり、岡潔の受験票には満十八歳の青年「岡潔」の自筆の署名が記入されている。京大の三高資料室は三高同窓会とともに、かつて確かに存在した第三高等学校のおもかげを今日に伝える聖地である。

「心情の美と数学の変容」

「日本及日本人」平成九年爽秋号に掲載された同じタイトルの一文を初稿とし、大幅に補筆改訂を施して新稿を作った。フィールドワークというよりも文献調査が主になったが、最後までなかなかわからなかったのは、岡潔の幼児期に父が子守唄の代わりに歌ってくれたという軍歌のうち、「そもそも熊谷直実は」と「ああ正成よ正成よ」の元歌であった。本書が成る直前になり、出典は明治十五、十六年に刊行された『新体詩歌』であることが判明した。父は明治の流行歌を歌って聞かせ、「明治の情操」を岡潔に伝えたのである。

「伝説の詩人数学者「岡　潔」数学ノート（一）」

日本評論社の数学誌「数学セミナー」二〇〇一年（平成十三年）四月号で「一〇〇〇年の数学者」という特集が行われ、読者の人気投票により内外の六人の数学者が選ばれた。最も多くの票を集めたのは岡潔で、ぼくはこの特集のために岡潔の生涯と学問を紹介する一文「岡潔」を書いた。それがこの数学ノートの初稿である。

岡潔の数学研究は普通、ベンケ、トゥルレンの著作『多複素変数関数の理論』（一九三四年）に出ている三つの未解決問題、すなわちクザンの問題、近似の問題、それにレビの問題の解決に成功したとして語られるが、実際の様相ははるかに深遠である。何よりも、レビの問題を解決したと言われる岡潔本人は「レビの問題」という言葉を使用せず、自分が解決した問題をつねに「ハルトークスの逆問題」と呼んでいる。ところがこの「ハルトークスの逆問題」という名の問題はベンケ、トゥルレンの本はもとより今日の欧米の諸文献にも姿を見せず、ただ岡潔の論文にのみ登場する。すなわちハルトークスの逆問題は岡潔が（ベンケ、トゥルレンの著作に示唆を得て）独自に提出し、みずから解決した問題なのである。

本稿で強調したかったのは何よりもこの一事である。いっそう本格的な「岡潔　数学ノート」を著す必要もあるが、その執筆と刊行は他日を期さなければならない。

「トノンの秋と由布院の春」

この一文の初稿は「日本及日本人」平成十年新春号に掲載された。「治宇さん」こと中谷治宇二郎の人生と学問をもっともよく今に伝えているのは、おびただしい量に達する書簡群である。中谷治宇二郎のお子さん（長女）で広島にお住まいの法安桂子さんは治宇二郎が書き遺した大量の手紙を収集し、手もとに保管しているが、ぼくはその書簡の山を見せていただくことができた。初めて法安さんにお会いしたのは平成八年八月十一日のことで、広島の法安家でしばらく岡潔と治宇二郎をめぐって話がはずんだ。

法安さんは思い出のない父を思い、長年にわたり根気よく中谷治宇二郎の遺稿の整理を続け、これまでに三冊の遺稿集を刊行した。

『考古学研究への旅　パリの手記』（六興出版、昭和六十年）
『日本縄文文化の研究』（昭森社、昭和四十二年。増補改訂版、渓水社、平成十一年）

『考古学研究の道』（渓水社、平成五年）

これら三冊の書物のあちこちに岡潔の名が見えるうえ、フランスでの中谷治宇二郎の生活も描かれている。フランスでは岡潔と治宇二郎はいっしょに行動する日々が多かったから、ぼくらは治宇二郎を通じ、洋行時代の岡潔の日々を垣間見ることができるのである。

広島に法安さんを訪ねた日の前日（八月十日）、ぼくは大分県由布院温泉（現在の住所表記では由布市）に足を運び、旅館「亀の井別荘」を経営する「由布院の中谷兄弟」の弟の次郎さんにお目にかかった。初対面にもかかわらず話はすぐに通いあい、昭和八年夏、由布院に中谷治宇二郎を訪ねた岡潔たちがしばし逗留した小塩さんのお宅や、治宇二郎の終焉の地となった土蔵の跡地（土蔵は取り壊されてもう存在しない）に案内していただいた。それから平成八年も末に向かったころ、十二月二十七日、名古屋に名古屋市科学館の館長の樋口敬二先生をお訪ねした。樋口先生は北大で中谷宇吉郎に学んだ地球物理学者だが、三高の出身であるから岡潔の後輩でもあることになる。少時、岡潔と中谷兄弟の話を交わしたおり、サン・ジェルマン・アン・レーで岡潔とみちさんと治宇二郎が滞在した下宿「菩提樹」の住所がわからないだろうかという話になった。ぼくは法安さんに提供していただいた治宇二郎の手紙を見せていただいて知っていたので、それを伝えた。このときはただこれだけの話で終わったが、実はこのときすでに樋口先生には渡欧の予定があったのである。

平成九年初め、先生はフランス行のおりにサン・ジェルマン・アン・レーに足を伸ばし、下宿「菩提樹」を発見して写真を撮った。それが、本書に掲載した写真である。平成九年三月九日、由布院の亀の井別荘で樋口先生御夫妻の「二人展」のオープニング・パーティーがあり、ぼくも誘われて出席した。中谷次郎さん、法安さん、樋口先生に再会し、次郎さんのお兄さんの中谷健太郎さんにも挨拶した。中谷宇吉郎のお子さんの中谷芙二子さんと、法安さんの妹、すなわち中谷治宇二郎のお子さんで由布院在住の山下恭子さんにもお目にかかった。樋口先生は下宿「菩提樹」の水彩のスケッチも描いたが、それをこのパーティーの席で中谷健太郎さんに寄贈した。治宇二郎の終焉の地にあるのが相応しいという配慮がなされたのである。このような出来事が少しずつ重なって、洋行時代の岡潔の様子が次第に具体的に見えてくるようになった。顧みてあらためて思うのは、岡潔と治宇二郎の間に芽生えた友情の神秘である。

「由布院の夏の日々」

フランスから帰って後、広島に移り住んだ岡潔は、昭和七年、八年と二夏続けて由布院にでかけ、中谷治宇二郎を見舞った。そうこうするうちに数学研究も転機を迎え、新たな構想を抱くようになった。昭和十年の夏は一家を挙げて（それに甥の北村駿一も連れて）札幌に逗留し、中谷宇吉郎の家族と親しく交際した。ここから生まれたのが、「上空移行の原理」すなわち「変数の個数を増やすことにより困難を緩和する」という卓抜な数学的アイデアであった。この発見により端緒が開かれて岡潔の数学研究は佳境に入り、次々とみごとな果実を結び、多変数関数論の地平が開かれていった。ところがこの趨勢と軌を一にするかのように、岡潔の人生は苦と悲の相の色彩が濃度を増していった。中谷治宇二郎との別れに北村駿一との別れが続き、この間には広島で人の目を驚かせる不可解な事件まで生起した。

昭和十年から十三年までの足掛け四年の歳月に起こったあれこれの出来事こそ、岡潔の人生が最高潮に達し、数学研究が最高の高みに達して開花した時期であり、この時期の精密な描写を欠いたなら、どれほど大量のエピソードを連ねたとしても、それだけでは決して岡潔の人生を書いたことにはならないであろう。この四年間のうち、「由布院の夏の日々」では昭和十年と昭和十二年の生活を描き、次の「金星の少女との会話（広島事件）」では昭和十一年の出来事を再現した。本書には昭和十三年の記述はないが、岡潔が広島文理科大学を休職し、帰郷したのはこの年の六月のことであり、年初から帰郷に至るまでにはやや複雑な経緯があった。その詳細の紹介は本書の姉妹篇「花の章」のテーマである。

「金星の少女との会話（広島事件）」

岡潔の遺稿『春雨の曲』で語られるあれこれの物語の中で、ぼくらの心に際立って深い印象を刻むのは、「金星の娘との会話」と「白い鳥と黒い鳥」という二つのエピソードである。昭和十一年の夏の一夜、岡潔は広島市のはずれの牛田山の笹原に寝そべって、金星から来た娘の話に耳を傾けたという。ところがこれまでに公にされた岡潔の年譜を参照すると、この年の六月、岡潔は「最初の入院」をしたと記されている（ただし前後の事情への言及はない）。岡潔自身のエッセイによれば、同じ年の秋十一月には伊豆伊東温泉に逗留し、中谷宇吉郎と親交を深め、連句を楽しんだ。しかも連句とともに連作「多変数解析関数について」の第二論文が完成し、十二月に入り広島文理大の紀要に受理されている。この一連の出来事を一筋につなぐ糸はどこにあるのであろうか。

人生の中から数学が生まれたかのようでもあり、逆に数学的世界のただ中にあって、数学研究に追随して岡潔の人生が紡がれていったかのようなイメージも喚起される。いずれにしても昭和十一年という年は、岡潔の生涯と学問に関心を寄せる者にとり、著しく神秘的な印象を与える一年であることはまちがいない。岡潔の天才が真に発露した年であった。

岡潔の京都産業大学での講義の記録を参照すると、「金星の少女」こと芦田孝子さんのお名前がひんぱんに登場する場面があり、読む者の目を驚かす。岡潔の生涯において、芦田さんは何かしら重要な役割を果たしたのではないかという感慨があるが、その芦田さんのうわさを実際に耳にしたのは平成十三年九月二十二日、京都の八坂神社で催された保田與重郎の没後二十年忌の席でのことで、意外なことに芦田さんは「風日」歌会の常連の一人である奈良の生駒聡さんの、学生時代からの友人だというのであった。「金星の娘」の話を伝えたところ、生駒さんは、「芦田さんは呉服屋の娘ですよ」といって朗らかに笑った。文久元年創業の綾部の老舗《しにせ》の呉服店に生まれ、家を継いだ人なのであった。

昭和十一年の広島での事件と当時の数学研究、それにはるか後年の「金星の少女との再会」すなわち芦田さんとの出会いは、岡潔の心情の世界では分かちがたく結ばれて、時空を超えた詩的空間を構成しているように思う。いかにも不思議な世界ではあるが、事実を述べ、経緯を丹念に追うだけでぼくらはだれしも岡潔の心情に共鳴し、やすやすと「岡潔の世界」に参入することができるのではあるまいか。

広島事件に続いて北村駿一との別れがあり、それからその翌年すなわち昭和十三年に入ると、広島文理科大学を休職し、帰郷して、紀見村の日々が始まるという事件が起こった。『春雨の曲』に出ている「白い鳥と黒い鳥」のエピソードが語られるのはこのときのことである。これについては、本書の姉妹篇「花の章」において詳しく紹介したいと思う。

「福良の海と数学の誕生」

初稿は『日本及日本人』平成九年盛夏号に掲載した同じ標題の一文で、それを元にして大幅に補筆し、改訂した。文献上の調査が主になったが、ほたる狩りについては格別で、慶賀野にお住まいの井之上俊夫さんのお話により昭和十五年夏のほたる狩りの情景があざやかに目に浮かぶようになった。昭和十三年の帰郷から昭和二十六年の奈良市への転居まで、（途中、一年弱の札幌滞在をはさんで）足掛け十四年に及ぶ岡潔の紀見村の日々についてはほかにも語るべき出来事がたくさんあるが、「花の章」の刊行を待ってひとつひとつ紹介したいと考えている。

平成七年秋に岡潔の評伝執筆の話があってからこのかた、こうして本書が成るまでにはさまざまな曲折があり、しかも評伝の全容はなお未完成である。評伝執筆の意義を諒解し、親切に協力してくださった多くの方々の一人ひとりにあらためて謝意を表するとともに、評伝の完成をめざしたいと思う。本書が広く世の中に受け入れられて、「数学者 岡潔」の真価が再認識される契機となるよう、心から願っている。

平成十五年（二〇〇三年）六月二十日

高瀬 正仁

文庫版あとがき

『評伝岡潔——星の章』は平成十五年（二〇〇三年）七月に海鳴社から刊行され、翌平成十六年（二〇〇四年）四月には姉妹篇『花の章』が同じ海鳴社から刊行された。執筆に不可欠なフィールドワークを決意して、岡潔の父祖の地の紀州和歌山県紀見峠に足を運んだのは平成八年（一九九六年）二月六日のことである。南海電鉄高野線の天見駅で降りて紀見峠に向い、頂上付近の大阪府と和歌山県の境に到着したときはすでに夕刻で、粉雪の舞う夕暮れの旧高野街道を歩いて岡家の墓地にお参りした。四半世紀の昔の懐かしい思い出である。この日の紀見峠行を皮切りに、ある日の岡を知るさまざまな人びとを各地に訪ねてお話をうかがった。どの人もそれぞれにその人のみの知る岡の一面をこころに刻み、たいせつにしていた様子がうかがわれて感銘が深く、人を知るには人を通じてのほかはないことをそのつど痛感したものであった。平成八年の二月の時点に立ち返ると、『星の章』の刊行までに七年と半年の歳月が流れ、『花の章』にいたるまでにはなお九箇月がすぎている。岡潔というひとりの偉大な数学者の生涯の事蹟を明らかにするためにこれだけの日時を要したのである。

このたびちくま学芸文庫に入ることになったのを機に、誤記誤植を正し、漢字の字体の表記をいくぶん修正した。主題の異なる独立した文章を配列して評伝を構成するという様式になったため、岡の生地や親族の紹介などの基本的な諸事実について、同じ内容の記述が幾度も繰り返されることになった。おおむねそのままにしたが、重複が目立たないように書き直したところもある。

敬称の有無は文章の性質に応じてさまざまになった。おおむね「岡潔」または単に「岡」としたが、「トノンの秋と由布院の春」「金星の少女との会話」「福良の海と数学の誕生」では「先生」を附して「岡潔先生」もしくは「岡先生」と表記した。取り上げられた主題に寄り添って岡の歩みに追随していくと、「岡潔先生」「岡先生」と呼び掛けずにはおかない心情に誘われたのである。このような事情は中谷宇吉郎、治宇二郎兄弟にもあてはまり、敬称のない文章と、「中谷宇吉郎先生」「中谷先生」や「治宇さん」と表記した文章が混在することになった。

昭和三十八年（一九六三年）、岡潔のエッセイ集『春宵十話』（毎日新聞社）が刊行されてベストセラーになった。これを嚆矢《こうし》として数々のエッセイ集、講演集、対談など、多彩な作品が相次いで書店の店頭を飾るようになった。どれも好評をもって世に迎えられ、大きな反響を呼び起こしたが、昭和四十四年の第十二エッセイ集『神々の花園』（講談社現代新書）にいたって一段落のような恰好になった。『星の章』と『花の章』が刊行されたころは岡の著作は古書店でしか目にすることはできなかったが、近年、この状況は大きく変容し、『春宵十話』をはじめとして半世紀の昔の岡のエッセイ集の数々や小林秀雄との対談『人間の建設』

（昭和四十年、新潮社）などが次々と復刊されるようになった。岡の魅力に人びとの関心が注がれる時代が再び訪れたのである。注目が高まる中で、岡の人生を描くテレビドラマ「天才を育てた女房」（読売テレビ開局六十年記念スペシャルドラマ、平成三十年二月二十三日放映）が作成されたのも感慨の深い出来事であった。

岡の生涯と学問を回想してあらためて思うのは、「人が数学を創る」という一事である。岡は人の中核を情緒と見て、数学という学問を、情緒を外に表現することにより創り出す学問芸術のひとつと受け止めた数学者である。岡の数学を知るのは岡を知ることであり、岡を知るというのは岡の人生を知ることと同じである。評伝執筆の根幹をつくる契機がここに芽生えている。本年、岡の生誕百二十年の節目に際会し、昔日の評伝が文庫の衣裳をまとって再び世に出ることになった。岡潔に関心を寄せる新たな読書に数学者「岡潔」の魅力を伝える一助となるよう、こころより期待したいと思う。

高瀬正仁

令和三年（二〇二一年）九月二十七日

この作品は二〇〇三年七月、海鳴社より刊行された。

飛行機物語　鈴木真二

なぜ金属製の重い機体が自由に空を飛べるのか？その工学と技術を、リリエンタール、ライト兄弟などのエピソードをまじえ歴史的にひもとく。

集合論入門　赤攝也

「ものの集まり」という素朴な概念が生んだ奇妙な世界、集合論。部分集合・空集合などの基礎から、丁寧な叙述で連続体や順序数の深みへと誘う。

確率論入門　赤攝也

ラプラス流の古典確率論とボレル-コルモゴロフ流の現代確率論。両者の関係性を意識しつつ、確率の基礎概念と数理を多数の例とともに丁寧に解説。

現代の初等幾何学　赤攝也

ユークリッドの平面幾何を公理的に再構成するには？　現代数学の考え方に触れつつ、幾何学が持つ面白さも体感できるよう初学者への配慮溢れる一冊。

現代数学概論　赤攝也

初学者には抽象的でとっつきにくい〈現代数学〉。「集合」「写像とグラフ」「群論」「数学的構造」といった基本的概念を手掛かりに概説した入門書。

数学と文化　赤攝也

諸科学や諸技術の根幹を担う数学、また「論理的・体系的な思考」を培う数学。この数学とは何ものなのか？　数学の思想と文化を究明する入門概説。

微積分入門　W・W・ソーヤー　小松勇作訳

微積分の考え方は、日常生活のなかから自然に出てくるもの。∫やlimの記号を使わず、具体例に沿って説明した定評ある入門書。（瀬山士郎）

新式算術講義　高木貞治

算術は現代でいう数論。数の自明を疑わない明治の読者にその基礎を当時の最新学説で説く。「解析概論」の著者若き日の意欲作。（高瀬正仁）

数学の自由性　高木貞治

大数学者が軽妙洒脱に学生たちに数学を語る！　60年ぶりに復刊された人柄のにじむ幻の同名エッセイ集を含む文庫オリジナル。（高瀬正仁）

ガウスの数論 高瀬正仁

青年ガウスは目覚めとともに正十七角形の作図法を思いついた。初等幾何に露頭した数論の一端！ 創造の世界の不思議に迫る原典講読第2弾。

高橋秀俊の物理学講義 高橋秀俊／藤村靖

ロゲルギストを主宰した研究者の物理的センスとは。力について、示量変数と示強変数、ルジャンドル変換、変分原理などの汎論四〇講。（田崎晴明）

物理学入門 武谷三男

科学とはどんなものか。ギリシャの力学から惑星の運動解明まで、理論変革の跡をひも解いた科学論。三段階論で知られる著者の入門書。（上條隆志）

数は科学の言葉 トビアス・ダンツィク 水谷淳訳

数感覚の芽生えから実数論・無限論の誕生まで、数万年にわたる人類と数の歴史を活写。アインシュタインも絶賛した数学読み物の古典的名著。

常微分方程式 竹之内脩

初学者を対象に基礎理論を学ぶとともに、重要な具体例を取り上げ、それぞれの方程式の解法と解について解説する。練習問題を付した定評ある教科書。

数理のめがね 坪井忠二

物のかぞえかた、勝負の確率といった身近な現象の本質を解き明かす地球物理学の大家による数理エッセイ。後半に「微分方程式雑記帳」を収録する。

一般相対性理論 P・A・M・ディラック 江沢洋訳

一般相対性理論の核心に最短距離で到達すべく、卓抜した数学的記述で簡明直截に書かれた天才ディラックによる入門書。詳細な解説を付す。

幾何学 ルネ・デカルト 原亨吉訳

哲学のみならず数学においても不朽の功績を遺したデカルト。『方法序説』の本論として発表された『幾何学』、初の文庫化！（佐々木力）

不変量と対称性 今井淳／寺尾宏明／中村博昭

変えても変わらない不変量とは？ そしてその意味や用途とは？ ガロア理論や結び目の現代数学に現われる、上級の数学センスをさぐる7講義。

数とは何かそして何であるべきか

リヒャルト・デデキント
渕野昌訳・解説

「数とは何かそして何であるべきか？」「連続性と無理数」の二論文を収録。現代の視点から数学の基礎付けを試みた充実の訳者解説を付す。新訳。

数学的に考える

キース・デブリン
冨永星訳

ビジネスにも有用な数学的思考法とは？　言葉を厳密に使う、量を用いて考える、分析的に考えるといったポイントからとことん丁寧に解説する。

代数的構造

遠山啓

群・環・体など代数の基本概念の構造を、構造主義の歴史をおりまぜつつ、卓抜な比喩とていねいな計算で確かめていく抽象代数学入門。（銀林浩）

現代数学入門

遠山啓

現代数学、恐るるに足らず！　学校数学より日常の感覚の中に集合や構造、関数や群、位相の考え方を探る大人のための入門書。（エッセイ　亀井哲治郎）

代数入門

遠山啓

文字から文字式へ、そして方程式へ。巧みな例示と丁寧な叙述で「方程式とは何か」を説いた最晩年の名著。遠山数学の到達点がここに！　（小林道正）

オイラー博士の素敵な数式

ポール・J・ナーイン
小山信也訳

数学史上最も偉大で美しい式を無限級数の和やフーリエ変換、ディラック関数などの歴史的側面を説明した後、計算式を用い丁寧に解説した入門書。

不完全性定理

野﨑昭弘

事実・推論・証明……。理屈っぽいとケムたがられる話題を、なるほどと納得させながら、ユーモアたっぷりにひもといたゲーデルへの超入門書。

数学的センス

野﨑昭弘

美しい数学とは詩なのです。いまさら数学者にはなれないけれどそれを楽しめたら……。そんな期待に応えてくれる心やさしいエッセイ風数学再入門。

高等学校の確率・統計

黒田孝郎／森毅／
小島順／野﨑昭弘ほか

成績の平均や偏差値はおなじみでも、実務の水準とは隔たりが！　基礎からやり直したい人のために伝説の検定教科書を指導書付きで復活。

高等学校の基礎解析　黒田孝郎／森毅／小島順／野﨑昭弘ほか

わかってしまえば日常感覚に近いものながら、数学挫折のきっかけの微分・積分。その基礎を丁寧にひもといた再入門のための検定教科書第2弾！

高等学校の微分・積分　黒田孝郎／森毅／小島順／野﨑昭弘ほか

高校数学のハイライト「微分・積分」！　その入門コース『基礎解析』に続く本格コース。公式暗記の学習からほど遠い、特色ある教科書の文庫化第3弾。

エキゾチックな球面　野口廣

7次元球面には相異なる28通りの微分構造が可能！　フィールズ賞受賞者を輩出したトポロジー最前線を臨場感ゆたかに解説。（竹内薫）

数学の楽しみ　テオニ・パパス　安原和見訳

ここにも数学があった！　石鹼の泡、くもの巣、雪片曲線、一筆書きパズル、魔方陣、ＤＮＡらせん……。イラストも楽しい数学入門１５０篇。

相対性理論（下）　W・パウリ　内山龍雄訳

アインシュタインが絶賛し、物理学者内山龍雄をして、研究を措いてでも訳したかったと言わしめた、相対論三大名著の一冊。（細谷暁夫）

物理学に生きて　W・ハイゼンベルクほか　青木薫訳

「わたしの物理学は……」ハイゼンベルク、ディラック、ウィグナーら六人の巨人たちが集い、それぞれの歩んだ現代物理学の軌跡や展望を語る。

調査の科学　林知己夫

消費者の嗜好や政治意識を測定するとは？　集団特性の数量的表現の解析手法を開発した統計学者による社会調査の論理と方法の入門書。（吉野諒三）

ポール・ディラック　アブラハム・パイスほか　藤井昭彦訳

「反物質」なるアイディアはいかに生まれたのか、そしてその存在はいかに発見されたのか。天才の生涯と業績を三人の物理学者が紹介した講演録。

インドの数学　林隆夫

ゼロの発明だけでなく、数表記法、平方根の近似公式、順列組み合せ等大きな足跡を残してきたインドの数学を古代から16世紀まで原典に則して辿る。

幾何学基礎論
D・ヒルベルト
中村幸四郎訳
20世紀数学全般の公理化への出発点となった記念碑的著作。ユークリッド幾何学を根源まで遡り、斬新な観点から厳密に基礎づける。（佐々木力）

素粒子と物理法則
R・P・ファインマン／S・ワインバーグ
小林澈郎訳
量子論と相対論を結びつけるディラックのテーマを対照的に展開したノーベル賞学者による追悼記念講演。現代物理学の本質を堪能させる三重奏。

ゲームの理論と経済行動Ⅰ（全3巻）
ノイマン／モルゲンシュテルン
銀林／橋本／宮本監訳
阿部／橋本訳
今やさまざまな分野への応用いちじるしい「ゲーム理論」の嚆矢とされる記念碑的著作。第Ⅰ巻はゲームの形式的記述とゼロ和2人ゲームについて。

ゲームの理論と経済行動Ⅱ
ノイマン／モルゲンシュテルン
銀林／橋本／宮本監訳
銀林／下島訳
第Ⅰ巻でのゼロ和2人ゲームの考察を踏まえ、第Ⅱ巻ではプレイヤーが3人以上の場合のゼロ和ゲーム、およびゲームの合成分解について論じる。

ゲームの理論と経済行動Ⅲ
ノイマン／モルゲンシュテルン
銀林／橋本／宮本監訳
銀林／宮本訳
第Ⅲ巻では非ゼロ和ゲームにまで理論を拡張。これまでの数学的結果をもとにいよいよ経済学的解釈を試みる。全3巻完結。（中山幹夫）

計算機と脳
J・フォン・ノイマン
柴田裕之訳
脳の振る舞いを数学で記述することは可能か？ 現代のコンピュータの生みの親でもあるフォン・ノイマン最晩年の考察。新訳。（野崎昭弘）

数理物理学の方法
J・フォン・ノイマン
伊東恵一編訳
多岐にわたるノイマンの業績を展望するための文庫オリジナル編集。本巻は量子力学・統計力学など物理学の重要論文四篇を収録。全篇新訳。

作用素環の数理
J・フォン・ノイマン
長田まりゑ編訳
終戦直後に行われた講演「数学者」と、「作用素環について」Ⅰ〜Ⅳの計五篇を収録。一分野としての作用素環論を確立した記念碑的業績を網羅する。

フンボルト 自然の諸相
アレクサンダー・フォン・フンボルト
木村直司編訳
中南米オリノコ川で見たものとは？ 植生と気候、緯度と地磁気などの関係を初めて認識した、ゲーテ自然学を継ぐ博物・地理学者の探検紀行。

新・自然科学としての言語学　福井直樹

気鋭の文法学者によるチョムスキーの生成文法解説書。文庫化にあたり旧著を大幅に増補改訂し、付録として黒田成幸の論考「数学と生成文法」を収録。

電気にかけた生涯　藤宗寛治

実験・観察にすぐれたファラデー、電磁気学にまとめたマクスウェル、ほかにクーロンやオームなど科学者十二人の列伝を通して電気の歴史をひもとく。

科学の社会史　古川安

大学、学会、企業、国家などと関わりながら「制度化」の歩みを進めて来た西洋科学。現代に至るまでの約五百年の歴史を概観した定評ある入門書。

ロバート・オッペンハイマー　藤永茂

マンハッタン計画を主導し原子爆弾を生み出したオッペンハイマーの評伝。多数の資料をもとに、政治に翻弄、欺かれた科学者の愚行と内的葛藤に迫る。

πの歴史　ペートル・ベックマン　田尾陽一／清水韶光訳

円周率だけでなく意外なところに顔をだすπ。ユークリッドやアルキメデスによる探究の歴史に始まり、オイラーの発見したπの不思議にいたる。

やさしい微積分　L・S・ポントリャーギン　坂本實訳

微積分の基本概念・計算法を全盲の数学者がイメージ豊かに解説。版を重ねて読み継がれる定番の入門教科書。練習問題・解答付きで独習にも最適。

フラクタル幾何学(上)　B・マンデルブロ　広中平祐監訳

「フラクタルの父」マンデルブロの主著。膨大な資料を基に、地理・天文・生物などあらゆる分野から事例を収集・報告したフラクタル研究の金字塔。

フラクタル幾何学(下)　B・マンデルブロ　広中平祐監訳

「自己相似」が織りなす複雑で美しい構造とは。その数理とフラクタル発見までの歴史を豊富な図版とともに紹介。

数学基礎論　前原昭二・竹内外史

集合をめぐるパラドックス、ゲーデルの不完全性定理からファジー論理、P＝NP問題などのより現代的な話題まで。大家による入門書。　(田中一之)

ちくま学芸文庫

評伝《ひょうでん》 岡潔《おかきよし》 星《ほし》の章《しょう》

二〇二一年十一月十日 第一刷発行

著者 高瀬正仁（たかせ・まさひと）
発行者 喜入冬子
発行所 株式会社 筑摩書房
東京都台東区蔵前二―五―三 〒一一一―八七五五
電話番号 〇三―五六八七―二六〇一（代表）
装幀者 安野光雅
印刷所 大日本法令印刷株式会社
製本所 加藤製本株式会社

ISBN978-4-480-51088-4 C0141